江戸時代唐船による日中文化交流

松浦　章　著

思文閣出版

口絵１　唐館蘭館図絵巻(唐館図部分／長崎歴史文化博物館蔵)

口絵２　同前

序

江戸時代の日本と中国との文化交流は、日本の徳川幕府がいわゆる鎖国政策をとったため、日本人が中国へ渡航することができず、基本的には中国からの船舶の日本への来航によって維持されていたのである。このため日本の長崎港に来航した中国からの船舶を、特に江戸時代の人々は「唐船」と呼称した帆船の来航が日中文化の大動脈を担っていた。

「唐船」の呼称は、江戸時代の人々が中国を一般に「唐」と呼称して、日本へ来航した人々は「唐人」と呼んでいたことに由来する。日本で中国のことを「唐」と呼称していたことは古く平安時代にさかのぼるが、明代の末期にはすでに中国においても知られていた。天啓五年（一六二五）に福建巡撫であった南居益が、そのことを時の皇帝であった天啓帝に報告している。彼は、福建や浙江や江南から日本に赴いた人々が多数いて、日本人と結婚して家族をもうけ町が形成され「唐市」と、中国と日本を往来する船は「唐船」と呼ばれて、これらの船が日本へ中国の品々をもたらしているが取り締りが困難であると報告している[1]。明初より漸次海禁政策をとった明朝ではあったが、一六世紀後半以降になるとその政策も緩み、日本へ密かに渡航する商船が増えていた。このように徳川幕府が成立する以前には、すでに中国船による日中の文化交流は進展していたのである。

徳川幕府は、対外政策を縮小したため、庶民が海外へ貿易に赴くことは厳禁される時代となった。そのため海外諸国との積極的な関係は薩摩藩を介した琉球との関係や、対馬の宗氏を通じての朝鮮王朝との外交関係に限定された。それに対して通商を中心とするが、長崎を通じてのオランダや中国との関係が恒常的なものとなり、そのために日本と中国との関係は長崎港を通じての通商関係が重要な舶来文化受容の幹線になったのである。このため江戸時代の日本と中国との文化交流は中国商船、唐船の長崎来航という形態で幕末までほぼ継続された稀有な形態であった。

このような江戸時代の日中文化交流の研究に関する先駆的で体系的な成果は、中村（中山）久四郎氏の『史学雑誌』第二五編第二号（一九一四年二月）より第二六編第二号（一九一五年二月）まで八回にわたって発表された「近世支那の日本文化に及ぼしたる勢力影響——近世支那を背景としたる日本文化史——」に始まる。中村氏は、日中の文化交流を儒学、史学、文学、言語、美術、宗教、医学、博物学、漢籍による西洋の新知識の受容や政治法律、相互の物産、飲食物、音楽、武道、風俗遊戯など多岐にわたる文化交流を考察した。中村氏は緒論において二年前に亡んだ清朝の日本に対する感化を研究する必要性を強調された。清代の中国文化が日本に及ぼした影響について考察され「近世支那の日本文化に及ぼしたる影響は頗る多大にして、唐宋時代文物の本邦に及ぼしたる影響に比するも遜色なし」(2)との結論に達し、江戸時代の日本が受けた明清時代の中国文化の重要性を喚起された。

この研究に続くのが、通商という面から考察された矢野仁一氏の長崎貿易に関する研究である。矢野氏は大正一二年（一九二三）初夏に、長崎市史編纂の依頼を受けて、翌一三年には「支那の記録より見たる長崎貿易に就いて」との講演をされた(3)。そして大正一四年（一九二五）には最初の論文である「支那の記録から見た長崎貿易」（『東亜経済研究』第九巻第一号〜第三号）を発表された。この論文の冒頭において、矢野氏は「長崎貿易は、よく支那に於て廣東が唯一の外国貿易港たりしことと似て居るのである。然し日本が長崎貿易に依つて外国から受けた影響と、支那が廣東貿易に依つて外国から受けた影響とを比較してみると、日本の長崎貿易は、支那の廣東貿易の比ではない。比較にならない程影響は大きいのである。それだけ日本と支那と文化の程度は異なつて居る様に考へられる[4]」とされ、さらに「長崎の外国貿易といつても、和蘭の貿易と支那の貿易であるが、就中重要なるは支那の貿易である。和蘭の貿易船は船体は大きく、一船の積荷も多かつたが、船數は遙かに少なく、また長崎に来る度数も一年に一度で、支那の貿易船が春夏秋の三度に来たのとは比較にならない。支那の貿易高は和蘭の貿易高に比較すると、二倍から三倍であつた[5]」と述べられているように、中国貿易の日本に与えた影響を解明され、矢野氏はこれ以降、中国近代史の研究と相俟って長崎の中国貿易の研究を続け、それらの成果は昭和一三年（一九三八）一一月に『長崎市史　通交貿易編　東洋諸国部』（長崎市）として刊行された。矢野氏は、この市史の序文の中で「長崎貿易の歴史は貿易そのもの沿革変遷を叙述するのみにては十分とはいはれない。長崎の門戸を通じ長崎の貿易の径路によつて我国に流入したる支那の文化は、如何に我国の文化に刺激を与へ、如何に我国の文化の発達を助けたか、また支那の絲織物乃至白絲の輸入は如何に我国の織物業、製絲業の発生発達に多大の貢献をなしたか、かういう文化史上、産業史上の重要なる問題は、長崎貿易を記述するに当つては是非考察しなければならぬ問題であろう[6]」とし、論考の中では主に論述されなかった今後の課題を提起している。しかし、それから八〇年近い現代でもなおここで提起された問題は十分に解決されたとはいえない。

その後、貿易史の分野では山脇悌二郎氏が『近世日中貿易史の研究』（吉川弘文館、一九六〇年）、『長崎の唐人貿易』（吉川弘文館、一九六四年）を発表され、さらに大庭脩氏により『江戸時代における唐船持渡書の研究』（関西大学東西学術研究所、一九六七年）と『江戸時代における中国文化受容の研究』（同朋舎出版、一九八四年）とが出され、新たな展開を示した。つづいて長崎貿易の研究は、日本側から見た中村質氏の『近世長崎貿易史の研究』（吉川弘文館、一九八八年）や太田勝也氏の『鎖国時代長崎貿易史の研究』（思文閣出版、一九九二年）など、他方、中国側から見た松浦章『清代海外貿易史の研究』（朋友書店、二〇〇二年）が出版され研究が深化されてきた。

しかし、中山久四郎氏が大作で指摘された日中の文化交流の面での研究はほとんど看過されてきたといえる。ただ近年、徳田武氏が『近世日中文人交流史の研究』（研文出版、二〇〇四年）を出版されているにとどまる。そこで本書『江戸時代唐船による日中文化交流』は、日中の文化交流を担った唐船の長崎来航という交流環境を基軸に述べてみた。序章では明代から清代に及ぶ日中関係の概観を行った。

第一編の江戸時代初期の日中交流においては、朱印船の貿易活動の一端を朝鮮王朝時代に残された漂着記録から考察し、朱印船の運営形態の多様性を指摘した。そして明朝の海禁が緩和された時代に日本の薩摩に来航した貿易船の積荷から当時の日中文化交流の側面を、さらに一六世紀後半における世界の銀の巨大な産出国であった日本産銀の中国への流通について述べた。

第二編の清朝中国と日本では、徳川幕府の鎖国政策に対して、中国船を日本へ渡航させた中国側の事情を探り、康熙帝の日本に関する情報収集や貿易政策の問題、さらに中国側がいかに日本の事情を熟知していたかを明らかにした。

第三編の中国商人と日本では、一七世紀以降に長崎へ来航した中国商人の実態と彼らを通じて行われた日本人、たとえば水戸の地理学者長久保赤水や著名な画家司馬江漢や学者頼山陽らとの文化交流を考察し、特にすでに中国で散佚した書籍を日本で再発見して持ち帰り清朝学術界に影響を与えた汪鵬（汪竹里）の役割について述べた。

第四編の中国からみた長崎貿易では、中国側史料から長崎貿易はどのように見られていたのかについて考察し、特に近年利用が顕著になった檔案史料から見た長崎貿易と、清朝の海禁政策である「遷界令」が撤廃され長崎に二〇〇艘近い唐船が来航して日本側がどのように対処したか、また清朝勢力に対峙した台湾の鄭氏降伏後の動向についても考察した。

第五編の日本人の中国漂着の一面では、鎖国下であったが日本沿海の海運は認められて和船が海難に遭遇して中国へ漂着した事例は多いが、その中でも漂流民が帰国時に中国の人々からもらい受けた漢詩が今なお残されていることや、彼らが見た当時の巨大な海外貿易であった広東貿易の側面について述べた。

第六編は幕末明治初期の日中交流の変容として、唐船によらない外国の洋式帆船や汽船による中国貿易の実態とそれを運営した在日唐商の実態とその変容、そして徳川幕府が祖法である鎖国政策を破棄して最初に行った上海貿易の様相や、永らく唐船による長崎貿易を担って来た中国商人がどのように日本社会に定着したか、在日華商の変容について述べた。

ここで述べた江戸時代に長崎に来航した唐船によって維持された日中文化交流は当時の姿の一面であり、さらなる研究の発展と深化への礎となれば幸甚である。

（1）明『熹宗実録』巻五八、天啓五年（一六二五）四月戊寅朔（一日）条。
（2）『史学雑誌』第二六編第二号、一九一五年二月、四頁。第五章結論一言による。
（3）『史林』九巻四号、一九二四年一〇月、一四九～一五〇頁、彙報欄の記事。一九一四年六月一四日開催の史学研究会例会における講演。
（4）『長崎市史通交貿易編東洋諸国部』長崎市役所、一九三八年四月、四六二頁。
（5）同書、四六三頁。
（6）同書、序、五頁。

江戸時代唐船による日中文化交流　目次

江戸時代唐船による日中文化交流

序　章　明清時代の日中関係

一　緒　言

朱元璋が大明皇帝として即位した洪武元年（一三六八）は、足利義満が室町幕府の第三代目の征夷大将軍に即いた年と同年である。辛亥革命により宣統帝が中華帝国最後の皇帝として退位した一九一二年（明治四五・大正元）は、明治天皇崩御の年と同年である。このことから、明清時代の日中関係は室町時代の初期から江戸時代を経て、明治時代に及ぶ時代に相当する。

この時代の日中関係は大きくいって三時期に区分することができるであろう。

第一期は、日本が明の冊封体制の中に組み入れられ、足利将軍が「日本国王」として、明に朝貢した時期。

第二期は、日本側が寧波で朝貢の先後を競い、明朝の激怒をかい、朝貢停止を命ぜられ日本は冊封体制外に位置して、中国人と日本人等による密貿易が行われた時期。

第三期は、江戸幕府の第三代将軍徳川家光による寛永期のいわゆる「鎖国令」により、中国と日本との関係が、中国商人の日本来航が長崎一港に限定され、両国の関係が長崎での通商を中心とした時期である。

二　日明貿易

上記第一期の日明関係の状況は、日本の使節が中国に渡航した例から見てみたい。

享徳二年、即ち明の景泰四年（一四五三）に入明した東洋允澎等は、四月二〇日に寧波に到着した。その時の入明の記録が残されている。入明記の筆者は、明代の中国へ朝貢した日本使節の正・副使に任命された五山の禅僧であった。彼らは会話に通じていなくても、筆談によって中国側官吏と意思疎通ができたのである。これら中国渡航の僧侶によって書かれた記録が幾つか知られ、東洋允澎の従僧であった笑雲瑞訢が記した『允澎入明記』もその一つである。有名なものとして策彦周良のものがある。それは牧田諦亮氏によって『策彦入明記の研究』上・下[1]として校訂研究され参考になる。

『允澎入明記』の景泰四年（一四五三）四月二〇日の条によれば、

日本国一号船、暁に浙江を泝り、平明に寧波府に達す。乃、大明景泰四年癸酉夏四月二十日なり。内官陳大人賓迎す。（中略）駅を入れば、駅の門額に浙江市舶司・安遠駅という。[2]

と記しているように、日本の朝貢船は浙江省の寧波を目指して渡航した。舟山列島の近海を航行し、現在の鎮海県より、ここでは浙江とある今の甬江を溯江して寧波に到着したのである。日本使節は浙江市舶司の管理下にある安遠駅に滞在した。

明代の中国へ海上より来航した朝貢国は、中国入国後、福建・浙江・広東市舶司の管轄下にあった来遠駅・安遠駅・懐遠駅に宿泊を命ぜられた。来遠駅は福建の福州に置かれ、琉球からの使節を応接した。安遠駅は浙江の寧波にあって日本からの使節を応接した。懐遠駅は広東の広州に置かれ、東南アジア諸国等からの来航国の応接に設けられた。首都へ上京する使節以外の船の乗組員等がここで使節等の帰りを待っていた。その後、彼らとともに帰国したのであった。

同五月二八日に日本の朝貢船の積荷の陸上げが始まった。

一号船進貢物を挙げ、之を東庫に入れるに、正・副使座に居り、土官皆出つ[3]。

とあり、続いて同二九日より二号船、三号船、六号船、七号船、四号船、八号船の順で六月四日まで行われた。そして同七日には、「一号の硫黄を晒す」[4]とあり、翌八日は、「蘇木・銅子を検す」[5]と朝貢品の状況を把握し、そして、同一六日には、

一号船硫黄を量るに、綱司日本様飯・酒を備え、陳大人に享す[6]。

とあるように、日本からの重要な朝貢品の硫黄の量が計られた。これを検査にきた中国官吏に朝貢船の船頭が日本風料理にて饗した。この硫黄は同二七日に、

陳大人日本硫黄五万斤をもって南京に送る[7]。

とあるように、朝貢品の一部が南京に送られ明政府の公用に使用されたと思われる。

そして使節等は八月六日寧波を出発した。

衆三百員、平明に安遠駅を出で、おのおの四明駅にて乗船す[8]。

とあるように、彼らは寧波から内陸水路により余姚江を航行し杭州を経て、江南河を通り蘇州に至り、揚子江を渡って、九月二〇日に楊青駅天津衛天津右衛へ着いた。九月二六日に北京に到着して、十一月一日に景泰帝に拝謁し、

同五日、主客司、進貢物を検す[9]。

と朝貢品の検査が行われ、同八日に、

朝、奉天門に参じ、日本貨物を献ず。韃旦・回々諸番之を観たり。(10)

と日本からの朝貢品を献上した。この様子をタタール等の使節も見ていた。これに対して翌一二日朝廷から正・副使や従僧に金襴金環などの賜物があった。さらに一二月六日、彼らは段子羅沙等の絹織物を下賜されている。翌五年正月一日に参賀し、同六日に「礼部、日本番貨に価値を給す」(11)とあるように、外交部の礼部が日本の朝貢品に価格の裁定を下した。

その後、二月二八日に北京を離れ、上京路と同様な経路によって五月三〇日寧波に戻っている。(12)

このように使節は日本から明廷の欲する硫黄等の朝貢品を北京にもたらし、明朝廷より日本の欲する高級絹織物等を下賜された。

明の冊封体制の傘下に入り行われた朝貢貿易は、いわば物々交換が主要な目的といえる。必ずしも両国にとって等価交換ではなかったが、各々の国が必要とする物資が朝貢品、または下賜品として交換されたといえる。これを仮に公貿易とするならば、私貿易が他にあった。

正使一行等が北京に行っている間、寧波の安遠駅には残りの随行員が多く滞在していた。宝徳度の入明の時は、

駅中、日本衆の舘するところ、額に嘉賓という。諸房あり、房額の安字一号房は専使（東洋允澎）之に居す。安字二号房は綱司（芳貞）之に居す。安字三・四号以下居座す。士官次第之を領す。予（笑雲瑞訢）九号房に居す。(13)

と安遠駅で各房が割り当てされ宿泊した。

北京に行かない随行員はここで、正使一行の帰りを待つのである。その間、彼らは日本から持参した品々を安遠駅にくる中国商人との間で交易を行った。これが私貿易といえるであろう。

私貿易の具体例は北京にきた朝鮮使節や福建の福州に来航した琉球使節の場合にも見られるのである。特に琉球使節を宿泊させた福州の来遠駅に交易にきた中国商人は「球商」と呼ばれ、一〇人余りの商人がいたことが知られている。(14)

三　台湾の鄭氏

第二期は、台湾に拠点を置いた鄭成功とその子孫及び鄭成功の父親鄭芝龍に代表されるであろう。

鄭芝龍・鄭成功親子が海寇として、また反清勢力として大きな勢力を保持した理由には経済力がある。その主要な根源が海外貿易であった。

鄭芝龍のことは『清史列伝』巻八〇、逆臣伝、鄭芝龍伝の冒頭に、

鄭芝龍、福建南安の人、明末、海寇顔思斉の党に入り、盗となる。(15)

とあるように、海寇顔思斉の一派に加わり、彼も海寇となったことが知られる。また江戸時代中期に書かれた藤原家孝の『落栗物語』前編に、

国姓爺が父は唐の鄭芝龍、字は飛黄、幼名は一官といひし人也、明の世の末、熹宗といへる帝の世を治め給ひしころ、南安県と云所に住しが、家貧く身落ぶれて、世を過すたつきもなかりしかば、商人船に乗て我国に来り、平戸の郷に止り、かすかなるすみかを求めて明し暮す内に、さるべきすぐせにやありけん、人の娘を妻あはせしかば、程なく一人の男子をまうけける。(16)

とあるように、鄭芝龍が日本の平戸に来航し鄭成功を生んだ経緯が知られる。この鄭芝龍のその後について、さらに同書に、

芝龍帰るべき家居もなく、もとよりしたたかなる者なれば、顔思斉と云者の徒党の中に加はり、弟の鄭芝虎・豹・鴻逵などに尋逢て伴ひ、南海の中なる台湾と云大なる島に立てこもりしが、程なく思斉死しければ、附随ひたる軍兵ども、芝龍が膽ふとくて猛く勇めるを見て、皆これに従ひ靡き、其つかさとぞなしける。其弟いづれも劣らぬつはものにて、海辺の地を切取、宝を掠めなむどせしかども世の騒ぎにまぎれて、制する人もなかりけり。(17)

とある。鄭芝龍はその兄弟とともに海寇集団の頭領として勢力を持っていたのであり、海賊・軍艦・商船の三面を保持した集団の頭目であったといえる。

その経済的基盤に関して、同書は、

芝龍幼より海路の案内をよくしりたる上、あまたの軍勢を従へ居たりければ、南海に出入する商人船の割符を出して其税を取ける。年毎に千万両を得て、其富る事肩を比る者なし。(18)

と記している。鄭芝龍の主要な財源は商船から取る通行書の発行による一種の海上航行の安全保証料であった。

他方、鄭成功の人柄は同書に、

其子やうやうひととなるままにかかる悪業のなかに育ながら、其心ざまも貌も父より遥にすぐれ、孝の心深かりけるが、(19)

と、人間的に優れた人物であったことを記している。その鄭成功も海上貿易を行っていた。『清史列伝』巻八〇、逆臣伝、鄭芝龍伝にも、

鄭成功関係系図

(10世)　(11世)　(12世)　(13世)　(14世)　(15世)

鄭紹祖 ─┬─ 芝龍 ── 森(成功) ── 経(錦舎) ─┬─ 克𡒉
　　　　│　　　　　　　　　　　　　　　　　└─ 克塽 ── 安世
　　　　├─ 芝虎
　　　　├─ 芝鳳(鴻逵)
　　　　└─ 芝豹

出典：石原道博著『国姓爺』106～107頁。

成功置くところの五官商(20)

とあるように五官商を置いていた。この官商について、寛文六年（一六六六）一〇月七日付の鄭経の部下である蔡政の書簡の控えに、

国姓爺の思明（厦門）に在りし時、南京を打たんと要する時に至りて、任ずるに戸官の職を以てし、及び仁・義・礼・智・信五行を兼管し、杭州の金・木・水・火・土五行を併管す。凡そ兵糧・銀・米の出入倶にこの管に係り、別に買売を行う(21)。

とあるように、杭州に金行等の五行があり、海上貿易を扱った仁行等の五行が厦門付近にあり、大陸の商品を海外に搬出していた。鄭氏は配下の御用商人を介して海上貿易を行っていたのである。鄭成功が拠点の一つとした厦門（アモイ）は、一七世紀中葉以降、鄭氏によって福建の海外貿易の基地として注目された。鄭成功は復明運動の中心地として同地を「思明州」と呼んだ。しかし、清朝の支配下に入ると厦門と呼ばれた。その後も厦門は中国の海外貿易、特に東南アジア地域への海外貿易港として繁栄し、また清代における台湾渡航港としても栄えた。一八世紀初頭まではイギリスやオランダの貿易船も同地へしばしば来航し、華南産出の砂糖等を購入している(22)。

鄭成功の子の鄭経（錦舎）の場合も海上貿易が重要な財源であった。康熙六年（一六六七）五月に朝鮮国の済州島に鄭経配下の貿易船が日本へ行こうとして漂着

した。その積荷には白砂糖・氷砂糖が二〇万斤、鹿皮が一万六〇〇〇張の他に紗綢・錦緞・薬材・蘇木・コショウ等があり、大陸産品・南海産品等が含まれている。(23)

『華夷変態』巻三によれば、康熙一〇年（一六七一）頃、澎湖列島に現れたイギリス船との貿易に、台湾鄭氏が交易した物品が知られる。

東寧（台湾）方より売申し荷物は、砂糖・蜜漬・くわしの類・馬ふんし・染付ちゃわんざら・なべ・銅・鉄・金子之類にて御座候。(24)

鄭氏は貿易品に砂糖や密漬・菓子類・紙・青華磁器・銅等を準備していた。とりわけ青華磁器は大陸製品で、銅は日本産であったことは確実である。

上記のことから、鄭氏一族は台湾を拠点に多角的に海外貿易を行っていたことが知られるのである。しかし、清朝が「遷界令」を発布して以降、台湾鄭氏の貿易船は大陸産品の入手が困難になっていた。鄭氏が清朝に降る直前の康熙二二年（一六八三）六月に長崎に入港した四番東寧（台湾）船は、台湾側の貿易品の入手の状況について次のように述べている。

兼々東寧より広東方へ、商船ども数多不絶遣し申候、彼海辺に而船を方々之嶋之間へ懸け置、広東之内地へ手遣仕、荷物等相調申事に御座候。(25)

これらには鄭経の子鄭克塽（秦舎）の船も含まれていたが、台湾に近い福建ではなく広東方面まで行き、しかも島々に隠れてなんとか大陸産品を入手していたから、台湾の鄭氏は苦境にあったことが知られる。

中継貿易を根幹とし経済力を誇った鄭氏も諸外国の求める中国大陸産品が入手できなくなると、その貿易にも陰りが見られたのであった。

四　長崎貿易

寛永期に徳川幕府が所謂「鎖国令」を施行すると、これまで九州を中心として日本各地に来航していた中国船は長崎一港のみへの来航に限定された。

明末・清初の一七世紀前半より一八世紀前半に至る時期に長崎へ来航した中国船は中国大陸沿海地区のほぼ全域と東南アジア地域からと広域に及んでいた。しかも明朝系の台湾鄭氏や、反対勢力の清朝系の船も含まれて貿易が行われていたのである。

康熙二二年（一六八三）台湾の鄭氏が清朝に降ると、翌年清朝は「展海令」を発布した。この結果、長崎には大陸沿海地区とりわけ長江河口の江南地域からの貿易船の長崎来航が急増したのである。その頃の貿易船の一例として貞享二年（一六八五）一〇月に長崎に来航した八四番・八五番寧波船の場合を見てみると、

私共船之儀、本国漳州に客荷物払底に御座候により、客荷物招乗せ申候ために、当春漳州より浙江之内、寧波府へ参、只今迄に少々客荷物を招乗せ候而、今度罷渡り申候。(26)

とある。この二艘の寧波船は本来福建の漳州に所属する船であったが、漳州では貿易を行う商人も日本への積荷も不足していたので、恐らく厦門より北上し寧波に行き、日本向け貨物を調達して長崎に来航したのである。「展海令」発布の時期、日本貿易を希望する商人が多く貿易品が品薄になっていた状況が知られる。日本側では急増する中国船に対して、元禄二年（一六八八）には一年七〇艘、元禄一一年（一六九八）よりは八〇艘、宝永六年（一七〇九）から五九艘にと入港貿易船数を制限した。

しかし、長崎貿易による金銀の流出や銅の輸出制限から日本側は正徳五年（一七一五）に海舶互市新例、所謂正

徳新例を発布した。正徳新例はこれまでの貿易船数の制限にたいして、新たに信牌（長崎通商照票）を長崎来航船主に支給し、次回の長崎来航には信牌の持参無しでは貿易を許可しないという一種の貿易制限並びに指定商人的制度を実施したのである。

その後、享保二年（一七一七）に四〇艘に決められ、それ以降入港船数は明和二年（一七六五）に一三艘、寛政三年（一七九一）には一〇艘に制限され幕末まで続く。

正徳新例が施行されて以降、長崎に来航する船は主に江南地域に限定された。その時期のことを『長崎実録大成』巻一〇「海路更数並古今唐国渡り湊之説」に、

当代ハ上海・乍浦ニ処便用宜シキ所ナリトテ、諸唐船往来共ニ此ニ処ニ集テ互ニ交易ヲ成セリ。但此ニ処ハ諸方出産ノ織物・薬種・粗貨・諸器物何品ニ限ラス、数百ノ行家ニ運ヒ来レリ。則江南・浙江・福建等ノ商民原価銀ヲ買調へ、此ニ処ヨリ船ヲ仕出セリ。尤寧波・舟山・普陀山・福州・厦門・広東ヨリ渡来ル船モ有之ト云ヘトモ、専ラ上海・乍浦ヨリ仕出ノ船多シ。(27)

とあるように、上海と乍浦が対日貿易を行う中国船の出帆する主要港となっていった。

とりわけ乍浦が重要な港で、雍正八年（一七三〇）正月初六日に浙江総督管巡撫李衛が、次のように記している。

乍浦は東洋日本商販往来の要口に係る。(28)

とあるように、浙江省嘉興府平湖県に所属する乍浦鎮が対日貿易の一基地として注目されていたのである。乍浦は対日貿易の主要港としての地位を一九世紀中頃まで保持した。同時期にイギリス人が次のように乍浦のことを記している。

乍浦は杭州湾にあり、その商業上の重要性は日本との間で享受している独占的な貿易のためであり、その貿

易は六艘の中華帝国のジャンク船（即ち中国式帆船）により独占されている。[29]ここからも明らかなように、乍浦は日本即ち長崎貿易の中国側基地であった。

なぜ、乍浦が注目されたか。その重要な要因の一つに後背地に蘇州を持っていたためである。清代の蘇州は中国商業において物資の主要な集散地であり、とりわけ江南デルタを含む地域から集荷される高級絹織物やその他の手工業製品等が容易に入手でき、また日本からの輸入品が容易に販売できる地であったためと考えられる。[30]

乍浦の立地条件として、大商業地蘇州と密接な関係にあったほかに、大陸の沿海地にあって、中国東南地区の福建や広東からの沿海貿易船の寄港する港であったことにもよる。例えば、中国東南沿海地区で生産された砂糖等が中国の沿海帆船によって乍浦に運ばれ、対日貿易船に積み換えられ長崎にもたらされた。長崎へ来航した中国船の積荷のうち、底荷として重要なものは中国東南地域で生産される砂糖であったからである。

日本から中国船によって大陸にもたらされたものの主要なものとして、日本産の銅と海産物があった。中国の貨幣経済の発展に伴い特に銀とともに流通した銅銭が不足とされ、その主要な供給源が日本に求められた。

中国では雲南地区等で銅を生産したが、康熙五五年（一七一六）当時、清朝に供給される銅は日本産銅が約二七七万二〇〇〇斤に対し、雲南産銅は一六六万三〇〇〇斤であった。日本銅が六二・五％に対し雲南銅が三七・五％と、日本銅の供給が清朝の貨幣鋳造に大きく寄与していたのである。

しかし、日本銅の生産が一八世紀以降減少する中で、中国側が新たに求め出したのは日本の海産物であった。特に注目されたのが、干しナマコ・干しアワビ・フカノヒレであった。干しナマコは中国で「海参」と呼ばれ、薬用人参に適う海の人参として珍重された。干しアワビは「鰒魚」と、フカノヒレは「魚翅」と呼ばれいずれも清代の料理の中で台頭してきた海鮮料理の主要な材料となったのである。[31]また日本側でもこの三品は俵物（たわらもの・ひょうもつ）三品として、増産に積極的であった。

光緒（一八七五～一九〇八）年間初め、日本に駐日公使として赴任してきた何如璋は、『使東雑記』の中で、

中商多く綿花・砂糖を以て来り、海参・鰒魚、もろもろの海錯を以て帰る。(32)

と記しているように、日本の海産物が注目されたのであった。

日本貿易を行った中国商人達は一八世紀前半以降、主に荷主（財東）・長崎来航の船頭（船主）・船舶所有者（船戸）・乗組員（夥長・総管・水手等）で組織され、長崎貿易の中国側商人の中心は日本で船頭と呼んだ船主であった。(33)船主の中には長期にわたり長崎に来航する者も多く、彼らの一部には日本の文人達が交流を求めた知識人も含まれていた。『古今図書集成』全巻を初めて日本に舶載した汪縄武、水戸の地理学者長久保赤水が接触した明和期の来航商人、司馬江漢が会った天明期の来航商人等もいる。

日本に残された中国書籍の佚書を捜し、中国に持ち帰った汪鵬（汪竹里）もその一人であり、彼によって舶載された『古文孝経』はのちに鮑廷博により『知不足斎叢書』に収められ翻刻されている。今日でも同叢書の『古文孝経』の序文に汪鵬の名を容易に見ることができる。

長崎の崇福寺の媽祖堂に現在も残されている額に名が記されている楊嗣雄（楊西亭）は医師としても知られる識見を持っていた。(34)

これら来航の中国人が長崎で滞在していたのが唐館・唐人屋敷などと呼称された居住地域であった。江戸時代に長崎へ来航した中国人を当時の人は唐人《とうじん》、船を唐船《とうせん》等と呼んだ。そして、来航の中国人が宿泊する一区画として設けられたのが唐人屋敷であり、中国名で唐館とも呼ばれた。長崎貿易の初期の頃は、宿町と呼ばれた地区へ宿泊が割当てられたが、諸々の問題を生じるとのことで、元禄二年（一六八九）に唐人屋敷が設立され、来航の中

国人は全て長崎滞在中、同館において居住を命ぜられた。これは、慶応四年（一八六八）に同館の処分が開始されるまで及んだ。

長期にわたった中国の長崎貿易も時代の趨勢とともに大きく変化を受けた。その第一は、長崎貿易の基地であった乍浦やその後背地の蘇州が太平天国軍の進攻を受け商人の貿易組織が壊滅したことによる。また開国をした日本に欧米の新型の快速帆船や蒸気船が貿易に多く来航し、長崎来航の中国船は急速に国際競争力を失ったのであった。

（1）　牧田諦亮『策彦入明記の研究』、法蔵館、上冊、一九五五年一〇月、下冊、一九五九年三月。
（2）　『允澎入明記』、『続史籍集覧』第一冊、史籍集覧研究会、一九七〇年二月、五一六頁。
（3・4・5）　『続史籍集覧』第一冊、五一九頁。
（6）　同書、五二〇頁。
（7）　同書、五二一頁。
（8）　同書、五二二頁。
（9・10）　同書、五三一頁。
（11）　同書、五三四頁。
（12）　同書、五四八頁。
（13）　同書、五一六頁。
（14）　松浦章『清代中国琉球貿易史の研究』、榕樹書林、二〇〇三年一〇月、七七～七八・九二～九三頁。
（15）　『清史列伝』第二〇冊、中華書局、一九八七年一一月、六六九一頁。
（16・17・19）　藤原家孝『落栗物語』前編、『百家随筆』第一冊、国書刊行会、一九一七年八月、四八四頁。
（18）　『百家随筆』第一冊、四八五頁。

(20)『清史列伝』第二〇冊、六六九三頁。
(21)『大日本近世史料　唐通事会所日録』第一冊、東京大学出版会、一九九五年二月、一八〇頁。
(22)松浦章『清代海外貿易史の研究』、朋友書店、二〇〇二年一月、五二四〜五四二頁。
(23)松浦章「李朝時代における漂着中国船の一資料——顕宗八年(一六六七)の明船漂着と「漂人問答」を中心に——」、『関西大学東西学術研究所紀要』第一五輯、一九八二年三月、七三〜七四頁。
(24)『華夷変態』上冊、財団法人東洋文庫、一九五八年三月、東方書店、一九八一年一一月再版、一一六頁。
(25)同書、三六四頁。
(26)同書、五三六頁。
(27)『長崎文献叢書第一集第二巻　長崎実録大成・正編』、長崎文献社、一九七三年一二月、二四一頁。
(28)『宮中檔雍正朝奏摺』第一五輯、国立故宮博物院、一九七九年一月、四二四頁。
(29) G. N. Wright, *CHINA, in a Series of Views, Displaying: The Scenery, Architecture, and Social Habits, of That Ancient Empire*, vol. III, 1843, p.49.
(30)松浦前掲『清代海外貿易史の研究』九八〜一一七頁。
(31)同書、三八二〜四〇二頁。
(32)何如璋『使東雑記』、『小方壺齋輿地叢鈔』第一〇帙所収。
(33)松浦前掲『清代海外貿易史の研究』七三〜九〇頁。
(34)同書、二四七〜二五一頁。

〔参考文献〕

小葉田淳著『中世日支通交貿易史の研究』(刀江書院、一九六五年)
石原道博著『鄭成功』(三省堂、一九四二年)
石原道博『明末清初の日本乞師の研究』(富山房、一九四五年)
石原道博『国姓爺』(吉川弘文館、一九五七年)
山脇悌二郎『長崎の唐人貿易』(吉川弘文館、一九六四年)

第一編

江戸初期の日中交流

第一章　朱印船の中国・朝鮮漂着をめぐって

一　緒　言

明末の崇禎『海澄縣志』巻一、輿地志、建置沿革によれば、

正徳間、豪民私造巨舶、揚帆他國、以與夷市久之。(1)

とあるように、明の正徳年間（一五〇六～一五二一）において福建省南部の漳州府治下の海澄縣の豪民が違法のもとに大型船舶を建造して海外に進出し、外国人と貿易していたことはすでに明らかにされているところである。(2)福建を初めとして沿海部に位置する江蘇・浙江・広東各省から積極的に海外に進出していた。弘治初めに中国へ漂着した朝鮮人崔溥の著した『漂海録』巻二、弘治元年（一四八八）二月初一〇日の条に杭州で聞いた話として、

我國（明朝）蘇・杭及福建・廣東等地、販海私船、至占城國・回回國地、收買紅本・胡椒香、船不絶、十去五回、其路絶不好。(3)

とある。江南の蘇州や杭州や福建や広東の地から海外へ航行する船があり、ベトナムや東南アジア方面に貿易に赴き香木や胡椒などを輸入していた。しかし帰帆するのは出港した船の半数であって決して危険が無いものではなかった。

海外への進出はなにも福建をはじめとする沿海部の海商に限らなかった。万暦『歙志』載記一二・島寇の王直伝にも、

嘉靖十九年海禁尚寛、[王]直遂與[葉]宗満等、之広東造巨艦、買違禁物、抵日本・暹羅諸国互市、数年致富不貲。

とあるように、嘉靖一九年（一五四〇）頃に安徽省の歙縣出身とされる王直が広東で巨大船を造船して日本や暹羅諸国に赴き貿易をして巨大な財を成したとされる(4)。

海禁下にもかかわらず、華南・華東沿海地区の商人達が積極的に海外に進出していたのである。その目的地の一つが日本であった。

明末の朱国禎は『湧幢小品』巻三〇、倭官倭島において、

有劉鳳岐者、言三十六年至長崎島、明商不上二十人、今不及十年、且二三千人矣。合諸島計之、約有二三萬人。

と記している。万暦三六年（一六〇八）に日本に渡った劉鳳岐が長崎で会った中国商人は二〇名程度であったが、一〇年足らずの間にその数は二、三千人にも増加し、さらに日本の他の地域を含めると二、三万人になると推定している。このように多くの中国人が海外に進出するきっかけは隆慶初年（一五六七）の海禁令の緩和が大きな契機であったと考えられる。海外に進出する中国商人は増加し、その進出の対象地域の一つが日本であった。

明代の中国商人、とりわけ福建商人の海外活動の実態は厦門大学の傅衣凌氏の研究(5)によって明らかにされたといっても過言ではあるまい。その後、多くの研究者によって研究が蓄積されてきた(6)が、同氏の研究成果の域を大きく出るものは少なく、大きな進展は見られないといえる。その原因の多くは、すでに傅衣凌氏が関係資料をほ

とんど明らかにされたことに起因するといえる。傅衣凌氏の研究で未開拓のものとしては、中国以外の海域における中国商人の漂着史料をその一つとしてあげることができよう。かつて紹介した「漂人問答」(7)もその一例である。傅衣凌氏もそれに興味を示された(8)。

他方、一七世紀はじめから一六三五年頃までの日本は、華南以南の中国や東南アジアの各地に積極的に貿易船を派遣したいわゆる朱印船貿易の時代であった。ある意味で中国の明朝末期の中国商人の海外貿易が活発な時期と重なり合う時代でもあった。

本章では、このような時代の東アジアの明代末期の中国商人等による海外貿易と日本の朱印船の活動による海外貿易の実態の一端を、近年の韓国で刊行された史料集に見える記事によって述べてみたい。

二　中国・朝鮮へ漂着した朱印船

中国の海商の活動は明代嘉靖以降活発化し、その具体例は『明実録』にも見える。たとえば、明『世宗実録』巻二六一、嘉靖二一年五月庚子（二〇日）の条に、

初、漳州人陳貴等私駕大船、下海通番、至琉球(9)。

とあり、福建漳州人の陳貴等が大船で海外に出かけ琉球に至っている。さらにこのころから朝鮮半島に漂着した中国商人の事例が見られる。

朝鮮国『中宗大王実録』中宗三九年（明嘉靖二三＝一五四四）六月辛卯（二四日）の条に、朝鮮国忠清道からの報告で、

雖不明知某國之人、而慮有唐人、私自浮海、而販賣日本、為風所漂、乃至我國之界(10)。

とあり、不明の外国人が朝鮮国忠清道藍浦付近に漂着してきたが、日本へ海外貿易に行く中国人の船と見られた。確かに、同書巻一〇四、同年七月己未（二二日）の条に漂流民の返答として、

大明國福建泉州郡為経紀事、切照本國凶荒、人民飢饉、無奈率告于郡官、粧載貨物、外國買賣、被風漂泊貴國、實天有以作成吾人也。

とあるように、彼らは福建省の商民であった。彼らの返答によれば、郷里で飢饉が発生したため海外に出て貿易による利益を考えたが、海難に遭遇し漂流したとしている。

明『世宗実録』巻二九三、嘉靖二三年（一五四四）一二月乙酉（二一日）の条に、

漳州民李王乞等載貨通番、値颶風漂到朝鮮、朝鮮国王李懌捕獲三十九人、器械送遼東都司、上嘉懌忠順、賜五十両、彩幣四表里。(11)

とあるように、この福建の漂流民李王乞等は、朝鮮国王の命令で遼東に護送されている。このような事例はさらに『明実録』に以下のように見える。『世宗実録』巻三〇八、嘉靖二五年二月壬寅（一五日）の条に、

朝鮮國署國事李峘遣使臣南洗健・朴菁等解送下海通番人犯顔容等六百一十三人至邊、上嘉其忠順、賜白金五十両、文綺四襲、洗健・朴菁並賚以銀幣、容等悉漳・泉人、詔福建巡按御史治之。(12)

とある。また同書巻三二一、嘉靖二六年三月乙卯（四日）の条にも、

朝鮮國王李峘遣人解送福建下海通番奸民三百四十一人、咨称、福建人民、故無浮海至本國者、頃自李王乞等始、以往日本市易、為風所漂、今又獲馮淑等、前後共千人以上、皆夾帯軍器・貨物、前此倭奴未有火砲、今頗有之、蓋此輩闌出之故、恐啓兵端、貽患本國。(13)

とある。ここでも触れられているように、朝鮮半島における中国海商の顕著な漂着は李王乞等の嘉靖二三年以降

に始まると見られた。

『五雑組』の著者で知られる謝肇制の文集に『小草斎文集』がある。同文集の巻二七「書倭舶事」の項に次のように記されている。

萬曆戊申十月、有倭泛舶、従呂宋諸國貿易帰者其一、為風所飄、至長楽縣界、舟中男女百余人、番銀銭四十餘石。海濱之人、利其所有殺、而掠之、俘其孱幼十八人、報官以為寇至、巡司檎獲、多以為功上之人、弗察也。噫閩之人苦倭極矣、然閩人之所為如是。(14)

万暦戊申年、万暦三六年（慶長一三＝一六〇八）一〇月に日本船が福建省の長楽県に漂着した。この船は呂宋に貿易に赴き、帰帆の途上海難に遭遇して長楽県に漂着したのであった。船には男女約一〇〇名が乗船していた。積み荷には銀貨四〇余石を積載していた。長楽県の人々はこれを倭寇の襲来として殺戮し、幼児を捕虜としたと官憲に報告したのである。その沿海民の行動を謝肇制は嘆いているのである。

この長楽県に漂着した「倭船」とは何であったろうか。即ち万暦三六年に海外に航行していた日本船とはどのような船であったろうか。

豊臣秀吉が天正一六年（万暦一六＝一五八八）七月八日に発布した「賊船の停止」によって倭寇が終息したとされる。その後、日本船は海外に漸次航行して行くが、その主流になったのがいわゆる朱印船であった。

岩生成一博士の研究によれば、少なくとも慶長二年（一五九七）以降、豊臣秀吉が下付した朱印状による貿易が開始されたとされ、秀吉によって朱印船による海外渡航が始まり、徳川幕府のもとに朱印船制度が確立されたといわれる。岩生博士の統計によれば、慶長九年（一六〇四）より寛永の鎖国政策前の寛永一二年（一六三五）までの三二年間に三五六隻が台湾以南の海外諸国に派遣されたという。(15)

朱印船は台湾、澎湖島、福建の漳州、マカオ、ベトナムのトンキン、ユエ、カチャン、チャンパ、タイ、パタニ、マラッカ、フィリピンのミサイヤ、ブルネイ、マロクなどの地に航行したことが明らかにされている。

許浮遠の『敬和堂集』「請計処倭酋疏」によれば、万暦二二年（文禄三＝一五九四）に九州の薩摩から海外に向けて出航した船舶のことが記されている。

薩摩州乃各處船隻、慣泊之處、今從此、發有往呂宋船肆隻、交趾船参隻、柬埔船壹隻、暹羅船壹隻、佛郎機船弐隻、興販出没、此為咽喉也。

とあるように、薩摩からルソンへは四艘、コーチシナへは三艘、カンボジアへは一艘、シャムへは一艘が貿易のために出航し、そしてポルトガル船が貿易のために来航していたことが知られる。

以上のことから見て、謝肇制の『小草斎文集』巻二七「書倭舶事」に記された日本船が福建省長楽県に漂着した時期である万暦三六年（慶長一三＝一六〇八）一〇月は、朱印船が活発に南海方面で活動していた時期であった。それ故明らかに日本の朱印船であったことは歴然であろう。

このような視点から明朝の資料を見るとき、さらに朱印船の記録と思われる記述が見られる。

明『神宗実録』万暦三七年（一六〇九）五月壬午（二日）の条に、

有倭船飄入閩洋小埕者、舟師追至漳港及仙崎、獲夷衆二十七人、訳係日本商夷、往販異域。為風飄閣。

とある。万暦三七年、慶長一四年（一六〇九）に、福建省の北部沿海地区にある福寧州の小埕に漂着した船舶は日本の貿易船であった。この船は中国域外に貿易に行った船舶であったことがわかる。これも上述の時期から考えて朱印船であったことは歴然である。

それ以前の『神宗実録』万暦三二年（一六〇四）一一月甲辰（二八日）の条に、

兵部題、朝鮮國王、將該國外洋二次所獲被擄人民、及同船倭蛮男婦五十五名口、解送中國。……温進等既稱華人、有言販賣下海遭劫、有言釣魚被擄、合解閩撫。

とあり、朝鮮国王が漂着して船舶を調べたら日本人の他に外国人等五五名が乗船していた。その中に温進等の中国人もいた。彼らは交易のため船に乗っていて、あるいは沿海で漁業に従事していて捕えられた経緯を簡単に記している。

この温進ら中国商人達が、万暦三二年（一六〇四）に朝鮮半島に漂着し、朝鮮国の都漢城に送られ取り調べられている。その記録の中に海外貿易の実態が詳細に見られる。次に漂着民の供述から貿易状況を見てみたい。

三　万暦三二年の朝鮮漂着の朱印船

嘉靖年間以降朝鮮半島に漂着した中国商人の事例は見られるものの、その貿易活動等の詳細な内容に関しては明らかでなかった。しかし、下記に述べる史料によって、海外貿易の実態が知られるであろう。

万暦三二年（一六〇四）に朝鮮半島に漂着した中国商人等が朝鮮国の都漢城に送られ取り調べられた。漂着民の供述から海外貿易の状況を述べてみたい。

『謄録類抄』邊事、宣祖三七年（万暦三二＝一六〇四）の条に下記の記録が見られる。

唐人供招一名温進、年三十五、係福建漳州海澄縣白丁也。上年二月二十八日、以賣買事。乗黄文泉船、與文泉等起身、往交趾港口、未及下陸時、俄遇倭船二隻、賊衆則倉卒間不知其幾許、而俺毎百餘名、尽為被殺、生存者只二十八名、俺毎尽以貨物求活、仍與二船之賊、偕到柬浦寨、二船之賊、又以俺毎、転賣他倭之客、到于柬浦寨者、二船之賊、則仍留其地、而客倭之買得者與俺毎、同乗俺毎之船、發向日本、未及日本、只隔四五日、而遇横風漂到朝鮮地方、為邊将所捕、交趾遇賊、乃上年三月日不記、而東浦寨到泊、則乃上年五月初二日也。自東浦寨發船、乃今年五月二十日也。交趾之於東浦寨五日程、而東浦寨之於日本、則三十日程云。被捕乃今年六月十五日矣。

俺每従前往来、買賣於交趾者屢矣。交趾有王有官、而無冠帽、編髪垂後。東浦寨、則介於交趾・暹羅之間、而属於暹羅、物貨則有皮物・蜂臘・胡秋・蘇木・象牙・犀角・玳瑁・金銀等物矣。漂風之後、連日海暗、而及至朝鮮地方之日、風雨開霽、有船二隻、先出洋中、倭等相與言曰、此必朝鮮兵船也。欲掛帆回船、則無風不得發、朝鮮兵船、陸続而至、俺同年王清呼謂曰、我等乃天朝云。則朝鮮人不以為信、俺以書納諸吸水筒漂送、則朝鮮人曰、若是天朝人、則即落帆云。倭人不肯。仍欲走去、俺每中有二人、強為下帆、即為倭所殺、朝鮮送一船、乙小與王清、即乗小船出来、俺同行、皆欲随出、而為倭人所制、不得自由、朝鮮諸船、矢石交發、攻其船尽焼、其上蔵倭人之抗戦者、殺死殆尽、其伏於荘下者三十餘名、僅得生存、被虜俺每、免死於交趾港口者二十八名、而二人則落帆時見殺十四人、與倭賊伏於下荘而得生、并俺與王清通共十六名、時方上來、而其餘十名、不知去處、恐是接戦時被死、所供是實。

○一名王清、年三十三、係金化府義烏縣白丁也。上年二月二十八日、自福建起身、以買賣事、往交趾、遇倭船二隻、同船之人、尽被殺死、生存者只二十八名、以貨物求活、偕到東浦寨、転賣於他倭、今年五月、發向日本、洋中遇風、漂到朝鮮地方、與朝鮮邊将相遇、與温進乗朝鮮所送小船、先為出来、前後曲折、與温進所言相同、所供是實。

○一名荘崑、年二十七、係福建漳州海澄縣白丁也。今年正月二十五日、自福建起身、二月初八日、往到東浦寨、與倭人輸俺物貨、不為償價、今日明日、遷延累日、俺欲受價、直到其家、則妻獨在、以其夫出去為辞而已。其倭自外入來、謂俺奸其妻、執俺告官、其土法、奸人妻者、没其財貨、以身為奴故、俺為其家之奴、随主倭往日本、遇風漂到朝鮮地方、節次與温進等所供相同、而主倭則接戦時焼死矣。温進・王清乗小船出来時、俺等亦欲随往、而倭奴等、只以温進等二名、點名出送、其餘則皆堅執不許出去、以此不得自由、華人之生存、皆是伏於蔵下、得免砲矢、而或投水而死、或逢九中矢死者、亦至十餘、所供是實。

○一名許文、年四十、係福建海澄縣白丁也。所供與温進相同。

○一名魯三、年三十三、係福建泉州府同安縣白丁也、所供與温進相同。

○一名黄二、年三十五、係福建漳州府龍溪縣白丁、上年二月二十八日、海澄縣起身、往柬浦寨買賣、為倭所虜、所與蔵崑相同。

○一名鐘秀、年三十六、係福建漳州府海澄縣白丁、所供與温進相同。

○一名陳二、年二十六、係福建漳州府龍溪縣白丁、所供與温進相同。

○一名陳三、年二十四、係福建漳州府龍溪縣白丁、所供與温進相同。

○一名蔡澤、年四十、係福建漳州府海澄縣白丁、所供與温進相同。

○一名李弘烈、年二十、係福建泉州府南安縣白丁、所供與温進相同。

○一名黄春、年三十六、係福建泉州府晋江縣白丁、所供與温進相同。

○一名鄭瑞南、年三十四、係福建泉州府晋江縣白丁、所供與温進相同。

○一名黄延、年四十九、係福建泉州府同安縣白丁、所供與温進相同。

○一名魯春、年三十六、係福建泉州府同安縣白丁、所供與温進相同。

○一名王明、年二十九、係浙江杭州府銭塘縣白丁、所供與温進相同。

福建漳州海澄縣の人である三五歳の温進は、万暦三一年（一六〇三）二月二八日に貿易のため黄文泉とともに彼の船に搭乗し、交趾港口に赴いた。しかし上陸前に突然倭船二艘が現れ襲撃し、生存者は僅かに二八名であった。そして日本に赴くことになった。ところが、日本に到着する四、五日前に暴風に遭遇して朝鮮地方に漂着したのであった。

ここに記した供述は万暦三二年（宣祖三七年＝一六〇四）に朝鮮半島に漂着した船舶に乗船していた中国人、ポルトガル人のものである。さらに同船していた日本人に関しては下記に述べたい。以上の中国人の供述を総合すると、福建商人等を中心とする貿易商人が黄文泉の海船に乗船して交趾、ベトナムに交易に赴いたところ上陸する直前に倭船に襲撃を受け一〇〇余名は殺害され、生存者は二八名となり、倭船の二艘とともに柬浦寨に到着したところ、倭船の二艘の者から、他の倭船に転売され日本に向かうことになったのである。しかし日本到着直前に朝鮮国に漂着したのであった。

供述の中では暹羅における交易品が「物貨則有皮物・蜂臘・胡秋・蘇木・象牙・犀角・玳瑁・金銀等物」としており、張燮の『東西洋考』巻三、暹羅の物産の項に記す内容にほとんど含まれている。さらに、この船の乗船者の中国商人は下記の構成になる。

福建商人（一四名：漳州府八名、泉州府六名）浙江商人（二名：杭州府一名、金華府一名）

この乗船者は生存者に限定されるからこの数から確定的なことはいえないが、ある程度は当時の海外貿易に進出した状況を反映しているであろう。当時の福建や浙江の人々は積極的に海外に進出していたが、特に福建が突出していたことはこの例からも明らかであろう。

他方、王清は三三歳で、浙江省金華府義烏縣の人であった。彼は万暦三一年（一六〇三）二月二八日に福建より出航して貿易のために交趾に向かったが、途中において倭船二艘に遭遇し襲撃され、同船者のうち生存者が僅かに二八名となり、同船に乗せられ貿易のため東浦寨に行き、そこで他の倭人に転売された。そして万暦三二年（宣祖三七年＝一六〇四）五月に日本に向けて就航したが、洋上で遭難して朝鮮に漂着したのであった。

もう一方の荘崑は二七歳で福建省漳州府海澄縣の人で、万暦三二年正月二五日に福建より出航して二月初八日に柬浦寨に到着し、倭人と交易する者の代価の支払いが遅延したため、交易主の家にいたり代価を求めたが主人は留守で、妻女のみであった。しかし、そこに主人が帰宅して、妻女との不倫との言いがかりをつけられ、逆にそのことで交易主の奴隷とされ、彼に従い日本に連れられていくことになる。その途上で漂流して朝鮮に漂着したのであった。その後の事情は温進等の供述とおなじである。

『謄録類抄』邊事、宣祖三七年条に続いて次の供述が見られる。

〇南蛮人供称〇一名之緩面弟愁、年三十四、所居之國、即寶東家流、乃南蛮諸國之一也。其地多算玉帛、金銀至少、素以行商為業、離本國幾十五年、往年自甘門往可普者、因與今來華人・倭人等、同船将往日本買賣、為横風所漂、到此被付甘河、即中國地方、而距其所生之國、幾十八萬里、順風八、九月可到、而可普者、距甘河六千里、乃暹羅・安南両國之間、而属於暹羅、華人所供同浦寨乃此也。所蛮一名、即黒体國人、乃所謂海鬼者也、買而為奴従行。(16)

この供述は、ポルトガル人のものである。ポルトガルを離れ一五年の歳月の間、アジアでの貿易に従事していた。その後、マカオと可普との交易に従事していたのである。可普で中国人・日本人と一緒に乗船して日本貿易に赴こうとして朝鮮に漂着したのであった。可普とは、この供述によれば暹羅・安南の間に位置する地とされる。『東西洋考』巻三、柬埔寨の項に「其國自呼甘孛智、後訛甘破蔗、今云柬浦寨者、又甘破蔗之訛也」とある。(17)明代に呼称された「柬埔寨」は「甘孛智」が訛って「甘破蔗」とも発音されていたとされる。現代の普通語では甘孛智は gan-bo-zhi, 甘破蔗は gan-po-zhe, 可普は ke-pu と発音されることから可普は柬浦寨のことを指したことは明らかであろう。このポルトガル人は黒人の召使い一名を連れていた。

『謄録類抄』邊事、宣祖三七年条には続いて中国人の供述を記している。

○華人黄廷所供、俺果於萬暦二十七年、自泉州乗船行商、為呂宋所虜、呂宋即琉球之傍國也。呂宋転賣于日本、仍居長崎以駕船興販為業、前年二月、與倭人久右文、同受家康銀子、往可普曲折、與久右文所供相同、今來華人蔡澤・李弘烈・黄春・魯春等、亦於萬暦三十年、為倭所虜、方居長崎故、前年二月往可普者時、同船以去、其餘華人、則於交趾等處相遇、同船出来、因為所擒去也。甲辰七月初五日。(18)

黄廷は万暦二七年(一五九九)に福建省の泉州より乗船して呂宋に渡ったが呂宋で捕縛され日本に転売され長崎に行き、そこで海船による貿易業に従事していた。この長崎で日本人の同業者久右文とともに徳川家康から銀を預かり可普即ち柬浦寨貿易に従事したのである。その柬浦寨よりの帰帆途中に朝鮮に漂着したのである。黄廷が日本を出港したのが、甲辰即ち万暦三二年(慶長九＝一六〇四)の前年万暦三一年二月であった。

この時期の徳川家康に関する記録に『當代記』があり巻三、慶長七年(万暦三〇＝一六〇二)の条に、

此五、六月黒船着れ、舟人千二百人在之。かう地交趾より内府公江有音信、生虎一、象一、孔雀二、但虎者不京着。(19)

とあり、外国船が来航し、またベトナムからの船舶が徳川家康に虎や象・孔雀を献上したことが知られる。また慶長一〇年(万暦三三＝一六〇五)六月四日の条に、

當春日本國の船、ルソン、トキン、シャムロへ為賣買渡海の處に、如何したりけん一艘も不帰、右の船或當

岩破損、或喧嘩をして被殺害けると云々、又為取財寶、彼島々の輩打殺しける共云。[20]

とあり、日本から呂宋、東京、暹羅に貿易のために赴いているが一艘も帰帆せず、その理由として海難に遭遇したのか、海賊に襲撃された等の事件に巻き込まれたものと思われていた。また同書巻四、慶長一一年（万暦三四＝一六〇六）七月の条に、

近代如此唐舟多来事無之。[21]

と記しているように、このころは中国からの貿易船が少なく、逆に日本から積極的に海外に進出していた。それがいわゆる朱印船貿易[22]であり、黄廷等が東浦寨に赴いた船舶も日本の朱印船貿易であったことは明らかであろう。

『謄録類抄』邊事、宣祖三七年条にはさらに続いて日本人の供述を記している。

倭人供称〇一名朴右老、倭名助一、年二十四、係対馬島、今居日本西海道肥前州長崎、而壬寅年二月日不記、以売買、與唐人居長崎者、蔡澤、李弘烈、鄭瑞南、黄廷、魯春及薩摩州居黄春等、偕倭人将本処所選唐船二隻、肥前州倭小船一隻、往可普者地今年四月十六日廻向日本、時遇唐人温進等自中原来、買賣於可普者地、従自願同船而来、距日本未遠、而漂風両日、到朝鮮地方、初以為已到日本地方、而欲招日本小船、再放號砲、則朝鮮兵船、相続而至、矢石交發、欲為回船、而無風不得發去、朝鮮送小船、先以唐人二名送之、欲以為質、而朝鮮人不聴、至於火攻一船之人、幾盡被殺、而免死者倭人三十一名、唐人十六名、南蛮人二名、倭女一名、被生擒、矣等初往可普之時、日本生乱、平定未久、於往可普之後、則日本之事、全未聞知、但義弘雄據薩摩州、家康屢使人請和、而其詳則亦未知之矣。南蛮人、並載其舩之由、則南蛮人、亦以買賣、往可普者、欲同往日本、取利而持貨物、偕乗吾船、所供是實。[23]

〇一名要時道倭名與七郎年三十五、係長崎、上年二月、以買賣事、偕唐人来居長崎者、二十餘名、往可普者

地唐人十名、則可普者留在與其他唐人若干名、回向日本、遇風而到朝鮮地方被擒矣、但聞日本諸島、皆已平定、而獨薩摩州義弘、時不帰服於家康云矣。其餘所供、與助一(24)相同。

○名尼時光老倭名進四郎年二十八、係堺州、所供與朴右老相同。

○名尼隠之右倭名久右門、年二十二、係長崎、有華人黄廷、来居長崎、有妻有子、累年住活、嘗一往可普者、得其物貨、壬寅六七月間、與我偕往、献於家康、家康喜甚、饋酒贈衣、因問爾可為我、更往貿得物貨而来耶、黄廷答称往来不難、但與多船往之、則自貽擾害於地方、彼或認以為盗、不無生事之患、若只令我持一船往来、則可従命云。家康即以銀子五百両出給、令貿象牙五対、犀角十対、甘蜜百斤、蠟燭随其多少、准價貿来云、黄廷告称、願得内府文字而去。家康曰、当臨爾發行成給、是其年八月間也、至十一月、黄廷使我往日本、告行於家康受来文字、我依其言入去、則家康適往食邑江戸地未還、我留待聽、得家康更尋京城旧基、欲移置秀頼、分定工役於諸倭、而薩摩州則不従其令故、不在分定之中、而対馬島、亦不分定、恠而問之、則大坂人説称、対馬島方愛通好朝鮮之事故、不為分定云。十二月二十五日、家康還来、二十七日、薩摩州太守義弘子、又八郎来覲。所謂義弘者、不附家康雄、據食邑有年矣、家康毎患不能制、令福島太夫、往諭利害、請與通好故、義弘使其子致禮於家康者也、以此多事、不得入覲。癸卯正月初二日、始得見告以黄廷發船之意、則家康即招允長老、作書給之、所謂允長老、即僧之得道者云。且以金甲五部、小堰月刀五部、送禮於可普者酋長、我持此書及禮物、還到長崎、與黄廷乗船、二月十七日、始離長崎、四月到可普者、其酋長、聞家康送禮、設鼓吹陳儀仗、来迓道上、騎象而行、接待極其優異、未幾族人相争、内乱大起、謂日本人善戦、令我輩助攻、旋聞事捷不果往、中路而還、因此久留、今年四月十七日、始自可普者回船、因漂到朝鮮地方、見浮同船華人、半是自長崎偕往者、半是自可普随來者也。南蛮人則自甘河到可普者、因與同來者也。甘河未知何國地名云。

所謂可普者、以是華人所称柬浦寨、而未能詳知、其餘漂流被俘曲折、與助一相同[25]。
○名禄士叱巳倭名六助、年二十五、係長崎、所供與久右門相同。
○名昆道及非倭名助兵衛、年三十二、係平戸島所供、與久右門相同。
○名延時老倭名源十郎、年三十四、係長崎所供、與久右門相同。
○名敏應戒老、倭名孫六、年二十八、係長崎、前年二月分、華人黄廷、來居長崎已久、因家康命将往可普者、我亦略持銀両為買賣、乗唐船随往、四月間到可普者、留一年、今年四月、回船出来、因無便風、久在海中、六月十三日間、遇横風漂到朝鮮地方、始謂已到五島近處、忽見朝鮮兵船、掛帆走避、而無風不得發、因為所擒、其在可普者時、有唐船三隻、因買賣、亦來到、其船所騎、華人同騎乗船向日本、並為被擒、南蛮人則自甘河來到、亦與同船向日本、一時被擒、所供是實[26]。
○名恵伊奴右倭名平六、年十九、係日本京中、本居京中、前年二月、偕久右門到長崎、為買賣往可普者。今年四月為始回來、幾到日本、猝遇横風、漂到朝鮮地方被擒、其在京城、常見家康修築、伏見諸城六十六州、幾已平定、而唯義弘雄據西海道、不為屈伏、家康不敢力制、與之靖和國内、雖已平定而諸将承命號令、不及於秀吉生存之時故、如動兵等事、不敢生心耳。秀頼在大坂、家康在伏見、対馬島主、難於正朝冬至節日往来、微聞島主與朝鮮有講話事、家康亦知此事、閭閻間、頗有言者、此外之事、迷劣幼少之人、不能詳知、所供是實[27]。
○名殺照倭名與三郎、年二十三、係大坂、常在大坂、以買賣為業、而賈利不售、適前年二月間、長崎居黄廷、新造唐船、将往可普者、而其處買賣多利云故、随黄廷而去、留一年、今年四月回船、未到日本、遇横風漂到朝鮮地方、忽見板屋二隻、始出洋中、初欲乞降唐人二名、先為出送、則朝鮮兵船、相継圍立、砲矢交發、欲走避而無風不得發、因為被擒、其離大坂、在於癸卯十二月、國中近日之事、未能知之、其時家康、方往在食邑、似聞秀頼之年所至十五、則家康欲以國事、推與秀頼而退去、其在可普者時、有日本船、追後來泊、自言九月離日本、問本國事情、則義弘與家康通好、家康喜甚、以肥前州、割給義弘云。他餘事則不能詳知、所供是實。[28]

○名沈丙、倭名新兵衛、年二十八、係大坂、所供與殺照相同。

○名時完道、倭名善次郎、年二十二、係日本京中、前年七月、離日本京中、九月到長崎、以買賣事、發船向中原、洋中遇風敗船、適値漁採唐人得生、順騎向南蛮商船、到甘河留未幾、又乗商船、到可普者、仍與黄廷相遇、同乗其船、還向日本、猝遇横風、漂到朝鮮地方、因為被擒、他餘事情、迷劣不能詳知、所供是實。[29]

○名朴右老、倭名真五郎、年三十四、係長崎、所供與孫六相同。

○名下吾老、倭名宗次郎、年二十七、係長崎、所供與真吾郎相同、而且因病甚、不能詳知。

○名時臥、倭名黒三郎、年五十、係長崎、本以漁採格軍為業、而與黄廷同船、以買賣事、往于可普者回這時、遇風漂到朝鮮地方、因為被擒、他餘事情、迷劣不能詳知、所供是實。

○名沙未許、倭名三右衛門、年二十二、係山口州、以買賣為業、與義父鬪詰、迯往長崎、適遇黄廷、以興販乗船、往于可普者、回還時遇風漂到朝鮮、因為被虜、他餘事情、年少迷劣、不能詳劣、毋是朝鮮人、被虜入往倭國云。而其間曲折、不得詳知、所供是實。

○名通沙毛老、倭名藤三郎、年二十六、係博多州、所供與孫六相同。

○名敏戒里道、倭名孫次郎、年二十五、係長崎以格軍為業、迷劣太甚、不知事情、所供是實。

○名兼音璧只、倭名源兵衛、年二十、係長崎、所供與孫六相同。

○名小汝文、倭名十右衛門、年三十三、係薩摩州、以買賣事、往長崎、與黄廷乗船、往可普者、回還時未到日本、洋中遇風、漂到朝鮮、因為被擒矣。前年二月、離薩摩州、其前聞見、義弘與家康相抗、家康送人請和、義弘自称年老、以倉邑傳于其子又八郎、八郎将入朝日本京城云々。其後事情、不能詳知、所供是實。(30)
○名魯延所、倭名孫三郎、年三十三、係長崎、所供與孫六相同。
○名道吾麻、倭名與平衛、年三十七、係長崎、所供孫六相同。
○名五沙汝文、倭名毛左衛門、年二十九、係河内州、所供孫六相同。
○名平里道老、倭名真三郎、年二十七、係博多州、所供與藤三郎相同。
○名善叱多、倭名善太、年二十九、係平戸、所供與藤三郎相同。
○名阿叱道右、倭名安道右、年十八、係長崎、所供與孫六相同。
○名道未、倭名同、年二十八、係長崎、所供與孫六相同。
○名敏潔、倭名與十郎、年二十八、係長崎、所供與孫六相同。
○名要時智老、倭名與七郎、年十七、係沙浦、所供與孫六相同。
○名馬多時官、倭名新次郎、年三十八、係長崎、所供與孫六相同。甲辰七月初五日。(31)

朴右老、倭名助一は年齢二四歳。対馬島の出身で、日本西海道肥前州長崎に居住した。壬寅年即ち万暦三〇年、慶長七年（一六〇二）の二月に長崎に居住していた唐人蔡澤、李弘烈、鄭瑞南、黄廷、魯春そして薩摩州に居住している黄春等と倭人とともに、二艘の唐船と、肥前州の倭小船一艘と船団をつくり東埔寨に赴いたところ同地で上述の唐人温進と遭遇したのであった。

ここに述べられた日本人の供述を総合すると、万暦三〇年、慶長七年（一六〇二）二月に貿易のため長崎に居住していた唐人の蔡澤等と薩摩に居住する唐人の黄春等と日本人とが共同で、唐船二艘と肥前州の倭小船一艘で柬埔寨に行き交易し日本に戻るさいに、上述の唐人温進等に会い共同で貿易を行ったことが知られる。

これら日本人の供述の中で特に興味を引くのは尼隠之右倭名久右門のものである。彼は日本名が久右門で二二歳、長崎の人であった。中国人黄廷に伴い、可普に赴き、同地において交易で得たものを、帰国後、徳川家康に献上したところ、家康が極めて喜んだとある。そして家康は即座に銀子五〇〇両を出して象牙五対・犀角一〇対・甘蜜一〇〇斤・蠟燭などの交易を命じたため、黄廷が家康に「願わくは内府の文字を得てゆかん」と家康に海外貿易許可のための異国渡海朱印状の下付を求めたのであった。これに対して家康も「当臨爾發行成給」と即座に海外貿易許可書の発行に応じた様子が具体的に述べられている。そして、さらに注目されることは徳川家康が朱印状の下付の他に、貿易資本の一部として銀五〇〇両を提供している点である。このことが行われたのが「壬寅六七月間」とある。壬寅即ち慶長七年（万暦三〇、宣祖三五＝一六〇二）の六～七月頃のことで徳川家康が「内府」と尊称されていた時代であった。

『當代記』巻二、慶長元年（万暦二四、宣祖二九＝一五九六）の条に、

此春家康公を被任内大臣、自是内府公と申也。[32]

と記しているように、徳川家康は慶長元年の春に内大臣になり慶長八年（万暦三一＝一六〇三）二月に征夷大将軍に補任されるまで内大臣として「内府」と呼称されていたことから、久右門の供述は信憑性が高いと考えられる。[33]

さらに『當代記』巻三、慶長七年（万暦三〇、宣祖三五＝一六〇二）の条に見られるように、慶長七年五～六月頃に交趾から虎・象・孔雀などがもたらされたと記されている。この記録はあるいは、黄廷等の船に加わった久右門の供述の内容に関連するかもしれない。[34]

さらに『謄録類抄』邊事、宣祖三七年（万暦三二＝一六〇四）に下記の記録が見られる。

唐人供招〇名王已洪供稱、年二十九歳、係潮州府依関白丁、十六歳時、與同件阿弟等、於潮州海上釣魚、被薩摩州倭寇先不知名、後知是太郎衛門虜去。随往十三四年、今年正月不記的日、倭人如左衛門、率漢人七名、朝鮮人二名、倭子五十名、并他船三隻、往呂宋地方、做買売蘇木・白絲各色彩段皮革物貿換了。當於五月初六日、自呂宋開船。六月十五日、遭猛風颶作。将船柁及桅、盡行破折、此上失難原往三船。二十九日夕、漂到不知地名懸島岸邊。翌日未明、朝鮮戦船来到、放砲接戦、本船倭人等、将原貿貨物、乞行投降。朝鮮将士、一向攻打、丸矢如雨、伊倭抵敵不支。已洪伏在船倉、不知朝鮮船数幾何。随被朝鮮軍人起火焼船、已洪堕水遊泳、用華語叫活。朝鮮軍人、以小船拯出。認實華人解送。前来於戦時倭人等、良久力戦、或被焼或被丸矢。倭人四十餘名與漢人五名、朝鮮人一名、一時戦死、倭船既被焼燬、所蔵物件、亦盡焚溺。已洪在薩摩州時、聴得太守平義弘及其子又八郎、倶在本州云。其餘事情、未能問知、所供是實。

〇名陳可用、供稱年三十歳、係漳州府海澄縣白丁、二十六歳時、跟同張水賛船隻、充水梢往呂宋做買賣、被道原倭人安頓槍去為奴。本年正月不記的日、隋倭人如左衛門、往呂宋貿換物貨回来時、在海漂風事情、與王洪供同。日本事情、被虜未久。未能問知。所供是實。

〇我國人供招〇羅州水軍朴忠小年十八歳、白等矣身亦右水営水軍以使内白如乎。丁酉年月日不記。霊岩月出山避乱隠匿、為倭賊所虜、務安地夢丹浦口、乗船入帰。日本國長崎下卸。転往平戸地方。随本處商倭、居住使喚為白如可。上年十二月日不記、倭人阿尼守、帯同矣身及漢人七名、倭人五十名、前往呂宋、貿換蘇木・彩段等物。回来在海遭風、漂到白島外岸。倭人等相謂曰。此必朝鮮地面、即撥回白乎矣。無便風不得發船、第三日未明、我國戦船六隻、一時圍抱、放砲發射、終日攻打、倭人等、盡力拒戦、不能支吾、或自投水中、或被丸矢。幾盡殺死、有一漢人、寫出乞降文書、繫于竿上、以示我國人、我國以為、而船相戦、則不無意外之変、不可取信是如、仍加厮殺、矣身及漢人二名、日本事情段、年少迷劣人、以詳知不得、所供是實。

○倭人供招○名倭人皮古口老年二十六歲、係長崎人、本年正月二十四日、随同頭倭阿禮伊守装船六隻、前往小琉球、貿換諸雑貨物、儘船装載、五月初八日、一斉開船、六月十四日間、撞遭狂風、船柁及中桅、盡行羅折、此上失難五船、二十日夕、漂到懸島岸邊、不知何處地名、翌日未明、朝鮮戦船六隻、斉到攻打、丸矢如雨、俺每五十人及漢人七名、朝鮮人二名、将原装物貨、揚于船上、乞行投降、朝鮮将士、一向急撃、在船之人、幾盡死傷、又被起火焼、俺等五人、堕水遊泳、俱各生擒、載船物貨、焼溺無存、日本事情、秀吉之子秀頼、今已十三歲、堪可為政、諸酋言於家康、宜亟還政、家康以為、秀頼年未壮、先将西邊三十三州、使秀頼治之、東邊三十三州、俺當自治、第待秀頼長成併還云々。諸酋以為。宜速盡還、而家康所占、委属未便、因此頗有不平之意、各加是備、薩摩州守平義弘、年前與家康、雖已結和、尚有疑畏之心、只令麾下、往設羈縻而已。且聞対馬島倭人等、逓年三隻、往来朝鮮、略行買賣、他日和事得成、則近島倭人、亦将通貨朝鮮、得以資活、頗有喜幸之意云。餘無別情、所供是實。

○名達老汝文年二十七歲、係堺人、本年正月二十四日、随同頭倭阿禮伊守、前往小琉球買賣、回還在海遭風、漂到朝鮮、仍被擒獲緣由及日本事情、俱與皮古口老供同、所供是實。

○名之瑗年二十三歲、係長崎人、生纔一歲、随父母入帰甘河、與南蛮人住活、年十三歲時、又随父母、搬到長崎、之瑗逓年做買賣、以船為家、其住長崎、一年不過数十日。日本事情、全未領會、其他被擒緣由、與皮古口老供同、所供是實。

○名汝一郎年十八歲、係薩摩州人、本年正月日、前往小琉球買賣緣由及漂到被擒事情、與皮古口老供同、日本事情、則薩摩州守平義弘、與家康構隙、時福島大夫居中和解、義弘子又八郎、壬寅年分、前到家康處、結好而還、其心猶懐疑弐云。餘無別情、所供是實。

○名半左郎年十七歳、係長崎人、供與汝一郎相同、日本事情。年少之人、未能詳知、所供是實[35]。

ここで供述している王巳洪は広東省潮州府治下の漁民であったが、薩摩人に拉致され、日本で暮らし、日本の貿易船でルソンに赴き、帰帆するさいに遭難して朝鮮半島に漂着している。福建省漳州府海澄縣の人である陳可用の場合も同様にルソンに赴く日本の貿易船の水夫として乗船していた。朝鮮人の朴忠小は朝鮮の水軍に属していたが倭賊に拿捕され転売され後に日本の貿易船に乗船してルソンに赴き、帰帆の途上に遭難した。

漂着日本人等の供述では頭目「阿禮伊守」の指示のもとに、「小琉球」（台湾のことと考えられる）へ貿易に赴き帰帆の途上で遭難している。この場合は長崎人三名、堺人一名、薩摩人一名であるが、この中の「之瑗」は変わった経歴をもつ人物である。彼は二三歳で長崎の人であるが、生後一歳で、父母に従って「甘河」即ちマカオに渡り、マカオでポルトガル人等と生活していたが、一三歳の時に、父母に従って、長崎に至った。そして彼は長らく貿易に従事し、あたかも船が家のような生活であった。長崎に暮らしているのは一年のうち数十日に過ぎないと述べているように、マカオで暮らしたことが、外国貿易に欠かせない外国語の習得を高め、そのことがまた彼を海外貿易に従事させるようになったことは想像に難くない。

四　小　結

上述のように一七世紀初期における東アジアの海外貿易の実状の一端を述べた。とりわけさまざまな理由で、主には倭寇に拉致されて日本に渡来することになった中国人や朝鮮人も加えた形態で日本の朱印船が運営されていた実態の一端が、上記の漂着資料には如実に語られているといえるであろう。

これらの記録には、先学の明らかにされた朱印船貿易関係の資料には見られない具体的な姿が知られるといえるであろう。ことに上述の朝鮮史料に記録された中国商人・ポルトガル商人・日本商人が乗船していた朱印船の朝鮮漂着に関する供述からは、一七世紀初頭、明末の中国・日本・東南アジア地域を含めた広域に及ぶ海上貿易の形態が知られるのである。福建商人・浙江商人の海上貿易の実情、倭寇による中国人の捕縛と人身売買の実態、ポルトガル商人のアジア貿易の側面、在日唐人すなわち華僑による日本の海外貿易への参画、日本商人の朱印船貿易の実情などが当時の史料に記録されることは皆無に近いものといえる。とりわけ徳川家康が在日唐人と日本商人との共同による朱印船貿易に五〇〇両の資金を提供していた具体的事実が知られる。朱印船貿易の資本総額は一般に五〇〇貫とされ、ほぼ五〇〇〇両に相当することから[36]、徳川家康が黄廷等の東浦寨貿易に提供した五〇〇両は資本総額の一〇%に相当する投資であったことが推定されるのである。

(1) 『稀見中国地方志匯刊』第三三冊、中国書店、一九九二年一二月、四三一頁。
(2) 福建海商に関連する成果としては傅衣凌『明清時代商人及商業資本』(人民出版社、一九五六年七月第一次印刷、一九八〇年七月第二次印刷)、林仁川『明末清初私人海上貿易』(華東師範大学出版社、一九八七年四月)、李金明『明代海外貿易史』(中国社会科学出版社、一九九〇年四月)などの専著がある。
(3) 『燕行録選集』下冊、成均館大学校大東文化研究院、一九六二年一二月、三一頁。
(4) 松浦章「徽州海商王直と日本」、『栃木史学』第一三号、一九九九年三月、二〇～三四頁。
松浦章「徽州海商王直與日本」、『明史研究』第六輯、一九九九年五月、一四一～一四七頁。
(5) 傅衣凌『明清時代商人及商業資本』、人民出版社、一九八〇年七月第二次印刷、一〇七～一六〇頁。
(6) 林仁川『明末清初私人海上貿易』、李金明『明代海外貿易史』、松浦章「十七世紀初における欧州人の見た中国船の南

海貿易」（『東方学』第八五輯、一九九三年一月）。
（7）松浦章「李朝時代における漂着中国船の一資料――顕宗八年（一六六七）の明船漂着と「漂人問答」を中心に――」、『関西大学東西学術研究所紀要』第一五輯、一九八二年三月。
（8）傅衣凌『傅衣凌治史五十年文編』、厦門大学出版社、一九八九年一二月、三四五頁。
（9）『明実録』、中央研究院版、五二〇〇頁、中文出版社版、八七七一頁。
（10）『李朝実録』巻一〇三、中宗三十九年七月己未（二十二日）条。
（11）『明実録』、中央研究院版、五六二二頁、中文出版社版、八八七七頁。
（12）同書、中央研究院版、五八〇四～五八〇五頁、中文出版社版、八九二二～八九二三頁。
（13）同書、中央研究院版、五九六三頁、中文出版社版、八九六二頁。
（14）『四庫全書存目叢書』集部、第一七六冊、荘厳文化事業有限公司（台南）、一九九七年六月、二九一～二九一頁。
（15）岩生成一『新版 朱印船貿易史の研究』、吉川弘文館、一九八五年一二月。
（16）大韓民国文教部国史編纂委員会編『各司謄録』六六、民族文化社、一九九三年一〇月、二三～三四頁。
（17）中外交通史籍叢刊『東西洋考』、中華書局、一九八一年一月、四八～四九頁。
（18）前掲『各司謄録』六六、三四頁。
（19）史籍雑纂『當代記　駿府記』、続群書類従完成会、一九九五年一〇月、七八頁。
（20）同書、八九～九〇頁。
（21）同書、九六頁。
（22）岩生成一『新版 朱印船貿易史の研究』六〇～六五頁。
（23）前掲『各司謄録』六六、三四～三五頁。
（24）同書、三五～三六頁。
（25）同書、三六～三七頁。
（26）同書、三七～三八頁。
（27）同書、三八頁。

(28) 同書、三八〜三九頁。
(29) 同書、三九頁。
(30) 同書、四〇頁。
(31) 同書、四一頁。
(32) 史籍雑纂『當代記　駿府記』六八頁。「東照宮御実記」巻四・慶長元年五月八日条には「君(家康)内大臣にのぼらせ給ひ正二位にあがらせられ」とある。新訂増補国史大系『徳川実記』第一編、吉川弘文館、一九八一年一〇月、六一頁。
(33)『當代記』巻三・慶長八年二月の条「此比内府公可有将軍成云々。然而二月十二日、征夷将軍有勅使」(史籍雑纂『當代記　駿府記』七九頁)。
(34) 前掲『當代記　駿府記』七八頁。
(35) 前掲『各司謄録』六六、四三〜四七頁。
(36) 岩生前掲『新版 朱印船貿易史の研究』三〇七〜三一九頁。

第二章　明代末期中国商船の日本貿易

一　緒　言

明の隆慶（一五六七〜一五七二）初年に、倭寇の害があるとされた日本への渡航を除き、海禁が緩和された。[1]明『神宗実録』万暦二五年（一五九七）一一月庚戌（一三日）の条に、

前撫塗澤民議開番船、許其告給文引於東、西諸番貿易、惟日本不許私赴。

とあるように、嘉靖四五年（一五六六）より隆慶三年（一五六九）まで福建巡撫であった塗澤民[2]の議により通行証明書の「文引」交付によって東西洋への海外貿易を許可したため、中国沿海の多くの貿易船が海外に進出した。だが、日本への渡航は許されなかった。

しかし、中国の海商はその禁令を犯して日本に来航している。その例として、明『神宗実録』万暦三八年（一六一〇）一〇月丙戌（一五日）の条に、

近奸民以販日本之利、倍於呂宋。

とあり、この当時奸商が海外貿易によって獲得する利益が、呂宋フィリピン貿易よりも日本貿易のほうが遙かに大きいと見られていたことからも明白であろう。

事実、明『神宗実録』万暦四一年（一六一三）一〇月朔日（一日）の条に、

浙江嘉興縣民陳仰川、杭州蕭府楊志學等百餘人、潜通日本貿易財利。

と、日本への渡航禁止を犯した海商等が明朝官憲に捕獲されている。

これらの中国海船が日本への来航の地としたのは、主に南九州の薩摩、現在の鹿児島県の港であった、それは、当時薩摩の国主であった島津家が対外貿易に積極的であったことによる。[3]

このため、万暦二〇年（一五九二）頃に著されたとされる侯継高の『全浙兵制考』附録『日本風土記』[4]巻二、商船所聚には日本の三大港の第一に、薩摩の坊津をあげている。

國有三津、皆通海之江、集聚商船貨物、西海道有坊津地方、有江通海、薩摩州所属、……三津惟坊津爲總路、客船往返、必由此地。

とあるように、坊津[5]のほか、筑前の花旭塔津（はかたつ、博多、現・福岡県博多市[6]）、伊勢の洞津（あのつ、安濃津、現・三重県津市[7]）の津があげられているが、中国大陸に近い薩摩の坊津が中国船の最重要港と見られていた。

慶長一四年（明・万暦三七＝一六〇九）に一〇隻の中国船が薩摩に来航した。このうち三隻の積載貨物の目録が知られる。そこで本章は、明代末期に中国船より日本に舶載された貨物がどのようなもので、日本でどのような用途に利用されたかを考察してみたい。

二　明代末期の対日貿易船の積荷

慶長一三年（万暦三六＝一六〇八）、薩摩に中国船が来航した。そして翌年に薬剤等の舶載を島津氏は要請している。そのことは『通航一覧』巻一九九に見える。

慶長十三年戊申年、薩摩國に唐船渡来の事、國主島津少将家久言上す。則薬種の御用を命せらる。明年同人よりまた、同國に着岸の船主出す所の貨物目録を捧く。(8)

とあり、慶長一三年の島津氏の要請に対し、中国船が翌一四年（万暦三七＝一六〇九）に来航した。その時の様子は、『異國日記』四に、

慶長十四酉年九月二十四日、於本丸上州被仰渡候ハ、薩摩へ船十艘著候、其船ニ積候賣物共、面々ノ船頭ヨリ目録ヲ上候、カナにつけ候へと御申て十通渡被下候、……其目録ノ内、三通留書ヲシテ置候、残リ七通大略同篇ナル故ニ不留書也。船頭ハ皆別人也。(9)

とある。慶長一四年九月二四日までに、薩摩に来航した中国船一〇艘のうち、三艘の積荷目録が知られる。一〇艘の船主はすべて別人であった。残された三艘の積荷目録を以下列記してみることにする。便宜上、各積荷目録に①～③の番号を付けた。(10)

①薛榮具船積荷目録

上書　　鹿児島著船

緞　　幾端トアリ、どんす
綾　　りんず
絹　　きぬ
天鵝絨　　びろうど
胡糸　　いと
絲線　　いと

氈條　もうせん
絲調
白糖　しろさたう
黒糖　くろさたう
尺盤　ちゃわんのはち
花碗　ちゃわんの物
魚皮　さめ
薬材
　川芎
　甘草
　皀香
　烏薬
　皀礬
　麻黄
　江子
慶長拾肆年漆月拾陸日
　船収鹿児島
　　　船主　薛榮具　判

陳　鳴　判

如此折本也、立ハ紙立也、ハ、ハ三寸五分五厘

②陳振宇船積荷目録

上書

七月初二日、到坊津澳唐船、装載貨物開具

鍛　どんす

綾　りんず

青紬　さや

光素

素綾　りんす

絲紬　さやカ

紬　同　さや

帽料　かふり物の類カ

素紬　さや

藍紬　同　さや

合計六百三三匹

天鵝絨　びろうど

胡糸　しらいと
毛毡　もうせん
扣線　いと
水銀　みづかね
白糖　しろさたう
黒糖　くろさたう
密　みつ
川芎
山莓蒔
甘草
甘松
魚皮　さめ
墨　すみ
碗　ちやわん
礬
人参
酒盞　さかつき
扇　あふき

傘　　さしかさ

土人仔

唐船主　陳振宇

陳　徳

おく書也、折本也ニシテ立ハ紙立也、ヨコハ三寸五分五厘

③何新宇船積荷目録

上書

大明船貨物開具

湖糸　しらいと

綾、緞、紬絹　りんず、どんす、かいき色々

金線　よりきんのいと

天鵝絨　びろうど

氈條　もうせん

書冊　物の本

鹿皮　しかかわ

青布　さいみのぬの

碗喋瓶　ちやわんびん

鯊皮　　さめ
巴荳
緑礬
薬材　　五担
船主　何新宇
客人　謝玉堂　陳仰堂　林文岩　龔愛峰
　朱仰雲　余儆寰　等共四十人　新宇　判
おく書如此

以上、三隻の薩摩来航中国船の積荷目録を記した。次に積荷の内容について考察してみたい。

三　中国産輸入品の用途

上述の中国船によって日本へもたらされた中国製品は、日本においてどのような用途に使用されたのであろうか。これらの輸入品の用途に関して、『全浙兵制考』附録『日本風土記』巻一、倭好に記された記事が当時の状況を簡略ながら如実に記している。そこで「倭好」の記事を参考に輸入品の日本での用途について述べてみたい。

「倭好」の最初に記されているのは、糸である。

絲、所以爲織絹紵之用也。蓋彼國自有成式花様、朝會宴享、必自織而後用之、中國絹紵、但充裡衣而已、若番船不通、則無絲可織、毎官斤、直銀五、六十兩、取去者其價十倍。

とある。糸を輸入して絹織物を製織した。その絹織物は日本では朝会や宴席における正装として着用する高級の衣服として使用された。これを製作するには中国産の絹糸が必要であり、中国産の生糸の輸入がなければ、高級絹織物は生産できなかった。このため中国生糸は一〇〇斤につき銀五〇～六〇両もの値段になっていた。

上述の積荷目録①②にいずれも「胡糸」とあるが、③の湖糸の如く浙江省湖州府産の生糸・湖糸を指したものと考えられる。

当時の糸の価格であるが、乾隆一二年（一七四七）の『呉江縣志』巻三八、生業の綾紬之業の項に記された嘉靖期のものが参考になるであろう。

明、嘉靖中……絲毎兩二分。

とある。嘉靖（一五二二～一五六六年）中には一両（約三七グラム）につき銀二分（約〇・七四グラム）であった。

『天下郡國利病書』原編第二六、福建の条に見える崇禎一二年（一六三九）三月の給事中傅元初の「請開洋禁疏」では、

中國湖絲百斤、値銀百兩者。

とあるように、一〇〇斤（約六〇キログラム）は銀一〇〇両（約三・七キログラム）に達した。

上記の絲価格は、質等の考慮を除外して、単純に比較してみると、『呉江縣志』の記載、即ち中国の原産地の絲の価格を一とした時、日本へもたらされた時の価格は一・八五倍、フィリピンでは三倍に達したことになる。

「倭好」は次に糸綿について記している。

絲綿、髠首裡裎不能耐寒、冬月非此不煖、常因匱乏、毎百斤、價銀至二百兩。

とある。糸綿は冬の耐寒衣料として使われていた。常に不足するためその価値は絲の三倍から四倍に達した。

「倭好」はついで布を記している。これに関して積荷目録の③に青布が見える。

布、用爲常服、無綫花故也。

とあり、当時日本ではまだ綿花栽培が普及しておらず、中国船によって一般的衣料として綿布が舶載されていたのである。

そして、「倭好」は綿紬を記している。

綿紬、染彼國花様、作王衣服之用。

とある。これは日本でいう「つむぎ」の類の絹織物であり、中国では、日本向けにあわせて、その模様を染色していたことを示唆する記事である。

さらに「倭好」は錦繍について次のように記している。

錦繍、優人劇戯用之、衣服不用。

とあるように、演劇人が舞台等での芝居用の衣装として使用するもので、日常の衣服としては使用されていなかった。

この他、「倭好」には、繊維関係の品として紅線が記されている。

紅線、編之以綴盔甲、以束腰腹、以爲力帯、書帯、書帯之用、常因匱乏、毎一斤、價銀七十兩。

とある。紅線は積荷目線では③の金線がそれに該当するものと考えられる。紅線は甲冑等の武具の縫製用の糸として使用された。中国船による舶載品は一斤につき七〇両もする高級品であった。かなり丈夫なものであったと思われる。

積荷目録の②に水銀が見られる。「倭好」では、

水銀、鍍銅器之用、其價十倍中国、常因匱乏、毎百斤、賣銀三百兩。

とあり、銅器を製造するさいの鍍金用に輸入されていた。日本でも産出したが、国内の需要に対応できず、中国船によって舶載されていた。その価格は一〇〇斤にたいして三〇〇両に達する高価な金属であった。

積荷目録に各種の焼き物、尺盤、花盤が見られる。「倭好」は磁器として次のように記している。

磁器、擇花様而用之、香炉以小竹節爲尚、碗喋以菊花稜爲尚、碗亦以葵花稜爲尚、制若非觚、雖官窰不喜也。

とある。日本で好まれた磁器の模様は花、特に菊・葵などを描いたものであった。香炉は竹に似た形式のものが好まれたことが如実に知られる。明政府の御器廠、即ち御用窯の製品であっても、日本では特に好まれなかったことが分かる。

積荷目録の③に書冊がある。「倭好」にも古書が記されている。

古書、五經則重書・禮、而忽易・詩・春秋、四書則重論語・學・庸、而惡孟子。重佛經・道經。若古醫書、毎見必買、重醫故也。

とある。書籍は五経のうち、書経・礼記を重視し、易経や詩経や春秋をゆるがせにしていた。四書では論語や大学や中庸を重視し孟子は嫌われた。孟子が日本で特に好まれなかったのは、革命の書という評価が広く普及していたためと考えられる。「倭好」には、その一面が如実に現れている。また仏典や道教の経典も好まれた。とりわけ医学書は必ず購入したことが知られる。江戸時代前の日本人の購書籍の実績が知られ極めて興味深い。

積荷目録の品目数のなかで最も多いのが薬剤である。「倭好」にも薬材として記されている。

薬材、諸味倶有、惟無川芎、常價一百斤、價銀六、七十兩、此其至難至貴者也。其次則甘草、毎百斤、二十金以爲常。

とある。薬剤のなかで、当時の日本で最も需要度が高かったのが川芎であった。積荷目録の①②にも見える。川芎はセリ科の多年草で、日本でも古く中国から伝えられていたが、中国産のものが珍重されていたと考えられる。川芎の根茎を煎じて鎮静剤等々、多方面に薬用として使用されていたと考えられる。輸入品は一〇〇斤が六〇〜七〇両もした。

甘草も積荷目録の①②に見える。川芎に次いで高価なものであった。甘草は中国北部に産するマメ科の多年草であるが、その根が鎮痛・鎮咳剤として利用された。甘草は一〇〇斤が二〇両と川芎の三分の一であった。江戸時代前の日本人が渇望した中国産の薬剤、漢方薬は主に川芎・甘草であり、江戸時代以降の需要とは様相を異にする。これは一つに、李時珍の『本草綱目』[11]が日本に船載され、薬剤に対する認識が大きく変化したことによるためと考えられる。この意味でも、『日本風土記』の「倭好」の記事は、漢方薬に対する日本における重要度の趨勢を知る貴重な手がかりを与えてくれるといえるであろう。

この他、『日本風土記』の「倭好」には、上記の積荷目録に見られない商品が記されている。以下述べてみたい。

針、女工之用、若不通番舶、而止通貢道、毎一針、價銀七分。

と、縫製に必要な針も中国から輸入されていた。針一本が銀七分もする高価なものであった。

鐵錬、懸茶壺之用、倭俗客至、飲酒之後、喫茶啜已、即以茶壺懸之、不許着物、極以茶爲重故也。

と、中世末期より日本で急速に普及した茶道に使用される茶壺も輸入されている。

鐵鍋、彼國雖自有而不大、大者至爲難得、毎一鍋、價銀二両。

と、鉄鍋の大型のものの生産が日本では困難で、中国製品が極めて好まれていた。一鍋が銀一両もする高価なものであった。

中国製の鉄鍋が日本で好まれていたことは、『長崎オランダ商館の日記』にも見え、一六四二年（寛永一九）に長崎に来航した三四隻の中国商船によって「支那鍋　七、八三〇箇」とある。[12] 一六四六年（正保三）に来航した広東船は一隻で「鉄鍋四、〇〇〇箇」を積んでいた。[13]

中国製の鉄鍋は日本のみならず、東南アジアの各地でも好まれていたようで、『バタヴィア城日誌』の一六五七年（明暦三、清・順治一四）二月一八日の条に、中国の福建の厦門から来航した船が「各種鐵鍋三千箇」を積載していた。[14]

中国製の鉄鍋が好まれていたことは、清代の官吏の奏摺からも知られる。

見雍正七、八、九年造報彝船出口冊円、毎船所買鐵鍋、少者自一百連至二、三百連不等、多者身買五百連、併有至一千連者、其不買鐵鍋之船、十不過一、二。[15]

とあるように、雍正七～九年（享保一四～一六＝一七二九～三一）に広東より出港した貿易船の八、九割が鉄鍋を積載し、その量は少ないものでも一〇〇～二〇〇、三〇〇箇を載せ、多いものでは一〇〇〇箇も積載していた船があった。

このような鉄鍋の用途として、料理のためだけでなく、

各項鐵鍋、名雖煮食之器、其實一經鎔煉、各項器械、無不可爲。

とあるように、良質の鋼鉄を造る素材として利用されていたのである。[16]

『日本風土記』の「倭好」には、貨幣に関しても記している。

古文銭、倭不自鋳、但用中國古錢而已、毎一千文、價銀四兩、若福建私新錢、毎千價銀一兩二錢、惟不用永楽・開元二種。

江戸時代以前の日本では中国の古銭が好まれ、福建の私铸銭でも明朝の銅銭の約三分の一の価値があった。永楽

通宝と唐代の開元通宝はなぜか用いられていなかったとしている。考古学の発掘報告による事実と合致しないように思われる。

『日本風土記』の「倭好」にはさらに、

古各畫、最喜小者、蓋其書房清潔、懸此以爲清雅、然非落款圖書不用。

とあり、中国絵画の小さいものが好まれていた。しかし落款の無いものは価値が低いと見なされた。

古名字、書房粘壁之用、廳堂不用也。

とある。中国の書は、書斎などの装飾備品的に利用するために輸入された。

『日本風土記』の「倭好」には氈毬も名だけ記されている。さらに、

馬背氈、王家用青、官府用紅。

と、馬背氈が輸入されたが、朝廷では青色が、幕府では紅色のものが使われるため色を指定して購入された。

粉、女人搽面之用。

とあり、女性の化粧用の粉も輸入されている。

小食蘿、用竹絲所造而漆飾者、然惟古之取、若新造則雖精巧不喜也。小盒子也。亦然。

と、小食蘿は竹を細く糸状にして編み、それに漆を塗った籠である。古く採取され保存した竹で作ったものが好まれていた。

漆器、文几、古盒、硯箱三者、其最尚也。盒子惟用菊花、稜圓者不用。

と、漆器は文几・古盒・硯箱の三つのものが好まれ、盒子の模様には菊の花が描かれたものが用いられていた。

『日本風土記』の「倭好」の最後の品物として醋の名のみが記されている。

そして末尾には次の按語がある。

按、其日本所貢倭扇・描金・盒子類、皆異物也。其所悦于中國者、皆用物也。是彼有資於我、而我無資於彼、忠順則禮之、悖逆則拒之、不易之道也。若徇其求、而愆期許貢、無端互市、斷斷乎不可。

とあり、日本産の扇や描金や盒合の類が中国で極めて好まれていたことが知られる。

四　小　結

日本への渡航が禁止されていたにもかかわらず、明代末期における海禁の緩和にことよせ中国商船は海上航行至便で、しかも貿易上も巨利が得られた日本へしばしば来航していた。とりわけ、日本寄港の中心地の一つが九州の薩摩であった(17)。

一六世紀末から十七世紀初めの日本は、戦国時代末期から江戸時代初期に当たる。この当時、日本へ来航した中国商船の積荷内容を検討してみると、一七世紀後半以降に長崎へ来航した中国商船の積荷内容(18)に比較して、積荷品の種類が少なく絹糸・絹織物・砂糖・薬剤を主とし、しかも薬剤を除き加工製品が中心であったことが知られる。

日本の中国からの輸入品を通じて、明代後期以降の商品経済の飛躍的発展により高度な商品を海外に搬出していた中国の経済力の一端を見ることができるであろう(19)。

他方、当時の日本が中国の精巧な製品を中心に受容していたのは、戦国末期から江戸時代初期にかけての日本社会が、社会経済的に成熟した江戸時代の中・後期に対し、産業構造が未成熟の段階にあったことを如実に反映していると考えられる。

（1）佐久間重男「明朝の海禁政策」、『東方学』第六輯、一九五三年七月。佐久間重男『日明貿易史の研究』、吉川弘文館、一九九二年二月。
（2）呉廷燮撰『明督撫年表』下、中華書局、一九八二年、五〇六頁。
（3）『鹿児島県史』第二巻、鹿児島県、一九四〇年七月、五八五～五八八頁。
武野要子『藩貿易史の研究』、ミネルヴァ書房、一九七九年六月、一〇六～一一三頁。

松浦章「明代海商と秀吉『入寇大明』の情報」、『末永先生米寿記念献呈論文集』、一九八五年六月。
（4）京都大学文学部国語学国文学研究室編『全浙兵制考　日本風土記』（一九六一年九月）所収の安田章「日本風土記解題」参照。成立時期が同時期で、同内容の書として、汪向栄・厳大中校注／李言恭・郝杰編撰『日本考』（中外交通史籍叢刊、中華書局、一九八三年五月）がある。本稿の史料の引用は前者によった。
（5）『坊津町郷土誌』上巻、坊津町、一九六九年一二月、一〇五頁。
（6）『福岡県史』第一巻・下冊、福岡県、一九六二年三月、四五四～四五五頁。
（7）『津市史』第一巻、津市役所、一九五九年四月、四～五頁。注(5・6・7)の前掲書は全て「三津」の出典を万暦四七年（一六一九）に成立の茅元儀の『武備志』巻二三一、占度載、四夷九、日本の「津要」によっているが、さらに上述のように二七年ほどさかのぼりうる。
（8）『通航一覧』刊本第五、二四一頁。
（9）『大日本史料第一二編之六』、東京帝国大学、一九〇四年一二月、五一七～五一八頁。
（10）『大日本史料第一二編之六』五一八～五二一頁。
（11）『本草綱目』は万暦二四年（一五九六）金陵本初版、万暦三〇年（一六〇二）江西本刊行。
（12）村上直次郎訳『長崎オランダ商館の日記』、岩波書店、一九八〇年九月第二刷、一九八頁。
（13）永積洋子編訳『唐船輸出入品数量一覧一六三七～一八三三年』、創文社、一九八七年二月、三九頁。
（14）村上直次郎訳注・中村孝志校注『バタヴィヤ城日誌3』、平凡社、東洋文庫二七一、一九七五年五月、一六〇頁。
（15）『宮中檔案雍正奏摺』第一九輯、台北・国立故宮博物院、一九七九年五月、七九頁。広東布政使司布政使楊永斌、雍正九年（一七三一）一〇月二五日付奏摺。

（16）笹本重巳「広東の鉄鍋について——明清代における内外販路——」、『東洋史研究』第一二巻第二号、一九五二年一二月。
明代中国の鉄鋼生産に関して、広東の中山大学歴史系明清経済史研究室黄啓臣氏の『十四—十七世紀中国鋼鉄生産史』（中州古籍出版社、一九八九年二月）がある。
（17）前掲『鹿児島県史』、武野要子前掲書、松浦章前掲論文。
（18）松浦章「清代における日本貿易船の積荷」、『横田健一先生古稀記念文化史論叢』下巻、一九八七年三月。
松浦章『清代海外貿易史の研究』、朋友書店、二〇〇二年一月。
（19）傅衣凌『明清社会経済史論文集』、人民出版社、一九八二年六月。
李龍潜『明清経済史』、広東高等教育出版社、一九八八年三月。
林仁川『明末清初私人海上貿易』、華東師範大学出版社、一九八七年四月。

第三章　明清時代における日本銀の中国流入

一　緒　言

明代後期から清代前半における中国には世界の多くの銀が流入していた。[1] その世界の銀の中に日本銀も含まれていた。[2] 日本銀の中国流入ということであるが、その代表的な日本銀が石見大森・但馬生野・佐渡相川・羽後院内等の銀山で一六世紀後半から一七世紀前半の時期が最盛期であったとされている。[3] このうち石見銀山から産出された石見銀にとって、どのような中国市場が考えられるかということについて見てみたい。

特に日本産の銀の海外輸出に関してはすでに小葉田淳氏の研究[4]などがあり、さらに新しい問題を発見することは困難であるが、視点を変えて海上貿易の面からこれまであまり注視されていない史料等をいくつかあげて検討してみたい。

二　明末の日本貿易と銀

石見の銀が海外へ流出した時期を小葉田淳氏は、天文二年（一五三三）神屋寿禎が博多から専門の者を連れてきてここで採掘した[5]ことによるとされている。このことから石見銀の海外輸出が主に中国向けに行われたと想定し、明朝の嘉靖一二年（一五三三）頃から万暦二九年（一六〇一）頃まで、西暦一五三三年から一六〇一年の期間を想定して、この時期の中国の特に商人の動向に関して述べてみたい。

明朝は頭初より海禁政策を施行したとされている。それは元末明初の頃から倭寇が中国沿海を襲撃することによる被害があり、その海防策の一環として海禁政策が行われ、それにともない中国商人の海外進出や、あるいは海外から来航する民間商人の貿易を禁じたのである。しかし、明の洪武帝の招諭政策もあり朝貢により海外諸国から来朝する使節は歓迎したのである。このような朝貢政策はその後の永楽帝の時代にも盛んに行われた。その後の歴代皇帝もその政策を遵守して明末まで、基本的にこのような姿勢をとっている。しかし明朝の後半以降になると、中国商人の海外貿易が緩和されたが、ただ、その中でも、やはり倭寇の元凶と見られた日本については従来通り渡航や貿易は禁止されていた。ところが中国商人の多くは南方の国々へ渡航すると称して日本へ来航し貿易を行っている。その契機になったのが隆慶期（一五六七～一五七二）とされている[6]。隆慶年間の前が嘉靖時代で、嘉靖年間の終りは倭寇、大倭寇時代とも呼称される日本とも関係のあった王直が活躍した時代に相当する。

隆慶初年に福建巡撫の塗沢民が日本を除いて他の諸国との海外貿易の緩和を求めた。その結果、福建を中心とする沿海の商人達は、盛んに海外に出かけて行ったのである。彼らは東南アジア方面にも行ったが、それはちょうどヨーロッパでいうところの「大航海時代」といわれる時代にあたり、東南アジアでヨーロッパ諸国の貿易船と出会うことになる。その一つの港が、ジャワ島の東部にあるバンタムである。バンタムでは、中国の生糸や絹織物などがヨーロッパ人の商人と交易されたのであった。万暦年間（一五七三～一六一九）の時代のことを書いた史料として王在晋の『越鐫』という書物があり、謝国楨氏が明代社会経済史に関する史料を収集した『明代社会経済史資料選編』[7]の中に一部掲載し、また厦門大学の中国社会経済史研究の傅衣凌氏も注目して厦門大学の学術雑誌『中国社会経済史研究』[8]に抽出している。

この『越鐫』の中に万暦年間のこととして、

福清人林清、與長楽船戸王厚商造釣槽大船、倩鄭松・王一、爲把舵、鄭七・林成等爲水手。金士山・黄承燦爲銀匠、李明習海道者也、爲之向導、陳華諳倭語者也、爲之通事。于是招來各販、滿載登舟、有買紗羅・紬絹・布疋者、有買白糖・磁器・果品者、有買香扇櫛・篦毡・襪針紙等貨。[9]

とあるように、福建省東部沿海の福州府に属す福清出身の人林清が、やはり福州に近い長楽縣の船舶所有者であった船戸の王厚商とともに大型海船を造り、航海士に当たる把舵という職に鄭松と王一を雇い、他に船員（水主）の鄭七・林成等とともに日本に赴いたとする記述がある。乗船者には金士山と黄承燦という人物を銀匠として搭乗させていた。さらに、航路に詳しい李明、それから日本語に詳しい陳華という人物を通事として乗船させている。日本向けの積荷としては、主に中国産品の絹織物とか、福建あるいはその南側に当たる広東省の潮州（スワトウ）あたりでも盛んにつくられていた砂糖類、それと必ずしも景徳鎮の磁器と特定することは困難かもしれないが、福建省でも有名な産地として、泉州府の内陸部の徳化のような磁器の産地があり、そういう地の磁器、それから果物類、おそらくはドライフルーツのようなものであったと考えられる乾燥果物や、香木の扇子や櫛、織物や縫い針などのものを積んで、日本へ渡航したのである。

さらに交易で得た日本産の銀が船上でどのように処理されたかについて、同書には、

所得倭銀、在船溶化、有炉治焉、有風箱器具焉。[10]

とあるように、日本で得たところの「倭銀」即ち日本産の銀を船上で溶解して持ち返るために、船には炉やフイゴのようなものまで搭載していたと記されている。

日本で手に入れた石見銀山産の銀などを帰帆中の船上で溶解したのは、中国帰港後直ちに各地への輸送や交換などをするさいの利便のためであったと考えられる。

この王在晋の『越鐫』の中では、日本で得た銀をどのように利用したかについては書かれていない。しかし中国風に適するように溶解し加工したとあることから、秤量通貨としての銀錠に整形されたことは確かであろう。日本銀が具体的にどのようにされたかが分かる珍しい記事である。

明代の海外貿易に関して明代末期の史料として顧炎武の『天下郡国利病書』に見える次の記事を掲げてみたい。

東洋則呂宋、其夷佛郎機也、其國有銀山、夷人鋳作銀錢獨盛、中國人若往販大西洋、則以其産物相抵、若販呂宋、則単得其銀錢。(11)

とあるよく利用される記事であるが、フィリピンに来航したスペイン人が、スペインと明朝との間では直接貿易ができないため、新大陸から太平洋を横断してくるガレオン船に積んできたのが南米産の銀であり、また鋳造されたスペイン銀貨であった。この銀貨などが、フィリピンのルソン島のマニラを中継地として中国へ流入したのである。一方、中国から絹織物などが逆の航路で新大陸へ、さらに同地を経由してヨーロッパにと渡っていったとされている。

この時期の倭寇の記事でよく利用される書物として、これまですでに指摘されている鄭若曾『籌海圖編』がある。その巻一二に、

日本夷商惟以銀置貨、非若西番之載貨交易也。福人利其値、希其抽税、買尖底船、至外海貼造、而往渡之。

とあり、日本人は銀を用いて貿易をするとして知られていた。それが他の国々地域とは多少異なっていたことが書かれている。この日本産の銀がおそらく石見産の銀に関係するのではないかと思われる。ただ、中国のさまざ

まな文献の中で日本の石見産の銀として特定できる史料としては、次に掲げる明代の姚士麟の『見只編』巻中に見られる記事である。

倭使小西飛来議封事、時以京営将佐楊貴緑為館伴、小西飛暱楊、有私覿之禮、如刀盒之類、一猶常見、惟銀銭多作人馬之状、更有銀一片、形類橡葉、厚二分、長七寸許、中有一脊、陽凸陰凹、両旁斜撃数槌、酷以葉効率、側有一印、長寸余、隠起三字、曰石州銀。皆中國字、惟州字斜飛耳。

ここに「石州銀」と漢字で刻字されていたと思われる記事が見られる。ここでは交易の対象としての銀錠ではないが、石州の銀と解釈すれば、漢字文化圏にもたらされることを承知の上で刻印されていたものであり、石見産銀が広く東アジアにもたらされたことは日本でも認識されていたと考えられる。

さらに「小西飛」とあり、この人物の持ち物の中の銀に「石州銀」の刻印のようなものが見られたということであるが、この時期はいつであるか考えてみたい。「小西飛」とあるのは、おそらく小西如庵、内藤飛驒守忠俊ではないかと考えられる。文禄二年（一五九三）に豊臣秀吉の朝鮮侵略があった後であるが、明国への講和使節に選ばれたのが飛驒守忠俊であった。彼はキリスト教に改宗しており、クリスチャンネームが「ジョアン」、その音訳から「如庵」という名前が付けられたと思われる。彼は、飛驒守であったため「小西飛」と省略されたと思われ、中国風に三字名に簡略化されたと考えられる。

「小西飛」が内藤飛驒守とすると、彼は文禄三年（一五九四）の一二月六日に北京に行き、そこで翌年の正月までの一ケ月あまり北京に滞在し、明との交渉に当たったわけである。ちょうど明国では万暦帝の時代であり、場所は北京のことだと思われる。即ちこの記事の最初の方に「倭使小西飛来たりて封事を議す」とあるが、豊臣秀吉の朝鮮侵略後、どのように対応するかを議論して、結局、講和した内容を持ち返ってきたため、秀吉がそれを知り、さらに明の使節と一緒に来たことを激怒したという話がある。その交渉に行ったさいのことだと思われる。北京で小西飛驒守と関係した京営の「将佐楊貴緑」という人物が、小西飛に対して「館伴」したとあるが、外交使節の接待役であったと考えられる。この両者の接触によって小西飛と楊貴緑は親しくなったようである。この二人の話の中に日本産の石州産の刻印が施された銀錠が出てきたのであった。

「石州銀」の形状は椽の葉の形に似ていて厚さが二分、長さ七寸ほどであったとされる。これは実際に計ったわけではなくて、目測したものを書いたと思われるが、この頃の石見産の銀は、それほどの大きさに鋳造されていたのではないかと思われる。島根県教育委員会文化財課係長の西山彰氏（一九九七年当時）の教示によれば、その可能性が強いという。

「石州銀」というように具体的に刻された銀を見た中国の人物として、この楊貴緑に注目する必要があろう。

三　中国への日本産銀流入の一側面

明代の中国に日本産の銀がどのように流入していたかについて具体的に解明することは極めて困難である。しかし日本産の銀だけでなく、中国に外国産の銀がどのような形で流入していったかについて述べてみたい。

明代の中国人の多くがフィリピンへ渡航した目的の一つが銀であったことは明代の人には良く知られていた。たとえば徐学聚の「初報紅毛番疏」(12)によれば、

　　漳人但知彼有銀、銀可欲、且其初易誑、可多致之。我販呂宋、直以有佛郎銀錢之故。與其貨於険遠之呂宋、而得佛郎之銀錢。

とある。初めに「漳人」とあるが、福建省南部の漳州の出身者である。現在の漳州は沿海から少し内陸部である

が、現在の厦門あたりも含んだ地域を指していたと思われ、厦門付近から船出していったことはおそらく間違いないであろう。この地域の人達が盛んに銀を欲しがり、それを求め「呂宋」とあるようにフィリピンに渡ったのであった。そこで「佛郎銀錢」を入手したのである。が、この佛郎、フランキーとはのちのフランスという意味ではなく、ヨーロッパ人のポルトガルやスペインを指していた。(13)

特にスペイン人が新大陸からフィリピンにもたらす銀貨を求めたのである。他方、フィリピンに来航してきたスペイン人達がもたらす銀貨が、マニラにおける中国貿易に大きな利益をもたらしたのである。(14) その状況は、一五七一年のレガスピによるマニラ支配から一六〇六年までのスペイン人によるフィリピン植民経営史であるモルガの『フィリピン諸島誌』の中にも書かれている。

チナ貿易はこの点からいっても、また、原住民がかつて行なっていた仕事や農業を今では放棄してしまい、忘れていっているという点からいっても、非常に有害であり、大きな損失となっている。その上、この貿易の窓口を通して、年々莫大な銀が異教徒の手に渡り、もはやいかなる経路からもエスパニヤ人の手に戻ることはないという大きな損害があるのである。(15)

マニラで行われる中国との貿易によって年々莫大な銀が、異教徒即ち中国人の手に渡り、もはやいかなる経路からもエスパニヤ人即ちスペイン人の手に戻ることはないという大きな損害があると書いているように、毎年大量の銀がマニラを中継地として新大陸から中国へ渡っていたのである。ここに述べられていることは中国でいえば明朝末期にあたる。

その傾向は清朝時代になっても同様に続いていた。康熙三九年（一七〇〇）の序のある屈大均の『広東新語』巻一五、貨語の銀の条に、

閩・粤銀多従番船而來、番有呂宋者、在閩海南、産銀。其行銀如中国行錢。西洋諸番、銀多轉輸其中、以通商故。閩・粤人多賈呂宋銀至廣州。(16)

とあるように、「閩粤の銀の多くが番船により来る。番とは呂宋であり、閩の南の海にある」とあり、「閩」とは福建のことであり、「粤」とは広東の別称であった。福建や広東に流通している銀の多くは外国船でもたらされていたとある。

この場合の「番船」は勿論、新大陸から直接来たというよりも海外の遠くへ行く船という意味と考えられ、フィリピンへ渡航していた中国船であった。主たる目的地がルソン、今のフィリピンのルソン島あたりをさす意味で使われ、だいたいマニラがその地点とされている。(17)

台北帝国大学におられた箭内健次氏が、マニラにはパリアンと呼ばれた華僑人街が形成され、そこには一万から二万の人達が住んでいたことをすでに明らかにされている。(18) マニラを中継地にして、新大陸からの銀が中国大陸に入って来たといわれるように、その銀は主にコインの状態で中国へ流入したのであった。そして、それを求めてまた福建や広東の人達が海を渡ってフィリピンへ行くことが続けられていたのである。

その後、一八世紀初期の清朝の雍正時代の地方官の奏摺にも福建の貿易船がフィリピンから銀をもたらすことが記されている。

福建総督郝玉麟の雍正一一年（一七三三）四月初五日付の奏摺に、

閩省一年出洋商船、約有三十隻、或二十八九隻、毎船貨物價値、或十餘萬、六七萬不等、毎年閩省洋船、約得番銀二三百萬、載回内地、以利息之贏餘、佐耕耘之不足。(19)

とあり、福建省から毎年一年間に海外へ出かけていく商船は約三〇艘から二八、九艘ほどある。これらの船の貿易によって得られる価値は一艘につき一〇万余から六、七万両と見積もられることから、一年につき福建の海外貿易船によって福建省にもたらされる外国銀は二〇〇万から三〇〇万両にのぼる。これらの銀の利息の余剰によってだけでも福建省の歳入の不足分を賄うことができると見られていたのである。

これは、雍正一一年（一七三三）頃のことであるが、福建省のみで毎年外国銀で二〜三〇〇万両も流入していたとあるが、福建から特にフィリピンに行って（全てフィリピンとは限らないが）、同地から東南アジアに行ったものも含まれていたと思われる。多くの海外貿易船は厦門《アモイ》からフィリピンへ向けて出航しているので、福建に流入した銀の大部分は新大陸からの銀だと思われる。福建省は古くから山が多く耕作地が少ない上にしかも人口が多いため、余剰人口は海外へ出かけていくことが多かったわけであるが、福建省内の歳入の不足分を補うことに銀が役立っていたのであった。

このような記事は多くあるわけではないが、一つの傾向として、膨大な量の銀が一つのルートとして、特に新大陸からフィリピン経由で中国大陸に流入していたわけである。さらにこの福建省からその銀がまた他の地域にどのように流れて出て行ったかという問題が派生するが、具体的にどの地域に、どれほどの量が流出したのかは今のところよく分からない。しかし、福建省が中国における外国銀流入の窓口の一つになつていたことは間違いないであろう。

それでは江戸時代の鎖国下における長崎貿易の場合はどのようであったかについても見てみたい。清朝の時代であるが、長崎を通して日本産銀が中国へ流出していたと見られる記録がある。『大日本近世史料　唐通事会所日録』の第一冊目の中に丁銀に関する記事があり、次に抽出してみた。

寛文六年（一六六六）一〇月一〇日の条に、

二十八番東京船、丁銀中荷ニ積度申候。
丁銀合六百六十八貫目、箱数五拾七箱内、五百八拾八貫目、但四十九箱、一箱ニ付、拾弐貫目入。八拾貫目、
但八箱、一箱ニ付、拾貫目入。[20]

とあり、寛文六年（一六六六）一〇月一〇日に「二十八番東京船」が、丁銀を海外へ持ち渡ったという記録である。長崎では入港した順番に番号を付けたが、その二八番目の貿易船である。「東京（Tonquin）船」はベトナムのハノイ附近からの船であったが、その帰国にさいして、丁銀が六六八貫目、箱で五七箱あったということが分かる。また、四九箱にはそれぞれ一箱に一二貫目、そして八箱には一〇貫目宛が入っていたということが具体的な記事として知られる。ただこのまま全て中国へ行ったのか、ベトナムに行ったのかは判明しないが、トンキン船と称せられる船が、帰国にさいして銀を持ち帰ったことが知られる。

さらにもう少し後のものであるが、『唐通事会所日録』四、元禄七年（一六九四）七月二日条に銀取引に関する記録が見られる。

元禄六年酉年唐船八拾壱
　内七拾艘　御割付商売被仰付候。拾壹艘　御積戻し披成候。
一　御定高六千貫目　但金ニシメ拾萬兩。
内　銀五千九百壱拾七貫五百参拾八匁九分七厘五毛（中略）
右者七拾艘　御割付商売高、（中略）
一　銀六拾五貫目弐百参拾四匁参分四厘（中略）
右者ハ丁銀并銀道具ニ而持渡、

内　銀弐貫五百参拾七匁壱分　丁銀ニ而持渡。

銀六拾弐貫目六百九拾七匁二分四厘　銀道具ニ拵持渡(21)

元禄六年には八一艘の中国船が長崎港に入港したが、そのうちの一一艘が日本側の事情にあわないため積戻しになった。そして残り七〇艘が取り引きされ、「丁銀」並びに「銀道具」という銀もしくは銀加工のものが持ち帰られ、おそらく中国大陸へ渡ったと思われる。二貫五三七匁一分歩の「丁銀」で持ち帰られたとある。しかし、この額は寛文六年の二八番東京船の一艘にもはるかにおよばない額であった。また「銀道具」というから、必ずしも銀の貨幣に類するものだけとは限らず、銀をいろんな形で加工したものも求められたということが知られるのである。

四　小　結

明代後期から清代の初めにかけて、新大陸を含め外国から中国へ多くの銀が流入し、中国を銀経済へと移行させ、中国経済に少なからざる影響を与えたとされる。その流入銀の一部を構成していたとされるのが日本産の銀であった。日本産の銀の中でも産出量が多い石見銀が優勢であったと考えられる。

明朝洪武の初めから清朝末までの間で、銀一両に対する銅銭の公定価格は、明も清も銅銭一〇〇〇枚・一〇〇〇文であったが、実質の交換レートは、銀を貨幣でなく秤量貨幣として重量で計ったため、時価に応じて変動した（表1参照）。明代のものは資料が多くないこともあるが、その変動の幅は少なかったと思われる。ところが清朝時代になると、前半期は、銀一両に対して銅銭七〇〇～八〇〇文の範囲で変動している。しかし一八四〇年のアヘン戦争の前ぐらいから徐々に銅銭の価値が下落している。この下落傾向の流れが大局的に見られると思われ

表1　明清時代銀1両対銅貨推移簡表

る。

特に清朝の前半一六四四年以降から大体一八世紀の前半一七三三年ぐらいまでの間の時期は、日本から盛んに銅が輸出されていた。そしてその銅の多くが中国の沿海地域を始めとする中国各地あるいは北京の造幣局に運ばれ銅貨に鋳造されていた。日本からの銅を非常に求めた時期である。勿論、中国国内でも雲南で生産されたが、雲南から長江を経由して沿海地域に運ぶよりも、長崎から大型船で大量に運んだほうが単価的には拮抗する状況であった。このため特に江戸時代の前半は日本から盛んに銅が輸出されていったわけである。しかし、日本の銅の産出額も減少し輸出量も減額することになった。日本産の銅の輸出は江戸時代の前半が主であって、後半は前半に比べればはるかに少なくなっていった。他方、一七三七年から七六年位の間の時期に、逆に中国から中国船で日本へ銀が輸出されてくることになり、それが大体幕末近くまで続いている。日本は銀の輸入国になったことになる。そうなると石州銀が中国船を通じて海外へ出るということはほとんどなくなったのではないかと思われる。

(1) 全漢昇『中国経済史論叢』(新亞研究所、一九七二年八月)第一冊「明清間美洲白銀的輸入中国」四三五〜四五〇頁、第二冊「美洲白銀與十八世紀中国物価革命的関係」四七五〜五〇八頁参照。
(2) 小葉田淳『金銀貿易史の研究』(法政大学出版局、一九七六年一一月)「I近世初頭における銀輸出の問題」一〜一〇頁。
(3) 同書、「I近世初頭における銀輸出の問題」一頁。
(4) 同書、「I近世初頭における銀輸出の問題」一〜一〇頁。
(5) 同書、一一〇頁。
(6) 佐久間重男『日明関係史の研究』、吉川弘文館、一九九二年二月、三七頁。
(7) 謝国楨『明代社会経済史料選編』中、福建人民出版社、一九八〇年三月、一三五〜一四〇頁。
(8) 傅衣凌・陳支平「明清福建社会経済史料雜抄(續十)」、『社会経済史研究』一九八八年第三期、一〇四〜一〇六・一一〇頁。
(9) 謝国楨『明代社会経済史料選編』中、一三八頁。
(10) 同書、一三八頁。
(11) 『天下郡國利病書』原編第二六冊、福建、三三丁裏。『天下郡國利病書』下冊、中文出版社、一九七五年四月、一二六四頁。
(12) 陳子龍等輯『皇明経世文編』巻四三三所収(中華書局影印、一九八七年三月、第六冊、四七二六頁)。
(13) 張維華『明史佛郎機呂宋和蘭意大里亞四傳註釋』燕京學報專號之七、哈佛燕京學社出版、一九三四年六月、五〜七頁。
(14) 荒松雄「一六・七世紀におけるエスパニアのアジア貿易――ヨーロッパ商業資本によるアジア貿易の一類型――」、『歴史学研究』第一四九号、一九五一年一月、二三〜三三頁。

（15）神吉敬三・箭内健次訳『モルガ フィリピン諸島誌』、岩波書店、大航海時代叢書Ⅶ、一九六六年四月、三九五頁。
（16）歴代史料筆記叢刊、清代史料筆記、『廣東新語』下、中華書局、一九九七年一二月第二次印刷、四〇六頁。
（17）張維華『明史佛郎機呂宋和蘭意大里亞四傳註釋』七三～七五頁。
（18）箭内健次「マニラの所謂パリアンに就いて」、『台北帝国大学文政学部史学年報』第五輯、一九三八年一二月、一～一五八頁。
箭内健次「マニトンド區の支那人の發展——西班牙人の對支那人居住政策——」、『南亞細亞學報』第二號、一九四四年四月、一～三〇頁。
（19）『宮中档雍正朝奏摺』第二一輯、国立故宮博物院、一九七九年七月、三五三～三五四頁
（20）『大日本近世史料　唐通事会所日録』第一冊、東京大学出版会、一九五五年二月、六二頁。
（21）同書第二冊、東京大学出版会、一九五八年三月、四～六頁。

第二編

清朝中国と日本

第一章　杭州織造烏林達莫爾森の長崎来航とその職名について
――康熙時代の日清交渉の一側面――

一　緒　言

いわゆる康熙二三年（貞享元年＝一六八四）の展海令によって、康熙帝は海禁を廃して民衆の海外貿易を許可した。その康熙二三年九月の上諭には、

上諭大学士等曰、向令開海貿易、於閩粤邊海、民生有益、且此二省民用充阜、財貨流通、則各省亦倶有益。夫出海貿易、本非貧民所能、富商大賈、懋遷有無、薄徴其税、可充閩粤兵餉。以免腹地省分、轉諭協濟之労、腹地省分、錢糧有余、小民又獲安養。故令開海貿易。(1)

とあるように、特に福建・広東省の民衆に貿易の機会を与え、他省にも益をおよばそうとする考えであった。そして、この展海令発布後の影響が、中国周辺の国々へも波及したことは、この直後、日本に来航した中国船の激増からも十分想像される。

即ち、この展海令の出された翌年、康熙二四年（貞享二＝一六八五）には長崎来航唐船は、前年の二四艘に比し、積み戻し一二艘を含め八五艘の三倍以上に増加し、貞享四年（康熙二六＝一六八七）には一三七艘（うち積み戻し二二艘）、元禄元年（同二七＝一六八八）にはピークとなる一九四艘（うち積み戻し七七艘）となって、貞享元年の実に

八倍にも達したのである。(2) これに対して、日本側は、元禄二年以後、来航唐船数を年間七〇艘に制限したのである。(3)

このように、展海令は具体的な一つの現象となって現われたのであるが、これに関して清官府がどのような対応策をこうじたかは興味ある問題である。この展海令発布後に、康熙帝が日本に関する正確な情報を得ようとしたことが知られる。

それは『雍正硃批論旨』の浙江総督管巡撫事李衛の日本についての上奏に対する雍正帝の「硃批」中に見られる。

當年、聖祖曾因風聞動静、特遣織造烏林達麥爾森、改扮商人、往彼探視。回日復命、大抵假捏虚詞、極言其懦弱恭順、嗣後遂不以介意、而開洋之挙、継此而起。(下略)

(李衛・雍正六年八月初八日条)

とあり、これを宮崎市定氏は、

昔、聖祖は日本の動静を風聞に聞き、特に織造の烏林達と麥爾森に命じ、商人に扮装して日本へ行き探偵させたが、帰ってきての復命に、風聞の多くは虚語を捏造したもので、彼は文弱になり恭順の心を失わぬと断言した。以後別に気に留めることなく、海外貿易を再開することが間もなく実施された。(4)

と翻訳されている。聖祖、即ち康熙帝が、織造の烏林達と麥爾森との二名を派遣して日本の事情を調べさせた結果、気にすることなく海外貿易を継続することになったとあるように、康熙帝がそれまで知り得た情報を確認するために、日本へ官吏を派遣したことは明らかである。

ところが、今まで、この派遣がいつのことで、またどのような官吏が派遣されたのかということについては論究されていないように思われるので、この点を中心に、当時の長崎貿易の様子が、中国側にどのように知られていたかを知る上で参考になる資料についても併せ記してみることにする。

二　杭州織造烏林達莫爾森の長崎来航

まず、康熙帝が「織造烏林達麥爾森」を日本へ派遣したのはいつのことであったかについては、『文献叢編』第二九輯所収の「蘇州織造李煦奏摺」[5]（以下「李煦奏摺」と略す）がその手掛りを与える。李煦は康熙三二年（元禄六＝一六九三）より同六一年（享保七＝一七二二）の間、蘇州織造であった人物で[6]、彼の同四〇年（元禄一四＝一七〇一）三月付の上奏の「奏三処織造会議一人出洋及蓋造賜與孫岳頒之房屋事摺」に、

管理蘇州織造臣李煦謹奏、切臣煦、去年十一月内奉旨、三処織造会議、一人往東洋去、欽此欽遵。臣煦抵蘇之日、已値歳暮。今年正月伝集、江寧織造臣曹寅、杭州織造臣敖福合、公同会議、得杭州織造烏林達莫爾森可以去得、令他前往。但出洋例風信、于五月内、方可開船、現在料理船隻、以便至期起行。[7]

とあって、康熙帝の命により、蘇州織造李煦と江寧織造曹寅と杭州織造敖福合の三者が、誰か一人を東洋日本へ行かせることを会議した結果、「杭州織造烏林達莫爾森」をその人物として選んだ。そして、彼を五月の内には出発させることに決まったことがわかる。

このように雍正帝の「硃批」と「李煦奏摺」とでは「織造烏林達麥爾森」の「麥」と「莫」とが相違するのみで、他の箇所は類似しており、しかも「麥」と「莫」とはそれぞれ〈mài〉と〈mò〉とで類似音であることから、雍正帝が誤聞したものと思われ、両者は同一であったと考えられる。そうすると、「硃批」に見える派遣は康熙四〇年（元禄一四＝一七〇一）であったことになる。

つづいて、「李煦奏摺」の同年六月の「奏議令出洋之杭州織造烏林達莫爾森従上海前往摺」によれば、

管理蘇州織造臣李煦謹奏、恭順皇上萬安。切臣煦、去年十一月内、奉旨三処織造会議、一人往東洋去。已議定杭州織造烏林達莫爾森可以去得、令他前往。于三月間、具摺奏聞。臣煦等恐従寧波出海、商船頗多、似有招揺。議従上海出去、隠僻為便。莫爾森于五月二十八日、自杭至蘇、六月初四日、在上海開船前往矣。理合啓奏、伏乞睿鑒施行。康熙四十年六月　日。

硃批「知道了、同到日即速報[8]」

とあって、先の上奏より三ケ月後のものであるが、すでに「杭州織造烏林達莫爾森」を派遣することを三月に決定したが、寧波から出港の商船はかなり多く、特に目立ちやすいと思われるので、相談の結果、上海から乗船させることになった。この方が、目立たなくて都合がよく、「莫爾森」は五月二八日に杭州より蘇州に行き、六月四日には上海にいて、同地から乗船して日本へ行くことになったのである。

この上奏から「莫爾森」が人名で、六月四日以後に上海を出港した船で日本に来たことがわかる。その康熙四〇年六月は、暦の上で、日本の元禄一四年六月と朔日が同じであるから[9]、同年六月四日以後に上海を出帆して、長崎に入港した唐船を日本側資料で明らかにする必要が生じる。

そこで、元禄一四年の上海出帆、もしくは上海に寄港後、長崎に来航した唐船を『華夷変態』によって検索すると、六月中に上海を出港したのは、六月二八日に上海を出港し、七月九日に長崎へ入港した三四番南京船（船頭呉子英）[10]と、六月二九日に上海を出港して、七月一四日に長崎へ入港した三五番南京船（船頭柯志官）[11]の二艘があることが分かる。その後、さらに七月中にも三艘が知られるが[12]、莫爾森は六月上旬には上海におり、日本来航がさらにおそくなる船に乗ったとは考えられない。それは彼の中国への帰国がかなり早くなされているからである。

そのことは、「李煦奏摺」の「奏報杭州織造烏林達莫爾森已従蘇起行進京摺」によって知られる。

管理蘇州織造臣李煦謹奏、恭請呈上萬安。切照杭州織造烏林達莫爾森、于十月初六日、回至寧波、十一日至杭州、十五日至蘇州、十六日即従蘇州起行進京。臣煦、合先奏報。伏乞睿鑒施行。（中略）康熙四十年十月日。

硃批「知道了」(13)

とあって、杭州織造烏林達莫爾森の帰国を記している。莫爾森は一〇月六日に寧波に帰り、一一日に杭州に着き、一五日に蘇州にいたり、一六日には北京へ向かって出発していたことが知られる。

長崎・中国間の航海日数等(14)を考慮すると、莫爾森は少なくとも九月の下旬には長崎を離れていなければならない。この九月・一〇月は日中の暦の朔日が同じであるから(9)、この頃に長崎を出港し、寧波に帰航する可能性のある唐船を探す必要がある。

そこで、『唐通事会所日録』を検索するに同書六、元禄一四年九月一九日の条に、

朝飯後ニ夏船拾三艘之出船、日限相究申候而、宿町・付町乙名衆唐人屋敷江呼寄候而、市郎兵衛参、毎之通何れも立合候而、廿二日より廿四日迄日限相究申候(15)。

とあって、夏船一三艘の出船が九月二二日より二四日の間であったことが知られ、莫爾森の寧波への到着の一〇月六日にも符合する。そこで、この一三捜とは何番から何番までの唐船であったかというと、同前書六、元禄一四年六月八日の条に、

当夏船之内、拾五番より弐拾七番迄拾三艘御割付商売被仰付候(16)。

とあるように、「夏船拾三艘」とは一五番より二七番までの唐船であったことがわかる。このうち寧波へ帰る可能性のある船を『華夷変態』によって調べると、その出港地から(17)、一一番と二四番は上海出港の南京船で、二六

番と二七番は台湾出港の台湾船であるので除かれるであろう。そして、残りの九艘は、いずれも寧波出港の寧波船であるから、この九艘のいずれかに莫爾森が乗船し帰国したものと思われる。そこで、このうちのどれに当たるかであるが、莫爾森が長崎来航時に乗船したと考えられる三四番船または三五番船は、一一月の時点で、まだ長崎に入港中であり、[18]それに彼はおそらく初めて長崎に来たと思われる「改扮商人」であり、長崎来航商人仲間の事情には詳しくないと考えられるので、長崎来航時の船の船主が、帰国のさいの船の船主に莫爾森の乗船を手配したものと考えるのが順当であろう。

そこで、莫爾森が長崎へ来航した時の三四番・三五番南京船の二艘の船主と、帰帆時の一五番より一七番、一九番より二三番、二五番の計九艘の寧波船の船主との接触度をさぐると、三四番南京船の呉子英と二五番寧波船の李才官とが結びつく。その理由は、『華夷変態』巻二八「三拾四番南京船之唐人共申口」に、

船頭呉子英義は、去々年六拾四番船より船頭仕罷渡り申候、乗り渡り之船も、同年之六拾壹番船に而御座候。[19]

とあって、呉子英の乗船してきた三四番船は、かつて元禄一二年の六一番広南船で、その船頭が李才官であったからである。[20]この両者は他の船主に比較して接触度が高いと考えられる。それ故、莫爾森は、三四番南京船に搭乗して六月二八日上海を発ち、七月九日に長崎に入港し、九月二二日より二四日の間に長崎を離れた二五番寧波船で、一〇月六日に寧波へ帰着したものと考えることが合理的であろう。

これにつけ加えて、『華夷変態』巻二八の「六拾六番寧波船之唐人共申口」(元禄一四年一一月八日)の船頭黄寛官の報告に、「当夏御当地へ罷渡り、商売相遂帰帆仕候船共、寧波上海表へ何れも無恙帰着仕申候」[21]とある。この黄寛官は先の夏船一三艘のうちの一六番寧波船の船主であり、[22]この「申口」によって、二五番寧波船も無事寧波へ帰港したことが知られる。

そして、遅くとも一一月中には、杭州織造烏林達麥爾森からの情報が、康熙帝のもとにとどけられたものと思われる。

三　烏林達について

上述の『李煦奏摺』や『華夷変態』等によって、杭州織造烏林達である莫爾森が長崎に来航した時期が明らかになったが、ここでは、今まで先学のあまり触れられなかった「烏林達」について述べてみたい。

(1)「烏林達」の意味

「烏林達」の表記と同様な例が、康熙二九年（一六九〇）勅撰の『大清会典』巻六、吏部四、品級の「未入流」の条に「各部烏林人」とある。しかし、雍正一〇（一七三二）年勅撰の『大清会典』の同条には見当たらない。そこで、清代の織造が江寧・蘇州・杭州の三所に存在したことから、杭州織造局も他の二局と同様な組織であったと考えられるので、乾隆『江南通志』巻一〇五、職官志、文職七の織造の条を見ると、「其僚属各有烏林大・烏林・筆帖式等員」とあって、織造には烏林大・烏林・筆帖式等の官員がいたことが知られる。また同様な例は、嘉慶『新修江寧府志』巻一九、官置に、

督理織造一員、無常品　例以内務官員為之、駐江寧。司庫一員正七品。筆帖式二員七品。庫使二員正八品。

烏林大一員、未入流。

と見え、江寧織造局に「烏林大」が知られ、品級は「未入流」とある。そして、孫珮の『蘇州織造局志』巻三、官署に「烏林達、筆帖式等公署、二在総織局西。一在総織局東、一在新造橋南埦西。一在帯城橋南埦東。共五処」

とあって、蘇州織造局の烏林達の「公署」の存在が知られる。ついで、同書巻九、官績には「祁国臣字良宰、遼東籍満洲人。廣儲司加二級、康熙二十二年由烏林達升任[25]」とあり、さらに同書に「清格立字介如、満洲人、烏達林《ママ》[26]」とあって、二人の満洲人が「烏林達」の地位にいたことが知られる。

この祁国臣・清格立の例からも推察されるように、「烏林達」は満洲語の〈Ulin i da〉[27]で、康熙『大清会典』の「烏林人」も滞洲語の〈Ulin i niyalma〉[28]であって、乾隆三六年刊の『御製増訂清文鑑』によれば、烏林は漢訳で「貸財[29]」であり、烏林達は「司庫[30]」で、烏林人は「庫使」とあるように、烏林達・烏林人ともに、満洲語の漢字表記で、職名をあらわす語彙であった。決して人名ではない。

ところで、『江南通志』や『新修江寧府志』に「烏林大」とあり、また「李煦奏摺」の原文の縮印（中華書局本、一図）に見られるように、李煦も康熙帝も「烏林達」と書いているのは「大」〈dà〉と「達」〈dá〉とが類似音であったため二様に記されたのであろう。

また『江南通志』の僚属に「烏林」とあるのは、上記の例からみて、「烏林人」のことであったと考えられる。

（2）烏林達に関する資料

ついで、康熙・雍正期の烏林達及び烏林人について残された断片的な資料によって、その職務について考えてみたい。

まず、烏林達の上司である織造監督の職務の一つとして、田仲一成氏は「織造官はその特権的な地位と財力にも拘らず、実務的には閑職であり、むしろ、内務府直派官僚として、皇帝のために江南の政治・経済的動静を探知する特務を帯びていた[31]」とされていることから、烏林達も織造監督の命により探偵（スパイ）的な任務を行っていたと思われる。その具体例は、先の莫爾森の場合であろう。

さらに、「李煦奏摺」には「烏林達」に関して二件の奏摺が見られる。その一つは康熙三七年六月の「奏報烏林達李永壽家人欺辱官宦情形摺」で、

切有本衙門烏林達李永壽、在蘇所買家人孫雲、因伊継父孫貴在郷宦陸経遠家為僕。于六月初八日、被責投繯身死、初九日、孫雲輒領地方棍徒、竟至陸家打鬧、又路陸経遠沿毆辱、不知法紀、有干功令。[32]

とあって、蘇州織造烏林達李永壽の家人孫雪が継父のあだをうつために郷宦の陸経遠にしかけた暴力事件であるが、このことから、烏林達が家人を擁していたことが知られる。

また、同年月の「奏参烏林達李永壽家人借端打搶毆辱職官摺」には「孫雲之夥党内、尚有陸君瑞・李小三・徐斌・許来池・梅志徳・王鬍子等、倶係李永壽之家人[33]」とあって、李永壽は他に六名もの家人を擁していたことが知られ、後掲の奉給表（表2）と考えあわせれば、その経済的基盤もかなりのものであったと想像される。

もう一件は、康熙五五年閏三月一二日付の「奏織造衙門烏林達等呈請賞那爾泰等五人輪流兼管滸関筆帖式摺」である。

窃臣煦、織造衙門内烏林達那爾泰、烏林人八十五・常保、筆帖式常徳・伊拉器等、具呈到臣。口称、那爾泰等、感激天恩、無可報効、因思滸墅関収税、例有筆帖式一人、幫助正印。但滸関與織造衙門甚近、其筆帖式収税一差、那爾泰等似可兼理、叩求萬歳、以滸関筆帖式賞那爾泰等五人、輪管十年、毎年所得余銀、総不敢入已。（中略）

硃批「各関筆帖式都裁了、此議無用[34]」

とあって、大運河の税関で蘇州に近い滸墅関の筆帖式の職務を烏林達那爾泰ら五人が交替で兼理しようとするも

のであったが、康熙帝からしりぞけられている。しかし、この上奏から、蘇州織造局にも烏林達や烏林人がいたこと、彼らでも滸墅関の筆帖式の兼務が可能であったことが知られる。滸墅関の筆帖式は監督につぐ副関の地位にあり、かなりの権力を有していたから(35)、烏林達や烏林人もそれに準ずる地位にあったことを示唆するものと考えられる。

雍正期の烏林達の例は、『雍正硃批諭旨』山西巡撫石麟の雍正一一年一二月一六日の条に「山西鳳台県民梁淵等進敬香柏木板大小八塊、自備脚價、運送至京、今差烏林達齊其名、至板所験者果有比物」とあり、ついで「今差官烏林達趙住前往」とあって、「差」「差官」とあるように皇帝から派遣された二名の烏林達の名が知られる。

(3)烏林達の品級及び俸給について

ところで、烏林達の品級は嘉慶『新修江寧府志』巻一九に「烏林大一員未入流」とあるように、九品までの品級には叙せられないということであろうが、実際のところどれほどの地位であったであろうか。

これに関して、故宮博物院明清檔案部編『関於江寧織造曹家檔案史料』の二「巡撫安徽徐国相奏銷江寧織造支過俸餉文冊(36)」に康熙一六年（一六七七）正月より一二月まで支給した俸銀額が織造官より順に記されているが、「烏林達」は織造官につぎ七品筆帖式の前に記されており、また、同書九「巡撫安徽陳汝器奏銷江寧織造支過俸餉文冊(37)」の同三六年（一六九七）正月より一二月までの支給俸銀額は、織造官の次で七品筆帖式の前であり、この中に「陸（六）品物（烏）林連馬賓桂(38)」とあって、烏林達の官にあり、六品にいた者が知られる。これに関して、同書一〇〇、康熙五二年（一七一三）四月初五日付の内務府総管赫奕奏請補放杭州織造処物林達欽摺(39)に「為杭州織造処物林達徐啓元病故、請補放其欽事(40)」として「奉旨、徐啓元之欽、著以蘇州織造処七品筆帖式和碩色補放物林達、欽此(41)」と

表1　烏林達・烏林人在職人名表

西　暦	中国年号	烏林達	烏林人	所　属	出　典
1678年	康熙17年	龔　安		蘇州局	曹家檔案4頁
1683年頃	康熙22年頃	祁国臣		蘇州局	蘇州織造局志
1685年頃	康熙24年頃	清格立		蘇州局	蘇州織造局志
1697年	康熙36年	張士俊		内務府	曹家檔案7～8頁
		徳　格		内務府	曹家檔案7～8頁
		馬寶柱		江寧局	曹家檔案11～12頁
1698年	康熙37年	馬寶柱	桑格色	江寧局	曹家檔案12頁
		李永壽		蘇州局	李煦奏摺、図1・8頁
1701年	康熙40年	麥爾森 (莫爾森)		杭州局	李煦奏摺15・117・18頁 曹家檔案14頁
1711年	康熙50年	曹　荃		内務府	曹家檔案84頁
1712年	康熙51年	倭　和		江寧局	曹家檔案102頁
1713年	康熙52年	徐啓元		杭州局	曹家檔案112頁
		蘇成額		内務府	曹家檔案112頁
1716年	康熙55年	那爾泰	八十五	蘇州局	李煦奏摺191～192頁
			常　保	蘇州局	李煦奏摺191～192頁
1726年	雍正04年	八十五(司庫)		江寧局	曹家檔案175・181・182頁
1727年	雍正05年	那爾泰(司庫)		蘇州局	曹家檔案175・182頁

表2　江寧織造俸給表(康熙16・36年分)

	康熙16年(1677)分							康熙36年(1697)分			
職　名	員数	俸銀(両)	損銀(両)	裁銀(両)	稟銀(両)	実俸銀(両)	白米(斗)	員数	俸銀(両)	俸銀(両)	白米(斗)
織造官	1	130	65			65	5	1	105		5
烏林達	1	60		24		36	5	1	60		5
七品筆帖式	1	45		9		36	5	1	45		5
烏林人	2				4		5	2		4	5
筆帖式	1				4		5	1		4	5
跟　役 家　口	95						食米(月)2.5斗	62			食米(月)2.5斗

あるように、杭州織造烏林達徐啓元の後を、蘇州織造の七品筆帖式和碩色でもって叙し直ちに就かせていることから、また俸給表（表2）を考えあわせてみると、烏林達の地位は、形式的には「未入流」であったろうが、実際上はほぼ六品に該当するほどの地位であったものと考えられる。

烏林達の俸給は、江寧織造の康熙一六年・三六年の二ケ年分[42]について表2に記した。この表からも、その地位が織造官につぐものであったことは明らかであろう。

以上のように、また表1にも見られる如く烏林達が康熙・雍正期において存在し、その地位より鑑み、一般官吏よりも皇帝直属の命にかかわる特定の任務を行っていたと考えられるのは「欽差」というおすみつきが存在したためであろう。

すなわち、『世宗実録』巻一〇八、雍正一〇年（一七三二）五月戊辰（一二日）の条に「織造本非大員、而在外体統、任意僭越、至於司庫・筆帖式、官職尤卑。乃以欽差名、妄自尊大、與督撫拜帖称呼、倶用平行礼、妄誕已極」とあって、織造官以下の司庫・筆帖式すら官職が低いのにもかかわらず「欽差」であることを笠に着て尊大で、総督や巡撫とさえ名刺や呼び名を品級同等の如くふるまうとの批判を受けていたことから、彼らの多くは「欽差」の笠のもとに権力を振っていたものと思われる。

この事実から、烏林達の職務も「欽差」として、皇帝の特務を帯びていたことが類推され、先に述べた杭州織造烏林達莫爾森の長崎来航もその一環であったことは明らかであろう。

四　康熙四〇年頃の長崎貿易

それでは烏林達莫爾森が長崎に来航し、知り得た情報とはどのようなものであったろうか。また、康熙帝の耳にはどのような情報が伝わったか興味があるが、現在のところ明らかにし得ない。

ただ、莫爾森の来航後ではあるが、中国に日本の事情がどのように伝わっていたかを知る手掛りを得られる。それは、イエズス会士ド・フォンタネーが寧波で日本の事情を調査し、舟山で記した一七〇三年（康熙四二＝元禄一六）二月一五日付と、一七〇四年一月一五日付でロンドンにおいて記したド・ラ・シェーズ宛の書簡である。[43][44]この書簡の日付は、中国暦で、康熙四一年（元禄一五）一二月三〇日と同四二年（元禄一六）一二月九日に当り、[45]いずれも莫爾森の来航からさほど時間を経て書かれたものではないので、参考にできると思われる。そこで書簡の内容について気付いた点を記してみることにする。

まず、一七〇三年二月一五日付の書簡によれば、フラソシスコ・ザビエルが日本に来たころから、寧波商人が日本との間で大きな取引をしていることを記しており、[46]寧波と日本との関係の深さが知られる。そのことについて、莫爾森の日本へ来航した康熙四〇年（元禄一四＝一七〇一）の「李煦奏摺」に「従寧波出海、商船頗多」とあったように、この頃に長崎へ来航した口船の出港地として、[47]寧波が上海以上に重要な港であったようで、『嘉慶大清一統志』巻二九一、寧波府に「府境東南北三面環海、東連日本、南通閩・廣諸番、北接江蘇・崇明・上海」とあるように地の利を得た重要な海口で、当時の日本へ渡航する重要な港であったことは、イエズス会士の記述からも十分知られるのである。そして、この頃、その後に対日貿易の拠点となる浙江省嘉興府平湖縣の乍浦はまだその地位になかったことの傍証ともなるであろう。[48]

そして、一七〇四年一月一五日付の書簡には、寧波から日本への航海日数や、ド・フォンタネーがゴレ師という宣教師を通じて知り得た長崎へ五回も渡航した中国人の話と、ド・フォンタネーが長崎から帰ったばかりの中国人から聞いた長崎貿易に関する記述がまとめられて、いずれもかなり具体的に記されている。[49]

その記述の内容は、長崎の港・町の様子や防備のこと。入港船があったらその船を確認し、長崎奉行に報告して、中国船かオランダ船であれば入港を許可するが、この国以外の船の入港は認めず、両国といえども難破等の時を除き、長崎以外への入港を認めていないこと。入港した後、乗組員と積荷について点検し、正確に一切のものを調べる。さらに乗組員については年齢・職種を聞き、特に宗教については入念に調べ、踏絵をさせることも記している。(50)

これに関連して、少しく後世の資料で、明和二年（乾隆三〇＝一七六五）の筆録になる『唐船入津ヨリ出帆迄行事帳』(51)に「乗組人数名帳一冊請取之候上、人別為相改候ニ付、通事立合セ、壹人宛名を呼出し、踏絵をふませ候」(52)とあるように、両者を比較するとかなり興味深く思われ、イエズス会士書簡の内容の正確さがうかがい知られる。

その後、中国人は八人ずつ艀に乗せられて、宿舎がある唐人屋敷につれていかれ、その門から中に入る前にもう一度、人参などの禁制品を所持していないか身体検査をすることまで書かれている。

中国人が居住していた唐人屋敷の場所や概要などについて記されている。唐人屋敷は周囲の日本人の居住区とは二重の土垣でしきられ、奉行の許可を得た日本人が、屋敷の中で、中国人にものを売ることができ、その小さな木の板に書かれた許可書、通行手形のようなものを身のまわりに所持しておかねばならないこと。そして九列の建物があって、七個の部屋割り住宅になっていて、そこに、中国人達が寝泊まりするが、日常生活に必要なものは何も持ち込めず、自船の道具すら使うことができず、倉庫にしまわれるようで、生活に必要なものは購入しなければならない。彼らは、唐人屋敷の中では自由に歩けるが、唐人屋敷の外に出ることはできず、出られるのは、奉行の許可を得た主要な商人にのみ限定されていたとある。

また、中国船の積荷は、目録を作成させ奉行に提出し、奉行が自分のチェックしておいたものを取らせるまで、番人に見張らせて、荷おろしさせなかったようである(53)。この他、中国貿易については、かなり興味のひかれる記述があるが、一方、オランダ貿易のことについても記している。

オランダ人の屋敷は、唐人屋敷にくらべて広くもなく、快適なところでもないが、オランダ人が費用を負担しているということで、清潔で立派な建物であること、その場所は河の平坦地にあることなど、そして、日本人は中国人に対してよりも、オランダ人に対して一層警戒していること。上陸は、主要な商人にしか許されず、彼らは船の出発までの三・四ケ月の間、その屋敷にとじこめられることなど(54)、いわゆる「出島」におけるオランダ人の居住状況の特色を要領よく記している。

この長崎貿易に関する記述の終りの部分に、「オランダ人は去年四艘の船を日本へ派遣しましたが、シナ人は約四十艘送りました(55)」とある。この記述の去年とは書簡の日付から、一七〇三年（康熙四二、元禄一六）と考えられ、その年の長崎入港数は、オランダ船が四艘で、唐船が八〇艘であったから(56)、「シナ人は約四十艘送りました」とあるのは、おそらく、寧波船や南京船などの口船の長崎来航数と思われる。それは、この元禄一六年の来航唐船数の二五艘の出港地が判明しない上に、八〇艘のうちの二四艘は確実に、口船以外の来航船であるからである(57)。

このようにイエズス会士が得た情報は実際に長崎へ来航した中国人より入手したことはこの具体的な記述からも明らかであろう。それだけに、おそらく、康熙帝も烏林達莫爾森からこの程度の情報は手に入れていたと考えられる。それ故に、雍正帝の硃批に見られる如く「嗣後逐不以介意、而開洋之挙、継此而起」と雍正帝をしていわしめることになったと思われる。

五　小結

以上のように、『雍正硃批諭旨』の世祖雍正帝の「硃批」に見える聖祖康熙帝が日本に派遣した「織造烏林達麥爾森」とは「杭州織造烏林達莫爾森」のことで、その長崎への来航は、康熙四〇年（元禄一四＝一七〇一）七月上旬より、同年九月下旬までの約二ケ月半であったことを述べた。

そして、この派遣されてきた莫爾森は、杭州織造局に属し、職名は「烏林達」で、品級はほぼ六品に該当する官吏で、その職は、上司織造監督と同様に「欽差」として、皇帝のために政治的・経済的情勢を探知（スパイ）する立場にいた官吏であったことを述べた。

しかし、その後、雍正時代以降、烏林達の地位を知り得なくなったのは、雍正帝が、地方官吏等との間で、「奏摺」とそれに対する「硃批諭旨」を実施することによって「烏林達」等をして探知させる必要がなくなったためではないかと思われる。(58)

また、「烏林達莫爾森」の派遣によって得られた日本情報の内容を知る手掛りとして、当時、中国で手に入った日本情報を記したイエズス会士の書簡をあげた。そして、長崎来航中国商人を通じて得られた情報がかなり正確な内容であっただけに、康熙帝には、これと類するか、あるいはそれ以上のものが伝わっていたと考えられる。

この考えの傍証として、このような情報が康熙帝のもとに届いたために、康熙帝が対日貿易に対して比較的寛容な態度をとったと思われる事件がある。

それは、いわゆる「信牌問題」で、正徳五年（康熙五四＝一七一五）に日本側は、中国船に「信牌」を授与し、入港船数を制限したが、その支給をめぐって、中国商人の間に紛争が生じ、その解決を清官府に持ち込んだ。一番問題になったことは、信牌に日本の年号が記されてあったことである。しかし、清官府は、信牌は商人の交易上の互の印判にすぎず、国典にかかわる大事ではないとの結論を下した。その背後に、康熙帝の考えがあったと思われるのである。(59)

そのことは『崎港商説』巻一、享保二年（康熙五六＝一七一七）の「三番広東船之唐人共申口」に、

古来より海外之通商往来滞儀無之処に、長崎之通事より胡雲客等信牌を受来り、国典に碍る事を以経奏聞候得共、長崎之通事より信牌を與へ候と申は、買売之便に商人江印判之票照を取替し候迄に而、少も国典に懸り候大儀に而は無御座侯由及議奏候ニ付、朝廷此儀相叶睿慮に、則戸部に勅命有之候は、日本之票照に通事印判有之候を商人等江返し與へ、以前之通長崎江令往来、商売仕儀を差許候。(60)

とあって、「睿慮」即ち康熙帝の判断が下された根底に、康熙帝の日本に対する認識を形成した烏林達莫爾森の日本情報があったためではあるまいか。

（1）『聖祖仁皇帝聖訓』巻二二、恤民、康熙二三年九月甲子朔。『聖祖仁皇帝実録』巻一〇六、康熙二三年九月甲子朔。『聖訓』と『実録』では字句の相違があるが、本稿は『聖訓』によった。

（2）『長崎実録大成』巻一一、唐船入津並雑事之部（『長崎実録大成・正編』、長崎文献叢書第一集・第二巻、長崎文献社、一九七三年一二月、二五八〜二五九頁）。

（3）『大日本近世史料　唐通事会所日録』一、元禄元年九月二二日の条。「明年より唐船七十艘限りニ被仰付候」（一九一一頁）とある。

岩生成一「近世日支貿易に関する数量的考察」（『史学雑誌』六二編一一号、一九五三年一一月）所収「長崎来航支那船出帆地別船数表」一一〜一三頁参照。

（4）宮崎市定『政治論集』中国文明選第一一、朝日新聞社、一九七一年二月、二七八頁。

(5) この「蘇州織造李煦奏摺」には、国立北平故宮博物院文献館の『文献叢編』(民国二四年八月~一一月、二五年二月・一〇月~一二月、二六年一月~三月・五月~七月)と、その各奏摺を一括して再版した台聯国風出版社の『文献叢編』上・下二冊本(民国五三年三月)の下冊(八五四~九〇六頁)と、故宮博物院明清檔案部編の『李煦奏摺』(中華書局、一九七六年五月)がある。本稿では、国立北平故宮博物院文献館の二九輯本(以下二九輯本と略す)と、故宮博物院明清檔案部編の『李煦奏摺』とによったが、各奏摺の表題は、二九輯本を引用した。

(6) 乾隆『江南通志』巻一〇五、職官志、文職七。

(7) 二九輯本、六丁裏、『李煦奏摺』一五頁。

(8) 二九輯本、六丁裏~七丁表、『李照奏摺』一六~一七頁。

(9) 内務省地理局編纂『三正綜覧』、地人書館、一九六五年六月、三八四頁。

(10) 『華夷変態』下冊、財団法人東洋文庫、一九五八年三月、東方書店、一九八一年一一月再版、二二一〇頁。

(11) 同書、二二二一頁。

(12) 同書、二二一七~二二一九頁。四〇番南京船(七月八日上海出船)、四一番南京船(七月二一日上海出船)、四二番南京船(七月二五日上海出船)の三艘。

(13) 二九輯本、七丁裏、『李煦奏摺』一八~一九頁。

(14) 大庭脩「平戸松浦史料博物館蔵『唐船之図』について――江戸時代に来航した中国商船の資料――」(『関西大学東西学術研究所紀要』五輯、一九七四年三月)によれば、貞享五年の一九二艘の来航例から、南京・長崎は「六日から二十日」、寧波・長崎は「八日から十四日」とされるから(四一頁)、同程度の日数を基準にして考えることができる。

(15) 『大日本近世史料　唐通事会所日録』三、一六一頁。

(16) 同書三、一二七頁。

(17) 『華夷変態』下冊、二一八九~二二〇二頁。

(18) 『大日本近世史料　唐通事会所日録』三、一七二・一七四・一七九・一八〇頁。

(19) 『華夷変態』下冊、二二一〇頁。

(20) 同書、二〇八九頁。

(21) 同書、二三四五頁。
(22) 同書、二二九〇頁。
(23) 康熙『大清會典』巻三一、戸部一五、織造、同巻一三六、工部六、織造。
(24) 彭澤益編『中国近代手工業史資料』第一巻、一九五七年北京、八一頁（『蘇州織造局志』は康熙二五年刊であることは、彭氏同書第四巻文献目録五七八頁に見える）。
(25・26) 同書、九四頁。

(27・28) 羽田亨博士編『満和辞典』、国書刊行会、一九七四年七月、四四八頁。
(29) 『御製増訂清文鑑』巻二二、産業部、貨財類一。
(30) 同書巻四、設官部、臣宰類六。なお、達は同臣宰類一三に「頭目」とあり、人は同書巻一〇、人部一に「人」とある。
(31) 田仲一成「清代蘇州織造と江南俳優ギルド」、『東方学』三五輯、一九五九年一月、一一四頁。
(32) 二九輯本、『李煦奏摺』八頁、冠頭一図に縮印がある。なお二九輯本の「硃批」中の「源」の字は、『李煦奏摺』本では「深」とある。
(33) 二九輯本、『李煦奏摺』九頁。なお、二九輯本と『李煦奏摺』本とでは、この事件に対する二つの上奏が逆に掲載されており、二九輯本では「奏参烏林達李永壽家人借端打搶毆辱職官摺」を先に記している。
(34) 二九輯本、『李煦奏摺』一九一～一九二頁。
(35) 香坂昌紀「清代滸墅関の研究Ⅱ」、『東北学院大学論集 歴史学・地理学』五号、一九七五年三月、五～一四頁。
(36) 故宮博物院明清檔案部編『関於江寧織造曹家檔案史料』（以下『曹家檔案』と略す）三～五頁（内閣・黄冊が原史料）（中華書局、一九七五年三月）。なお同書は、満洲語を漢文に翻訳する際に「烏林達」を発音に基づいてかほとんど「物林達」と漢字表記している。
(37) 同書、一一～一三頁（内閣・黄冊）。
(38) 同書、一二頁、註(36)参照。
(39) 同音、一一二～一一三頁（なお原史料は内務府満文奏銷檔である）。
(40) 同書、一一二頁。

(41) 同書、一一三頁。
(42) 同書、三〜五頁、康熙一七年七月一二日付の文冊、一一〜一三頁、康熙三七年五月二二日付の文冊（両文冊とも内閣・黄冊）。
(43) 矢澤利彦編訳『イエズス会士中国書簡集1康熙編』、平凡社・東洋文庫一七五、一九七〇年一一月、第四書簡、一一〇〜一九一頁。
(44) 同書、第五書簡、二〇九〜二八六頁。
(45)『三正綜覧』三八四頁。
(46)『イエズス会士中国書簡集1』二二七頁。
(47) 大庭脩前掲論文、一七頁。
(48) 松浦章「乍浦の日本商問屋について——日清貿易における牙行——」（『日本歴史』三〇五号、一九七三年一〇月、のち『清代海外貿易史の研究』所収、朋友書店、二〇〇二年一月）。
(49)『イエズス会士中国書簡集1』二三八頁。
(50) 同書、二三八〜二三九頁。
(51) 片桐一男校訂『鎖国時代 対外応接関係史料』、近藤出版社、一九七二年六月、解題三頁。
(52) 同書、六頁。
(53)『イエズス会士中国書簡集1』二四〇頁。
(54) 同書、二四〇〜二四一頁。
(55) 同書、二四一頁。
(56) 前掲『長崎実録大成』巻九、一一、二二〇、二六一頁。
(57)『大日本近世史料　唐通事会所日録』三、『華夷変態』下冊、二二九八〜二三四六頁。
(58) 宮崎市定「雍正硃批諭旨解題——その史料的價値——」（『東洋史研究』一五巻四号、昭一九五七年四月）、同「清代の胥吏と幕友——特に雍正朝を中心として——」（『東洋史研究』一六巻四号、一九五八年四月）、同「雍正時代地方政治の実状——硃批諭旨と鹿州公案——」（『東洋史研究』一八巻三号、一九五九年一二月）、以上三論文は宮崎市定『アジア史

論考　下巻・近世編』（朝日新聞社、一九七六年五月）所収。

（59）享保二年（康熙五六＝一七一七）の「三番廣東船之唐人共申口」、『華夷変態』下冊、二七三九〜二七四〇頁。
佐伯富「康熙雍正時代における日清貿易」、『東洋史研究』一六巻四号、一九五八年三月、のち『中国史研究・第二』所収、東洋史研究会、一九七一年一〇月。

山脇悌二郎『近世日中貿易史の研究』（吉川弘文館、一九六〇年一〇月、三二一〜三三三頁）、同『長崎の唐人貿易』（吉川弘文館、一九六四年四月、一五八頁）。

本書第二編第二章参照。

（60）『華夷変態』下冊、二七三九〜二七四〇頁。

第二章　康熙帝と正徳新例

一　緒　言

百数十年間にわたって行われた清代の中国商人による長崎貿易は、日本では長崎の「唐人貿易」と呼称されているように、この貿易の基本的な形態は中国商人が定期的に長崎に来航する方法で長期に継続されていた。(1)

この長崎の唐人貿易の歴史の中において、大きな変革が見られたのは、正徳五年（清・康熙五四＝一七一五）に日本側が施行した海舶互市新例、いわゆる正徳新例である。(2)

正徳新例が施行されるまでは、中国商船の長崎入港数等に幾度か制限が加えられた。しかし、基本的には、台湾鄭氏治下の貿易船であっても、清朝治下の船舶であっても日本側は貿易を許可した。長崎唐人貿易の時代における自由貿易の時期であった。(3)

正徳新例が施行されると、長崎へ来航する中国各船に「信牌」（長崎通商照票）を給牌した。再び長崎に来航する中国船はこの信牌を所持していなければ、貿易が許可されないことになったのである。いわゆる制限貿易時代に変質したのであった。日本側からいえば、指定商人による貿易体制に変更したのである。(4)

百数十年にわたる日中貿易の歴史において、質的変換をもたらした正徳新例は重要な意味を有するものであるが、これまでの正徳新例施行に関する先学の研究は、主に日本側の資料を中心に究明されていて、中国側の対応等については明らかにされていなかった。(5)

そこで、本章では中国側の正徳新例に対する反応を中心に、とりわけ、その中心的な存在であった康熙帝の対日観について述べてみたい。

二　正徳新例の施行

徳川七代将軍家継時代の実録たる『有章院殿御実紀』巻一一、正徳五年（康熙五四＝一七一五）正月一一日の条によれば、正徳新例施行に関して次のように見える。

この日、大目付仙石丹波守久尚、使番石河三右衛門政郷ともに、しばしば遠境に御使し、こたびも長崎にまかるをもて、殊更に各銀百枚を給ふ。（中略）この両使をもて新に長崎に令せらるゝ旨あり。(6)

とあり、幕府は仙石丹波守久尚、石河三右衛門政郷両名によって「長崎の新令」を施行させるために江戸を出発させたのであった。

同実紀には、「長崎の新令」施行の背景について、さらに次のように記している。

その地通商の制先年改られ、今まで行ひ来れりといへども、近年唐物の本価騰貴し、諸国の商人売出す所も、古の価よりは倍蓰せり、よて土人年々艱困のよし訴ふ。(7)

とあるように、長崎貿易によって潤っていた長崎の町衆が、永年の輸入価格の高騰から、町衆に与えられる利銀が少なくなったとして、貿易制度の改正を求め、このため新制度の施行が実施されるにいたったのであった。

その基本的な内容は、同書によれば次のように記されている。

銅廻す事、唐船の員数、商販銀額の割合、唐商の新令、おなじく諭文、唐商と通事との約条、通事共唐人にわたす割符、唐船入津の定め、商価の法、地下配分の法、唐船帰帆の定め、蘭人への新令并に諭文、商売法等、こたび皆改訂ありて頒行せらる。(8)

とあるように、主に対中国貿易に関する改訂であった。

この改正を頒行するに当り、幕府は長崎奉行に対し、正徳四年（康熙五三＝一七一四）八月に次のように命じている。

当年入津之唐船、年内に商売事済候とも、来着迄（春）は留置候様に可被相心得候、若又奥船共海路難儀之時節に及候由に而、帰帆の事願候事も候はゝ、当年入津之奥船共、来年も渡来るへく候歟否の事を承届、たしかに渡り来るへく候はゝ、願のことくに帰帆可被申付候、来年渡海の事不定に候はゝ、口船と同しく留置候様に可被相心得候事。

八月(9)

とあるように、正徳四年中に長崎へ来航した中国商船は、日本側の指示があるまで帰帆を許可しないとするものであった。しかし、長崎までの渡航距離の長い中国南部以南の沿海方面から来航する中国船、すなわち奥船は、翌年の長崎来航を確約できる船に限って、その帰帆を許可されたのである。

正徳四年に長崎に来航した中国商船は表1に示したように全五一艘であった。このうち、長崎奉行の指示に従わず帰帆したのは次の二艘である。

正徳四年午　三番台湾船　船主　蒋元甫

午十番台湾船　船主　謝叶運(10)

表１　正徳４年(康熙53＝1714)長崎入港中国船表

番　立	船　名	船　主	給牌地割及び年
午01番	南京	費元齢	南京乙未
午02番	台湾	黄福観	台湾乙未
午03番	台湾	蒋元甫	
午04番	厦門	陳憲卿	厦門乙未
午05番	台湾	呉有光	台湾乙未
午06番	寧波	厳武臣	南京丙申
午07番	厦門	周元信	厦門乙未
午08番	台湾	林達文	寧波乙未
午09番	寧波	魏磐卿	寧波丙申
午10番	台湾	謝叶運	
午11番	台湾	薛允甫	寧波乙未
午12番	暹羅	徐符一	
午13番	広南	陳祖観	
午14番	暹羅	蔡仲祥	
午15番	広東	李韜士	広東乙未
午16番	咬留巴	何天衢	
午17番	普陀山	劉以熾	寧波丙申
午18番	台湾	高隆侯	寧波乙未
午19番	台湾	鄭冕伯	寧波乙未
午20番	台湾	余一観	寧波乙未
午21番	海南	鄭正儀	寧波丙申
午22番	寧波	鄭大典	寧波乙未
午23番	寧波	李允茂	寧波丙申
午24番	寧波	謝子攀	寧波乙未
午25番	南京	林文蔚	南京丙申
午26番	寧波	王在珍	寧波乙未
午27番	寧波	董宜日	寧波乙未
午28番	寧波	黄哲卿	南京乙未
午29番	寧波	駱九宜	南京乙未
午30番	寧波	何定扶	南京乙未
午31番	寧波	姚鵬飛	南京丙申
午32番	寧波	高令聞	南京丙申
午33番	寧波	沈補斎	南京丙申
午34番	寧波	祝武珍	南京乙未
午35番	寧波	謝愷臣	寧波丙申
午36番	寧波	鄭恭賢	寧波丙申
午37番	寧波	魏岳臨	南京乙未
午38番	寧波	林特夫	南京丙申
午39番	寧波	柯万蔵	南京乙未
午40番	寧波	陳聖経	寧波丙申
午41番	寧波	鄭孔琬	寧波丙申
午42番	寧波	沈雲生	南京乙未
午43番	寧波	林安西	寧波乙未
午44番	寧波	王応如	寧波丙申
午45番	寧波	林爾寔	寧波丙申
午46番	寧波	翁耻初	南京乙未
午47番	寧波	王拙菴	南京丙申
午48番	寧波	李大成	南京乙未
午49番	寧波	游汝羲	南京丙申
午50番	寧波	胡雲客	南京丙申
午51番	寧波	李昌謀	南京丙申
	薩摩漂着	林元禄	寧波乙未
	平戸破船	池景山	寧波丙申

注：『信牌方記録』により作成

奥船のうち、帰帆を許可されたのは次の四艘である。

午十二番暹羅船　船主　徐符一
午十三番広南船　船主　陳祖観
午十四番暹羅船　船主　蔡仲祥
午十六番咬留巴船　船主　何天衢[11]

以上計六艘が長崎より帰帆し、残り四五艘の中国商船が長崎奉行の指示通り長崎港に滞船して、年を越したのであった。

翌正徳五年（康熙五四＝一七一五）三月五日に、長崎在留中の中国船の船主達が長崎奉行所に召集された。

新例申渡候日に至り、従去年留置候唐人共、皆々奉行所へ召集、奉行所にて書付読聞せ、右之書付相渡し、旅館へ持帰り、通詞共と約条之旨を議定し候而、約条に随ふへきと存するものは、通詞共方へ証文を差出し可申、約条に随ひかたきと存るものは、其事の由を以て返答書を相認可差出由申渡之。[12]

とあるように、長崎奉行より中国船主等に、新例が申し渡されたのであった。そのさい、この新例に従う船主は唐通事へ証文を差し出し、従わない者は、その理由を認め書面にて、唐通事に差し出せとの指示があった。

新例に従ったのは上記四五艘のほか、薩摩漂着の林元禄および、平戸破船の池景山の二艘の船主であり[13]、以上合計四七艘の船主が、新例すなわち海舶互市新例に従った。そして、新たに頒行された信牌を受け取り、中国船四七艘の船主等は三月九日より七月二六日の間に全船長崎より帰帆したのであった。[14]

この間、六月三日に台湾船（船主葛而偉）が長崎に来航したが、長崎奉行はこの船を「新例不存船[15]」として帰帆を命じている。

さらに、九月二五日までに葛而偉船を含め計二〇艘が長崎に来航した[16]（表2参照）。このうち、奥船として、信牌を所持せずに貿易を許可されたのは次の四艘である。

正徳五年未一番広　南　船　船主　陳啓登
未三番広　東　船　船主　呉喜観
未四番咬留巴船　船主　呉送観
未七番暹　羅　船　船主　顔諭臣[17]

そして、信牌を所持していた次の三艘は、新例に基づき通商を認められている。

未二番厦　門　船　船主　周元信
　　　　　　　　　　　　　呉子明
未五番台　湾　船　船主　呉有光
未六番台　湾　船　船主　黄福観
　　　　　　　　　　　　　陳子藩[18]

しかし、葛而偉船も含め残り一三艘は即刻、長崎よりの積戻しが命ぜられた。この一三艘の中には、正徳四年に長崎奉行が発した長崎滞船の命令を無視して帰帆した次の二艘もある。

六月七日長崎入港、同日帰帆。台湾船　船主　謝叶運
六月十日長崎入港、同十二日帰帆。台湾船　船主　蔣元甫[19]

この二船も、長崎での通商を認められず、積戻しを命ぜられ、即刻帰帆したのであった。

このうち、謝叶運は台湾にはもどらず、寧波に向かい入港した[20]ことは、後述の李韜士の報告によって知られる。

表2　正徳5年(康熙54＝1715)長崎入港中国船表

入港月日	船　名	船　主		長崎帰帆月日
		乙未、丙申給牌の47艘徐々に帰帆		307～726に帰帆
603	台湾	葛而偉(初)		609
603	福州	薛司有(正徳3年30番寧波船主)		607
605	台湾	林昭卿		610
605	南京	田達華		605
607	台湾	謝叶運		607
610	台湾	蒋元甫		612
610	台湾	呉仲安		612
612	①広南	陳啓登(無牌)		丙申閏203
616	広東	呉璋伯		619
622	福州	李華夫		
626	②厦門	周元信・呉子明	未牌	丙申閏216
704	③広東	呉喜観(無牌)		丙申閏217
708	④咬留巴	呉送観(無牌)		丙申閏204
729	⑤台湾	呉有光	未牌	丙申閏218
806	海南	黄允繁		1006
806	海南	鄭二観		1107
807	泉州	凌素言		819
810	広南	洪蔭観		819
812	⑥台湾	黄福観・陳子藩	未牌	丙申閏219
925	⑦暹羅	顔論臣(無牌)		丙申閏205
827	暹羅	郭天玉　808薩摩領に漂着 817椛島にて沈船 827長崎へ唐人送る		

注：『信牌方記録』『唐船進港回棹録』により作成。①～⑦は長崎での番立順を示す。月日は旧暦で307は3月7日を示す。

以上が、正徳新例施行による施行前後の長崎へ来港した唐船の状況である。

正徳五年（康熙五四＝一七一五）九月二五日に長崎に来航した先の未七番暹羅船以後、翌六年（康熙五五＝一七一六）二月二三日までの約五箇月間中国商船の長崎来航はまったくなく、二月二三日に長崎へ来航した広東船の李韜士が、その間の空白をうめるような報告をするのである。

正徳六年二月二三日に李韜士船主の広東船が長崎に入港した。[21] その李韜士の報告によれば、彼は正徳五年三月一一日に長崎で信牌を受け取り帰帆した。しかし、洋上風不順のため四月六日に寧波へ入港した。ところが、彼は病気になったため、彼の船は三ケ月ほど、寧波に停泊していた。[22] そして彼が寧波に滞在中に次のような事件が起こったのである。

其内五月之比、何者之所為とも不相知、去年信牌を申請候商人共、日本江随ひ申候由、諸所に張紙いたし置申候、其後商人謝叶運と申者、是は去年御当地へ罷渡り、積戻し被仰付候新来五番台湾船頭にて御座候、又荘運卿と申者、是も前廉度々御当地へ罷渡り候船頭にて御座候、右貳人頭分に成、其外に拾五六人相催し、七月廿三日寧波府鄞県之知県鄭氏へ訴申候は、去年御当地にて信牌を申請候商人胡雲客、董宜日、李韜士等頭分にて、四拾三人之船頭共朝廷へ背き、日本に随ひ候て信牌を請取、外国の年号を用候由、讒訴を認差出申候、依之其後胡雲客、董宜日等も信牌并条約之写共に、寧波之関部保氏へ致持参置候、知県も此儀は大切之事に候由にて、自分之了簡にも難任、則浙閩の総督撫院之両官へ上達いたし候に付、僉議有之候て、胡雲客、董宜日等も罷出、御当地にて御新例之訳、委細に演説仕候処に、信牌之内に甘結之二字有之候は、於日本如何様成るぎを約諾いたし候哉と尋被申候付、条約の写を差出、此事を約諾仕候と申披き候、猶又関部よりも浙江之撫院へ上達いたし候、然所に総督范時崇、撫院王氏より、布政司按察司の両官被遂僉議候様にと被致下知、僉議の上、先右之信牌四拾三枚其儘にて、寧波之関部へ召置候様にと被申渡候、其後撫院より謝叶運、荘運卿等へ被申開候は、商人共朝廷に背、外国に随ひ、外国之年号を用ひ候事は、決て有之間舗事に候故、此儀は偽にて有之候、年号之儀は、於外国各其所之年号有之事に候得ば、其所より出候信牌に候故、其国之年号を書候事、無其謂儀には無之由被申聞候、且亦胡雲客、董宜日等へ被申付候は、日本へ参候者共、彼地之商売を占め請にいたし候義は、法外成る事に候、信牌は此方へ取上置候間、日本へ商売に参候はば、例年之通、船数を不限罷渡可申候、其節信牌をも可相渡候間、日本へ差返し、商売の義は彼地に而差図次第に可仕由被申付候、然共右謝叶運、荘運卿等不致納得、又々南京之関部へ訴へ申候処に、南京之関部より、胡雲客等蘇州へ急度参候様にと申来候に付、皆々罷越申候処に、彼地之官所にても会議有之候て、一決不仕候、其儀は、信牌四十三枚共に、寧波之関部へ留置、日本へ商売に参候儀を免申候得ば、関部の官は税務を司り、船運上を支配いたし、朝廷へ貢納仕役にて有之候処、向後寧波之関部一手より船を仕出させ申候はゞ、南京之関部は手明に成事に候故、此段は朝廷江可遂奏聞由、南京之関部より江南江西之総督赫寿、并南京之撫院施世綸両官へ被申出候に付、爾今落着不仕候由承申候。(23)

この李韜士の報告によると、五月ごろ寧波の各所に貼紙が見られた。その内容は、去年日本長崎で信牌を受牌した商人達が、日本に服従しているというものであった。

その後、七月二三日、謝叶運・荘連卿等の商人一五、六名が、寧波府鄞県の知県鄭氏に対して、去年長崎で信牌を受け取った胡雲客・董宜日・李韜士等計四三名の船主を讒訴したのである。その主旨は、彼らが朝廷に背いて、外国の年号のある信牌を受領したことであった。

このため、胡雲客等の商人たちは、長崎で受け取った信牌および正徳新例の写しを浙海関監督の保氏に提出した。他方、鄭知県はことの重要性から、彼自身の判断では処理できないとして、浙閩総督・浙江巡撫に事件を上達したのである。そして、胡雲客等は衙門に出頭して、正徳新例の施行、信牌受領の経過を説明したが、信牌の文面に「甘結」の二字のある点を追求され、正徳新例の写しを提出して説明を加えた。ところが、結論が出ず、さらに浙江布政司、按察司の役人も加わって検討ののち、信牌四三枚は浙江海関に一時保管されることになった。[24]

他方、訴え出た謝叶運・荘運卿等の商人に対して、浙江巡撫より胡雲客等の信牌受領の商人は朝廷に背き、外国に服従したものではない等々の説明をしたが、謝・荘等はその説明に納得せず、さらに彼らは江海関に対しても上訴したのであった。

江海関（江南海関）ではこの上訴を聞き、胡雲客等を召喚して調査したところ、信牌四三枚を浙江海関一箇所で保管することになれば、浙江海関が対日本貿易の海関事務を独占することになり、江海関の方は税務収入が減少してしまうと考え、朝廷の裁可を経る必要があるとして、朝廷へ事件の処理を上達したのであった。

李韜士が長崎に来航して以後、閏二月より五月初までの間に、信牌を所持していない南京船・寧波船が合計一七艘長崎に入港している。[25]しかし、彼らは信牌を所持していなかったため、通商を許されず、全船数日のうちに長崎より帰帆させられている。この一七艘の中には、去年長崎で信牌を受領したものの、帰帆後、上述の事情で清官府に信牌を取り上げられた董宜日等の一〇艘が含まれている。[26]

同年の七月一六日より一一月二三日までに、さらに八艘が長崎に入港した。このうち、信牌のない一艘を除き七艘が信牌を所持していたので、長崎での通商を許可されている[27]（表3参照）。

李韜士の報告以後の、中国側の状況を日本側に伝えたのは彼の甥の李亦賢である。[28]李亦賢は享保二年（康熙五六＝一七一七）八月一七日に長崎へ入港した三番広東船の船主である。李亦賢はおじ李韜士が所用により長崎に

表3　正徳6年(享保元＝康熙55＝1716)長崎入港中国船表

入港月日	船　　名	船　　主		長　崎 帰帆月日
223	広東	李韜士　乙未(午15)		423
閏214	南京	祝武珍　乙未(午34)		411
319	寧波	鄭二観		323
320	南京	凌素言		323
321	南京	林公準		328
323	南京	沈雲生　乙未(午42)		404
409	寧波	薛司有		415
409	南京	劉汝謙		416
409	寧波	薛允甫　乙未(午11)		419
413	寧波	高隆侯　乙未(午18)		416
413	寧波	林礼恒		418
416	南京	兪枚吉		422
419	南京	何定扶　乙未(午30)		422
424	寧波	鄭晃伯　乙未(午19)		519
503	寧波	王在珍　乙未(午26)		518
504	寧波	鄭大典　乙未(午22)		515
507	寧波	林達人　乙未(午08)		515
507	寧波	董宜日　乙未(午27)		516
716	①台湾	戴尚賓(呉有光牌)	申牌	丁酉406
716	②台湾	黄福観	申牌	丁酉406
725	③広東	呉喜観	申牌	丁酉407
1003	④広南	郭亨統・陳啓瀛	申牌	丁酉409
1105	⑤咬留巴	呉送観・呉璋珀	申牌	丁酉409
1120	寧波	蔡良耀・呉長吉		1123
1123	⑥厦門	呉楚誉(陳憲卿牌)	未牌	丁酉408
1126	⑦厦門	周元信	申牌	丁酉408

注：『信牌方記録』『唐船進港回棹録』により作成。①〜⑦は長崎での番立順を示す。月日は旧暦で223は2月23日を示す。

来航しないため、彼が名代として李韜士受領の信牌を所持して長崎に来航したのであった。李韜士は浙江海関より信牌を返却するとの触を知り、同年七月一三日、浙江海関において信牌を受領し、それを李亦賢に託したのであった。[29]

李亦賢の報告によると、四三枚の信牌は浙江布政司に保管されていた。そのうち、胡雲客名義の信牌一枚が北京に送られた。朝廷では戸部尚書の趙申喬にこの件に関する議奏を命じた。その議奏によって各官会議したが、結論を得られなかった。

さらに、康熙五五年（正徳六・享保元＝一七一六）一二月に浙江巡撫よりの上奏を経て、翌五六年正月に康熙帝の上覧を得、二月一一日に戸部尚書趙申喬に再度の議奏が求められたのである。[30]この時の趙申喬の議奏は李亦賢の報告によれば次のようであった。

由来交易之道、互に印判を以致証拠候事、商人常之事に而御座候処に、浙江之撫院徐元夢奏状之趣により候得共、古来より海外之通商往来滞儀無之処に、長崎之通事より胡雲客等信牌を受来り、国典に碍《さまた》る事を以経奏聞候得共、長崎之通事より信牌を与へ候と申は、買売之便に商人江印判之票照を取替し候迄に而、少も国典に懸り候大儀に而は無御座候。[31]

これによれば、浙江巡撫徐元夢は、商人が長崎において信牌を受領したことは国典に碍《さまた》がると判断した。しかし、趙申喬は、信牌は単に通商の方法で問題にするに足らないと結論づけた。この趙申喬の上奏によって、康熙帝は商人へ信牌の返却を命じ、従来通りの長崎貿易を許可したのであった。

浙海関に対して、胡雲客等と彼らを訴えた荘運卿等が和解し、仲良く対日本通商を行うように命じたのであった。

趙申喬による戸部の部文は、五月一四日に浙江・江南両巡撫に届き、浙江布政司から浙江海関に信牌が返され、浙江海関から各商人に対して信牌が返却されたのであった。

趙申喬より出された戸部の部文とは、日本側に残された諭文「准海商領倭票照」であろう。これは、康熙五六年（享保二＝一七一七）四月付の次の文である。

戸部等会議、浙撫徐、以商船出海往来、並無阻滞、五十四年、倭国長崎訳司、忽有給船主胡雲客等票照一案、臣一時瀆陳両経部議、特頒諭旨、謂長訳之票照、不過買売印記、據以積査、無関大議、大哉王言、簡而有要、謹候原呈倭照、発臣之後一例、給還諸商、照常貿易、至倭人所議船隻貨物数目、合無令商人原照倭議貿易、惟是有票者、可以頻往、無票者、貨物空懸、同為朝廷弁税之人、自応一視同仁、否令浙海関監督、伝集諸商、明亦倭照、彼此可以通融、或同船均貸、或先後更番、胡雲客・荘元枢等、各自推誠酌議等因、具題前来。応将倭照一張、発還浙撫、併従前所収票照一例、給還諸商、至船隻貨物数目、応令商人彷照倭人原議、将倭照通融、或船均貨、或先後、更番之処、倶応如徐所題行、令該督撫海関監督、伝集諸商、公同酌議、而行報明戸部、可也。[32]

とあるように、清官府より信牌受領の商人達に信牌の返却が決定されたのである。そして、胡雲客と荘元枢（荘運卿の名か）の両名らに仲良く日本との通商を行うよう命が下されたことが知られるのである。

以上が、日本側の正徳新例施行による信牌支給によって生じた中国商人間の対立と、それを処置した清官府の対応を、長崎来航の中国商人から日本側が得た情報によって知られた清側の状況である。

三　康熙帝と信牌問題

上述のように日本側に残された資料によって、正徳新例に対する中国側の対応を述べた。これまで先学の研究においても信牌問題については、上記の論文を除き、中国船の船主の報告のみによって論じられてきた。

ところが、最近、北京にある中国第一歴史檔案館より刊行された『康熙起居注』[33]によると、清官府とりわけ康熙帝の信牌問題に関する対応の状況が如実に知られるのである。

そこで、『康熙起居注』によって、信牌問題が清朝廷の中でどのように処置されたかを述べてみたい。

『康熙起居注』康熙五五年（正徳六・享保元＝一七一六）五月一二日の条に、対日本貿易に関する内容が見える。

覆請管理銭法戸部尚書趙申喬題参、江寧等八省銅斤皆違限遅延、将江寧等八省総督、巡撫及該管各官員、交與該部察義具奏一疏。(34)

とあり、江寧等八省における銅斤の官府納入が遅延していることが、朝議において問題になっているのである。清朝では当時、鼓铸原料として日本銅を必要としていたのである。『上諭條例』(35)乾隆元年（元文元＝一七三六）戸例に見える「辦銅條例」によれば、

東洋之出産寛裕、商船之返棹自速、則鼓铸有備。

として、日本銅に依存していた状況が知られる。そして、同書に、

至康熙五十五年、始隷八省分辦、原係滇洋並採、毎年採辦洋銅二百七十七万一千九百九十九斤零、採辦滇銅一百六十六万三千一百九十九斤零、共計辦銅四百十三万余斤。

とあり、康熙五五年当時、清朝に供給される銅は洋銅こと日本銅が六二・五％を占め、滇銅こと雲南銅が三七・五％であった。つまり清朝にとって、日本は六割以上の銅の供給源であったのである。

この日本銅の官府納入が遅延していたため、清官府にとっても大問題であったのである。その遅延の理由は、中国商人間における信牌の受領をめぐって、官府への訴訟を引き起こし、浙江海関において信牌が保管され、中国商人が長崎で通商できないことに起因していたのは上述のことからも明らかであろう。

この銅の官府納入の遅延に対し、康熙帝は、次のように命令を下している。

上曰、戸部原議銅斤交與地方官不致遅悞、今未及一年、何遅悞至此、着問明具奏。(36)

とあるように、銅斤が戸部より地方官に渡されるのが、一年も経ないうちに、何故このような遅延が生じるかと、早速に調査するよう命じたのであった。

この時点で、日本銅の清官府への納入が遅延するという、正徳新例施行による影響が早くも清官府に及んでいたことが知られるのである。

正徳新例の頒行が、清朝廷において具体的に議題になったのは、康熙五五年（享保元＝一七一六）九月のことである。『康熙起居注』九月二日の条に見える。

覆請戸部覆浙江巡撫徐元夢所題、東洋商賈人等、従前往来行走、並無他故。今年長渓地方、倭子忽立新例、只與先到之胡元克等四十二船毎船牌票一紙、許其交易。若無伊国牌票、即撥回、不許交易。以我中国商船受長渓地方牌票、不但有乖大体、相沿日久、大生弊端、亦未可知。応将作何行文倭子之処詳議、将伊所給牌票発回、以我国文票為憑等因、応如所議一疏。(37)

とあり、浙江巡撫徐元夢の題本によって、清朝廷では、「倭子忽立新例」と日本が正徳新例を施行し、長崎来航の中国商人の「胡元克等四十二船」とあるように胡雲客等四二船に信牌を支給したことを知った。信牌を所持していない中国商人に長崎での交易を許さないとする日本側の事情が十分理解できず、中国側の発行する出港許可書では十分でないのかといった議論に終始したのである。

この朝議に際して、康熙帝の考えは的確である。そのことは、同書、同日の条に見える。

上曰、朕曾遣織造人過海観彼貿易、其先貿易之銀甚多、後来漸少。倭子之票、乃伊等彼此所給記号、即如緞布商人彼此所記認号一般。各関給商人之票、専為過往所管汛地以便清査、並非旨意與部中印文。巡撫以此為大事奏聞、誤矣。部議亦非。着九卿・詹事・科道、会同再議具奏。(38)

康熙帝は康熙四〇年（元禄一四＝一七〇一）に杭州織造の烏林達であった莫爾森を密偵として、日本に遣わし、日本の事情を探らせていた。[39] その情報を康熙帝は堅持していたのである。このため、日本側が支給した信牌に見える年号を、布商人の使用する符帳・記号のようなものと理解し、中国側から発行する各船への出港許可書とは異質なものであると考えていた。このため、浙江巡撫や戸部の考えも誤りとして、九卿以下に再審議を求めたのであった。

そして、同五五年（享保元＝一七一六）九月二四日、この件に関する問題が再度朝議にとりあげられている。

覆請九卿所議、将領受倭子牌票之商人胡雲客等治罪、商船仍照旧例貿易一摺。[40]

と、九卿の審議は日本の信牌を受領した胡雲客等を処分するとするものであった。

これに対し、康熙帝は、次のように述べている。

上曰、此牌票只是彼此貿易之一認記耳、並非行與我国地方官之文書。今京師緞布商人及江南、浙江商人、各認記号、以相貿易。倭子之牌票、即與我国商人記号一般。再、我国鈔関官員、給與洋船牌票、亦只為査驗之故、並非部中印文及旨意可比。如此以為大事、可乎。此事巡撫未悉、部内亦未悉。若如此行、商人如何貿易。着以此伝諭九卿。[41]

康熙帝は、信牌は単に貿易の一方法に過ぎず、中国の地方官の文書と同等に扱うものでない。日本の信牌も中国各商人が使用する記号のようなものである。中国の鈔関即ち税関の官員が発行する海船の牌票は検査のためのものであり、部発行の文書と同等でない。この意味を浙江巡撫も戸部内の官吏も理解しておらず、もし、彼ら官員の考え通りにすれば商人たちは貿易もできないではないかとして、康熙帝はその考えを九卿に伝えさせている。

その後、康熙五五年（一七一六）一〇月八日にこの件が再び朝議にのぼっている。

　覆請九卿覆浙江巡撫徐元夢所題、倭国給與我国商人牌票之事、無庸議一疏。[42]

とあり、先の浙江巡撫徐元夢の題本および九卿の覆議に関する日本が中国商人に給付した信牌の件について詮議しないとある。

これに対し、康熙帝は次のように命じている。

　上曰、此事末曾将朕旨意写出、所議亦不全。現今浙江海関監督保住所奏、即是此故。本発回、與保住所奏之事合看、再議具奏。[43]

とあり、康熙帝はこの案件に関する臣下の審議を不十分とした。しかし浙江海関監督の保住の報告は当を得ているとして、再審議を命じている。

浙江海関監督の保住とは、先の長崎来航中国商人の報告に見える「寧波之関部保氏[44]」のことで、乾隆『勅修浙江通志』巻一二一、職官一一、海関監督の条に、康熙五五年の任として、「保在、内務府慎刑司員外」とある保在のことであろう。しかし、彼の名は『康熙起居注』に見えるように保住（Baozhu）が正しいものと思われる。

この時点で康熙帝の考えと一致していたのは浙江海関監督の保住一人であったのである。

ついで、同年一一月二九日、再び審議にのぼった。

　覆請九卿覆浙江巡撫徐元夢所題、拠所江海関監督宝載（保住）称、日本倭子向我国商人胡云克等、毎船給票一張、方許交易。若無牌票、即令回、不許交易。以我国商人受倭国牌票不止、有関大体、相沿日久定生弊端等因。査得、商人等海中貿易、已経年久。伊所給我国商人牌票、不過彼此交易之記号、並無関係、相応無庸議一疏。[45]

とあるように、浙江巡撫徐元夢の題本、浙江海関監督宝載（Baozai：保住）の奏摺により九卿も、信牌は単に交易の記号に過ぎないと結論したのである。しかし、康熙帝は、

上曰、九卿所議、與徐元夢所奏互異、将此発與徐元夢、看其意当如何。本暫収貯。(46)

として、九卿の審議と徐元夢の報告とは相違するため、この件を徐元夢に伝え、彼の真意を確認する必要があるとして、この件をしばらく保留するよう命じたのであった。

翌康熙五六年（享保二＝一七一七）三月まで、信牌問題に関する処理は見えない。『康熙起居注』同年三月二六日の条によれば、この件が朝議にのぼった。

大学士馬斉等覆請九卿覆原任浙江巡撫今陞都察院左都御史徐元夢所題、倭国長崎訳司、忽給船主胡雲客票照一事、臣冒昧具奏。旨謂長崎票照、不過売買印記、據以稽査無関大議。大我王言、簡而有要。原呈覧倭国票照、仍祈発臣転付商人、照常貿易。但有票者得以常往、無票者貨物壅滞。倶係納税之人、応令該監督伝集衆商、将倭国票照互相通融之処明白暁喩。毎船貨物均平装載、先後更換而往等因。相応行往該督、撫、海関監督、公同詳為定議。将原票給回商人、照常貿易、仍将議行之処報部一疏。(47)

大学士馬斉等は九卿の議、徐元夢の題本を受け信牌問題を審議し、康熙帝の考えにより信牌は単に通商上の印記としたのである。そして、信牌を受領した商人に返却するよう決定したのであった。さらに、康熙帝は、

上曰、徐元夢已到、可詢彼公議具奏。(48)

とあり、この件について上京している徐元夢と相談するよう指示している。

四月三日の条には次のようにある。

覆請九卿議覆原任浙江巡撫今陞左都御史徐元夢所題、倭子給票交易一事、曾問過徐元夢、相応行文與該督、撫、海関監督、伝集商人、酌量議行、明白報部一疏。(49)

とあり、大学士等は信牌問題について徐元夢に下問し、先の決定を実施するよう決めたのであった。

そして、康熙帝は、

上曰、本発還。着照徐元夢所題議奏[50]。

と徐元夢の題本に照らして議奏するよう命じた。

その後、同年八月に信牌問題に関係した案件が見られる。『康熙起居注』康熙五六年八月一七日の条に次のようにある。

覆請戸部議覆江南海関監督薩哈察所請、江南、浙江海洋商人胡雲客等、所受倭国票引、尽為浙江海関監督収去、伏懇将安慶船戸所受票引給伊、散與衆商人等因、応行文江南総督、巡撫議奏一疏[51]。

とあるように、江南海関監督の薩哈察が胡雲客等が受領した信牌が浙江海関の保管となっているため、安徽省安慶府の船戸が受領した信牌は江南海関から戻してはどうかと要請したのであった。

この件は、先に長崎来航の李韜士の報告に見える話と符合するであろう。彼の報告に、

向後寧波之関部一手より船を仕出させ申候はゞ、南京之関部は手明に成事に候故、此段は朝廷江可遂奏聞由[52]。

とあるように、浙江海関が全信牌を保管していることに危機感を持った江南海関が朝廷に奏聞したとする話が、『康熙起居注』に見える江南海関監督薩哈察の奏請と一致するのである。

薩哈察の奏請に対して、康熙帝は、

上曰、此事若交與総督、巡撫議、為日遅久、必致有悞商人交易。徐元夢在此、必知其事、着問徐元夢。転咨該部、速行確議具奏[53]。

として、江南海関監督の件を総督・巡撫に計り審議していたのでは、日数を要して商人の交易に遅滞を生じるため速やかに処理するよう命じたのであった。

以上が、『康熙起居注』に見る清朝廷の信牌問題の処置の経過である。同書による限り、この問題の発生の当初から、康熙帝は、

倭子之票、乃伊等彼此所給記号、即如緞布商人彼此所記認号一般。[54]

と、日本の配布した信牌は緞布商人が互いに使用する商人間の「認号一般」と同様なものと見なし、信牌に使用された日本年号について、当初から問題としていなかったことが知られるのである。

康熙帝の考えが、始終朝議をリードし、朝議の結論は結果的に、康熙帝の考えを追認する形でこの信牌問題の決着を見たといえるのである。

四　小　結

上述したように、正徳新例の施行に関して日本側史料によって知られる中国側の動揺した状況が、『康熙起居注』という第一級の史料によって、より一層明瞭に知られるのである。

しかし、中国商人が長崎に伝えた情報と、『康熙起居注』との間に根本的に相違する点は、長崎来航商人等に当然知られるところではなかった康熙帝の信牌問題に対する判断である。

信牌問題発生の当初から、康熙帝は適切な判断を下し、それが始終一貫していたのである。信牌問題が発生した時の康熙帝の決断がこの問題解決に重要な意味を持っていたことは、『康熙起居注』によって一層明瞭になったのである。

それでは、日本が施行した正徳新例による信牌に関して、康熙帝がなぜこのように迅速で適切な判断を下し得たのかというと、それは康熙帝が康熙四〇年（元禄一四＝一七〇一）六月より一〇月まで日本に派遣した密偵莫爾

森によって得た情報[55]から形成された対日観が彼の脳裏にあったからと考えられる。

康熙帝自身が、

　朕曾遣織造人過海観彼貿易、其先貿易之銀甚多、後来漸少[56]。

と述べているように、莫爾森を遣して日本の貿易事情を調べさせた結果が、一五年後においても彼の脳裏にあり、その認識が、対日貿易に関する寛大な処置としてあらわされたといえる。

信牌問題に関して、康熙帝は臣下の審議の遅延を諌める立場にあった。つまり、最も正確度の高い情報を清朝官吏の誰一人でもなく、最高権力者である康熙帝自身が所有していたという点が、信牌問題の処置の上で重要なのである。

そして、このように康熙帝の脳裏に形成された対日観は、次代の雍正帝にも継承されている。浙江総督管巡撫事の李衛が中国商人の日本貿易を問題にしたさいに、雍正帝は、

　当年、聖祖（康熙帝）亦曾風聞此事、特遣織造烏林大麥而森（莫爾森）、仮弁商人、往往日本、探聴回摠、言些仮捏虚奉之詞、極言其恭順懦弱、此後随不介意、而開洋之挙、亦由此起[57]。

と、李衛の奏摺に硃批を記しているように、雍正帝も康熙帝が巡遣した密偵によって得られた情報に全幅の信頼を置いていたことが知られるのである。

康熙帝は密偵莫爾森のもたらした情報を重要な典拠として、一五年後の信牌問題にも対処し、解決したのであった。

その後、日清戦争（甲午中日戦争）期まで、基本的には、康熙帝の密使によって得られた日本情報が、清朝歴代皇帝の対日観を形成したものと考えられる。

上述のことから、康熙帝の密使は、清代における対日関係に重要な影響を与えたものといえるであろう。

(1)　山脇悌二郎『長崎の唐人貿易』、吉川弘文館、一九六四年四月。
(2・4)　松浦章「長崎来航唐船の経営構造について——特に乾隆・嘉慶・道光期を中心に——」、『史泉』四五号、一九七二年九月。

松浦章『清代海外貿易史の研究』、朋友書店、二〇〇二年一月、五八〜九七頁。
(3)　大庭脩『江戸時代における中国文化受容の研究』、同朋舎出版、一九八四年六月、五一五頁。
(5)　矢野仁一『長崎市史 通交貿易編東洋諸国部』(長崎市、一九三八年五月初版、清文堂出版、一九八一年八月再版) 第五章「正徳新例前の長崎の支那貿易と正徳新例事情」。
佐伯富「康熙雍正時代の日清貿易」、『東洋史研究』一六巻四号、一九五八年三月。

菊地義実「正徳新例における信牌制度の実態」、『日本歴史』一八五号、一九六三年一〇月。

正徳新例の対日オランダ貿易に対する影響については、永積洋子「正徳新令とオランダ貿易」(宮崎道生編『新井白石の現代的考察』、吉川弘文館、一九八五年六月) が参考になる。
(6)　『徳川実紀』第七編、新訂増補国史大系、吉川弘文館、一九八三年一月、四一三頁。
(7)　同書、四一四〜四一五頁。
(8)　同書、四一七頁。
(9)　『通航一覧』巻一六三、国書刊行会、一九一三年一一月初版、清文堂出版、一九六七年四月復刻、第四、三五六〜三五七頁。
(10)　『信牌方記録』、大庭脩編著『享保時代の日中関係資料一』所収、関西大学出版部、一九八六年三月、一一頁。
(11)　同書、一二頁。
(12)　『通航一覧』巻一六四、前掲註(9)同書、三六九頁。
(13)　『信牌方記録』一一頁。
(14)　同書、一三頁。

(15)『大日本近世史料　唐通事会所日録』七、東京大学出版会、一九六八年三月、九二頁。『信牌方記録』一七頁。
(16)『信牌方記録』一七～一八頁。
(17)同書、一七頁。
(18)『唐船進港回棹録』、大庭脩編著『唐船進港回棹録・島原本唐人風説書・割符留帳』所収、関西大学東西学術研究所、一九七四年三月、六七頁。
(19)『信牌方記録』一七頁。
(20)『華夷変態』下冊、財団法人東洋文庫、一九五九年三月、東方書店、一九八一年一一月、二六九五頁。
(21)同書、二六九三～二六九五頁。
(22)同書、二六九五頁。
(23)同書、二六九五～二六九七頁。
(24)同書、二六九六頁。
(25・26)『信牌方記録』二一～二二頁。
(27)同書、二二頁。『唐船進港回棹録』六七頁。
(28)『華夷変態』下冊、二七三九頁。
(29)同書、二七三八～二七三九頁。
(30)同書、二七三九頁。
(31)同書、二七三九～二七四〇頁。
(32)『信牌方記録』二五～二六頁。
(33)中国第一歴史檔案館整理『康熙起居注』全三冊、中華書局、一九八四年八月。
(34)『康熙起居注』第三冊、二二八四頁。
(35)国立公文書館内閣文庫蔵。
(36)『康熙起居注』第三冊、二二八四頁。
(37・38)同書、二三〇三頁。

(39)　本書第一編第一章参照。
(40・41)　『康熙起居注』第三冊、二三一〇頁。
(42)　同書、二三一八頁。
(43)　同書、二三一八〜二三一九頁。
(44)　『華夷変態』下冊、二六九六頁。
(45・46)　『康熙起居注』第三冊、二三三三頁。
(47・48)　同書、二三七三頁。
(49・50)　同書、二三七五頁。
(51)　同書、二四二四頁。
(52)　『華夷変態』下冊、二六九七頁。
(53)　『康熙起居注』第三冊、二四二四頁。
(54・56)　同書、二三〇三頁。
(55)　前掲註(39)拙稿。
(57)　『宮中檔雍正朝奏摺』第一一輯、台北・故宮博物院印行、一九七八年九月、五六頁、雍正六年（享保一三＝一七二八）八月八日、李衛奏摺。

第三章　清代雍正期官史の日本観

一　緒　言

清代中国と日本との関係史は長崎貿易を基軸にした中国商人の長崎来航という形態で行われていたことは周知であるが、この清代の日中関係の状況を概観したものとしては、清末に来日した中国人の記述に一般的に見られるところである。具体例は光緒五年（明治一二＝一八七九）閏三月に来日した王韜の来日記録『扶桑遊記』巻上、光緒五年閏三月一二日（一八七九年五月二日）条に見える。彼は前日の一一日に上海からの船で長崎に到着している。

我國與東瀛通商貨舶至長崎、各以土宜交易已久、至元明益盛。二百餘年前、舶商向報戸部、又於江浙藩司領照、而従乍浦出口、購買洋銅、以資鼓鑄。

とあるように、清代の中国と日本との関係は通商関係を基軸に行われ、特に日本に来航する中国商人が清朝政府が必要とする鼓鋳用の日本銅を購入することにあった。その対日貿易の中国側の中心地が浙江省嘉興府平湖縣の乍浦鎮であった。王韜の記述は、同治一〇年（明治四＝一八七一）の日清修好条約成立以前における日中関係の状況を端的に述べている。

日清修好条約成立以前に長崎へ来航した中国商人が書き残したものとしては、汪鵬の記した『袖海編』（昭代叢書所収本）が唯一知られ、詳細に長崎事情等を記述していることは周知のことである。汪鵬自身、汪竹里と称して長崎に来航していた商人であったから、その記録は細部にわたっている。汪鵬はさらに日本に残された中国佚書の中国への伝来にも貢献した。

ところが実は汪鵬来日以前に、清代官吏が記した長崎の記録が知られる。それは、もと北京図書館（現中国国家図書館）に所蔵される雍正時代の地方官であった童華の記録の中にある『長崎紀聞』と題された書である。童華は雍正年間に蘇州知府を勤めた官吏である。本章では童華とその記録『長崎紀聞』を通じて清代前期の雍正時代における官吏の日本観について述べてみたい。

二　童華の経歴

『長崎紀聞』を記した童華の経歴を知る史料として基本的なものは『國朝耆献類徴初編』巻二二八に見える伝である。ここに収められた伝は袁牧が記した「蘇州府知府童公傳」（『小倉山房文集』巻七所収）と、彭紹升による伝（『二林居士集』巻二二）である。『清史列傳』巻七五、『國朝先正事略』巻五二にも童華の伝が掲載されている。また『碑傳集』巻一〇一に収められた伝は沈大成により著されたもの（『學福斎集』巻一七）である。さらに同治『蘇州府志』巻五五にも童華の伝が知られる。これら童華の伝記史料は主に彼が蘇州知府時代に財政改革に尽力した業績を述べるのみで、彼の履歴の詳細についてはほとんど触れていない。そこで童華の官歴を追ってみることにする。最近中国第一歴史檔案館から刊行された『清代官員履歴檔案全編』第一冊に童華の経歴に関して若干の記録が知られるので、まず同書の記述から引用してみたい。

童華、浙江紹興府會稽縣貢生、年四十九歳、捐知縣即用、雍正四年三月内補授平山縣知縣、本年五月内特旨補授真定府知府。(3)

とある。童華は浙江省紹興府会稽県の貢生であったが、捐納によって知県として登用され雍正四年(一七二六)三月には直隷省正定府の平山県の知県となり、五月には真定府の知府となったとされる。真定府は雍正元年(一七二三)に正定府と改称されたので同府内の知県から知府に短期間で昇格したことが分かる。光緒『畿輔通志』巻三〇、職官六に見える雍正期の正定府知府の項目を見るに「童華、浙江人、貢生、四年任(4)」とあり、後任の鄭為龍が「七年任」とあることから、童華は雍正四年から七年(一七二九)まで正定知府であったことが知られる。さらに同治『蘇州府志』巻五五、職官四に見える国朝、知府の項目には童華の在任は記されるが、在職期間は見えない。同書の巻七〇に童華の伝が見える。

童華、字心樸、山陰人、諸生入資得知縣、雍正七年知蘇州府、為治精勤廉幹、發奸摘伏如神、事有不可、持之甚力。……九年引見去。(5)

とあり、童華は雍正七年より同九年(一七三一)まで蘇州知府であったことが知られる。蘇州知府としての童華は清廉潔白、不正を暴き多くの賞賛をえたようで高く評価された。

その後、沈大成の「前蘇州府知府童公華傳」では、童華は陝西経略を命ぜられ、乾隆元年(一七三六)には福州知府、さらに漳州知府となり「卒己未十月某日也。年六十五、公卒之日」とあることから、童華は康熙一四年(一六七五)に生まれ、乾隆四年(一七三九)に没したことが知られる。

三　『長崎紀聞』の内容

『長崎紀聞』[6]の序において、童華は自ら次のように記している。

皇上御極之七年、以江南為財賦重地、而民間旧欠、積至千百餘萬之多、未必尽欠在民也。命総理大臣四員、會同督撫、徹底清査、各府設分査大員一人、各州縣衛設協査官一人、分司其事、限以両年為期。……特簡臣華由直隷正定知府調任前往。親承聖訓而出、随復奉旨将蘇州分査大員印務交華兼理。

雍正七年（一七二九）、雍正帝は江南の財政問題とくに滞納税の解消を命じ、その一環として童華が直隷正定知府から蘇州知府に調任されたことを自ら記している。その蘇州知府在任中のことに関して追慕し同書の序文の中に、

追思在蘇時、曾辧洋銅百萬。於各商交銅之際、詢以長崎風土、至今猶能記憶、因信筆録出、名曰長崎紀聞。

蓋華在呉二年、辧銅多而為日久。……

とあるように、童華が蘇州知府として在任した二年の間に、日本銅を中国にもたらした商人等から聞知した記憶をもとに記したことが分かる。

この序文には、

雍正十三年中秋前三日、会稽童華題於酒泉客舎。

とあり、雍正一三年（一七三五）八月一二日に甘粛省の粛州の酒泉にあった客舎で記している。

上述の童華の序文からも明らかなように、雍正七年（一七二九）から同九年（一七三一）までの蘇州知府在任中に聞知した長崎貿易に関する内容であることは明らかであろう。

『長崎紀聞』は全一巻であるが、項目毎に書かれており、それを節毎に便宜上分けるとすれば一八節に分けるこ

とできる。ここではそれに一節より一八節まで①より⑱の番号を付し、以下論じたい。

(1)『長崎紀聞』の概要

各節の記述内容に関してその要点を記せば以下のようになる。

①長崎の位置及び支配の実情の説明

日本即倭國、有島七十二、長崎其一也。去國城二千余里、在江浙之正東。江之上海、浙之査（乍）浦・寧波、皆可出口、約三千五六百里、順風六、七日可到。以其地近中國、洋商至彼辦銅、設為貿易之所。長崎不産銅、亦無田可耕、居民萬餘戸、頼商船、以給衣食。有将軍一員、操生殺予奪之権、其國中亦有将軍一員、一切政令、皆以両将軍主之、國王備位而已。長崎島将軍、往来各島、所轄不止一處、官商船交易者、名為王家、其國王之親属宗支也。歳一易、不帯家眷、如中國欽差例。管地方供應者曰土王、無権而世襲。産銅之山、名大坂、去長崎甚遠、海運至國、自國至長崎、商人以貿易銅而帰。

長崎の地理的状況と長崎から中国に向けて輸出される日本銅が大坂に集荷され長崎に輸送され、さらに中国に向けて輸出されていたことが明確に認識されていた。また日本の支配は将軍によって行われていること、長崎にも将軍がいるとしているが、これは長崎奉行のことをいったもので、一年交替などの事情に詳しい。

②五島の位置及びその防備施設

五島為長崎門戸、在長崎外五百里許、其上設槍砲、為守禦計。土民依島而居、有田地。商船出入、必経五島、順風一日可到長崎、遇逆風収泊、其酋長撥小船二、三十隻、曳水牽逆行而上、十餘日纔到。小船一隻、日取銀五銭、毎夜必有水口可泊、不令登岸。其男婦田廬、望見之云。

長崎の遙か海上に五島列島があるが、そこにある五島藩・福江藩の異国警備役に関することなどで、防備施設と長崎港までの曳航状況を述べている。

③長崎の市内の状況

倭人以中國為大唐、初通洋時、見客商甚敬畏、遇唐人於塗、皆匍伏候過遠、然後敢起。入其室、則男子俯走而避、獨留婦女。倭俗無禮禁、雑坐淫虐、聴客所為、甚至乗機窃物、始為倭人所軽。客商中奸黠者、復陰附之、教以書字為立法禁、於是漸制唐人矣。初洋商到倭、分住各街、往来無節、継則止令住大唐街一處、而街之居民、復厭苦之、乃置土庫一所、名曰唐人館、実土牢也。三面背山、一面臨海、洋船到岸、捜査明白、人貨倶入庫中、重門厳守、不聴出入、毎歳以正月、三月、九月、許看花遊廟一次。毎船派費百餘金、以作俯施、倭人帯刀、前後監守、名曰出遊、実利其財貨耳。

長崎市内の地理的状況並びに人々の風俗に関して述べている。唐人屋敷や長崎での行動の自由の制限など、端的に記している。

④オランダ貿易の概況

紅毛國人以大舶載貨、毎年至長崎與倭人交易、設有紅毛館、與唐人館、対峙海口而不相見。以條銅給唐商、以片銅給紅毛。并以唐貨互易之。

短い記述であるが、オランダと日本との交易は中国商人と日本とのそれとは抵触せず、日本から輸出される銅が、中国に対しては形状が棹状であるのに対してオランダには片状で輸出されていたことが知られていた。

⑤東南アジア諸国と日本の交易関係

西南洋近者曰廣南、即安南也、稍遠而呂宋、而暹羅、又遠而客喇八、而馬城、再遠而紅毛。客喇八、馬城、皆紅毛之属境也。紅毛在長崎之西南、蓋萬餘里、獨與倭人交易、以其不尊天主教也。此外惟高麗去倭最近、順風一二日可到、両國往来通市、常和好云。

日本と東南アジアとの航海距離や同地におけるオランダの拠点について述べ、オランダが日本との中継貿易を行っていることを指摘している。朝鮮李王朝を旧来の高麗としているが、日本に近く関係は良好であるとしている。

⑥正徳新例による信牌の配布と銅取引の状況

康熙五十年後、長崎始給倭照、以船之大小、定銅数之多寡、大約毎船七百箱者居多、大者至千八十箱、千二百箱而止、毎箱百斤。其照用蠟紙、寫宋字、字甚端楷。定銅数、塡商名、用其國年號、鈐譯司印、譯司者、通事也。凡九姓大都皆商種也、司貿易之事、商人無照者、船不得収口、貨不得入市、一時江浙江囂然、大照一張、値七八千金、小照四五千金、以質子銭家、亦可得一二千金、逾共壁矣。新商無照者、租一照約輸銅一百二十箱、仍須旧商同去、供験明白、方准収貨。其照三年一換、逾期而則銷燬不給。各商求如期而出、以奉倭法、始有鑽謀求託之弊。島中給照、燬照之権、倶在通事、於是通事。至唐館、距首座指気使、直呼商名。不可如意、輒罵詈而去、商人獲行鼠伏媚詞涌、自同奴隷、積威約之漸也。

ここでは日本側が実施した正徳新例について詳細に述べている。銅の輸出額や、正徳新例により給付されることになった信牌即ち長崎通商証票の内容など具体的で、童華は信牌そのものを具体的に見ていた可能性が高いと思われる。そして唐通事の役割についても述べている。

⑦商船による貿易の概況

商船置貨出口、皆有定則。以絲紬為主、薬材則土伏令大黄之類、雑貨則紅氈・磁器之類。新奇異物、不許私帯。倭人給銅之外、附以海参・鮑魚、毎斤作価一二両、進口発売、十不得三、四。有名無実、皆此類也。

長崎における中国貿易の貿易品は中国産品は生糸・薬剤・毛氈・磁器類で、日本産品は銅の他に干しなまこ・干し鮑などの海産物であったことを述べている。

⑧銅貿易の内容

銅商本無資本、所號為殷実者、虚名耳。有倭照一二張者、即為殷商。憑照領銀、計七百箱之照、可領萬金。租船裏帯之費、約至二千餘金。此外倶置貨而出、不以贍家償債、在島不嫖賭即為実商。亦有本商、不去另聘、行商出洋者。数年之後、與倭人熟識、一時不能更換、勢必任其花銷、故選択行商、不可不慎之於始也。

ここでは日本銅を輸入する中国商人に関して述べられている。日本側が発行した信牌に関して、信牌を入手するさいの費用の高さも指摘している。

⑨銅貿易の内容

従前、洋銅価値、毎箱九両。商船來回、不過一年、故有獲利二三千金者。其後倭人増価十三両至十四両而止、來回或至年半、商人謹身節用無意外之險、僅得数百金、多不過千金。今則毎箱又加増矣。在倭人、以銅鉱愈深、多費工本為詞、而於商貨略不増価、又來回必至両年之外、計出洋一次、毎船必虧折千金以上。此所以畏縮不前也。各省承辦官在蘇僑寓、購商領運急於星火。於是束縛之、迫脅之、蔵匿逃竄、無頼者出而承領、則那新掩旧、花用去半、不出数年、而銅政大壊、必至之勢也。倭奴既以銅為奇貨、藉以僇辱商人、商人無利可図、而外受呵叱、内逼追呼、誰復有寄性命於風波之上者乎。

日本からもたらされた銅の価格に関して、従来は一箱九両であったが、この時は一三、四両となり、以前は一年以内のうちに二〇〇〇両から三〇〇〇両の利益を得たが、最近ではせいぜい数百から一〇〇〇両を越えることなどないという。

⑩長崎市内の物価

長崎食物之貴倍蓰内地。稲米毎石売価十両、鵞鴨毎隻二三両、鶏毎隻肉毎斤売銀五銭、皆故昂其価以病商人。島中有街八十餘條、毎街分値一船、船到、其街人運貨上岸、日給薪水、皆取重値。街人終歳之需、倶出於商。商人住島一年、計用千金以上。日久則商日困矣。

長崎市内の物価に関して、米・鶏肉などの価格をあげ、長崎に滞在して生活するさいに要する費用の高さなどを述べる。

⑪長崎市内の唐三箇寺

長崎有寺七十餘、以金陵寺、漳州寺、泉州寺為最、號為唐三寺、皆昔年商人所建。其住持皆南僧、年老則另延中國僧人替之。寺甚修整、有凡榻掛画焚香、庭中佳卉羅列。倭人甚敬南僧、僧至唐館、則通事皆拱立迎送。商人頗為吐氣。餘寺皆住倭僧、有妻子、與俗人無異、其佛像與中國同。

長崎には七〇あまりの寺院があり、『長崎紀聞』が「以金陵寺、漳州寺、泉州寺為最、號為唐三寺」とする金陵寺とは俗にいう南京寺で興福寺のことである。福済寺は初め泉州寺と称せられ、のちに漳州寺と称せられた。長崎での唐三寺とはさらに、崇福寺を加えている。崇福寺は福州寺と俗称されている。(7)「唐三寺」は、この興福寺・福済寺・崇福寺が誤聞したのであろう。

⑫長崎の廟等

有至聖先師廟、大成廟、明倫堂、櫺星門規模全倣中國而精麗過之。先師四配十哲七十二賢牌位、皆由内地録寫至彼、以洋漆描金装成之。蓋唐人初至倭時、教之立廟也。其将軍王家、倶在櫺星門外、行禮叩頭至地、以脚底反向上為敬。

長崎における中国式廟について述べている。廟内に安置された牌位や調度品に関することにも触れている。

⑬長崎の関帝廟・天妃廟及び林九舎について

島中祀関帝・観音天妃、其道教祀林九舎。相傳呂宋、欲襲長崎、有閩人林天舎知風密報倭人、預為之備。呂宋船到不能上、因告倭人曰、此必林九舎泄吾國事、若以見予、當全軍而退、否則惟有決一死戦耳。倭人不予、九舎聞之、挺身前往、曰以吾一身而息両國之争、吾何惜一死。呂宋戮九舎而帰。倭人徳而祀之、霖爽頗著。

長崎の館内町にある天后堂は関帝堂と呼称されていたが、その廟の創建は元文元年（乾隆元年＝一七三六）とされるから、(8) これは唐人屋敷内に関帝廟・天妃廟として呼ばれた一角があったものと考えられる。これらは船乗りにとって航海の安全を祈願するために不可欠の神々であった。

⑭キリスト教の扱い

西洋皆尊天主教。聞天主為呂宋人、與長崎為世仇、興兵構怨、間有日矣。倭人以銅板鏤天主像、置海岸。唐商至島嶼、倶令跣足踐銅板、恐其有受天主教者也。正月初三日、島人男女、皆跣足踐銅板、以為勝會。唐人踐板以一足、島人雙足踐之。紅毛人上岸、亦令踐板而入。

キリスト教に関することであるが、ここではルソン島からの伝聞と思われる。ただ信者か否かを判定する「踏絵」に関しては詳細に述べられており、長崎へ来航した中国商人・オランダ商人のほか、長崎市民も行ったと述べている。

⑮長崎の住民及び遊女

長崎三面濱海、一面陸路、通其國城。冬不寒、偶霏微雪少、塵土花木鮮麗屋宇清潔、糊以倭箋、冬月以多羅鋪地、春夏易以紅毛篠席、男女跣足、脱屨戸外、席地而坐、男女抜鬚剃頂留邊髪束諸脳後、而剪斉之、冬夏不冠、長衣平袖佩刀、佩両刀者為兵。婦女曳長衣、不裙袴、施脂粉、不穿耳。以薬染歯黒如漆、無金銀翠珠之飾、玳瑁為琉、刻雲物着頂上、乖髪成鬟、髪長委地、光可以鑑。性好潔、雑諸香為湯、間日一浴。女閭七八百名、曰花街。居楼上者以奉唐商、楼下以待水手。妓至商館、終年不去。従婢一、二人、或三、四人、皆鮮衣美食、取給於商。商船瀕行、司計者籌其日用并夜合之資、一妓動需五六百金、又索贈一二百金。求商本無虧、不可得矣。商人冒風濤、棄家室以競錐刀之利、乃日與此輩為伍、言語不通、瘡毒易染、貲財性命委之異域、豈不可惜。倭妓年十三四以上、至二十一二而止、無夫以客為夫、生女仍為妓、生男送南寺學唐書、習為譯司。年二十三以上、不復見客、始嫁、名為出花楼。富貴族家娶為妻妾、以其粗識禮文、善酬應也。既嫁之後、遇旧商至島、仍往款候、留数宿而去、男子不禁也。利其必有所得以帰耳。

長崎の住民の生活習慣、とくに普段の服装などに関して述べ、ついで長崎の遊郭に関する記述が比較的詳細に記述されている。遊女の生んだ子供が女子であれば妓女に、男子であれば中国語を学ばせて通事にすることなどに関して述べている。

⑯長崎の交通手段―馬・轎・舟―

倭人不騎馬。有馬甚小、止供駄載而已。其貴官出則坐轎、轎前竪長鎗一桿。轎止一槓、安頂上、状如中國食盒。獨開前一面、箕踞其中。両人舁之、離地不盈尺。内河有小船、鋭前方後、可漁可遊。軍器以鎗砲為上、弓長八九尺、坐地而射、其矢無翎、射不出二十歩。倭刀、佳者値百金。漆器軽薄不堅、索価甚重。洋錦、於中國薄紬上椎金作画、弾指可破。其餘奇技淫巧之物、不適於用、吾無取焉。

長崎における交通手段である馬や駕籠や船などについて述べている。そして武器に関して槍・弓や日本刀などにも触れている。

⑰長崎の金流通、中国との交流史

倭俗用金片、毎片重四銭八分、刻有字記、有鉗金炎金之別。鉗金只五六成、毎片作銀四両、炎金七八成、毎片作銀六両、価貴。内地銀止八成、毎両易銭、銭小、字畫不明、粗具肉好而已。按倭國即古之倭奴國、其地東西南北各数千里、西南至海、東北隔以大山、統附庸國百餘。自漢武帝滅朝鮮、倭遣使通於漢。其大倭王居邪馬臺國。光武、中元初、始來朝貢、後國乱、國人立其女子卑弥呼為王、又以宗女壹與継之、其後復立男。歴魏・晋・宋・隋皆來貢、稍習夏音、唐咸亨初、更號日本、自以國近日所出、故名。開元・貞元中、其使有願留中國授経肄業者、久乃請還、故唐人有贈日本僧、使諸詩。宋雍熙後、累來朝貢。熙寧後、以僧來。元初、遣使招諭、不至、命范文虎等率兵十萬討之、至五龍山、暴風覆舟、無功而還、終元世竟不至。明初、國王良懐遣使朝貢、自永楽以後、其國君嗣立、皆受冊封、然明代江浙被倭患数十年不息、蓋中國人導之使來、亦沿海兵備、廃弛故也。五龍山疑即五島云。

日本の貨幣の流通、特に金幣すなわち小判、銀幣などの形状を述べている。そして古代の倭国との通好から始まりさらに三国時代の魏、西晋、南朝の劉宋と隋、唐代中国との関係を経て、北宋時代の僧侶の入宋のこと、元寇そして明代にいたるまでの日中関係の概略を記述している。

⑱唐時代の日中関係

唐初伐高麗・百済・新羅諸國。龍朔二年、劉仁願征百済、百済求救於倭、仁願大破百済於熊津。開元・貞元中、倭使留学中國日久、始畏其威、後被其教、故至今以中國為大唐人、有由來矣。

最後に唐代の日中関係に関して龍朔二年（六六二）の唐の百済遠征、開元（七一三〜七四一）・貞元（七八五〜八〇四）中の入唐僧による中国文化の日本への影響・受容を簡略に述べている。

『長崎紀聞』につづく「銅政條議」全一〇葉があり、雍正時代の日本銅の輸入に関する内容が記述されているが、紙幅の関係から検討は後日に残したい。

（二）『長崎紀聞』の価値

雍正時代の日中貿易に関しては、中国側の史料として官吏の奏摺が重要な内容を提供している。この時期の重要な貿易品は、中国側にとっては日本の銅であった。雍正時代前の康熙五五年（一七一六）当時、清朝に供給された日本銅は六二・五％であったのに対し、中国国内の雲南銅は三七・五％であった。[9] 雍正時代にあっても日本銅は六〇％近い供給量を誇っていたと思われる。

雍正元年（一七二三）九月初九日付の鎮海将軍署理江寧巡撫軍務何天培の奏摺に、

窃江寧巡撫、毎年應辦五省銅斤二百七十七萬一千九百九十八斤零、折算二萬七千七百餘担、毎担部費銀拾四両五銭、共應發司庫銀四拾萬壱千九百参拾九両零。……査向例毎年上運銅価、毎担商人領銀拾参両弐銭、下運銅価、毎担商人領銀拾弐両四銭。今拠各商領価時間僉云、洋内産銅漸少、銅価漸昂、倭照有限、採辦維艱。[10]

とあり、沿海五省で使用する銅は毎年二七七万一九九八斤を必要とした。毎年商人よって輸入される日本銅は上半期が一斤につき一三両二銭、下半期が一斤につき一二両四銭であった。

雍正二年（一七二四）一一月二五日付の何天培の奏摺に、

査江省採辦銅斤、必須有倭照、商船方可往買総計毎年進口洋船、止可得銅壹百参拾四萬斤、則壱年之銅止有此数。[11]

翌三年（一七二五）四月初三日付の同じく何天培の奏摺に、

今雍正三年分應辦上運銅八拾参萬壱千五百九拾九斤零、共該部価銀拾弐萬五百八拾壱両九銭零、應辦下運銅八拾参萬壱千五百九拾九斤零、共該銀拾弐萬五百八拾壱両九銭零、共應辦銅壱百六拾六萬参千壱百九拾八斤零、共該發部価銀弐拾四萬壱千壱百六拾参両八銭零。(12)

とあり、雍正三年に日本より輸入した銅が一六六万三〇〇〇斤余にのぼっていた。康熙五五年（一七一六）に輸入された日本銅が二七七万一九九九斤であったから、約四〇％減少していたものの重要な供給源であったことに変わりはない。

雍正五年（一七二七）正月二八日付の蘇州巡撫陳時夏の奏摺に、

査洋船三十九隻、毎船載銅七百六十箱、計七萬六千斤、共得銅弐百九拾六萬四千斤、毎船以五百箱抵完新銅、以弐百六拾箱激完旧欠。(14)

同年九月一九日付の浙江巡撫李衛の奏摺に、

浙省歴來辦銅情由、仰祈睿鑑事。窃査鼓鋳一事、上以裕國帑、而下以通民用、最関鉅務。(15)

とある。雍正時代初期の関心事は日本銅の確保であったことはこれらの奏摺からも明らかであろう。ところが雍正六年以降、日本へ貿易に行く商人の動向に関心が移っていく。その最初が浙江総督管巡撫事の李衛の雍正六年八月初八日付の奏摺である。

海外諸國與浙最近者、莫如日本、臣（李衛）毎留心査訪。(16)

とあるように、浙江省にとって最も近い外国は日本であるため李衛は細心の注意をはらっていた。その理由は次の通りである。

初時風聞、彼國有招致内地之人教習弓箭、不堪守分。[17]

とあるように、日本が中国人を招致して武術を習うなどのことが中国側の緊張を高めていたのであった。このことに関してはすでに矢野仁一・山脇悌二郎・佐伯富・大庭脩の各氏等[18]によって明らかにされているところであるので、ここでは触れない。これらの中国側にとって好ましくない状況を看過することなく監視する体制を李衛は提案している。

同奏摺に、

密飭沿海文武営縣及各口税関員役籍、盤詰米穀・軍器名色、厳行稽査。凡出洋装貨包箱等物、悉令打開験明。一應水手・舵工・商人・奴僕・附搭小客、倶著落牙行、査明籍貫・年貌、出具保結、限期回籍、返棹進口、点験人数。[19]

とあるように、沿海の文武官によって出港する船舶が違法の物品、特に米穀や武器などを積載していないかを点検し、船舶に乗船する乗組員や乗船者の本籍地・年齢・容貌を明記させ、また出港・寄港の日時や、人数を牙行から官府に報告させるようにするものであった。

四　小結

『長崎紀聞』は上述のように雍正七年（一七二九）より同九年（一七三一）までの間に蘇州知府に就任した童華が職務上知り得た知識をもとに、同一三年（一七三五）八月に甘粛省粛州酒泉の客舎で記したものであった。

童華自身は長崎に来航したことはなく、商人等から聞知した知識を記憶に基づいて記したものではあるが、雍正時代の日中関係、とりわけ長崎の事情を比較的正確に記録していることは明らかであり、清代において長崎事情、日中貿易事情を記した初期の重要な記録といえる。童華の蘇州知府としての職責から特に関心事であったのが、洋銅すなわち日本銅の中国輸入に関することであったことは明らかである。『長崎紀聞』序文でも「華在呉二年、辦銅多而日久」と記していることからも明らかであろう。

(1) 本書第三編第二章参照。
(2) 本書第三編第三章参照。
(3) 『清代官員履歴檔案全編』第一冊、一九・三五二頁。
(4) 『畿輔通志』第四冊、河北人民出版社、七五七頁。
(5) 光緒『蘇州府志』中国方志叢書・華中地方・第五号、成文出版社、一七六九頁。
(6) 北京図書館所蔵、古籍善本、「童氏雑著五種六巻」(図書番号一六六八)所収。『長崎紀聞』全一巻、構成は「序」(五葉)「長崎紀聞」(一一葉)「銅政條議」(一〇葉)からなる。
(7) 『長崎市史　地誌編仏寺部下』、長崎市、一九二三年三月、一五二・二五一・三六五頁。
(8) 同書、七七四頁。
(9) 本書第二編第二章参照。
(10) 『宮中檔雍正朝奏摺』第一輯、台北・故宮博物院印行、六八六頁。
(11) 『宮中檔雍正朝奏摺』第三輯、五二四頁。
(12) 『宮中檔雍正朝奏摺』第四輯、一一三頁。
(13) 本書第二編第二章参照。
(14) 『宮中檔雍正朝奏摺』第七輯、三九二頁。
(15) 『宮中檔雍正朝奏摺』第九輯、四頁。
(16) 『宮中檔雍正朝奏摺』第一一輯、五三三頁。
(17) 『宮中檔雍正朝奏摺』第一一輯、五三三頁。

(18) 矢野仁一「支那の記録から見た長崎貿易」、『長崎市史　東洋諸国部通交貿易編』、長崎市、一九三八年一一月。
山脇悌二郎『長崎の唐人貿易』、吉川弘文館、一九六二年四月。

佐伯富「康熙雍正時代における日清貿易」、『中国史研究・第二』、東洋史研究会、一九七一年一〇月。

大庭脩「享保時代の来航唐人の研究」、『江戸時代における中国文化受容の研究』所収、同朋舎出版、一九八四年六月。

(19) 『宮中檔雍正朝奏摺』第一一輯、五五頁。

第三編

中国商人と日本

第一章　長崎来航中国商人について——正徳新例以後を中心として——

一　緒　言

日中関係の歴史は古代から史書に見え、中国大陸から、あるいは日本から人物・文物の交流が長期にわたって続けられてきたが(1)、この交渉史上の中心的な役割を果たしたのは、主に日本へ来航した中国商人達であったといえる(2)。

とりわけ、唐宋時代に中国へ仏法を求めた日本の僧侶の多くは、九州の各港に来航していた中国商人の帰帆に際して中国に渡っている(3)。

その中には、唐代の過所等の記録を残した智証大師円珍があり、彼は唐商王超の船で入唐している(4)。また『参天台五臺山記』を著し、中国に没した成尋も宋商曽聚等の船で入宋した(5)。

このように日中交渉史の上で、あまり注目されていないが、中国商人によって、日中関係史の上に残された業績は多い。

とりわけ、江戸時代における「鎖国令」下の日本は、日中交渉史上、中国商人の日本への定期的な来航という形態によって中国文化の受容が行われた特異な時代である(6)。

それ故、江戸時代における日本の中国文化の問題を考える上で、長期にわたって来航した中国商人の実態を明らかにせずしては中国文化の受容を考えることは困難である。

特に、江戸時代の日本は鎖国令を発布して、外国人の来航を制限し、長崎港を通じてのオランダと中国とに限定し、その他の国との交渉を認めなかった。

オランダはオランダ国の旗下にあるオランダ東インド会社を中心とする人々との交渉であったが、中国は、唐船——中国商船を江戸時代にこのように呼称した——に乗って来航した中国商人との交渉であって、中国の国家そのものとの交渉ではなく、あくまでも日本の貿易政策を遵守する商人であれは、明朝治下の、あるいは台湾鄭氏の、あるいは清朝治下の商人であっても貿易を許可した。(7) このことは、江戸時代の日中交渉史を考える上で、重要な視点である。

これまでの研究は、主に明朝治下、台湾鄭氏の時代の長崎貿易の研究が主であって、(8) 清朝時代のそれはあまり取り扱かわれてこなかった。

そこで本章では、清朝治下の海外貿易の中で、中国商人の積極的な海外渡航の一つであった清代の長崎貿易を担った中国商人の断片的な事蹟を追求することによって、江戸時代の日中交渉史における中国文化の受容形態について考えたい。

二　清代の長崎貿易

日本は、寛永一一年（明・崇禎七＝一六三四）に唐船の入港を長崎に限定した。これ以前の唐船来航の状況については、『長崎夜話艸』巻二に、長崎の津に唐船来りし初めは、永禄五壬戌の年、津の内、戸町といふ浦に到りぬ。そのころまでは唐土も明朝の代にて、いまだ日本渡海をばゆるさざりしかど、海辺村里の商人しのびしのびに船仕たてて、五島・平戸・さつまの浦々に来れる船もありし。荷物は磁器・布木棉・菜菓・砂糖のたぐひのみにて、世の人質素なれば、織物・綾錦の類を持来る事なかりし。此後黒船来りしより、里民繁華にならひ、よろづ珍貨を好める世と成てこそ、唐人もさまざまの珍貨、美麗の織物多く持渡れる世となりし也。(9)

とあるように、中国商人の日本への来航は、明朝の海禁政策がなお維持されていた永禄五年（嘉靖四一＝一五六二）に私貿易の形で長崎へきたことが知られる。それも継続的であったことがわかる。

その後、明『神宗実録』万暦四〇年（慶長一七＝一六一二）八月丁卯（二七日）の条に、

至通倭、則南直隷繇太倉等処、以貨相貿易、取道浙路而去、而通倭之人皆閩人也。合福・興・泉・漳共数万計。

とあるように、海禁の緩和にともない中国商人の積極的な日本への来航が知られる。(10)とりわけ日本に近い浙江が幹線航路の出発点ように見られ、その渡航者の中心が福建人であると認識されていた。

ところが、日本の対外政策は寛永の鎖国令をもって外国船の来航を制限し、その港を長崎のみに限定した。その後、長崎に来航する唐船に対して積極的な政策をとらない時期がしばらく続く。それは一つに、明朝に替った清朝が反清勢力に対抗するため、順治一八年（寛文元年、明・永暦一五＝一六六一）にいわゆる「遷界令」を発布したことにより、長崎に来航した船の多くは主に台湾を拠点とした鄭氏一族の船、あるいは、東京《トンキン》や咬留巴《カラパ》等の南海方面に居住する中国商人による来航船であり(11)、中国大陸からの船は少なかったため平常の長崎貿易が行われていた。

しかし康熙二二年（天和三＝一六八三）に台湾の鄭氏が清に降ると、翌二三年に清朝は「展海令」を発布して民衆の海外貿易を許可したため、長崎への来航船の様子が一変する。

康熙二三年九月甲子朔の上諭に、

上諭大学士等曰、向令開海貿易、於閩粤辺海、民生有益、且此二省民用充阜、財貨流通、則各省亦倶有益。夫出海貿易、本非貧民所能、富商大賈懋遷有無、薄徴其税、可充閩粤兵餉、以免腹地省分、転輸協滴之労、腹地省分、銭糧有余、小民又獲安養、故令開海貿易。(12)

とあるように、福建・広東の民衆に海外貿易の機会を与えようとするものであったが、その余波を受けたのが長崎であった。

展海令の前年には長崎来航の唐船は二七艘、その年も二四艘と、遷界令発布後の入港船数は、二三年間に年間四〇艘を越えたのが三度、三〇艘代が八度、そして延宝元年（康熙一二＝一六七三）以後、二〇艘代が続いていた。ところが展海令の出た翌年の康熙二四年（貞享二＝一六八五）には、積戻し一二隻を含め八五艘の長崎来航船を見る。(13)これ以前の三倍半にも達したのである。

そして、貞享四年（康熙二六＝一六八七）には一三七艘（うち積戻し二二艘）、元禄元年（同二七＝一六八八）に長崎来航唐船数の一年分の最高船数である一九四艘（うち積戻し七七艘）も来航したのであった。(14)

このため、日本側は、翌元禄二年から、長崎来航唐船数を一年七〇艘に制限した。(15)その後、元禄一一年（康熙三七＝一六九八）からは一〇艘増し八〇艘、貿易額を銀一三〇〇貫とした。(16)

また宝永六年（康熙四八＝一七〇九）より入港船を五九艘に限定したが、(17)この頃までは主に貿易船数及び貿易額の制限を行うという政策が中心であった。

さらに、これに来航商人の指定という意味が加味されたのが、幕末まで根本的な変革を加えることなく施行され続けた正徳五年（康熙五四＝一七一五）に施行された「海舶互市新例」いわゆる「正徳新例」である。

これは主に、長崎貿易による金銀の流出や銅の輸出等を制限しようとしたもので、特に対唐船については、貿易船数を三〇艘とし、貿易高を銀九〇〇〇貫と定めた。さらに、従来には見られないものとして、来航唐船に「信牌」（長崎通商照票）を与えたことであり、再度来航する船がこの信牌を所持せざる場合はその通商を認めず、積戻しとしたことである。(18)

このため、正徳に続く享保期、中国の康熙末期から雍正年間にかけての時期は、この信牌争奪競争の画策が長崎来航の中国商人間に見られる。(19)この信牌争奪競争の激化に伴い、中国商人達が違禁の文物等を日本に輸出したため、清官府においても統制を加えることになる。(20)

正徳以後、産出銅の減少等の理由で、入港唐船数を以下のように限定している。

享保二年	（康熙五六＝一七一七）	四〇艘
享保五年	（康熙五九＝一七二〇）	三〇艘
享保一八年	（雍正一一＝一七三三）	二九艘
元文五年	（乾隆五＝一七四〇）	二〇艘
寛保二年	（乾隆七＝一七四二）	一〇艘
寛延二年	（乾隆一四＝一七四九）	一五艘
明和二年	（乾隆三〇＝一七六五）	一三艘
寛政三年	（乾隆五六＝一七九一）	一〇艘(21)

このように長崎への来航唐船数の制限を行ったが、毎年定船数通りに来航してきたわけでなく、時に天候等の理由で、それを越える年も下る年もあったが、ほぼこの定数は守られていた。

寛政三年（乾隆五六＝一七九一）以後は、唐船数の減船政策はとられなかったものの、中国側の事情で漸次、来航船数は減少していき、文久元年（咸豊一一＝一八六一）の二艘の来航を最後として、(22) 長期にわたった長崎来航唐船による貿易形態は終焉を見る。

次に、江戸時代の長崎来航唐船の貿易形態に関していえば、宝永五年（康熙四七＝一七〇八）刊の西川如見著『増補華夷通商考』巻二「唐船役者漳州の詞を記す」の船主の条に、

船主《ツンツウ》、船頭なり、船中にて役なし。日本にて商売の下知をし、公儀を勤め、一船の人数を治む。船頭に二種あり、荷物の主人則船頭と成て来るもあり、又、荷物の主は乗らず、手代親類船頭と成て来るもあり。(23)

とあるように、船主には二種あったことがわかる。即ち、自ら荷主である船主自営型と荷主は来航せず、その手代か一族の者つまり船主雇傭型といえる来航船が長崎にきた。後者の荷主を日本では後に「在唐荷主」と呼んでいる。(24)

ところが、それから約五〇年後の安永年間（一七七二〜八〇＝乾隆三七〜四五）に長崎貿易の様子を記した平沢元愷の『瓊浦偶筆』巻六の「人名冊」に、

船主、非貨物主也。賒載貸主之物件、交易取共利者。(25)

とあるように、この頃の船主は、先の『増補華夷通商考』からいえば、後者に当たる例だけであった。この二資料が書かれた間に、来航船主に経営上の変化が見られる。

康熙時代の例としては、中国船主の口書を載せている『華夷変態』等に「客荷物を招集」とある如く、また古

くは、明末の『東西洋考』巻九、舟師考に「毎舶、舶主為政、諸商人附之。如蟻封衛長、合併徙巣」と見られるような状況であった。ところが、日本側の減船、また中国商人間の信牌争奪競争等により、さらに清官府も日本銅を確保する必要上、統制を加え、従来のような小資本を基とした中国商人達が自由に長崎へ来航するという状況ではなくなっていったことを上記の二資料は示している。(26)

このことを示す一例として、古い信牌を手に入れた中国商人が長崎に来航してくると、これまで常時来航していた商人が、既得権を理由にその唐船の貿易を停止するように日本側に要求する動きが長崎で起こった。日本側は信牌所持のため通商を許可したが、常時来航していた中国商人の側では清官府を動かして、既得権の確保に成功するものがあった。成功したのは、地の利を得た江蘇・浙江等の商人集団であり、古い信牌を持ち渡ったのは閩商即ち福建商人であった。(27)

この事件以後、長崎へ来航してきた唐船は、浙江の乍浦からの船であって、その地に居所や貿易業務を行う拠点を持った商人集団であり、彼らが対日貿易を独占した。このような形態は幕末まで続き、先に記した在唐荷主を後ろ楯とする船主による来航という状況が見られたのである。(28)

この頃の中国側の対日貿易の事情は嘉興の人金安清の『東倭考』に、

惟以采買紫銅鋳銭之故、由内務招徠官商、毎年春秋二帮、各放大船二隻。毎隻買銅十万觔。初只一商、乃先給後銅、毎石発価銀十六両二銭。継而有巨力者、呈請先銅後給、且減価為十二・三両四銭。遂二商並列、一曰官局、一曰民局、皆帰蘇州府及総捕同知管轄。（中略）大抵内地価、一至倭可易五。及回貨則、又以一得二。故銅商之豪富、甲於南中。與粤中之洋商、淮之塩商相埒。(29)

とあるように、官局・民局の商人、すなわち日本では姓で范氏・王氏・銭氏等と呼んだ官商と、日本で十二家荷主と呼称した民商を後ろ楯として彼らに雇われた船主達が来航した。対日貿易で利益のあったことは広東の行商や両准の塩商達と比較されるほどであったことから知られよう。

また、中国側の対日貿易の中心的な港について、『長崎実録大成』巻一〇「海路更数並古今唐国渡リ湊之説」に、

当代ハ上海、乍浦ニ処使用宜シキ所ナリトテ、諸唐船往来共ニ此ニ処ニ集テ互ニ交易ヲ成セリ。但此ニ処ハ諸方出産ノ織物、薬種、粗貨《アラモノ》、諸器物何品ニ限ラス、数百ノ行家《トヒヤ》ニ運《ハコ》ヒ来レリ。則江南、浙江、福建等ノ商民原価銀《モトテ》ヲ携ヘ来テ諸貨物《ニモツ》ヲ買調ヘ、此ニ処ヨリ船ヲ仕出セリ。尤寧波、舟山《チョウサン》、普陀山、福州《ホウチウ》、厦門、広東ヨリ渡来ル船モ有之ト云ヘトモ、専ラ上海、乍浦ヨリ仕出ノ船多シ。(30)

とあり、この書の内容が明和四年（乾隆三二＝一七六七）までのことを記していることから、その頃までの状況と考えられる。

さらに、『雍正硃批諭旨』に見る浙江総督管巡撫事であった李衛の雍正八年（享保一〇＝一七三〇）正月初六日付の奏摺中には、

乍浦係東洋日本商販往来要口。

とあり、清末の『江蘇海運全案』や『浙江海運全案』に見られる「海運図」には、乍浦から東方に海上航路を点線で示していて、その航路を「此乍浦出東大洋水道」また「由此門出東大洋」と記されてるように、乍浦が清代中国の対日貿易の窓口となっていた。

このことは、長崎にあって、中国船の長崎来航を商敵として注意し、オランダ東インド会社の長崎商館日記にも、その出帆地を「Saphoo, Savo」(31)等と乍浦の名を記していることからも明らかである。

そして、この乍浦には官商と民商との会館があったことが知られる。それは、中国へ漂着した日本の南部藩の

松栄丸の乗組員が、乾隆五五年（寛政二＝一七九〇）に中国から持ち帰った記録の写しに見える。

毎接長崎、松前難民伊兵衛等十一人、呈称遭風漂至天朝、得蒙矜恤、現在雖衣食豊盈水土服習、然故郷之念切切、奉願早求帰国等。辱因今両会館公議本因、即送你儕帰至。目下已届、春分節気東南風、当今之時、不敢放胆送往、俟三月間、両局回棹船来、至四月内、発辦出口、即使両局分送、你儕帰国、到長崎也。

乾隆五十五年歳次庚戌正月三十日給

両局会館書[32]

とあり、この時の荷主は、銭氏荷主と十二家荷主であった[33]。

この中国の長崎貿易についてシーボルトは『日本』の「第一〇編　日本の貿易と経済　第四章　日本と中国の貿易」の箇所で、

例えばオランダ商館長は、江戸に参府する権利を許されるが、中国人の船長は長崎奉行に謁見するにしても、名誉ある参府は一度も許されなかった。これは乍浦における中国の商社が中国の皇帝から特権も保護も受けず、ただ私的企業であるとして、江戸幕府に十分知られていたからである[34]。

と記しているように、乍浦が対日貿易の中国側の中心地であったことは、長崎に来航したヨーロッパ人にも知られていたといえる。

また、一八四三年（道光二三・天保一四）の *CHINA, in a Series of Views, Displaying: The Scenery, Architecture, and Social Habits, of That Ancient Empire*, vol.III, p.49 に、

乍浦は杭州湾にあり、その商業上の重要性は日本との間で享受している独占的な貿易のためであり、その貿易は六艘の中華帝国のジャンク船により独占されている。

とあり、やはり乍浦は日本貿易にとって重要な海港であった。それは、地理的には江南の文化・経済の中心地で

ある蘇州[35]とも近く、乍浦での貿易品の集荷・散荷が容易であったことによるであろう。

以上のように、清代の長崎貿易は、日本の貿易政策に対応しながら、ひいては中国側も鋳銭に要する日本銅を確保する必要上、長崎来航商人に統制を加える中で、来航商人が既述のような形態を形成していったと考えられる。そして、このような形態が確立していく契機になったのは、日本側の施行した正徳新例と考える。[36]

そこで、中国の貿易港乍浦と長崎との間で、連綿と続いた日中貿易時代における中国商人を通しての文化交流を見てみることにする。

三　中国商人の長崎来航

江戸時代の日本人が、外国文化に対して敏感でないはずはなく、中国文化の受容に対しても積極的であった。ところが、「鎖国」という限定された時代にその欲求を満たすには、長崎に行って、その地に来航してきた中国商人と接触を持つことが、数少ない中国文化に接する機会であった。

それ故、長崎で中国商人と接した日本人の記録がいくつか残されているので、それらを中心にして、中国文化受容の一側面を述べてみることにする。

(1) 汪縄武と『古今図書集成』

安芸国（現・広島県）の人で、徂徠派の儒者であった平賀晋民（号・中南）が唐話の勉強のために長崎へ行ったことがある。そのことは『花蛮交市洽聞記』七「芸州忠海之産平賀氏長崎に遊、十二家唐人王縄武并下人に出会、唐国之事咄被承候事」に見える。それには、芸州忠海之産、酒造家平賀宗右衛門ト云ル儒学ニ達せし人在、唐音ヲ合セ見度心ニ而、長崎ニ明和・安永之頃遊ヒ、唐通詞小者ニ成、館内ニ入、其頃十二家唐人王縄武ニ出会、唐音ヲ以、唐国之事共物語被承侯由。(37)

とあり、平賀晋民が唐人屋敷の中で会話した王縄武とは汪縄武のことで、彼は、宝暦一〇年（乾隆二五＝一七六〇）辰一番船主、明和元年（乾隆二九＝一七六四）申五番船主、同四年（同三二＝一七六七）亥三番船主、安永三年（同三九＝一七七四）午六番船主、同四年（同四〇＝一七七五）未一一番船主(38)としての長崎来航が知られ、その期間は一五年間に及ぶ。

安永六年（乾隆四二＝一七七七）六月刊の『元明清書画人名録』の「清人来舶」には、「汪永　ワウエイ　字縄武、号成斎、新安人。行書、画。乾隆」とあるように、書画も描けて学問もできたようである。

それを示す事実として、汪縄武は宝暦一〇年の辰一番船で大部の書を伴ない、さらに『古今図書集成』一万巻を長崎に舶載した(39)。このことは『徳川実紀・俊明院（徳川家治）殿御実紀』巻九、明和元年（乾隆二九＝一七六四）二月一四日の条に、

十四日図書集成一万巻、長崎奉行より輸送して御文庫に納まる。これは有徳院（徳川吉宗）殿御在世のとき、清国の主此書編纂ある事聞しめし、書成らば舶載し来るべき旨、唐商に命ぜられしに、年を経てやうやく持渡りしなり(40)。

とあるように、徳川第八代将軍吉宗が購入希望した書で、およそ三〇年を経て舶載された。それも清国と陸続きで関係の深かった朝鮮王朝より一四年も早く舶載されている(41)。

(2)長久保赤水と明和期の清商

江戸時代の代表的な地理学者である長久保赤水は水戸藩の人で、中国へ漂着した同藩の難民が長崎に送られて

きたため、長崎へ引き取りに赴いた。その時の記録が彼の『長崎行役日記』である。同書の明和四年（乾隆三二＝一七六七）一〇月一三日の条に、来航中国商人のことが記されていて「今客館の清客に文才の人あるよし、詩文贈答の紹介をなし給はらんやといひおくる」[42]とあり、つづいて翌一四日の条に、

それより十禅寺の唐人館へ行く。大門に入るときに村雨驟にふる。当所の前なる家に入て晴を待つ。其時に唐人ども十人ばかり此辺に徘徊して相共に笑語す。唐音の中に和語を用うる者もあり。その人物賤しからず。面体この方の人にかはらず。しかれ共頭髪を剃りて百会の所を径二寸ほど丸く剃残したる髪の毛を三組にして、羽織の紐に似たるを後へ乗れ下る。帽は鍪頭巾のしころなき様なる物也。頂の尖の所へ赤き絹糸の如くなるを括り付け、猩々の髪のやうに散し下す。外套は此方の半合羽に似て前を釗じめにし、裙は裳の両脇を合せず。前垂を前後より懸けたる如くみゆ。凡て清朝は韃風にて公卿大夫に至る迄、衣冠を用ゐず。此風俗也と云ふ。しばらくありて雨歇む。中門をこえて土神堂を礼し、夫より厨下口の口の腋より階子をのぼり楼に入る。唐人二三輩出て長揖して饗導す。坐敷には毛氈をしきつめたり。案内の通事人高尾嘉左衛門、その子兵右衛門、華語にて唐人とかたる。即ち茶を瀹していだす。味ひはなはだ淡薄なり。饅頭、カステラ、茘枝、竜眼肉等の果子を案に盛りて三十膳など座敷の中央にならべおく。彼国の風と見えたり。この中に四ツ人形の如きかざりものあり。四隅ともに大根のつくり花なり。唐人どもの給仕にて我等まで賞味す。游樸庵が学才かねて聞けども、ゆるしなければ臂を交へて筆談する事を得ず、唯目礼して退く。悵恨に堪えたり。[43]

とあるように、長久保赤水は、この長崎滞在の機会になんとかして唐人達と接触を持とうとしていたことが分かる。そして、彼ら来航の人々と筆談等を考えていた。

同書、同一六日の条に、

此とき熊氏よりも一封到来す。即ち清客游樸庵が返翰和章なり。暫くありて又来る。張蘊文、龔廷賢の二清客が和韻の詩なり。この二客へは予初より詩文を贈らず、熊氏と游樸庵との乞なるべし。実に望外の事なり。予も謝状を書きて亭主に托せしとき鶏鳴に過ぐ。(44)

とあるように、「熊氏」こと唐通事熊代太郎右衛門を通じて游樸庵との接触に成功し、さらに思いもしなかった張蘊文や龔廷賢からも詩文を得たのである。

長久保赤水は、この時贈与された詩文を中心にして『清槎唱和集』一巻として残した。その書の題言に岡津の名越南渓が、

本藩之漁舟、為颶風所漂至於安南、会有南京賈客之来崎港者、寄其船而得還。本藩遣吏卒、塩其事、長子玉亦與焉。留数日、乃與清人之在崎港者、唱和為数扁、題曰清槎唱和。

と書いているように、ベトナムへ漂着した水戸藩のものが、ベトナムに赴きさらに長崎へ来航した唐船の救助を得て帰国できたのであるが、その難民を長崎にもらい受けに行った長久保赤水が、その機会を利用して唐人との接触をはかった結果としてこの書ができたのである。なお、文中の子玉とは長久保赤水の号である。

そして、唱和した唐人とは同書に見える次の人々である。

游樸庵、姓游、名勲、字元周、古閩人、福州船商主。

張蘊文、名煥、南京人。

龔廷賢、字克顕、温陵人。

王世吉、名遠昌、山西汾州府汾陽県之貢士、南京上海船之商主。

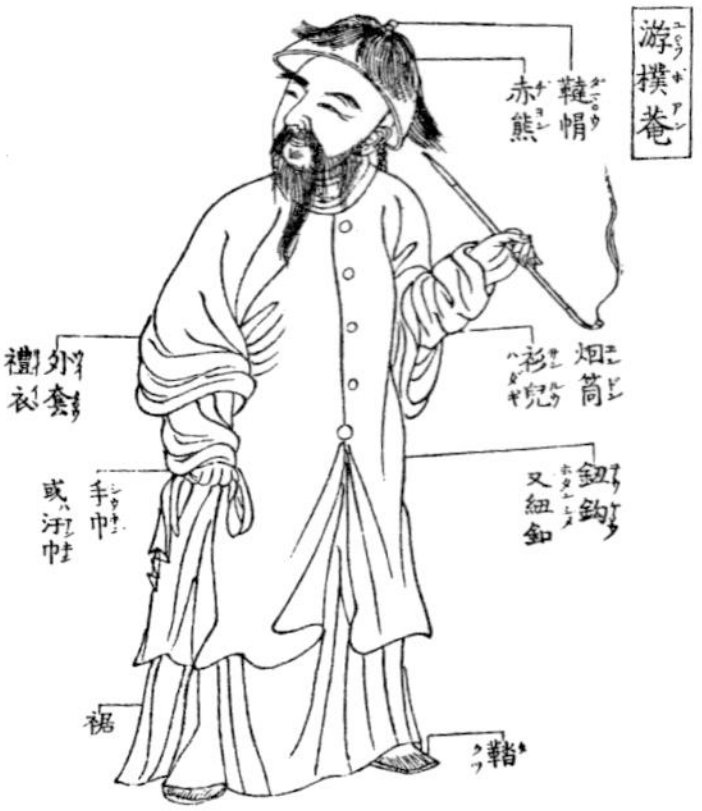

長久保赤水『長崎行役日記』より

この四名は、いずれも長崎来航船主として知られるので、順次、彼らの事績の一端を記してみることにする。

游樸庵は、『元明清書画人名録』に「游勲　ユウクン　字元周、一字樸庵、古閩人。行草」とあり、彼の来航は、明和二年（乾隆三〇＝一七六五）酉八番船主、同四年（同三二＝一七六七）亥一番船主、同七年（同三五＝一七七〇）寅一三番船主、同八年（同三六＝一七七一）辰一番船主、安永元年（同三七＝一七七二）辰一二番船主、同三年（同三九＝一七七四）午四番船主[45]として知られ、これだけで長崎への来航は一〇年間に及んでいる。

彼は『清瑳唱和集』に、

謹答赤水長先生執事、僕生中国、長客瓊江、嗜訪名人、好交高士、凡東海之名士先生、雖不能面談促膝、亦差可已語通情、鄙心猶未足也。

という文を残していて、長崎へ来航し、高士と交わることを希望していたが、十分にできていないといっている。

次の張蘊文は、明和四年以後の来航が明和五年（乾隆三三＝一七六八）子七番船主、同七年（同三五＝一七七〇）寅四番船主、安永三年（同三九＝一七七四）午一三番船主、同四年（同四〇＝一七七五）申二番船主[46]として知られるから、長崎来航は九年に及ぶ。

龔廷賢は、『元明清書画人名録』に「龔標　キヨウヘウ　字克賢、温陵人。行書」とある龔標のことであろう。来航船主として龔克賢の名で知られるのは、明和三年（乾隆三一＝一七六六）戌一二番船主、同四年（同三二＝一七

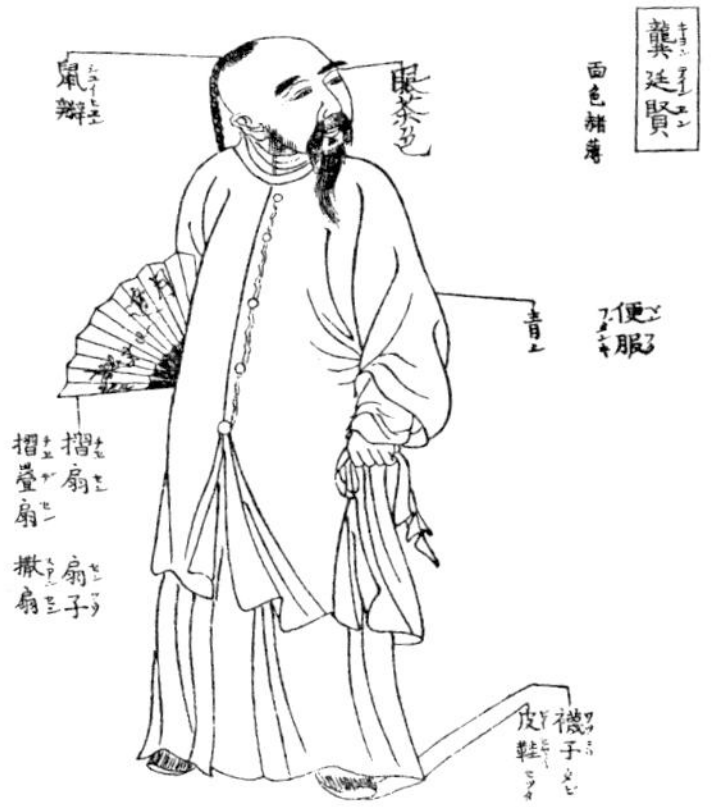

長久保赤水『長崎行役日記』より

六七）亥五番船主の二度だけである。彼の詩は『清桂唱和集』に三首見える。[47]

最後の王世吉は、『元明清書画人名録』に「王遠昌　ワウエンショウ　字世吉、西河人。行草」とあり、西河は山西の汾陽の唐代以後の古名である。王世吉は山西人である。彼の来航記録は、明和三年（乾隆三一＝一七六六）戌九番船主、同四年（同三二＝一七六七）亥四番船主、同六年（同三四＝一七六九）丑七番船主、同七年（同三五＝一七七〇）卯一番船主、安永元年（同三七＝一七七二）辰六番船主、同五年（同四一＝一七七六）申一二番船主、同七年（同四三＝一七七八）戌八番船主、同八年（同四四＝一七七九）亥七番船主であり[48]、一四年間に及んでいる。このうち明和四年七月一六日に長崎に入港した亥四番船主の時、安南ベトナムに漂着した水戸藩の難民を長崎へ連れ渡ってきたのである。[49]

王世吉自身も漂着した経験を持つ。それは、朝鮮王朝の記録に見え、『通文館志』巻一〇、正宗大王三年己亥（乾隆四四、安永八＝一七七九）の条に、

山西省汾州府人王世吉等七十四人、漂到全羅道古群山島、其中一名病故、従願埋瘞。餘並優給衣粮、修葺船隻、候風発回。咨報如例。

とあるように、朝鮮半島の全羅北道にある古群山諸島の一島に王世吉等の乗船した船が漂着し、朝鮮の庇護を受けたのであった。この時の詳細な記録は、さらに『同文彙考』巻七三「報古群山漂人発回及一人病故咨」に乾隆四四年八月二四日の日付で、

本年六月二十一日未時、量異様三帆船一隻、漂到於三島外洋。

とあり、朝鮮国の地方官が三本の帆柱を有する帆船が漂着したので調査したことを以下記していて、その中に、長崎貿易に関する記事がみられる。

挘縣令・僉使等官審問、得漂人王世吉等七十四人説。称我們以大清國山西省汾州府汾陽縣人。奉憲給牌、載紗緞・薬材・白糖等貨、為因採辦鼓鋳官銅、向往日本国長崎島。本年五月二十八日、由浙江嘉興府平湖縣乍浦海關開船。六月十四・五・六等日、遇颶風、本月二十一日、漂到于此。仍出示其所持公文、即浙海關商照一度、浙江布政司憲照一度、日本長崎島信牌一度、故憲照中官商范清濟、商照中船戸金源宝、信牌中票給鄭朗伯等人來此與否、及日本信牌之預先受來緣由。多般詰問、則漂人等回称、范清濟居官爵不来。金源宝在家不來。鄭朗伯昨年領回此牌而身死。今來王世吉替来者也。信牌則前船領回後、船帯去要、為通貨時、憑挘之例、云云。観其言語・服色、考其票文物件、所供是実。

とあって、王世吉の船は、浙江海関の商照と布政司の憲照や、長崎の信牌を所持していたことが知られる。これと同様の実物写しの図が『清俗紀聞』巻一〇、羈旅、行李に見え、それには乾隆六〇年（寛政七＝一七九五）の憲照等がある。

この時期の官商は范清済であることは拙稿で述べた通りである。[50] この船の船戸金源宝とは、明和七年（乾隆三五＝一七七〇）閏六月二〇日に長崎に入港した寅七番船であった船名源宝と同船であろう。[51] そして牌主として名前のある鄭朗伯は、王世吉が述べたように、安永七年（乾隆四三＝一七七八）の長崎来航で知られる船主ではない。長崎では牌主本人でなくとも信牌を所持しておれば、通商は行われたから、王世吉が朝鮮の官吏に「鄭朗伯云々」と述べた箇所は偽証であった可能性がある。ついでにいえば、「鄭朗伯」名の信牌を所持した唐船はその後、日本の遠江に漂着している。それは寛政一二年（嘉慶五＝一八〇〇）一二月のことであるから、朝鮮漂着後さらに二二年後のことである。[52]

ところで、王世吉が安南に漂着した水戸藩の漂民を連れ戻した仔細は『長崎実録大成』巻一二「安南ヨリ外国漂着之者七人送乗事」の条に見えるが、彼自身がその時のことを書いた文章が、『清槎唱和集』にある。

奉復赤水長玄珠先生台下

山西　貢士王世吉諱遠昌

頓首

丁亥秋七月、世自安南国収留貴郷難民七人、護送前来、舟抵崎陽後第、念天水相連、実切他国之想、瞻彼波濤、更増異郷之思、遂而返棹回唐矣。我国朝興運以来、與貴国交好、通商百有餘年、外邦為隣、四海一家、此言誠不誣矣。世汚朽下、遇一介遠商、何堪品題、己丑歳、復至崎陽、由樊公手接読、瑤章並佳章一聯、荷誉過情、汗顔無地、而已饑已溺、聖人之痛切痌瘝、欲立欲達、仁者之量包物與、世何如人也。豈敢負此盛名哉。廻憶安南時、乍見難民七人、世等腸従内、断涙自外、主其狼狽、凄凉之状、不堪聞視、而帰朝芒芒瞻顧、不無失宜、至今抱歉。又承厚愛詢、及敝同事等、奈天運換申、人事変遷、有辞帰者、有歿亡者、而今寥寥数人耳。倘天仮有縁、得覯芝宇、而親聆教範、聴高山流水、以快積懐実、人生一大楽也。粛此荒亟奉覆。

大清乾隆三十四年八月初十日

とあり、明和六年（乾隆三四＝一七六九）六月一三日、丑七番船主として長崎に来航した時に、唐通事「樊公」こと高尾嘉左衛門を通じて、長久保赤水の書状に接し、この文面を認めたことが知られる。そして、この文章には難民に対する慈愛が見える。

以上、長久保赤水の接した中国商人について記したが、彼らとの接触には、赤水が作成した『大清広輿圖』等の地図作成になんらかの影響を与えたものと思われる(53)。

(3) 司馬江漢と天明初の清商

江戸中期の画家司馬江漢も長崎を訪れている。彼は天明八年（乾隆五三＝一七八八）一〇月一〇日に長崎に至り、一箇月余り滞在している。その日記『江漢西遊日記』天明八年一〇月二二日の条に、

唐人、今渡海する船は私にする商人なり、皆蘇州と云ふ処より来る。則ち蘇州は日本の大坂の如し、南京第一繁昌の地なり。王命にて渡海する者、昔は范氏なり。中頃にては王氏来る。今は銭氏なり。外に十二家とて、是れは自分一己の商に交易するなり。其船五、六艘来るなり。日本より交易の代物は銅十万斤を高とす。彼国より持ち渡る物、広東辺の産物、薬種、砂糖類なり。また金銀をも持ち渡るなり。程赤城は十五年此方渡海すと云ふ(54)。

とあり、このうちの荷主范氏・王氏・銭氏は官商の姓であることは先に触れた(55)。

そして、ここに出てくる程赤城は、およそ三八年間もの長期にわたっての来航で知られる人物(56)で、多くの事蹟を残している。彼の人間像は、橘南谿の『北窓瑣談』巻一に「長崎へ渡り来る唐人の、彼国の人に勝れたるといふ上戸も、此国へわたり来り、日本の酒にては、彼国の三が一も飲得ず酩酊すといふ。毎度渡り来りし程赤城といへる唐人、年六十に過つれば、彼国の親類諫めて、もはや年老たり。数百千里の大海を越て、日本の商ひ今はよき程なり、やめ候ひて然るべしといへるに従がひ、二・三年も彼国にて隠居してありしに、飲食のことに堪がたくて、又近年としごとに渡り来ぬ(57)」とあるように、程赤城は日本の食生活を慕っていた唐人と見られていた。

しかし、程赤城は日本食を求めただけでなく、安永七年（乾隆四三＝一七七八）六月二七日に長崎に入港した戌七番船で、『知不足斎叢書』を初めて持ち渡ってきた。そして、日本に残っていた中国の佚書がこの叢書に収められていることが明らかとなった(58)。

ついで、司馬江漢の日記の一〇月二八日の条を見ると、彼は長崎稲佐山の悟真寺で中国人達と接している。

五時より唐人通詞清川栄左衛門、下通詞吉嶋作十郎と共、大波戸より屋根舟に乗り、稲佐悟真寺へ唐人六十人程仏参す。舟、向地の岸に着くと、寺より笛太鼓を打つ者を雇ひて、唐人の先へ立ち、笛太鼓を鳴らす。此者一向の下人にて、羽織も着ず、袴も無き体にて囃す、管絃の気取なり。寺門に至ると止めるなり、真に飴売の如し。唐人、下官の者多し、其内善き人は十人、之を船頭と呼ぶ。宋敬庭と云ふ人に知己に成る。是れは五十位に見え、鬚少々あり。其余鬚無し。また西湖と云ふ人は四十位にして、是れは肥えたる人なり、顔色利口相に見ゆ。予が製する銅板画の覗目鏡を見せれば、皆々感心する。シツポコ台、四人詰にて吾も共に食ひけり(59)。

とあって、一〇人の船主達の中で、宋敬庭こと宋敬亭と親しくなったようである。

宋敬亭は、明和元年（乾隆二九＝一七六四）申一番船主、同三年（同三一＝一七六六）戌八番船主、天明七年（同五二＝一七八七）、同八年（同五三＝一七八九）、寛政六年（同五九＝一七九四）の長崎来航が知られ三〇年に及ぶ(60)。

また、司馬江漢が「利口相」と見た西湖とは、この頃長崎にきていた春木南湖の『西游日簿』に記された費晴湖であろう。同書の天明八年一〇月二日の条に「姓費、名肇陽、字得天、別号晴湖。浙江湖州府居住苕渓人也(61)」とある費晴湖のことと考えられる。

費晴湖は、天明八年（乾隆五三＝一七八九）申一二番船主、寛政三年（同五六＝一七九一）、同四年（同五七＝一七

八九)、同六年(同五九=一七九一)寅七番船主、同七年(同六〇=一七九二)、同八年(同六一=一七九三)[62]の長崎来航で知られる人であり、彼の父も長崎来航船主で、船の難破により九州の薩摩の地で没した。

このことに関して、『長崎志続編』巻八、唐船進港并雑事之部、寛政六甲寅年(乾隆五九=一七九四)の条に、

在留船主費晴湖父費正夫、明和二酉年、於薩州破船。正夫并ニ水主六人溺死致シ、同国阿久根村久辺山上ニ葬リ有之由。晴湖聞及ビ、帰唐の節右死骨持帰リ度相願ニ因テ、江府御伺ノ上免許有之。死骨請取トシテ唐通事一人、御役所付一人、薩州江被差遣、六月廿二日当地江持越、翌卯年三月廿八日、寅七番費晴湖船出帆の節持帰ル。尤水主六人ノ死骨ハ崇福寺江改葬之。[63]

とあり、父費正夫が薩摩阿久根村(現・鹿児島県阿久根市)に葬られていることを聞き知った費晴湖は父の遺骨を本国に持ち帰ることを幕府に願い出て許され、寛政七年三月二八日の寅七番船の帰航のさいに持ち帰った。費正夫が没して三〇年後のことである。この時の漂着破船のことは『長崎実録大成』巻一一、明和二年(乾隆三〇=一七六五)の条に詳しく見えている。[64]

費晴湖は「来舶の画家」としても知られている人物[65]であるが、その来航は、父の死と関係があったように思われる。

(4)汪鵬(汪竹里)の佚書の発見

日本の明和・安永年間(乾隆二九~四五=一七六四~一七八〇)に長崎に来航した清商のうちで、一番の学者は汪鵬であろう。彼は『袖海編』を書いた人として有名であるが、来航商人であったことはあまり知られていない。汪鵬の事跡にかんしては第三章で詳しく述べるので、ここでは簡単に触れたい。汪鵬の号は竹里であり、その名

で明和四年（乾隆三二＝一七六七）から安永元年（同三七＝一七七二）の辰七番船主、安永二年巳八番船主、同三年未一番船主、同五年申五番船主、同六年酉六番船主、同七年戌四番船主、同九年子九番船主[66]として知られ、その来航の初めは、『袖海編』に「乾隆甲申年重九日、竹里漫識于日本長崎唐館[67]」と記していることから、乾隆二九年（明和元＝一七六四）と考えられる。

汪竹里は安永年中に来航した時、平沢元愷と筆談しており、元愷は『瓊浦偶筆』巻二において長崎来航の中国商人の中で汪竹里だけは尊敬できる人物と見ていた[68]。

汪竹里の日中文化交流史上での大きな功績は、中国においてすでに散佚していた書籍を日本で再発見して本国へ持ち帰ったことである。その佚書の一つが鮑廷博の『知不足斎叢書』に収められた『古文孝経』である。同書の鮑廷博の跋には「古文孝經孔傳一冊、吾友汪君翼滄市易日本、得之携帰、與以相贈博」とあり、また、同叢書の『皇侃論語義疏』の盧文弨の序も「吾郷汪翼滄氏、常往来瀛海、間得梁・皇侃・論語義疏十巻於日本足利学中」と記し、「夫是書入中國之首功、則汪君也」と誉めたてていることからも汪翼滄（鵬・竹里）の実力のほどが知られている。

汪鵬は、当時の日本の書籍輸入の実情について『袖海編』で「唐山書籍、歴年帯來頗夥、東人好事者、不惜重價、購買仕襲而藏、毎至汗牛充棟、然不解誦読」と手厳しく批評している。古くからの日本人の中国書籍に対する姿勢を明確に言い当てているようにも思われる。また、それ故、彼の求める佚書が残されたともいえる。汪鵬が『日本碎語』に「書籍甚多、間有中國所無之本[69]」と記していることと一脈通ずるものがあるようにも思われる。

とにかく汪鵬（竹里）はある意味で清末に来航し、日本に残存する漢籍を調査し、『日本訪書志』や、『古逸叢書』を公刊した楊守敬の業績の先駆的仕事をしたともいえる。ただ汪鵬の場合は、その輯書できる地理範囲が長崎だけであったことが惜しまれる。

梁玉縄の『瞥記』七、雑事（『清白士集』巻二四所収）に、

同里、汪翼滄・鵬、三至日本、携帰其国松井氏墨譜一帙、所造墨数百品、佛足碑墨為最、余于汪處見之。小楷圖式皆絶精。汪云、有王衍墨、長寸餘闊八分、両頭如圭、凡誤書文字、不假力水、直以墨就誤處、磨之一掃、無痕惜、購不可得。

と見え、散佚書以外にも、中国の人々に羨望の気持を抱かせるような日本産の墨についての書籍を持ち帰っている。

その墨とは奈良古梅園が製造したもので、「松井氏墨譜一帙」とは、古梅園主松井氏の刊行した『古梅園墨譜』のことであろう。『袖海編』にも「日本貢墨最佳、其官工為古梅園和泉椽世製貢墨」とあることからも明らかである。

のちに汪鵬（竹里）は『古梅園墨譜・後編』に跋を寄せている。

跋

東披云、予蓄墨数百挺、都無佳者。其間不過一二可人意。宋徽宗嘗以蘇合油梾烟為墨。金章宗以黄金一觔、購得一両。歉仿為之而不能也。可知佳墨、前代固已難得矧。近世鄙芸工之最著、在唐惟李廷珪、明則方于魯、程君房、亦称尽善。然不過膾炙于書家之口流、備于文楄之林而已。日本南都商松氏貞文者、専心篤好数世、其業取材既美。何必長安石炭、上党松心製合得、宜不啻暑天、懸葛梅月臨風、可為喜矣。且能不憚煩労、速渉崎港。劇懐諏訪考古証、今必超矣。上乗而後、已由是日下東都、一時噪誉錫千歳。松之佳名、邀國君王之

爵賞。良工苦心、豈非得所報哉。令嗣伯主君、弗以美善、自居尤復孜孜、不倦以異恢宏、先緒役武前徽弓治箕裘世、済共実不亦喜乎。推斷志也。可以風天下之為士君子者、徳必加修、学必日進、不躋于賢聖之域、不止方為無忝。嗚呼匪一芸也。直可以進于道矣。因附数語而書之、筆時乾隆三十七年、歳次壬辰嘉平月、杭郡

竹里汪鵬。

とあって、松井氏の墨石並びにその事業を誉めている。この跋を書いたのが乾隆三七年（安永元＝一七七二）一二月のこととあるから、彼が同年の辰七番船主として六月二四日に長崎に来航して以降、帰帆するまでの在留中のことであろう。

（5）清医楊西亭

汪鵬の後、日本人から親しまれたのは程赤城であると上述した。その後の時代にあって、日本人から好まれた来舶清人に江稼圃や江芸閣もいる。

江稼圃は画家として、江芸閣は文人として知られ、先学の論考[70]にも見えているため、ここでは触れない。

これにつぐのが、文化五年（嘉慶一五＝一八一〇）から天保一三年（道光二二＝一八四三）までの来航で知られる商人の楊西亭である[71]。彼は医師としても知られていた。

江戸時代の医師多紀元堅の著した『時還読我書』巻下に、

清医楊西亭トイフ者、文政初、崎嶴ニ来寓セシガ、頗学術モアリテ、識見モ亦卓ナリシト。其言ニイヘラク、医ハ時運ニ随テ、治ノ異ナルコトアリ。徒ニ紙上ニ拘ルベカラズ、書籍モ七・八薬ノウチ有用ノ処ハ一葉ニ足ザルナリ。大抵前人一家ノ説ヲ主張セントスル故、空談多キコトニハナリヌ。然ドモ何レ書ニ就テ思索セ

ズンバアルベカラズ。又病ヲ治スルニ頭ヲ見テ頭ヲ治スルハ庸工ノ所為ナリ。能病因ヲ尋テ首ノ病ヲ足ニテ治シ、下ノ病ヲ上ニテ治スルコソ良医トイフベケレ。是等ノ言ハ平近ニシテ吾人ノ知トコロナレドモ、其異ヲ好ザルコソ、卓識トイフベケレ。沼津ノ医生武田克己ナルモノ西遊ノ日、西亭ニ会晤セシトテ余ニ語リヌ。(72)

とあり、沼津の医生の武田克己の言として、清医楊西亭の名をあげ、しかもその聞知したことを奥医師多紀元堅が「卓識」と記していることからその実力のほどが知られよう。

楊西亭は長崎来航の実績が三四年にも及ぶ中国商人で、文政元年（嘉慶二三＝一八一八）七月、長崎滞在中の頼山陽とも出会っている。頼山陽が扇面に、

萍水相逢且擧杯　酔魂恍訝到蘇台
看君眉宇秀如許　猶帯虎邱山翠来

と題したのに楊西亭が和して、

九詠時当聊奉杯　詩家秀士適臨台
羨君落筆驚風雨　立意清新誰道来
蒙足下題詠粗扇　令我頓開茅塞
今勉為效顰　漫和原韻　呈山陽先生
斧政(73)

と書いている。

同年八月一六日には、頼山陽は楊西亭から唐人屋敷での看月の宴に招かれ親しく交わっている。(74)

道光二六年（弘化三＝一八四六）刊の『乍浦集詠』巻七に「楊嗣雄西亭里人」とあり「長崎旅館懐韓桐上維鎌倪蒼渓承弼」と題する詩が掲載されている。同書巻六には蒋澐という人物が「乍浦楊西亭嗣雄自日本旋里絵帰颿図索題」という詩を書いており、また同書巻八に林大椿という人も次のような詩を書いている。それには、

為楊西亭嗣雄写東海帰颿図系之以詩

海外長留五載余　颿回雪浪慰離居
相逢漫問帰装物　可有新来日本書

とあることから、楊西亭の名が嗣雄で、乍浦の人であり、彼も日本刊行の書籍を中国に持ち帰っていたようである。

さらに、長崎の崇福寺の媽祖堂の額に、

永　護　安　瀾

道光四年荷月

沐恩弟子楊嗣雄敬立(75)

とあり、同じく興福寺にも、

恩　覃　寰　海

道光四年荷月穀旦

沐恩弟子楊嗣雄敬立(76)

という額を献納しているのが楊嗣雄であり、両額の敬立の年月である道光四年（文政七＝一八二四）六月は、楊西亭の来航時期に当るから、楊嗣雄が楊西亭その人であったことは確実であろう。そうすると、彼の名の「嗣」が

共通する当時の額商十二家荷主の楊嗣亭とは同族であったと考えられる。(77)

以上のように、楊西亭は学識もあり、また、十二家荷主とは同族と考えられる有力な商人であった。

(6)程稼堂と長崎貿易の終焉

最後に、太平天国軍の江南への拡大により、長崎に在留して貿易しようとした程稼堂について述べてみたい。程稼堂については第六編第一章において詳しく触れるのでここでは簡単に述べたい（三六一〜九頁参照）。

程稼堂は、程子延という名で、弘化元年（道光二四＝一八四四）七月一三日に長崎に入港した辰一番船の財副として知られてより、文久元年（咸豊一一＝一八六一）までの一八年間に一六艘の唐船の船主または財副を経験した商人である。(78)そして、安政四年（咸豊七＝一八五七）の長崎在留中に、程稼堂と名を改めている。(79)

彼は万延元年（咸豊一〇＝一八六〇）五月二五日付の「十二家在留船主程稼堂願書」の中で、太平天国軍の蘇州入城の情報や、その結果、彼の家族が長崎へ渡ってきたこと、そして、「王氏十二家荷主始府方一統仲ケ間之家族共、何れも瓦解萍散して行方不相分」(80)と記しているように、長崎貿易の中国荷主や、その家族が離散して行方不明であることなどを伝えた。

このため、乍浦から唐船が長崎に来航するという従来の形態での長崎貿易の維持は困難となり、程稼堂はジャーディン・マセソン商会のランスフィールド船と、デント商会のカライミヤー（クリミヤ）船を傭船して上海と長崎との間で貿易を行ったのである。(81)

この文久元年（咸豊一一＝一八六一）の二艘の外国傭船が長崎来航唐船の記録の最後でもある。(82)その後、程稼堂は長崎にとどまり、「復興号」という貿易商会を営んでいたことが知られている。(83)

四　小　結

一八世紀初頭より一九世紀中葉にいたるおよそ一二〇年余の時期の日本における中国文化受容の一形態について、長崎に来航した中国商人と日本人との接触を主に日本の文人達の日記や随筆等を中心に上述した。江戸時代に舶載された中国の文物は、徳川吉宗が清商に『古今図書集成』の全巻を注文したような事例は別として、その大部分は、長崎に来航してきた中国商人の手を経たものであったことから、彼らの実態を究明せずしては日本の受容した中国文化の問題を解明することは困難であろう。

長崎来航中国商人の全てが、高度な学識を備え、日本人を啓発したわけではないが、少なくとも上述した商人の多くは、当時の日本人に対して少なからざる刺激を与え、その記録にとどめられるような人々であったことは確かである。ここに述べた多くの人々は、清代の中国文化を日本にもたらしたある種の文化使節的な存在であったといえるであろう。とりわけ、汪鵬（竹里）のように日中の学術交流史に残した業績は高く評価されてもいいように思われる。

さらに、同じ東アジアに位置する朝鮮国と比較して、陸続きであった同国よりも、海を隔てた日本の方に一四年も早く『古今図書集成』がもたらされたことから、中国商人の手を経て舶載された文化伝播の相違を考察する必要があると考える。つまり、清朝と朝鮮王朝との使節派遣等による国家間の交渉における北京を中心とする文化伝播と、日本と中国との間に見られる江南を中心とする中国商人を介しての文化伝播との間に、如何なる相違が見られるのか、見られないのかという問題まで波及するように思われる。

ここに述べたのは長崎来航中国商人の実態の一端であるが、その中にも日中文化交流の特異性を見ることができよう。

（1）辻善之助『増訂海外交通史話』、内外書籍株式会社、一九三〇年五月。
（2）秋山謙蔵『日支交渉史研究』、岩波書店、一九三九年四月。
（3）同書。
（4）同書、二一一～二一二頁。
（5）同書、二四九頁。
（6）中山久四郎「近世支那の日本文化に及ぼしたる勢力影響」、『史学雑誌』二五編二・三・四・七・八・一〇・一二号及び二六編二号、一九一四年二月～一九一五年二月。
（7）山脇悌二郎『長崎の唐人貿易』、吉川弘文館、一九六四年四月。
（8）同書。
石原道博『明末清初日本乞師の研究』、冨山房、一九四五年一一月。
（9）西川如見著／飯島忠夫・西川忠幸校訂『町人嚢・百姓嚢・長崎夜話草』、岩波書店、一九四二年六月、二四七頁。
（10）佐久間重男「明朝の海禁政策」、『東方学』六輯、一九五三年三月。『日明関係史の研究』、吉川弘文館、一九九二年二月、二二五～三九頁。
（11）石原前掲書。
山脇前掲書。

陳荊和「清初華舶之長崎貿易及日南航運」、『南洋学報』一三巻一輯、一九五七年六月、一～五二頁。

中村孝志「東京大舶主イッチエン致」、『石濱先生古稀記念東洋学論叢』、石濱先生古稀記念会、一九五八年一一月、三七七～三九六頁。

和田久徳「トンキン華僑林于騰の長崎貿易」、『鈴木俊教授還暦記念東洋史論叢』、一九六四年一〇月、七六五～七八二頁。
（12）『聖祖仁皇帝聖訓』巻二一、恤民。『聖祖仁皇帝実録』巻一一六。

(13)『長崎実録大成・正編』巻一一「唐船入津並難事之部」（長崎文献叢書・第一集第二巻、長崎文献社、一九七三年一二月、二五六～二五七頁、以下同本）。
(14) 同書、二五九頁。
(15)『大日本近世史料　唐通事会所日録一』（東京大学出版会、一九五五年二月）、元禄元年九月二三日の条に「明年与唐船七十艘限リニ被仰付候」（一九七頁）とある。山脇前掲書。
(16・17) 山脇前掲書。
(18)『徳川禁令考』第六、第七二章、海舶互市定例。
(19) 大庭脩「徳川吉宗と大清会典──享保時代における日清交渉の一斑──」、『法制史研究』二一号、一九七二年。大庭脩編著『唐船進港回棹録・島原本唐人風説書・割符留帳──近世日中交渉史料集──』（以下『割符留帳』と略す、関西大学東西学術研究所、一九七四年三月）の解題「享保時代の来航唐人の研究」参照。
(20) 佐伯富「康熙雍正時代における日清貿易」、『東洋史研究』一六巻四号、一九五八年三月（のち『中国史研究・第二』所収、一九七一年）。
(21) 山脇前掲書。
(22) 大庭前掲『割符留帳』二五八頁。本書第六編第一章参照。
(23) 西川如見著／飯島忠夫・西川忠幸校訂『日本水土考・水土解締・増補華夷通商考』、岩波書店、一九四四年八月、一〇六～一〇七頁。
(24) 松浦章「長崎貿易における在唐荷主について──乾隆～咸豊期の日清貿易の官商・民商──」、『社会経済史学』四五巻一号、一九七九年。
松浦章『清代海外貿易史の研究』、朋友書店、二〇〇二年一月、一四四～一六七頁。
(25) 新村出監修『海表叢書』巻六、更生閣書店、一九二八年一一月、一一七頁。
(26) 松浦章「長崎来航唐船の経営構造について──特に乾隆・嘉慶・道光期を中心に──」、『史泉』四五号、一九七二年。
松浦前掲『清代海外貿易史の研究』五八～九七頁。
(27) 松浦章「長崎貿易における江・浙商と閩商」、『史泉』四二号、一九七一年三月。

(28) 松浦前掲『清代海外貿易史の研究』二三二〜二三七頁。

(29) 松浦章「乍浦の日本商問屋について——日清貿易における牙行——」、『日本歴史』三〇五号、一九七三年一〇月。松浦前掲『清代海外貿易史の研究』九八〜一一七頁。

(30) 『小方壺齋輿地叢鈔・再補編』第一〇帙所収。

(31) 『長崎文献叢書・第一集第二巻』二四一頁。

(32) 荒居英次「長崎オランダ商館日記における中国船の輸出入数量記事の成立とその所載頁数」、日本大学史学会『史叢』一六号、一九七二年九月。

(33) 石井民司編『校訂漂流奇談全集』、博文館、続帝国文庫二二、一九〇〇年七月、三八六頁。

(34) 同書、三八一頁。

(35) 岩生成一監修『シーボルト「日本」』第四巻、一九七八年、二六九〜二七〇頁。

(36) 宮崎市定「明清時代の蘇州と軽工業の発達」、『東方学』二輯、一九五一年（のち『アジア史研究・第四』所収、一九六四年）。

(37) 註(26)拙稿。

(38) 『長崎県史・史料編第四』、吉川弘文館、一九六五年三月、四一九頁。

(39) 本書第三編第二章参照。

(40) 大庭脩『江戸時代における唐船持渡書の研究』、関西大学出版部、一九六七年、註(38)拙稿。

(41) 『改訂増補国史大系四七・徳川実紀第十篇』、吉川弘文館、一四三頁。

(42) 藤塚鄰『清朝文化東伝の研究——嘉慶・道光学壇と李朝の金阮堂——』、国書刊行会、一九七五年四月、二五頁。

(43) 柳田国男校訂『紀行文集』、博文館、帝国文庫三一二一、一九三〇年、二三六頁。

(44) 同書、二四〇〜二四一頁。

(45) 同書、二四四頁。

(46) 『明安調方記』の「唐船宿町順」、『長崎県史・史料編第四』五六五〜五六九頁。

(47) 同書、五六六・五六七・五六九・五七〇頁。

(47)　同書、五六五頁。
(48)　同書、五六五～五六八・五七〇・五七一頁。同書では明和三年・六年、安永元年の分を「黄世吉」とするが、長崎市立博物館所蔵の「販銀額配銅之数」文書によって、この三年分の来航が確認でき、「黄世吉」は見えないので、「唐船宿町順」は「王」を「黄」に誤ったと考えられる。
(49)　『長崎実録大成・正編』巻一二「安南船ヨリ外国漂着之者七人送来事」、三〇七～三一一頁。
(50)　松浦章「山西商人范毓馪一族の系譜と事蹟」、『史泉』五二号、一九七八年。
　　　松浦前掲『清代海外貿易史の研究』一六八～一八五頁及び註(24)拙稿。
(51)　松浦章「日清貿易における長崎来航唐船について――清代烏船を中心に――(中)」、『史泉』四八号、一九七四年、五頁。
　　　松浦前掲『清代海外貿易史の研究』二七九・二九三～二九五頁。
(52)　刊本『通航一覧』第六、四頁。なお同書九頁には、明和七年三月一五日付の鄭朗伯名の信牌が見える。
(53)　海野一隆「長久保赤水のシナ図」(『人文地理』一四巻三号、一九六二年)によれば『大清広輿圖』は天明五年(一七八五)に刊行され、後述の程赤城が序を記している(五頁)。
(54)　日本古典全集第二期『西游日記』、日本古典全集刊行会、一九二七年八月、九九頁。
(55)　註(24)拙稿。
(56・58)　註(38)拙稿。
(57)　『日本随筆大成』二期一五巻、一九七四年、一九一頁。
(59)　前掲『西游日記』一〇八頁。
(60)　『長崎県史・史料編第四』五六四・五六五頁。
　　　長崎市立博物館蔵「販銀額配銅之数」文書。
(61)　稀書複製会叢書第一三八冊、米山堂、一九二六年五月。
(62)　『長崎実録大成・正編』一九四頁。
　　　長崎市立博物館蔵「販銀額配銅之数」文書。

(63) 同書、一九六～一九七頁。
(64) 『長崎実録大成・正編』二七九頁。
(65) 藤岡作太郎『近世絵画史』、金港堂書籍、一九〇三年六月、一三三～一三四頁。
(66) 註(38)拙稿。
(67) 『昭代叢書』戊集巻二九所収及び『小方壺斎輿地叢鈔』第一〇帙所収本がある。
(68) 『海表叢書』第六、一五頁。
(69) 梁玉縄『清白士集』巻二四所収『瞥記』七。
(70) 藤岡前掲書。
徳田武『近世日中文人交流史の研究』、研文出版、二〇〇四年一一月、二六二～三二五頁。
(71) 市川三喜「長崎と米庵及び寛斎」、長崎高等商業学校研究館年報『商業と経済』第一八年第一冊、一九三七年一〇月、七～四六頁。
増田廉青「長崎に於ける頼山陽と江芸閣」、長崎史談会『長崎談叢』八輯、一九三一年四月、三一～四一頁。
(71) 松浦前掲『清代海外貿易史の研究』二四七～二五一頁。
(72) 『杏林叢書』上巻、五一一～五一二頁。
(73) 『頼山陽全書・全伝上・日譜』、一九三一年、四五四頁。
(74) 同書、四五五頁。
(75) 『長崎市史・地誌編仏寺部(下)』、一九二三年、四四四頁。
(76) 同書、二一八頁。
(77) 註(24)拙稿。
松浦章「中国商人と長崎貿易――嘉慶・道光期を中心に――」、『史泉』五四号、一九八〇年。
(78) 本書第六編第一章参照。
松浦前掲『清代海外貿易史の研究』二四九頁。
(79) 同右。

(80) 本書第六編第一章参照。
(81) 同右。
(82) 大庭前掲『割符留帳』二五八頁。
(83) 本書第六編第一章参照。

第二章　乾隆時代の長崎来航中国商人――汪縄武・汪竹里・程赤城を中心に――

一　緒　言

江戸時代において長崎貿易を通じて、日中文化の交流が行われていたのは周知のことであるが、その主体的な役割を演じていたのは毎年欠くことなく長崎に来航してきた中国商人達であった。

彼らは唐船――中国商船――に乗り長崎に来航してきたのであるが、その実態についてはあまり知られていない。つまり、彼らがどこの出身で、どのような性格の商人であったかなどということになると、当時の日本人がなんらかの関心を持って接した場合にのみ記録されたような、きわめて断片的なことに限られる。(1) その上、管見の限り、中国側の記録に見られることはきわめて稀である。

しかし、彼らの実態を明らかにせずして、当時の長崎貿易の実情を語ることはできない。そこで、僅例ながら、木村蒹葭堂の『翻刻清版古文孝経序跋引』の中で、彼が興味を持って記した三人と、『蒹葭堂雑録』巻一に見える長崎来航中国商人について述べてみることにする。

二　乾隆時代の長崎来航中国商人

蒹葭堂が天明元年（乾隆四六＝一七八一）刊の『翻刻清版古文孝経序跋引』（以下『序跋』と略す）の中で記している「清客」とは、宝暦一〇年（同二五＝一七六〇）に『古今図書集成』一万巻を日本に舶載した汪縄武と、『四庫全書』の編纂のことを伝えてきた汪竹里（汪鵬）、そして最後に、安永七年（同四三＝一七七八）に『知不足斎叢書』を舶載した程赤城のことである。

(1)汪縄武について

まず初めに汪縄武について『序跋』には、次のようにしるされている。

清国雍正年間、編纂古今図書集成一万巻、刻銅為活字、我寶暦庚辰歳（一〇年）、清客汪縄武齎来其書全套。明和甲申（元年）納之官庫、萬邦資治隆興、孰不亦欽仰乎。

とあって、宝暦一〇年に汪縄武が『古今図書集成』一万巻をもたらしたとしている。ところですでに、大庭脩氏が宝暦一〇年の辰一番船によって、『古今図書集成』のほかに四八種七五部の大部の書籍が舶載されたことを明らかにされている。[2] しかし、この時の清商が誰であるかについては触れられていない。そこで、蒹葭堂の記した汪縄武の来航を確かめるために、長崎県立図書館蔵・渡辺文庫の「向井氏文書」[3]に記された「宝暦十年庚辰歳給牌」の条によると、

辰十一月廿九日、辰九番船ヨリ持渡、程玉田辰一番船二枚之内、辰一汪縄武、依願唐国ヨリ取寄。

とあって、汪縄武が辰一番船の船主であったことは、ほぼ誤りないようであるから、汪縄武が長崎へ持ち渡った

表1　汪縄武・汪竹里(汪鵬)・程赤城の長崎来航表

西暦	中国暦	日本暦	汪縄武	汪竹里	程赤城	備考
1760	乾隆25	宝暦10	辰1番船			古今図書集成舶載(汪縄武)
1761	乾隆26	宝暦11	巳9番船			
1762	乾隆27	宝暦12				
1763	乾隆28	宝暦13				
1764	乾隆29	明和元	申5番船 6月12日	長崎来航		
1765	乾隆30	明和 2				
1766	乾隆31	明和 3				
1767	乾隆32	明和 4	亥3番船 7月8日			
1768	乾隆33	明和 5				
1769	乾隆34	明和 6				
1770	乾隆35	明和 7				
1771	乾隆36	明和 8				
1772	乾隆37	安永元		辰7番船 6月24日		
1773	乾隆38	安永 2		巳8番船 7月13日		古梅園墨譜・後編刊
1774	乾隆39	安永 3	午6番船 6月8日	未1番船 12月20日		
1775	乾隆40	安永 4	未11番船 6月29日			
1776	乾隆41	安永 5		申5番船 2月7日	酉1番船 11月18日	
1777	乾隆42	安永 6		酉6番船 3月19日		
1778	乾隆43	安永 7		戌4番船 2月12日	戌7番船 6月27日	知不足斎叢書舶載(程赤城)

1779	乾隆44	安永 8			亥6番船 8月19日	
1780	乾隆45	安永 9		子9番船 12月14日	子2番船 7月9日	
1781	乾隆46	天明元				翻刻清版古文孝経序跋引刊
1785	乾隆50	天明 5			巳5番船 11月24日	
1790	乾隆55	寛政 2			戌2番船 6月14日	
1798	嘉慶 3	寛政10			午4番船 12月9日	
1801	嘉慶 6	享和元			未番外船 2月5日	
1808	嘉慶13	文化 5			辰4番船	

時の船主であったことになる。

それでは、清国においても貴重とされた『古今図書集成』を持ち渡った汪縄武とは、どのような商人であったのであろうか。

汪縄武の長崎来航は、先の「向井氏文書」から、宝暦一〇年辰一番船・同一一年巳九番船とあり、ついで、「唐船宿町順」から、明和元年申五番船・同四年亥三番船・安永三年午六番船・同四年未一一番船の船主として来航したこと[4]が知られる。

このうち明和元・四年は「唐船宿町順」に汪縄賦[5]とあるが、この明和四年の亥三番船に関しては、『長崎実録大成』巻一二「乍浦船ヨリ呂宋漂着之者拾七人送来事」の条に、亥三番船船頭汪縄武が日本人の中国への漂着者を連れ渡ったこと[6]を記していることから、汪縄武が正しいものと思われる。

ところで、この明和四年亥三番船船頭汪縄武と脇船頭朱秉鑑が、日本人漂流者を長崎へ連れ帰った時に、漂流者についての浙江省嘉興府の官吏からの咨文を持ち渡ってきた

のであるが、『長崎実録大成』巻一二に、

但此船ヨリ嘉興府ノ咨文持渡レトモ、其文段、甚タ不相当ノ趣ニ付、被遂僉議之処、汪縄武過チヲ侮ヒ、自己ノ慾心ヲ横テ謀書ヲ頼ミ入シ段、及白状故、咨文被返却、向後共ニ返翰容易ニ取合無之段、急度被仰渡之。(7)

とあって、汪縄武が、清官吏から日本に対して漂流民の送還を記した咨文を汪縄武が改竄したのか、または咨文そのものを偽作したのかは不明であるが、彼が咨文の内容の一部、あるいは全部を改竄・改作したことが長崎奉行の検討で判明したのであった。

その目的は、同書に、

委細被遂御吟味、追テ荷主ニ米七拾俵、船頭汪縄武ニ三拾俵、脇船頭朱秉鑑、財副章素涵、通辨王七官ニ二拾俵宛被相與。(8)

とあるように、おそらく漂流者を連れ渡った時の長崎奉行側からの褒美として荷主と同等の米七〇俵をもらおうと図ったか、さらに追加の信牌を取得するところにあったのかもしれない。

このように咨文偽作のことが発覚したが、彼はそのような作為が可能な才能と、それを行える立場にあったといえる。

この汪縄武について、『花蛮交市洽聞記』巻七「藝州忠海之産平賀氏長崎ニ遊、十二家唐人王縄賦并下人ニ出会、唐国之事咄被承候事」に、

藝州忠海之産、酒造家平賀宗右衛門ト云ル儒学に達せし人在、唐音を合せ見度心ニ而、長崎ニ明和・安永之頃遊ひ、唐通詞小者ニ成、館内ニ入、其頃十二家唐人王縄賦《(ママ)》ニ出会、唐音を以、唐国之事共物語被承候由、或ル日右唐人下人ニ出会、唐音を以被尋候ハ、主人家内何程人数ニ而暮被申候哉と問、下人答テ七八人之家

内也。尤婦人多ク至テ女を大切ニ致ス国也。我等奉公ニ入組ミ漸三年目ニ主人之内室を見たりト云。[9]

とあって、平賀宗右衛門が「王縄賦」の配下のものと中国語で会話したとある。

ところで、この平賀宗右衛門とは、平賀晋民（中南／一七二二～一七九二）のことで、彼が長崎に行ったのは、

壬午之春、余西遊抵肥之蓮池、謁魯寮老師、遂西抵長崎。[10]

とあるように、宝暦一二年（壬午、乾隆二七＝一七六二）のことで、長崎には、明和元年（同二九＝一七六四）の六月末までいたようである。[11]

おそらくこの間に出会った「王縄賦」とは、明和元年六月一二日に長崎へ入港した申五番船船主の汪縄武のことで、彼は十二家船主ではなく范氏船主であった。[12]ところで、晋民と汪縄武との出会いは、管見の資料による限り、晋民が六月末に長崎を出立するまでの約二〇日余りの間であったと思われる。

しかし、平賀晋民が現在残している著作には、汪縄武の名は見えない。ただ、彼の『日新堂集（一名、蕉牕集）』巻一〇に、「附沈綸渓来書」とあって、その初めに、

余在長崎時、與唐山人沈綸渓者甚相親好、及余還也。綸渓致書送余、余亦報書為別。当時四方贈答之書牘、頗多。而草稿皆失之。時綸渓書、亦烏有。今止綸渓之書附示此。[13]

とあり、長崎で晋民が記したほとんどの史料を失ったが、ただ残っている沈綸渓の書のみを載せているという。この記載から、おそらく晋民は沈綸渓以外にも多くの中国人との接触があったと思われる。事実、当時来航の龔克顕・游撲奄等の名も晋民の詩文中に見えるから、[14]『花蛮交市洽聞記』巻七の記述も事実とみてよいであろう。

また平沢元愷（旭山／一七三三～一七九一）が『瓊浦偶筆』巻二の中で、後述の汪竹里との筆談中に、薬剤の配合について、元愷は「聞汪氏縄武、妙精此伎[15]」と汪縄武がその方面の才能を持っているように聞いていたのであ

るが、汪竹里は汪縄武のことについては触れていない。このように、断片的ながら汪縄武は、単に商人としてだけでなく、当時の日本人に関心をもたれるような知的才能を持っていたようである。

また、彭城百川の安永六年（乾隆四二＝一七七七）六月刊の『元明清書画人名録』の「清人来船」の条に、

汪永ワウエイ字縄武、号成齋、新安人。行書・画。乾隆。

とあって、汪縄武の名は永で字が縄武であり、行書と画にすぐれ、その籍貫は新安とある。

また、彼の年齢について、元愷の『瓊浦偶筆』巻六「人名冊、有題引」に、

船主汪縄武年六十歳、方西園三十九歳。(16)

とあって、何年の来航か記載はないが、彼の年齢を知る手がかりとなる。

そこで、この書が安永年間の内容であることと、汪縄武と方西園の同時来航を検索すると、安永三年（一七七四）午六番船が考えられる。(17)

さらに、方西園のことは、『花蛮交市洽聞記』巻七に、安永九年の房州漂着に関して、

船頭乗組之内唐国より客唐人方西園と云者在、近来之名画ニ而高名也。此船房州より富士山を見テ名山成ル事を深く賞美シ、長崎ニ而其砌富士山を畫せり、評ニ曰、真向之姿共見へ不申、富士山を横より見たる心地也ト云。(18)

とあって、房州から長崎までの風景を描いたものが『漂客奇賞圖』（寛政二年刊）として残されている。この時、方西園は「副船主方西園歳四十五、新安祀媽姐」(19)とあり、四五歳は安永三年時の三九歳と計算が合うから、汪縄武が六〇歳であったのは安永三年（一七七四）である。そうすると汪縄武が宝暦一〇年辰一番船で『古今図書集成』を持ち渡った時は四六歳であったことになる。

ついで方西園の来航であるが、これは汪縄武と彼が同じ「新安」の出身地であったためではあるまいか。ところで、本籍の新安であるが、春木南湖が『西游日簿』に、

姓方、名齊、字西園、号巨川。江南寧國府性徳懸人。(20)

と記している。「江南寧國府性徳懸人」とあるが、安徽省寧国府旌徳県のことであろう。そうすると明清に新安とよばれた安徽省徽州府近郊とは目と鼻の先であったから、彼らは出身地を「新安」と呼んだのではあるまいか。(21)それに、旌徳県から杭州までは安徽省と浙江省の省境を越えれば比較的近距離である。

おそらく、汪縄武も方西園と同様、安徽省寧国府旌徳県近郊の出身であったと考えられる。

以上、汪縄武についての日本側資料を列記し、彼がどのような商人であったかを断片的ながら知ることができた。それらから、彼が、『古今図書集成』の日本への将来がどれほどの価値のものであるかを判断できる商人であったといえる。

後年、木村蒹葭堂の『翻刻清版古文孝経序跋引』を見た森長見は、彼の『国学忘貝』巻下の「古文孝経跋序」に、『古今図書集成』の舶載と、その内容に触れ、その中の『圖書輯勘』という一二三〇巻の書に清朝皇帝の自序があり、そこに「朕姓ハ源義経之裔、其先出清和故ニ号国清トアリ」と、皇帝の先祖は源義経に源流を発しているため、清朝の国号とした如く書いている。これを読んだ桂川中良はその『桂林漫録』巻下「圖書集成」(22)の条で、一度、図書集成を見たいと思っていたが、「娘嬛の秘書に等しければ、空しく渇望するのみなりしが、去年家兄の餘光に依て、始めて彼書を見る事を得たり」(23)として、兄桂川甫周の力により、幕府の御文庫の『古今図書集成』を実際に閲覧し、義経についての該当の記事を見出せなかったものの、この書籍を見ることができただけでも生涯の幸福であったと記している。(24)

これは『古今図書集成』の舶載がもたらした、一現象としてここに記しておきたい。

(2)汪竹里(汪鵬)について

木村蒹葭堂は『序跋』で、

安永四乙亥、汪竹里航海、艶説四庫全書之擧、余就親友、尋討其事。

と記しているが、「安永四乙亥」とは安永四年即ち乾隆四〇年(一七七五)であり、四庫全書のことを伝えたのは、汪竹里が安永三年一一月二〇日の未一番船で長崎に来航した時[25]以後のことであろう。

ところで、この「四庫全書之擧」とは、おそらく乾隆帝の詔の内容を指すと思われる。つまり『高宗実録』巻九二九、乾隆三八年(安永二＝一七七三)三月丁巳(二八日)の条に、

諭前経降旨、令各該督撫等、訪求遺書、彙登冊府、近允延臣所議。以翰林院舊蔵永楽大典、詳加別択校勘、其世不経見之書、多至三四百種、将択醇備者、付梓流傳、餘亦録存彙輯、與各省所採、及武英殿所有官刻諸書、統接経史子集、編定目録、命為四庫全書。

とあるように、四庫全書の編纂が命ぜられたことが全国に伝えられ、汪竹里の耳にも達し、彼によって日本へ伝聞されたのであろう。なぜ彼がそのことに関心をもったかは、後述の内容と関係があると思われる。

ところで、この汪竹里は『元明清書画人名録』に「汪鵬　ワウハウ、字竹里、杭人、行書、画」とあるように、竹里は汪鵬の字であるとされる。

汪竹里の船主としての長崎来航は、先の「向井氏文書」に明和元年申一三番の次回の長崎来航のために信牌を受け取ったとして名が見えるから、申一三番船で来航したのではあるまいか。それ故、汪鵬は『袖海編』[26]の中で、

乾隆甲申年重九日、竹里漫識于日本長崎唐館。

と、乾隆甲申年（乾隆二九、明和元＝一七六四）に長崎の唐人屋敷で記したとしているのであろう。

その後、汪竹里の船主としての長崎来航が知られるのは、「唐船宿町順」によると、安永元年（一七七二）辰七番船・同二年巳八番・同三年未一番船・同五年申五番船・同六年酉六番船・同七年戌四番船・同九年子九番船の各船である。(27)

また、『清畫家詩史』巻丁下には、

汪鵬字翼蒼、一作翼昌、號竹里山人、銭塘人、以善畫。客遊日本、垂二十年、歳一往還。

とあり、二〇年近くも毎年中国と日本との間を航行したように書かれている。

この汪竹里（汪鵬）のことは、狩野直喜博士が「山井鼎と七経孟子考文補遺」(28)の中で触れられている。

ところで、長崎聖堂文書の「戌七番船持渡知不足斎叢書大意書添書草稿」(29)（後掲一八七頁参照）に『知不足斎叢書』所収の『古文孝経』に触れ、汪翼滄即ち汪鵬が日本より中国に持ち帰ったものとあるように(30)、『古文孝経』の跋には乾隆丙申年（乾隆四一、安永五＝一七七六）付で、鮑廷博がその入手の経過を、

古文孝經孔傳一冊、吾友汪君翼滄市易日本、得之携帰、與以相贈博。

と記し、また、

汪君所至為長崎澳、距其東都、尚三千余里、此書購訪、数年得之、甚艱其功、不可没云。

として、汪鵬の『古文孝経』入手の苦労をたたえている。

また、同叢書の『皇侃論語義疏』の序では乾隆五三年（天明八＝一七八八）付で、盧文弨が、

吾郷汪翼滄氏、常往来瀛海、間得梁・皇侃・論語義疏十巻於日本足利学中。

とし、また「夫是書入中國之首功、則汪君也」と汪鵬を褒めそやしている。

このように、汪鵬は『知不足斎叢書』を編纂した鮑廷博の依頼もあってか、中国において散佚した書を日本に求めてきたとあるから、学識もかなり深い人物であったといえる。

この他にも諸々の図書を長崎で購入して帰ったようで、梁玉縄の『瞥記』七、雑事（『清白士集』巻二四所収）に、

同里、汪翼滄・鵬、三至日本、携帰其国松井氏墨譜一帙、所造墨数百品、佛足碑墨為最、余于汪處見之、小楷圖式皆絶精。汪云、有王衍墨、長寸餘闊八分、両頭如圭、凡誤書文字、不假刀水、直以墨就誤處、磨之一掃、無痕惜、購不可得。

とあり、これがいつの頃か不明であるが、汪鵬の持ち帰った「松井氏墨譜一帙」とは、奈良古梅園主松井氏の刊行した『古梅園墨譜』(31)のことであろう。梁玉縄は、汪鵬の居宅で彼の日本より持ち帰った墨石の数々を見て、羨望の気持を抱いたようであった。

また、汪鵬は『袖海編』で、日本の墨について次のように記している。

日本貢墨最佳、其官工為古梅園和泉椽世製貢墨。

とあり、さらにその製法についても記しているが、『古梅園墨譜』の御墨図式で、

日本官工古梅園和泉椽松井元泰監製
大清乾隆辛酉歳次新安鳳関詹受天鐫

という銘の入った墨石の図をあげ、その章末には、

右数品之墨印、清国徽州印工汪君奇、新安印工詹受天、以彼地鐵梨木彫刻、泉州恪中龔氏将来、予特蒙官許得求焉、故此墨為家製第一品。

とあって、松井氏の墨石のデザインは、中国人の印工の手になるもので、それをもたらしたのは「泉州恪中龔氏」という人物であるが、それは龔恪中のことで、彼は乾隆初期より一〇数年にわたり長崎に来航していた商人であって、少なくとも、御墨図式に見える墨石は、日中両国の技術によって作られたものである。[32]

そして、汪鵬は、この『古梅園墨譜』の後編が安永二年（乾隆三八＝一七七三）春に刊行された時には跋を寄せている。その跋の末に、

筆時乾隆三十七年、歳次壬辰嘉平月、杭郡竹里汪鵬。

とあって、乾隆三七年（安永元＝一七七二）一二月に書かれたことが知られ、おそらく、彼が、安永元年六月二四日に辰七番船主として長崎へ来航した時から帰国するまでの間に記したものであろう。この跋は彼の筆蹟を知りうる貴重な一つと思われる。[33]

そして、汪鵬の記した墨石の記述に関連していうならば、日本では、その元祖ともいうべき中国においても高い評価をうけるものが製造されていたといえる。技術面での日中交流が長崎貿易を通じて行われていたからである。

彼は、さらに書籍について、『袖海編』で、

唐山書籍、歴年帯來頗夥、東人好事者、不惜重價、購買仕襲而藏、毎至汗牛充棟、然不解誦読、如商彝漢鼎徒、知矜尚而無適用也。

として、日本人は高価でも書籍を求めるが、内容まで十分理解していないと記している。しかし、彼は『日本砕語』で、[34]

書籍甚多、間有中國所無之本。

と記し、日本には中国ではなくなっている佚書を発見することができるという。そしてそれらのいくつかが中国で翻刻され、彼の名も一緒に残ったのである。

汪鵬こと汪竹里について、平沢元愷は『瓊浦偶筆』巻二で、

余嘗聞、唐商多瞞人、言説不足信也。獨汪竹里者、其人信慤、亦好讀書。其言足可踐。今茲幸留于此、因就譯司、問所蓄、實解惑者多。(35)

と、長崎に来航する中国商人の言説は信用できないと今まで聞いていたが、この汪竹里だけは尊敬でき、また読書をよくして、そのいうことも信用でき、長年の疑問もとけたとしている。

このように、汪竹里は、当時の来航清商の中ではずば抜けた学才を持っていたと思われる。しかし、元愷が暦法のことについて聞きおよぶと、

汪曰、暦汪未諳、不敢妄對。(36)

と、暦法のことを知りつくしていないので答えられないときわめて謙虚に返答した。うがってみれば元愷の学識を知って、いいかげんなことをいえぬと思ったかもしれないが、汪竹里は少なからず元愷を満足させたことは確かであった。

このように、長崎に来航した船主・商人としては汪竹里という名を使い、数回にわたって長崎に来航したため、汪鵬は多くの事蹟を残した。

(3)程赤城について

ついで、蒹葭堂は『序跋』において、

（安永）七年戊戌、清客程赤城来、装中有知不足斎叢書、此乾隆丙申、長塘鮑氏所刻、褒集古今論著、以資実用者也。

と、彼がこの『序跋』を執筆した最大の目的である『古文孝経』の序跋を載せている、乾隆四一年（安永五＝一七七六）に出版された『知不足斎叢書』を持ち渡ったのは程赤城であったとしている。

ところで、この『知不足斎叢書』が安永七年に長崎へ舶載されたさいの大意書の草稿が、長崎聖堂文書の中に残されていることを大庭脩氏が明らかにされている。

戊七番唐船持渡

一、知不足斎叢書、三部各六套四十八本。

右之書中ニ古文孝経を編入仕候。是者、元ト漢之孔安国カ傳之書ニ而御座候得共、於唐国亡申候由。然處、日本ニ相傳リ居申候を、信濃國太宰弥右衛門與申者、右之書音註仕、世上流布仕候を、日本江渡海仕候汪翼滄與申唐人唐国江携へ帰リ鮑廷博與申者江、相贈申候處、當時彼地之亡書ニ付、殊外珍重加里申候而、右叢書之内江附属仕候趣大意書ニ書載仕候得共、日本太宰純ト申名前書中ニ相見江申候ニ付為念猶又、書付を以奉申上候以上。

亥六月　　向井斎宮[37]

とあり、安永七年に長崎へ入港した戊七番船より舶載された『知不足斎叢書』には『古文孝経』が収められていたが、これはすでに中国では散逸したが、日本に残されていたものが汪翼滄（汪鵬）によって再び中国へ持ち帰られ、それがもとになって『知不足斎叢書』に収録され再々度日本にもたらされたのであった。

さらに「唐船宿町順」[38]によつて、安永七年（乾隆四三＝一七七八）六月二七日に長崎入港した戊七番船船主は程赤城であったから、日本に初めて『知不足斎叢書』を船載したのは彼であったことがわかる。

それでは、程赤城はどのような商人であったのだろうか。長崎貿易の記録をたどると、安永五年（乾隆四一＝一七七六）一一月一八日に長崎へ入港した酉一番船の船主が最初であり、管見の限りでは長崎市立博物館所蔵の「配銅証文」によって文化八年（嘉慶一六＝一八一一）まで[39]少なくとも三四年間にわたっていることが確認できる。

この間、彼の名は諸書に見え、三浦梅園の『帰山録草稿』の安永七年九月二九日の条に、

此夜、小比賀氏にたのみたる程赤城の書出来来る。[40]

とあり、また同書一〇月二〇日の条に、

程赤城に書をたのみて扇を遣はしけるに、扇を束ねたる紙線をば紙につゝみ、締と書て返したり。[41]

などとあって、三浦梅園と程赤城との接触の一端が知られる。

また、春木南湖が長崎を訪ずれたさいに、程赤城と面会している。『西游日簿』の天明八年一〇月二三日の条に、唐人屋敷において程赤城と会い、

余姓程、名霞生、字赤城、號柏塘、唐山江蘇人也。在此貿易已歴十六年。

と記しており、赤城は字で、本名は程霞生であり江蘇の人であった。そして、この天明八年（乾隆五三＝一七八八）において程赤城は、長崎貿易ですでに一六年の実績のあることを記しているから、その最初の来航は安永二年（乾隆三八＝一七七三）頃になる。

このように、長期にわたって長崎に来航した程赤城について、橘南谿は『北窓瑣談』巻一で、

長崎へ渡り来る唐人の、彼国の人に勝れたるといふ上戸も、此国へわたり来り、日本の酒にては、彼国の三が一も飲得ず酩酊すといふ。毎度渡り来りし程赤城といへる唐人、年六十に過つれば、彼国の親類諫めて、もはや年老たり。数百千里の大海を越えて、日本の商ひ今はよき程なり、やめ候ひて然るべしといへるに従

がひ、二・三年も彼国にて隠居してありしに、飲食のことに堪がたくて、又近年としごとに渡り来ぬ。いかなることぞといふに、第一日本の飯を食し馴ては、彼国の飯は食しがたく、第二酒、第三味噌汁なく香の物なし。是等の事日用の事にて、程赤城は廿歳ばかりの頃より六十余に及ぶまで、年々渡り来て、日本に馴ぬれば、堪がたく渡海せし頃も、日本の米味噌の類を取よせ食せしかど、久しく渡海せざれば、別段に食味に奢りをなすやうに、人目の憚りもありて、常々にも日本の物のみは用ひがたく、唯商ひの為に渡海するといへば、其帰るさに一年半年の食物を携へ帰りて用ゆるに、人目にも立ずよければ、死せん迄は日本に通ふべしとて、又再度、近年引続き渡海せるとぞ。誠に米、味噌、酒、香の物の類、日用の物なるに、我国に成長せる人は、其よき事をもしらず。猶山海の珍味を貪り求めは奢ともいふべし。(42)

と、程赤城が永年長崎に来航しているうちに日本の食生活に順応した例を引いて、日本の物産の良きことを記していることから、程赤城の一面がうかがい知れる。

また程赤城は長崎寄合町引田屋の遊女夕梅を唐館に呼び入れる仲であったことは、古賀十二郎氏の『丸山遊女と唐紅毛人　前編』に見え、その中に、

程赤城が寛政十戊午、唐館に在留せる頃、書き遺した筆蹟に、次の如く記してある。

呉超係江南蘇州府、年六十四歳、先賢程夫子後裔、名霞生、字赤城、号柏塘。

これは、松浦東渓の遺稿本、競秀亭見聞録に、掲載してある。(43)

とあって、古賀氏は松浦東渓の遺稿本から引用し、程赤城が寛政一〇年に六四歳であったことを明らかにしている。もう一つ彼の年齢が分かる資料がある。それは長崎宝磐山聖無動寺の山門の左側崖上にある、第一二代住持慈海がたてた石燈籠に彼が、

七十二歳老人、呉趨程赤城書。[44]

と記し、文化二年（嘉慶一〇＝一八〇五）二月の日付が見えるから、程赤城はこの年に七二歳であったなら、ほぼ先述の松浦東渓の記事とも合う。

そうすると、程赤城は安永二年の最初の長崎来航の時が二九歳、文化八年の長崎来航時は七七歳となり、この間三八年にわたっている。

大田南畝は「尺牘」の中で家人に、長崎来航人を家人の知る人物になぞらえて、

程赤城は祭に出候辰巳屋隠居によく似申候、さてさて芥子妨主は身苦しきものなり。[45]

と評しており、辰巳屋隠居がどのような人物であったか分からないが、この短い文面から、程赤城をあまり好しく思っていなかったようだ。大田南畝と接した時には、程赤城はすでに老境に入っていたのである。

また、南畝の『瓊浦雑綴』に、長崎山清水寺の奥の院にある「曠観」という額に「呉造程赤城」とあること[46]が記されているから程赤城が敬立したのであろう。

ついで『広人鋭』の中に、

近有質之、十善寺所寓程赤城等者、答曰、広東人参之稱、似係貴地方言、在唐多有不通、至于醫家薬鋪等、唯有西洋人参、或洋参之名耳。[47]

とあり、広東人参の由来について答えている代表として「程赤城等」とあるから、清人の代表的存在であったのだろう。

また、桂川中陵の『中陵漫録』の中に、

先年、程赤城、安南に渡り、安南の市中を見物に徘徊すれば、大勢群て還列して見る人あり。程赤城も何事

とて立倚見れば、日本の昆布三寸四方一枚にて、其價銀錢にて二十四文、三角ニ切て一寸三方位一枚にて、銀錢十文位也と云。其人、皆求て口に入て味ふて見る。是れ近ろ果子売の仕出なりとて、甚珍しくはやる様子也といへり。(48)

とあり、日本産昆布の海外での需要の様子が知られる一例であると同時に、程赤城が安南へ渡航したことがあると考えられるが、おそらく貿易のためであろう。中陵は、程赤城の言として、昆布のことを書いているから当時の長崎来航商人の中心的な人物の一人であったことは確かであろう。

上述のように、程赤城は二九歳から七七歳までの約三八年間におよんで長崎へ来航していたことが知られる。その間の彼の事蹟はまだ多く発見されずに残されているものと思われる。しかし、今まで記した僅例からしても、彼の学才は、少なくとも安永末から文化初期に来航した中国人の代表的な人物として日本人に見られていたものと思われる。それは次節で紹介する資料からも知ることができる。

三　長崎来航中国商人の出身地に関する一資料

上述のように、長崎来航中国商人の出身地が判明する例はごく稀である。ほとんどが不明であるが、一時期ながら来航船主の出身地がまとまって知られる資料を木村蒹葭堂が残している。『蒹葭堂雑録』巻一に、

蒹葭堂嘗て蜜柑酒を醸す、一時船来の清人に贈る。彼国において大にこれを賞美し、賛詞を述て報ず、実に家の誉といふべし、其文を写し次に出す。(49)

とあって、蒹葭堂が醸造した蜜柑酒を長崎来航の中国人に贈り、その礼状を代々残していたわけで、その文は、

蒙賜橘酒、業已各人分沾、嘗其味有江南之福貞酒之風、福貞酒用福橘・女貞子二味釀成、但色渾而味濁、故

有不及。又似乎浙江之状元紅、然状元紅無福橘之馨香、又無此橘酒之清潔、維涼州葡萄酒、稍有彷彿、其葡萄酒著名已久、無人不知其美者、唐詩有葡萄美酒、夜光杯之句、但葡萄酒雖清潔、相似惜其味帯酸、終不若今之橘酒、醇香清美、真絶世無雙之佳醸也、赤等叨在愛下、将来回棹之船、倘蒙給賜帯往唐山、諒無不人人争羨也、粛此謹覆、並申謝悃。

諸名另具
蘇州　程赤城
山西　張奐義
蘇州　彭義来
杭州　朱芬岩
仝　許容光
山西　崔輝山
松江　程剣南
蘇州　馮聲遠
雲間　顧舒長
山西　王東山
福建　黄永恭
厦門　龔允謙
杭州　汪竹里

湖州　周壬禄(50)

とあって、蒹葭堂からもらった蜜柑酒・橘酒についての礼を程赤城が代表して書いている。この一四名の中国人のうち程赤城と汪竹里については上述した通りで、ここでは、この礼状がいつ頃のものか、また二人以外の人々について管見の範囲で述べてみたい。

まず、いつ頃のものか。この一四名の長崎来航時期と、程赤城のいう蜜柑酒を持ち帰った時期とを考えあわせると、全員がほぼそろう来航時期がある。それは表2より、持ち帰ったのは安永六〜七年頃と考えられ、そして、それからあまり時間をおかずに、礼状が書かれたと思われるから、おそらく、程赤城が安永七年戊七番船（六月二七日長崎入港）で来航した時であろう。つまり、彼が『知不足斎叢書』を舶載した時と同じである。その後、人づてに蒹葭堂に渡されたものと思われる。

ついで、彼ら全員個々の具体的な事蹟であるが、不明な者が多く、このうち程剣南について、『元明清書画人名録』の清人来舶に、

程剣南　テイケンナン　字國錕、号竹涇、又号雲間申江人、楷書。

とあり、彼は宝暦三年の八丈島漂着船の船主で、この年から安永六年までの二五年間の来航が知られ、宝暦三年の来航時に、

江南・雲間　程剣南(51)

とあり、雲間とは江蘇省松江県の古名であるから、先に程赤城の記した一四名の出身地に該当する。

ついで、周壬禄は『元明清書画人名録』の清人来舶に、

周壬禄　シウジンロク号小山、又号澹園、又号雲川。

1773	1774	1775	1776	1777	1778	1779	1780	1781	1782
38	39	40	41	42	43	44	45	46	47
2	3	4	5	6	7	8	9	天明元	2
			申6 2／17	酉12 11／21	戌12 11／24		子5 11／13		
巳9 7／29				酉9 11／5					
		未4 2／24	申11 11／10	酉10 11／20					
巳2 7／6				酉4 2／16			亥13 3／15		
				酉5 2／17					
				酉8 10／27		亥5 6／6	子3 10／22		
	午12 11／17			酉13 11／21					
				戌2 12／28				丑7 6／17	
			申8 6／2	戌1 11／26					
巳11 11／27	未3 12／29		申13 11／16		戌3 1／19				
		未7 5／23		酉10 11／20		亥9 11／10			

表2　明和～天明年間の長崎来航中国商人表

西　暦	1764	1765	1766	1767	1768	1769	1770	1771	1772
中　国 年　号	乾隆 29	30	31	32	33	34	35	36	37
日　本 年　号	明和 元	2	3	4	5	6	7	8	安永 元
顧舒長	申9 7／6		戌10 7／4		亥11 2／8	丑5 6／11			
崔輝山				亥2 4／12			寅3 2／22		辰9 6／25
程剣南						丑3 3／4	寅2 2／17	卯9 6／16	
張奐遠									
彭義来									
朱芬岩									
許容光									
馮聲遠									辰10 6／25
王東山									
黄永泰									
龔允謙									
周壬禄									

註：「唐船宿町順」により作成。月日はその年の長崎入港日で旧暦である。十二支と数字は番立名。

とあり、彼は春木南湖と筆談し、『西游日簿』一〇月一五日の条に、

姓周氏、名壬禄、官名恭先、乳名亥生、一字作菴、別字書洗池、號仁山、係浙江湖州府歸安人。

とあり、湖州府帰安県の人であったことは確かなようで、ついで南湖が「先生學何人之風致」と問うたのに対し、

僕初、學王右軍石刻瀗、習柳宗元、董玄宰。

と答え、周壬禄は王羲之の石刻の拓本などを手本とし、さらに柳宗元や董其昌などの書を学んでいる。また南湖の注文で扇に、

僕来日本幾二十年、遍観風俗、惇然古風、故相交書交友、不意今出帆前、又新交南湖先生、大事也。

戊申小春五日　周壬禄

と書している。周壬禄は、天明八年（戊申、乾隆五三＝一七八八）時点において長崎来航の経験ほぼ二〇年としているから、明和年間から長崎に来航していたことが知られる。

もう一人、馮聲遠は、のちに寛政七年（乾隆六〇＝一七九五）卯一〇番南京船主として名の知られる人物であることから(52)、管見の範囲で安永元年（乾隆三七＝一七七二）からその長崎来航は約二四年間にわたる。

以上の例から、上記の程赤城の礼状に記された全員の出身地はほぼ信用できるものと考えられる。

そうすると、一四名中の九名が、当時の貿易の中心地乍浦に近い浙江・江蘇両省の出身者であったことになる。他に福建の黄永恭と厦門の龔允謙の二名の福建省出身者がいる。従来から、彼ら福建省出身の商人は「閩商」といわれ海上貿易で活躍していた(53)。しかし、この頃には、独自に長崎貿易に加わることは困難で長崎貿易の中心地乍浦に移住して、貿易に参加していたと思われる(54)。

ところで、沿海部から遠く離れた山西省の張奐義・崔輝山・王東山の三名が加わっているのはなぜであろうか。

それは、おそらく、当時の官商范氏が山西商人たる山西省汾州府介休県の人であり、(56)その依託を受けた范氏出身地の近郊のものと考えられる。事実、このうち二名は確実に范氏が派遣した船主であった。(57)

四　小　結

木村蒹葭堂が記した『翻刻清版古文孝経序跋引』に見える汪繩武・汪竹里・程赤城ら長崎来航の中国商人三名を中心に、同じく蒹葭堂の『蒹葭堂雑録』巻一に見える長崎来航中国商人の事蹟の一端を述べてきたが、汪繩武・汪竹里・程赤城ら三人はいずれも書物の舶載に関係して記録された。貿易の上からいえば、貿易品としての書籍の輸出・輸入に関係したためであった。(58)

彼らは、単に貿易商人というだけに限らず、長崎という鎖国下の限定された港に、当時の日本人からいえば、千数百年にわたって中国文化を受容してきた日本へ、さらに連綿と清代の中国文化をもたらした唯一の文化使節的存在でもあったわけである。

その中でもとりわけ、汪竹里の場合のように、日中の学術交流の上に残した業績はもっと評価されてもいいのではあるまいか。日本より中国への書籍の輸入は、清代の学術の上にも少なからざる影響を及ぼしたわけである。今後の研究によってさらに明らかにされる必要があると思われる。

また、当時の長崎来航船主の多くは、官商の交替によって多少変動があったと思われるが、主に江蘇・浙江両省出身のいわゆる江・浙商を主としていたことが知られたのが、『蒹葭堂雑録』巻一の記録である。

このように、長崎という港を通してではあるが、また貿易という側面においてではあったが、彼らは日中の文化交流の上に少なからざる足蹟を残している。そして、さらに、日中相互において、未発見の彼らの事蹟を究明することは、単に、当時の長崎貿易の実態を明らかにするという範囲にとどまらず、当時の日中文化交流の全貌を明らかにするための一礎石となるものと考える。

（1）吉村永吉「来舶唐人と迂齋」、『長崎談叢』三〇輯、一九四二年一〇月、一～二三頁。市河三喜「長崎と米庵及び寛斎」、長崎高等商業学校研究館年報『商業と経済』第一八年第一冊、一九三七年一〇月、七～四六頁。両編とも、子孫がその祖先と関係した清人についてまとめられたものである。

（2）大庭脩『江戸時代における唐船持渡書の研究』、関西大学東西学術研究所、一九六七年三月、一二三～一三五頁。

（3）長崎県立図書館・渡辺文庫蔵（図書番号三―一七一）。

（4）『長崎県史・史料編第四』、吉川弘文館、一九六五年三月、五六四・五六五・五六九頁。

（5）同書、五六四・五六五頁。

（6）『長崎実録大成・正編』、長崎文献叢書・第一集第二巻、長崎文献社、一九七三年一二月、三〇五～三〇七頁。

（7・8）同書、三〇七頁。

（9）『長崎県史・史料編第四』四一九頁。

（10）平賀晋民「日新堂集」巻七「送顚亭先生還天草序」（澤井常四郎『経学者平賀晋民先生』、大雄閣書房、一九三〇年四月、四六〇頁）。

（11）澤井前掲『経学者平賀晋民先生』三八頁。

（12）『長崎県史・史料編第四』五六四・五六五頁。

（13）澤井前掲『経学者平賀晋民先生』五五六頁。

（14）同書、四〇六～四〇七頁、『長崎県史・史料編第四』五六四頁。

（15）新村出監修『海表叢書』第六、更生閣書店、一九二八年一一月、二一一頁。

（16）同書、一一五頁。

(17)『長崎県史・史料編第四』五六九頁。
(18)同書、四〇五頁。
(19)刊本『通航一覧』第六、八一頁。
(20)稀書複製会叢書第一三八冊、米山堂、一九二六年五月（以下同本）。
(21)藤井宏「新安商人の研究」、『東洋学報』三六巻一号一九五三年六月。
(22)『日本随筆全集』一八、六四〜六五頁。
(23・24)同書、六四〜六五頁。
(25)『長崎県史・史料編第四』五六九頁。
石原道博「清代汪鵬の日本美術文化論」（『茨城大学五清美術文化研究所報』六号、一九七七年三月）があるが、汪鵬の中国商人としての面は触れられていない。
(26)『昭代叢書』戊集巻第二九所収と『小方壺斎輿地叢鈔』第一〇帙所収本がある。
(27)『長崎県史・史料編第四』五六八〜五七二頁。
(28)狩野直喜「山井鼎と七経孟子考文補遺」、『内藤博士還暦記念支那学論叢』、一九二六年。
(29)大庭前掲書、四九〜五〇頁。
(30)同書、四九頁。
(31)『古梅園墨譜』、寛保二年（乾隆七＝一七四二）刊。
(32)龔恪中は元文四年未六番船主（『長崎実録大成・正編』二七〇頁）から宝暦四年二〇番船主（同書、二九九頁）として見え、この間（乾隆四〜一九）船主として知られ、『元明清書画人名録』にも「龔季粛（キョウキシュク）、字恪中、一字中交、号秋埜、福建人」とある。
(33)『長崎県史・史料編第四』五六八頁。
(34)梁玉縄『清白士集』巻二四所収『瞥記』七。
(35)『海表叢書』第六、一五頁。
(36)同書、三二頁。

(37) 大庭前掲書、四九〜五〇頁。
(38) 『長崎県史・史料編第四』五七一頁。
(39) 『資料目録』（長崎市立博物館、一九六八年六月）九九頁。
(40) 三枝博音編『三浦梅園集』、岩波文庫、一九五三年八月、「帰山録草稿」一一九頁。
(41) 同書、一二八頁。
(42) 『日本随筆大成』第二期一五巻、吉川弘文館、一九七四年八月、一九一頁。
(43) 古賀十二郎『丸山遊女と唐紅毛人　前編』、長崎文献社、一九六八年八月、六五八〜六五九頁。
(44) 『長崎市史・地誌佛寺部上』、長崎市、一九三八年四月、一九六七年八月再版、八九九頁。
(45) 『新古家説林・蜀山人全集巻二』四四〇頁。
(46) 『新百家説林・蜀山人全集巻四』五九七頁。
(47) 刊本『通航一覧』第五、五一八〜五一九頁。
(48) 『日本随筆大成』第三期二巻、八五頁。
(49・50) 『日本随筆大成』第一期一四巻、吉川弘文館、一九七五年一二月、一九頁。
(51) 刊本『通航一覧』第六、五五頁。
(52) 松浦章「長崎来航唐船の経営構造について――時に乾隆・嘉慶・道光期を中心に――」、『史泉』四五号、四〜五頁。
松浦前掲『清代海外貿易史の研究』、朋友書店、二〇〇二年一月、六二頁。
(53) 松浦章「乍浦の日本商問屋について――日清貿易における牙行――」、『日本歴史』三〇五号、一九七三年。
松浦前掲『清代海外貿易史の研究』九八〜一一七頁。

(54・55) 松浦章「長崎貿易における江・浙商と閩商」、『史泉』四二号、一九七一年三月。

松浦前掲『清代海外貿易史の研究』二二二〜二三七頁。
(56) 松浦章「山西商人范毓馪一族の系譜と事蹟」、『史泉』五二号、一九七八年二月。
松浦前掲『清代海外貿易史の研究』一六八〜一八五頁。
(57) 崔輝山は「唐船宿町順」に范氏の略称として「范」とある（『長崎県史・史料編第四』五六四・五六六・五六七頁）。また、王東山も同書に「范」（同書、五七一頁）とある。

(58)　大庭脩も書籍の輸入に関係した商人について触れている。本稿の時期に関係ある人物として沈敬贍（「禁書に関する二・三の資料――長崎聖堂文書の研究一――」、『史泉』四〇号、一九七〇年三月、三三～四〇頁）をあげている。

第三章　浙江商人汪鵬（汪竹里）と日本刻『論語集解義疏』

一　緒　言

清朝の康熙二三年（一六八四）に海禁が解除されると中国大陸から多くの商人が海外へ進出した。乾隆九年（一七四四）九月初六日付の議政大臣広禄らの奏摺によれば、[1]

南洋商販、不止福建一省、其江浙・広東等処、亦有往彼貿易商船。

とあるように、中国大陸から福建商人のみならず、浙江商人や広東商人らが海外とりわけ南洋方面へ貿易のために航行していた。[2]彼らが特に重視したのは南洋ではあるが、東洋と呼称された日本へも多くの商人が来航してきた。[3]

乾隆六年（一七四一）八月二五日付の協理山東道事広東道監察御史の李清芳の奏摺に、[4]

査洋船貿易、往東洋老十之一、往南洋者十之五、凡江浙閩広四省海関税銀、多出干此。

と記しているように、東洋へ行く商船が一の割合に対して、南洋に行く商船は九の割合であった。沿海の江蘇・浙江・福建・広東の各省海関の税財源はこれらの船の出入に大きく依存していた。

元文五年（乾隆五＝一七四〇）に長崎へ貿易のために来航した中国商船は二五艘であった[5]ことから見て、中国大陸から二〇〇余艘の海外貿易船が東シナ海・南シナ海を渡航し島嶼部の国々へ行ったことになる。

この当時、長崎に来航してきた商人の多くは貿易を目的とするものであったが、単に貿易のみでない商人もいた。その一人がここで述べる浙江商人の汪鵬（汪竹里）である。

汪鵬に関しては、すでに狩野直喜博士が「山井鼎と七経孟子考文補遺」[6]で触れられ、また拙稿「乾隆時代の長崎来航中国商人――王縄武・汪竹里・程赤城を中心に――」[7]において長崎の記録に見える中国船主汪竹里が汪鵬であることを明らかにした。

一九九二年七月に北京で開催された中日国交回復二〇周年記念国際討論会〈中日交流使者〉において北京図書館の周迅女史が「汪鵬事輯」を報告され[8]、中国の学会においても関心が持たれるようになった。

そこで、新たに知り得た史料によって汪鵬が長崎より中国に持ち帰った日本版『論語集解義疏』の校訂にまつわる人々について述べてみたい。

二　長崎来航中国商人汪鵬（汪竹里）

江戸時代に長崎へ来航してきた中国商人に対する一般的評価として、平沢元愷が『瓊浦偶筆』巻二において次のように評している。

余嘗聞、唐商多瞞人、言説不足信也。[9]

中国商人の多くは人を欺き、その話は信用できないとした上で、

獨汪竹里者、其人信慤、亦好讀書。[10]

と記しているように、汪竹里の言説のみが信用でき、しかも汪竹里は読書を好む人との評価が与えられている。

その汪竹里であるが、『元明清書画人名録』巻下、清入来船に、

汪鵬　ワウハウ、字竹里、杭人、行書、画。

とあるように竹里は字で鵬が諱であることが知られる。

また李濬之の『清画家詩史』巻丁下に、

汪鵬字翼蒼、一作翼昌、號竹里山人、銭塘人、以善畫、客遊日本、垂二十年、歳一往還、未嘗或輟。

ともあるように、汪鵬の号が竹里であったことは歴然であろう。

長崎貿易の記録には、汪鵬という名の中国商人の名は見えない。しかし、汪竹里という名の船主が長崎へ来航していた事実が表1のように知られる。

表1　中国船主汪竹里の長崎来航表

西　暦	中国暦	日本暦	長崎入港月日	番船名
1772年	乾隆37年	安永元年	6月24日	辰7番船
1773年	38年	2年	7月10日	巳8番船
1774年	39年	3年	12月20日	未1番船
1776年	41年	5年	2月7日	申5番船
1777年	42年	6年	3月19日	酉6番船
1778年	43年	7年	2月12日	戌4番船
1780年	44年	9年	12月14日	子9番船

長崎へ来航した中国の貿易船を日本では「唐船」と呼称したが、その貿易取引の最高責任者が船主である。その船主として汪竹里は七度、長崎へ来航しているのである。

汪竹里は日本産の墨にも興味を持っていた。奈良で製墨業を営む古梅園が安永二年（乾隆三八＝一七七三）春に刊行した『古梅園墨譜・後編』にも跋を寄せている（図1参照）。その末に、

筆時乾隆三十七年、歳次壬辰嘉平月、杭郡竹里汪鵬。

とある。この跋が書かれたのは乾隆三七年（一七七二）一二月のことであった。即ち日本の安永元年に辰七番船船主として長崎に来航したさいに書かれたことが知られる。

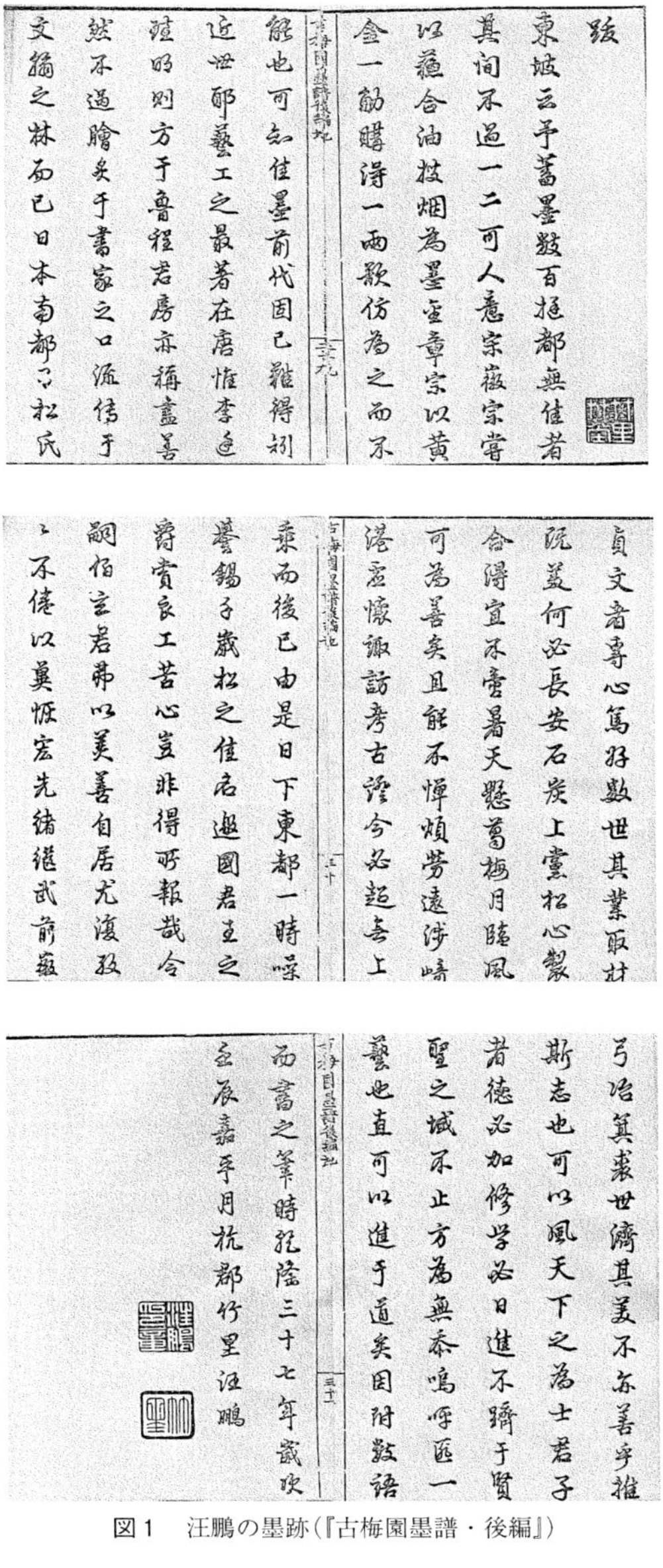
跋
東坡云予蓄墨數百挺都無佳者
其間不過一二可人意宋徽宗嘗
以蘇合油搜烟為墨金章宗以黃
金一觔購得一兩欲仿為之而不
能也可知佳墨前代固已難得私
近世部藝工之最著在唐惟李廷
珪明則方于魯程君房亦稱盡善
然不過贍炙于書家之口流傳于
文人之林而已日本南都之松氏
貞文者專心篤好數世其業取材
既美何必長安石炭上黨松心製
合得宜不啻暑天懸蒿梅月臨風
可為善矣且能不憚煩勞遠涉崎
港虛懷諏訪考古證今必超古上
乘而後已由是日下東都一時噪
譽錫子歲松之佳名邀國君主之
齊賚良工苦心豈非得所報哉今
嗣伯言君弗以美善自居尤復孜
孜不倦以翼恢宏先緒繼武前徽
弓冶箕裘世濟其美不亦善乎推
斯志也可以風天下之為士君子
者德必加修學必日進不躋于賢
聖之域不止方為無忝嗚呼臣一
藝也直可以進乎道矣因附數語
而書之筆時乾隆三十七年歲次
壬辰嘉平月杭郡竹里汪鵬

図１　汪鵬の墨跡（『古梅園墨譜・後編』）

汪鵬の業績の最も有名なものは『昭代叢書』戊集に収められた『袖海編』であろう。かれはその前言において、

乾隆甲申年重九日、竹里漫識于日本長崎唐館。

と記している。乾隆二九年（明和元年＝一七六四）九月九日に長崎の唐人屋敷で『袖海編』を記したとある。この時の長崎来航を証明する日本側資料がある。それは長崎県立図書館の「向井氏文書」[11]である。同書によれば明和元年の申一三番船の帰国時に次回の来航者に通商許可書である「信牌」を与えているが、その受領者に汪竹里の名があることから、汪鵬が乾隆二九年・明和元年に長崎に来航していたことは歴然である。

以上のように、汪鵬と汪竹里が同一人物であり、しかも杭州の人であることは明白であろう。

三　汪鵬と日本刻『論語集解義疏』

(1)汪鵬に関する奏摺

汪鵬の中国学術界への最大の貢献は、中国において散佚した書物を日本で発見して中国へ持ち帰ったことである。

『清画家詩史』巻丁下にも、

喜購古本書籍、帰呈四庫館、或付鮑禄飲、与阮芸台、伝興行世。

とあり、長崎で古書を購入帰国して四庫館に贈呈し、また鮑延博や阮元に進呈したとある。鮑廷博に提供したものは『知不足斎叢書』に収められ、学術界に稗益することになったのである。

汪鵬が長崎から中国へもたらした書の主なものについて、民国『杭州府志』巻一四三、義行には、

汪鵬、字翼倉、仁和人、……嘗泛海、往来浪華島、購古本孝経・皇侃論語疏・七経孟子攷文、流伝中土、……

とあるように、中国国内で散佚した『古本孝経』『皇侃論語義疏』『七経孟子攷文』等であったことが明確に記されている。

汪鵬の『日本砕語』（梁玉縄『清白士集』巻二四所収『瞥記』七）にも、

書籍甚多、間有中国所無之本、（中略）余購得古文孝経孔氏伝、及七経孟子考文補遺、伝之士林焉。

とあるように、汪鵬自身が長崎で購入した『古文孝経孔子伝』や『七経孟子文補遺』を中国学術界に伝えたことを記している。

『知不足斎叢書』に収められた『古文孝経』の跋に、徽州の人飽廷博が次のように記している。

原本……享保壬子梓行、及皇清康熙十一年也。汪君所至為長崎澳、距其東部、尚三千余里、此書購訪、数年得之、其艱其功、不可没云。乾隆丙申花朝、歙人鮑延博謹跋。

とあり、『古文孝経』の中国での復刊にさいして、乾隆四一年（安永五年＝一七七六）二月一五日付の鮑廷博の跋は、貴重な書籍を探索してきた汪鵬に対して最大の賛辞を与えている。

同叢書所収『皇侃論語義疏』の乾隆五三年（天明八＝一七八八）付の序において盧文弨は汪鵬の功績を次のように評した。

夫是書入中国之首功、則汪君也。

さらに北京の故宮西華門内にある中国第一歴史檔案館には汪鵬の業績を証明する硃批奏摺が存在する。それは浙江巡撫王亶望が乾隆帝に宛てた奏摺(12)である。次に全文を掲げてみたい。

奏

浙江巡撫臣王亶望跪

奏為恭進皇侃論語義疏仰祈

聖鑒事竊照浙省商人認辦銅斤前赴東洋貿易有

商夥仁和縣監生汪鵬其人通暁文義従前曽

在臣衙門管理筆墨茲據自東洋回籍呈繳日

本國所刻皇侃論語集解義疏一部謹按侃為

六朝梁時人官國子助教見梁書武帝紀所著

義疏見晁公武郡齋讀書志馬端臨文献通考

其書在今所行邢昺論語疏之前朱子謂昺之
疏即侃之本至明焦竑經籍志尚列其名明末
諸藏書家書目始無著録者朱彝尊經義考亦
云未見不知何以流傳該國尚有其書相應呈
進伏候我
皇上裁定或可備四庫全書採擇至該國此本係庚
午年所刊其國人服元喬作序文中以中土為
海外議程朱為經生蓋蟄蟲閉戸封已見小之
説自應撤去謹粘簽另冊一併恭呈
御覽仰祈
皇上睿鑒謹
奏
硃批「知道了」
乾隆四十四年九月二十七日

この奏摺の筆者である王亶望は乾隆四二年（一七七七）五月丁亥（二三日）より同四五年（一七八〇）三月壬辰（一三日）まで浙江巡撫であった。ところがこの奏摺で王亶望は汪鵬について「従前曽在臣衙門管理筆墨」とその経歴を記している。王亶望は乾隆三五年（一七七〇）一一月より同三九年（一七七四）三月まで浙江布政使であった。その後、甘粛布政使となり、乾隆四二年に浙江巡撫となって再び浙江に戻ってくるのである。「従前曽在臣衙門」

とあるから、この衙門とは、王亶望の浙江布政使時代の衙門を指すものと考えられる。即ち汪鵬は杭州にあった浙江布政司衙門に勤めていたのである。汪鵬のその職は「管理筆墨」とあるから、衙門の事務処理を行っていた胥吏であったと考えられる。汪鵬は仁和県の監生であったが、科挙の上級科目に合格することができなかったために浙江巡撫衙門の胥吏となったものと思われる。しかし、彼の学識が、日本へ渡って佚書を再発見する要因になったのである。

汪鵬はなんらかの理由で商人となって日本へ来航したのであるが、そこで発見した『論語集解義疏』を中国にもたらし、浙江巡撫衙門に一部送ったのであった。

汪鵬が浙江巡撫衙門に提供した日本版『論語集解義疏』の序文には、

寛延庚午春正月、平安　服　元喬

とある。寛延三年正月、即ち乾隆一五年（一七五〇）、京都の服元喬すなわち服部南郭、本名元喬《もとたか》の序文を付して刊行されたものであった。

汪鵬が中国にもたらした『論語集解義疏』は盧文弨の序文を付して、鮑廷博・鮑始祖父子が編集した『知不足斎叢書』に収められた。鮑廷博は新安の塩商であった父祖の財をもとに書籍の収集を行ったことで有名である。『論語集解義疏』の盧文弨の序文には、

吾郷汪翼滄氏、常往来瀛海、間得梁・皇侃・論語義疏十巻於日本足利学中、其正文與高麗本大略相同、彼國亦知中夏之失傳矣。……

乾隆五十三年元夕前一日、杭東里叟、盧文弨書。

とある。汪鵬によって日本より中国へもたらされた『論語集解義疏』は、足利学校で刊行されたテキストであっ

た。

（2）中国刻『論語集解義疏』の校訂者

『知不足斎叢書』に収められ重刊された『論語集解義疏』全一〇巻の巻頭には次のように刻されている。

魏　何　晏　集解
梁　皇　侃　義疏
臨汾　王亶望　重刊

とある。重刊者の王亶望とは先の奏摺の筆者である王亶望その人である。

そして日本版の『論語集解義疏』全巻が校訂されて『知不足斎叢書』に収められた。『知不足斎叢書』所収の『論語集解義疏』各巻の巻末には校訂者の本貫と姓名を記している。

巻一　仁和　汪　鵬　　校字（図2参照）
巻二　臨汾　樊士鑑　　校字
巻三　秀水　朱休度　　校字
巻四　臨汾　王　裘　　校字
巻五　臨汾　王　棨　　校字
巻六　仁和　孫麗春　　校字
巻七　臨汾　王　焯　　校字
巻八　銭塘　温廷楷　　校字

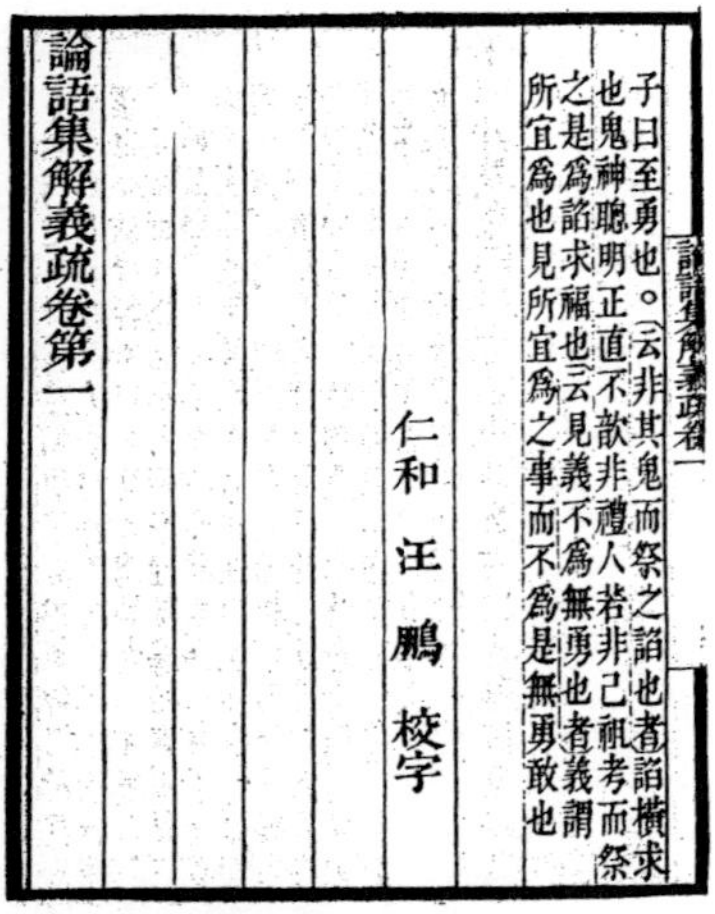
論語集解義疏巻一
子曰至勇也○云非其鬼而祭之諂也者諂横求
也鬼神聰明正直不歆非禮人若非己祖考而祭
之是爲諂求福也云見義不爲無勇也者義謂
所宜爲也見所宜爲之事而不爲是無勇敢也
仁和　汪　鵬　校字
論語集解義疏巻第一

図2　『論語集解義疏』巻第一末尾

巻九　臨汾　王　祜《（ママ）》　校字

巻十　銭塘　汪　庚　校字

中国翻刻版『論語集解義疏』巻一の校訂の栄誉は日本版『論語集解義疏』をもたらした汪鵬に与えられている。校訂者が全て異なるが、本籍地のうち、臨汾を除いて汪鵬の仁和のほか秀水・銭塘は杭州から近い浙江省内の地である。ところが臨汾は山西省の中央部に位置する平陽府に属する県名である。なぜ臨汾の出身者がわざわざ全巻の半数の校訂を行ったのであろうか。それが王亶望指示によるものであることは歴然である。

『清史稿』巻三三九、列伝一二六、王亶望伝に、

王亶望、山西臨汾人、江蘇巡撫師子。

とあるように、王亶望は江蘇巡撫を勤めた王師の子であり、山西省の臨汾の出身者であったからである。

『論語集解義疏』巻二の校訂者は臨汾の樊士鑑であるが、民国『臨汾縣志』巻三、科名学校畢業譜、乾隆の進士に、

樊士鑑　庚子科、工部郎中、外転穎州府知府。

とあるように、樊士鑑は乾隆庚子科、即ち乾隆四五年（一七八〇）の進士である。同書巻三、郷賢録上にも、

樊士鑑、字菱川、号雪鴻、乾隆庚子進士、由工部郎中、授穎州府知府、課吏撫民、廉明称最、暇則肆志吟詠、著有畏炉夜課等集。

とある。樊士鑑は進士となり文学の才の高い人物で、王亶望と同郷であったことから校訂者に選ばれたものと考えられる。

『論語集解義疏』巻三の校訂者である秀水の朱休度は、光緒『嘉興府志』巻五二、秀水伝に、

朱休度、号梓廬、明朱文恪裔孫、淵源家釁、該洽宏通詩文、並造上乗、著有壺山自吟稿、梓廬旧稿六巻、由挙人、官山西広霊知県、政事可伝者甚多、有循良之誉、嘉慶十二年、経山西巡撫。

とある。朱休度は明の朱文恪の後裔とされる学問の家に生まれた人物であった。

『国朝耆献類徴初編』巻二三八所収の銭儀吉撰の朱休度伝に、

乾隆己亥、紿獲皇侃氏論語義疏於海舶、君因著皇本論語經疏考。

と記されているように、朱休度が日本版『論語集解義疏』を見たのは乾隆己亥四四年（一七七九）のことで、汪鵬のもたらした日本版『論語集解義疏』によって『皇本論語経疏』を作成したとされる。これは、王亶望が上奏したその年であり、朱もまた汪鵬が長崎からもたらした書によったことは明白である。

『論語集解義疏』巻一〇の校訂者の汪庚については、民国『杭州府志』巻一一三、選挙七の副榜、乾隆年の庚子（乾隆四五＝一七八〇）条に、

汪庚　銭塘人。

とある汪庚その人であろう。科挙の郷試副榜に合格した知識人であった。巻六の孫麗春、巻八の温延楷も同様の知識人であったろう。

『論語集解義疏』巻四・五・七・九の校訂者はいずれも臨汾の王氏である。彼らと王亶望との関係はいかがであろうか。

『清史稿』巻三三九、列伝一二六に王亶望の伝があり、それに「亶望子裘」とあるから、『論語集解義疏』巻四の校訂者である王裘が王亶望の子供であることは確かである。そして臨汾の校訂者の中では、樊士鑑につぐ二番目に加わっていることからみても長子であった可能性が高い。

同じく王亶望伝によれば、王亶望は乾隆四六年（一七八一）七月庚午（三〇日）に官物等の横領によって逮捕された。そのさい王亶望の家は籍没され、没収された家産は「得金銀逾百万」と一〇〇万両を越えるまでいわれた。

乾隆四六年七月二六日付の王亶望の資産に関する報告によれば、宝石や衣服・土地を除いて、彼の名義のもとで経営された典当業の店は本籍のある山西臨汾のほか北京や蘇州・揚州にあり、それらの地では他の商店も経営していた。それらの資産の合計が、

一百零八万七千四百四十八両二銭(13)。

に達している。

『清史稿』が「乾隆季年、諸貪吏首亶望」と記しているように、王亶望は乾隆時代の最大の貪吏であった。王亶望は斬刑に処せられ、その家族は全て伊犂《イリ》に流された。その後、乾隆帝は国史館の作成した王亶望の父で江蘇巡撫を勤めた王師の伝を読み、その功績に鑑みて乾隆五九年（一七九四）に王亶望の子供等の罪を許した。

乾隆四六年（一七八一）に、王亶望の家族と資産等の調査が行われている。同年八月一九日付の山西巡撫雅徳の奏摺によると、

査王亶望共子十一人、長子王裘、損納員外郎、先随伊父赴京、業経刑部弁理、二子王棨、三子王焯、倶損納主事(14)。

とある。王亶望の長男が王裘、次男が王棨、三男が王焯であり、他に八人の男子がいた。この八人については、雅徳の乾隆四六年九月初六日付の奏摺に、

尚有子八人王佑、王紳、王晋、王越、王珏、王鈺、王庚管、王海管、開写年歳、倶在六歳以下(15)。

とあり、また、

査、王亶望幼子王佑等八人、雖年自六歳以下、多在襁褓。(16)

とあるように、王佑以下の八名は六歳以下の年齢であった。

『論語集解義疏』巻九の校訂者である臨汾の王佑は王亶望の四男であることは間違いないであろうが、その年齢六歳であったとすると、おそらく誰かが代筆した可能性もある。

日本版『論語集解義疏』は、おそらく乾隆四三年（一七七八）中に中国にもたらされ、王亶望の眼にとまることになり、王亶望が官物横領により逮捕されたのが同四六年（一七八一）七月のことであるから、『知不足斎叢書』に収められた『論語集解義疏』は同四五年（一七八〇）末までには校訂が終っていたと考えられる。

四　小結

長崎へ来航した中国商人汪竹里は、中国で散佚した『論語集解義疏』等の日本で翻刻された中国古典を本国に持ち帰り中国の学術界に大きな衝撃を与え、その功績は汪鵬の名で諸文献に記録されることになった。その汪鵬こそ浙江省杭州府仁和県出身の監生であって、しかも浙江衙門の胥吏を勤めた知識人であったことが明らかとなった。

とりわけ日本翻刻『論語集解義疏』を中国へ持ち帰ったことで、汪鵬が勤めた浙江衙門の時の長官浙江巡撫王亶望を大いに感激させたことは想像にあまりある。

浙江巡撫王亶望は、彼の周辺にいた学識者と身内を動員して『論語集解義疏』の校訂を乾隆四五年（一七八〇）末までに完成させた。それが『知不足斎叢書』に納められ、清代の学術界に提供されたのである。

浙江巡撫王亶望が乾隆帝に宛てた乾隆四四年九月二七日付の奏摺は、汪鵬の出身と経歴を明らかにする重要な史料であるばかりでなく、『知不足斎叢書』に納められた『論語集解義疏』の校訂が王亶望を中心として進められ、中国刻『論語集解義疏』校訂版が完成された事情を明確にする重要な手がかりを与えているのである。

それでは汪鵬と王亶望の関係がいつから始まるのかについては、次の木村蒹葭堂の『翻刻清版古文孝経序跋引』が示唆を与える。

安永四年乙亥《ママ》、汪竹里航海、艶説四庫全書之擧、余《木村》就親友、尋討其事。乃得乾隆甲午浙江布政使司王亶望所撰浙江採集遺総録序、読之、凡為書四千五百廿三種、為巻凡五万六千九百五十五、不分巻者二千九十二冊云。

とあるように、汪竹里（汪鵬）が日本に『四庫全書』の編集を伝えたという安永四年（乙未、一七七五）は乾隆四〇年であり、王亶望はすでに前年より甘粛布政使に転任していた。このことから乾隆甲午（三九年＝一七七四）王亶望が浙江省で蒐集した諸書籍に関する「浙江採集本」の序から鑑みて、汪鵬と王亶望との関係は王亶望が浙江布政使に就任した乾隆三五年（一七七〇）一一月以降から始まると考えられる。

（1）　中国第一歴史檔案館、硃批奏摺、外交類所収。
（2）　松浦章「清代の海洋圏と海外移民」、『アジアから考える〔三〕周縁からの歴史』、東京大学出版会、一九九四年一月。松浦章『清代海外貿易史の研究』、朋友書店、二〇〇二年一月、六一四～六二五頁。
（3）　松浦章「寧波商人姚鵬飛と長崎貿易」、『史泉』五八号、一九八三年一二月。松浦前掲『清代海外貿易史の研究』二〇八～二二一頁。
（4）　中国第一歴史檔案館、硃批奏摺、外交類所収。
（5）　『長崎実録大成・正編』、長崎文献叢書・第一集第二巻、長崎文献社、一九七三年一二月、二七一頁。
（6）　『内藤博士還暦記念支那学論叢』、弘文堂書房、一九二六年五月。

(7) 本書第三編第二章参照。
(8) 中国社会科学院世界歴史研究所徐建新氏よりご教示を得た。記して謝意を表する次第である。
(9・10) 新村出編『海表叢書』第六巻、更生閣書店、一九二八年一二月、『瓊浦偶筆』巻二、一五頁。
(11) 長崎県立図書館・渡辺文庫蔵(図書番号三一六—一三—二七一)。
(12) 中国第一歴史檔案館、硃批奏摺、外交類所収。
(13) 『乾隆朝上諭檔』第一〇冊、檔案出版社、一九九一年六月、六二三〜六二六頁。
(14) 『宮中檔乾隆朝奏摺』第四八輯、台北・故宮博物院、一九八六年四月、五二三頁。
(15) 同書、六八三頁。
(16) 同書、六八四頁。

第四編

中国から見た長崎貿易

第一章　中国史料に見る長崎貿易

一　緒　言

清朝中国は康熙二三年（一六八四）に海禁を解除したため中国大陸から多くの商人が海外に進出した。

乾隆九年（一七四四）九月初六日付の議政大臣広禄等の奏摺に、

南洋商販、不止福建一省、其江浙・廣東等處、亦有往彼貿易商船。(1)

とあるように、中国大陸から福建商人のみならず、浙江商人や広東商人らが海外とりわけ南洋方面へ貿易のために航行していた。彼らが特に重視したのは南洋即ち今日の東南アジア諸国である。しかし、当時東洋と呼ばれた日本へも多くの商人が来航している。

乾隆六年（寛保元＝一七四一）八月二五日付の協理山東道事広東道監察御史の李清芳の奏摺に、

査洋船貿易、往東洋者十之一、往南洋者十之九、凡江・浙・閩・廣四省海關税銀、多出于此。(2)

と記されているように、東洋に行く商船が一の割合に対して、南洋に行く商船は九の割合であった。この頃、日本の長崎に来航していたのは一〇艘余であったから、中国大陸から海外に航行した帆船は二〇〇艘余のぼっていたことになる。

清代の中日関係はこれら中国商人の帆船による長崎来航という形態で行われていた。

二　長崎の中国貿易

清代の中国が日本に求めた最大の物資は、日本産の銅であった。清朝は鼓鋳用の銅を国内では主に雲南省から供給したが、それでも不足し、とりわけ沿海地区の江蘇・浙江両省では日本に求めた。道光『乍浦備志』巻一四によれば、

自開海以来、安不忘危、特禁倭船、毋得収入内地、又以彼国銅斤、足佐中土鑄銭之用、給発帑銀、俾官商設局備船、由乍浦出口、放洋採辦。(3)

とある。明朝に替わった清朝は台湾の鄭氏平定後、海禁を解除したが、倭寇を警戒して日本船の中国海港への入港を禁じた。しかし、日本産の銅を必要としたので、政府が資本を出し、官商を指定して局を設置させて船を準備させ、乍浦より出港して日本へ赴かせたのである。さらに同書に次のようにある。

尋分官・民二局、局各三艘、毎歳夏至後小暑前、六船装載閩廣糖貨、及倭人所需中土雑物、東抵彼国。(4)

設置した官局・民局の二局が各々三艘の貿易船を用意して毎年、夏至の後から小暑の前の頃までの間に、即ち西暦の六月下旬から七月上旬の間に両局計六艘の船が、福建や広東産の砂糖等の貨物や日本人の間で需要度の高い薬剤・書籍などの中国産品を積載して、東方に向かい日本へいたったのである。貿易船の日本までの航海日数については、同書の割注に、

西風順利、四五日即可抵彼、否則十餘日、至三、四十日不等。

とある。西からの順風にあえば、四～五日で日本に到着し、それでなければ一〇日余から三〇～四〇日も要した。

この航海日数は日本側の記録からも裏付けされる。そのため沿海地区から多くの中国船が長崎に来航したが、日本銅の減産もあって、一八世紀以降は一〇艘余りに制限されることになる。一八世紀以降において対日貿易の中心地となるのが浙江省嘉興府平湖縣の乍浦鎮である。乍浦は、清代における最大の経済中心地の一つであった蘇州とは運河でつながっていた。

その乍浦の歴史を記した道光『乍浦備志』巻六、関梁の記事からも日本銅が如何に重視されていたかが知られる。

進口各貨東洋銅係商人奉公採辦、固不輸税。(5)

と、政府の鼓鋳用に輸入される日本銅は海関では免税扱いとされていたのである。これら清朝政府から銅輸入の命を受けていたのは巨大資本を保有する商人達であった。

長崎を訪れた江戸期の有名な画家の司馬江漢が『西遊日記』天明八年（乾隆五三＝一七八八）一〇月二二日の条に、

王命にて渡海する者、昔は范氏なり、中頃にては王氏来る。今は銭氏なり。外に十二家とて、是れは自分一己の商に交易するなり。

と記しているように、范氏・王氏・銭氏等の商人が清朝政府の命を受けて日本銅を輸入していたのである。

范氏は山西省出身のいわゆる山西商人で乾隆初年より同四八年（一七八三）まで日本銅の輸入に尽力した。『國朝耆獻類徴初編』巻四五二、卓行一〇、范毓馪の伝記に、

乾隆三年、奉命採辦洋銅、運京局。

とあり、乾隆三年（一七三八）の清政府の命によって採辦した日本銅は北京まで運ばれた。さらに同書に、

［乾隆］八年、……悉辦洋銅、輸西安・保定・湖北・江西・江蘇五布政司、備鼓鋳、銅産東南外洋長崎諸島。

とあるように、乾隆八年（一七四三）には陝西・直隷・湖北・江西・江蘇五省の鼓鋳用の日本銅が范毓馪によって中国にもたらされ、彼が最初の官商となった。彼の後は子供の范清注・清洪、そして甥の范清済が継いでいる。彼らは清代の直隷省（ほぼ現在の河北省）と河南省の北東部の一部へ専売塩を販売する長蘆塩商でもあった。

いわゆる唐船貿易と呼称された江戸時代の中国貿易の状況を研究するためには、清代官府の檔案《とうあん》が必要である。檔案は日本の東洋史学の語彙概念として、明代、清代の政府文書を総称しているが、本来は満洲語のDangs：檔子の中国語訳で、役所の往復文書(6)・Dangse・冊・檔冊・檔案の意味である(7)。

特に「清代の檔案」と呼称された場合には、詔令文書（詔書・勅書・諭旨など）、奏疏文書（題本・奏摺など）、さらに官府往来文書である上行文書（詳文・験文・稟・状）や平行文書（咨文・移会・移・関牒）・下行文書（牌・票・札、示）などがある。その中でも公事に関係する上奏書を題本と称し、通政司を経て内閣に提出した。特に時々刻々の皇帝への私信形式の報告文書が奏摺《そうしょう》（折手本形式の上奏文）であり、これらは現在北京や台北など(8)で整理保存されている。

以下これらを使って中国側から見た江戸時代の長崎貿易の状況について述べてみたい。

三　中国史料に見る長崎貿易

江戸幕府は寛永の鎖国令を布いたため、日本人が海外に出かけることはできず、長崎に来航する中国船とオランダ船が日本にとって重要な対外関係を担っていた。その他に、もちろん対馬の宗氏と朝鮮国との関係があり、北方ルートでは北海道（蝦夷）からサハリンを通って沿海州との関係も若干あったが、主たる窓口は長崎であった。

清朝は、康熙二三年（貞享元＝一六八四）に海禁を解除した。台湾に拠って清朝に抵抗していた鄭氏一族が一六八三年に降ると台湾も清朝の支配下に入ったため、海外へ行く中国商人の貿易船が一挙に増えたのであった。

中国商船の大きな荷物として中国から日本に入ってきたのは、日本で需要の高かった漢方薬の種類が最も多かった。しかし積荷全体からすれば、量としてはそれほどではなかった。最も量が多かったのは砂糖である。しかし、砂糖は浙江省あたりでは採れず、浙江省より南の福建省南部やさらに南の広東省の潮州などで採れた砂糖を沿海の船で乍浦に運び、同地で長崎へ行く船に積み替えてきたと考えられる。

乾しなまこ（中国名海参）

中国船は帰りに日本から何を買ったのかといえば、最大の目的は日本産の銅であった。しかし日本銅の生産量が減少していくと、江戸時代の中期より増えていったものは乾物海産物である。乾しナマコ、乾したフカのヒレ、乾しアワビなどである。そういうものが日本から中国に向けて盛んに輸出されていた。乾しアワビとフカのヒレは現在でも高価である。

これらは、清代の中国で流行した海鮮料理の食材になったのである。乾しナマコをいったん水で戻して料理に使うわけであるが、これが日本から盛んに輸出されていたわけである。ワラで編んだものに入れて輸出されていたので、江戸時代は「俵物」といわれていた。この海産物の輸出を盛んに奨励したのは、賄賂政治で知られ、安永元年（一七七二）から天明六年（一七八六）まで老中であった田沼意次である。漁民に食べないように規制して輸出を奨励し、乾物海産物の対中国輸出が行われていたのである。日本では銅の生産量も減少してきたので、なんとかしてそういうものに振り替えていこうとしたのであった。そのため江戸時代の後半にはこれら乾物海産物の輸出が銅の輸出以上に盛んとなり、その傾向は明治以降になっても続き、中国商人が北海道の函館などにきて日本の乾物海産物を多量に買っている。

清朝が必要とする銅を日本から輸入するためにどのような方法で行われたかは、長崎を訪れた江戸期の有名な画家の司馬江漢が『西遊日記』に書いているのが参考になる。『西遊日記』天明八年（一七八八）一〇月二二日の条に、長崎貿易に関係した中国側の荷主の范氏・王氏・銭氏などが知られる。長崎貿易にきていた商人達は、日本人から見れば唐人であるが、この場合の唐は中国のことを指しており、今我々が一般に中国というのと同じような意味である。清朝であっても、平安時代以降、日本人は中国のことを指して唐と呼んでいたように、江戸時代にも「唐」と呼ばれていた。日本人は「唐人」というが、唐人達の方からいえば、彼らの来日の目的や、日本にきたさまざまな事情が異なるわけである。

司馬江漢が長崎へ行った江戸期の中頃は、中国側の荷主が范氏・王氏・銭氏と代替わりしていた時代であった。最初は范氏、そして王氏・銭氏と代替わり、范氏は山西省出身の山西商人である。山西省は太行山脈の西側に当たり、山が多くて耕作地が少ないため、昔から多くの人達が省外の地域へ商人になって出て行った。もう一つ代表的なのは、やはり耕作地が少ないので省外へ出て行った安徽商人である。明清時代の代表的な商人を輩出したところである。沿海部の福建商人も海外へ進出しているが、これらの地域の商人達が政府の援助を得て官商や民商になった。その最初の官商が范氏という山西省出身の商人である。この先祖をたどっていくと、満洲族の王朝である清朝が東北地方から中国へ入ってきたさいに清朝に協力した商人達であった。その子孫が日本との銅貿易

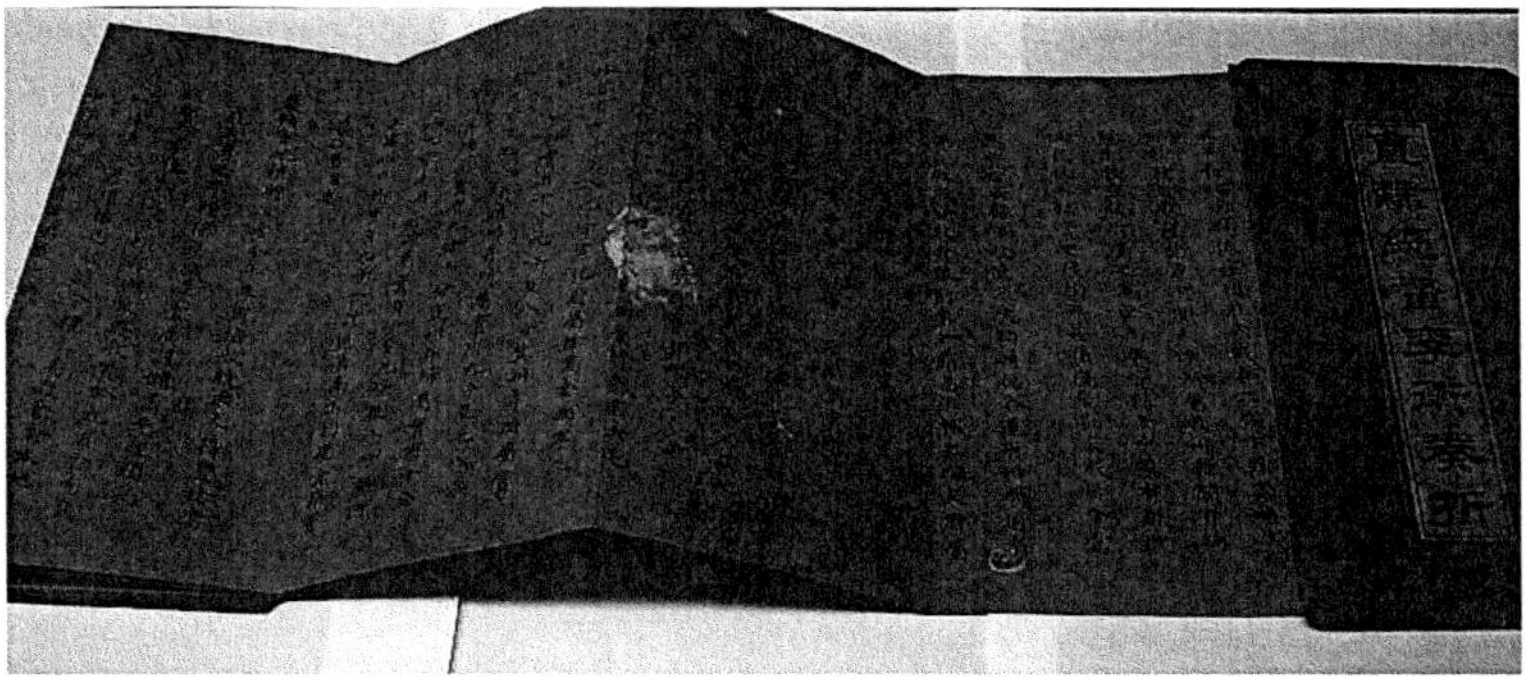

李衛奏摺の複製

の責任を委ねられたのである。范氏では范毓馪が最初の官商になり、その子供達と甥が跡を継いで、ほぼ四〇年間、官商として力を握っていた。その後の王氏は天津商人といわれている。それから銭氏は浙江省の人であったが、詳しいことがわからないものも多い[9]。

このような中国貿易のことを調べるにさいして、八〇年ほど前に京都帝国大学の矢野仁一氏が研究されたときは、出版されたものしか手に入らず、それも困難な状況であったが苦労して集められた。現在はそれらの原典の文書等を見ることが可能になった。これらの史料を現在、中国史では清代檔案《とうあん》と呼んでいる。政府の文書である。上掲の写真は二〇〇三年一一月初めに北京へ行って手に入れた複製品である。この「奏摺」とは、皇帝と地方官がやりとりする形で、地方官から皇帝にいろいろな事情を報告してきた文書であり、こういうものが今、公開されて見ることができるようになった。八〇年前、矢野氏が研究されたときは、こういう史料はほとんど見ることができなかったのである。

そこでこのような檔案史料に見られる日中文化交流について述べてみたい。最初の檔案は、第二編第一章で述べた康熙帝が密偵・杭州織造烏林達莫爾森を長崎へ派遣した話である。康熙帝が長崎へ行く貿易商人が増えてきたので、様子を探ろうということでスパイを放ったわけである。そのスパイとして行かされた人が、杭州にあった織造局の烏林達という職にあった莫爾森という人である。莫爾森は満洲人であったようで、漢字表記をするときには「莫」以外に「麥」や「物」という字を使う場合もあった。

明代から品質の良い絹織物を産出するところは南京と蘇州・杭州であり、この三箇所が世界的にも代表的なところで、当時の世界最先端の絹織物を製造していた。同時期の日本はとてもそれには及ばなかった。清朝政府指定の一種の製造監督所が蘇州と南京・杭州にあった。織造は、表向きは絹織物の監督であるが、裏の仕事として地域の動静をなんらかの形で監視するような役目をもっていた。江南地域は満洲族にとって一番厄介なところで、もともとは明朝を支持して最後まで抵抗した地域である。そのために織造官を置いたといわれている。その織造官の役人達が集まり相談した結果が次の①の記事である。

①康熙四〇年（元禄一四＝一七〇一）三月　李煦奏摺

……今年正月、傳集江寧織造臣曹寅、杭州織造敖福合公同會議、得杭州織造烏林達莫爾森、可以去得令他前往、但出洋例候風信、于五月内、方可開船、現在料理船隻、以便至期起行。[10]

康熙四〇年三月に、この年の正月、日本でいえば元禄一四年の正月に江寧織造曹寅（『紅楼夢』を書いた曹雪芹の祖父だといわれている）と杭州織造の敖福合と蘇州織造の李煦の三人が会議して、杭州織造の烏林達莫爾森を五月のうちに日本に行かせるということに決まったという内容である。

②康熙四〇年六月　李煦奏摺

……去年十一月内、奉旨、三處（江寧・杭州・蘇州）織造會議、一人往東洋去、已議定杭州織造烏林達莫爾森、可以去得令他前往、于三月間、具摺奏聞。臣（李）煦等、恐従寧波出海商舶頗多、似有招揺議、従上海出去隠僻為便、莫爾森于五月二十八日、自杭至蘇、六月初四日、在上海開船前往矣。[11]

次の②は、三つの織造官の監督が三月に相談した結果、莫爾森を日本に行かせようとしたが、船の多い寧波から出港させるには目立ち過ぎるので上海から出帆させた。この頃の上海はほんの小さな漁村で、今日のように巨大化した上海になるきっかけは、阿片戦争以降、一八四二年の南京条約以降のことである。その一〇〇年前の上海は問題にならないような小さな港町であった。

③康熙四〇年（元禄一四＝一七〇一）一〇月　李煦奏摺

……切照杭州織造烏林達莫爾森、于十月初六日、回至寧波、十一日至杭州、十五日至蘇州、十六日即従蘇州、起行進京。(12)

③は、日本へ行った杭州織造烏林達莫爾森が帰ってきたことの報告である。一〇月六日には寧波に帰ってきて、一一日には杭州、一五日には蘇州、そして今は北京へ行っていることがこの檔案でわかるわけである。

④雍正六年（享保一三＝一七二八）八月八日　李衛奏摺

……海外諸國與浙最近者、莫如日本、臣毎留心査訪、初時風聞、彼國有招致内地之人、教習弓箭、不甚守分、因尚未得確實、不敢冒昧瑣奏。近於各處出洋商船、時常設法、密探信息、有蘇州余姓、洋客露出口聲、言倭王原係中國人苗裔、歴世相傳、如土著為之、則該王不能享祚、倭民皆有天災、其臣下雖極強盛、猶奉以虚名、故本處従、無争奪之事。而號令征伐、一秉於将軍、不由國王、主持反受、節制久矣。因此伊國将軍、肯出重聘、倩内地之人、教演弓箭藤牌、偸買盔甲式様、初時有福州民王應如、於天文戦陣之事、渉獵不精、好為談論、首受其萬金厚利、排演陣法年餘、即伏宜誅。復薦引一廣東長鬚年満千総、不知姓名、毎年受伊数千金、為之打造戦船二百餘號、習學水師。又有洋商鍾近天・沈順昌、久領倭照貿易、彼國信託鍾、則為之帯去杭州武挙張燐若、教習弓箭、毎年亦得受銀数十両。沈則為之、帯去蘇州獣医宋姓、在彼療治馬匹。又有商人費贇侯、曽為薦一紹興人革退書辦、往彼講解律例考、其不通逐歸、曽留該商銅船質當。凡平常貿易之人、到彼皆圈禁城中周圍、又砌高牆、内有房屋、開行甚多、名為土庫。止有総門、重兵把守、不許出外閒走、得知消息、到時将貨収去、官為發賣一切、飲食妓女皆其所給。回棹時、逐一銷算扣除、交還所換銅觔貨物、押往開行。

……

硃批「當年聖祖亦曾風聞此事、特遣織造烏林達麥而森、倣辦商人、往往日本探聴、……」[13]

この「浙江総督管巡撫李衛の日本探索」の最後の部分に、昔、康熙帝が「織造烏林達麥爾森」を日本へ行かせた話が書かれているだけで詳しいことは不明であったが、檔案①②③の記述から事実であることが判明した。この④は、ちょうど徳川将軍吉宗の時代のことである。吉宗が中国からたくさんの書物を買ったり、専門の法律学者や武術に詳しいものを連れてくるようにいったために、中国側の地方官であった李衛が、日本を非常に危険視したわけである。日本はまた何か倭寇のように中国へ攻めてくるための軍備準備をしているのではないかと疑われていたのであった。いろいろ調べてみると、日本では中国商人が専門の人物を連れてくるために、貿易のための通行証を特別に与えたりしていると李衛は雍正帝に報告したが、これに対して雍正帝は康熙帝が織造烏林達麥爾森を派遣して日本を調査させた事例によって、その危惧を心配するものではないとしたのである。

⑤雍正六年（享保一三＝一七二八）一〇月一七日　李衛奏摺の「曾在彼地（日本）行医之朱来章の供述」

……供吐實情云。東洋惟日本為大、與普陀洋面相対、所轄六十六島、不在一處、其與江浙貿易、馬頭名曰長崎、離國王将軍、駐劄之山城、自稱京師、程途尚有二十餘日。長崎設頭目二員、稱號皆有王家字様、非係國主。一管貨物交易、毎年更換、一管地方事務、常川住守。皆専生殺之權。此處夑人築牆立柵、名為土庫、凡中國商人到彼、倶住其中、撥兵看守、不許私自出入。彼向日無聊、因往東洋行医、曾治痊長崎頭目王家、得有厚贈、故不與商人一同拘管庫内、遂酬以倭照、貿易数年、家漸豊盈。後因見㤅人射箭、不堪笑其無用、并誇中國三尺童子、倶善弓矢之語。是年回棹時、通事傳話、囑其聘帯弓箭教師、并要黄牡丹、及二尺濶面之紫檀木三種。[朱] 來章復往時、畏法不敢携帯教師。其紫檀因遍覓無此、濶者亦不曾得、止帯牡丹一株前去、到彼開花乃此紫色、以此㤅人怒之、将伊倭照、追繳船貨、原物發回、倶有海關及口岸、出入案巻、可憑所有萬餘両、経営貲本、因而析耗、盡為烏有、以後未曾復往、現今止託別船、順帯些須貨物、貿易餬口。(14)

李衛はなかなか仕事に熱心で、⑤の檔案では、日本へ行った医者の朱来章という人を呼んで、いろいろと日本の事情を聴取している。それによると、長崎には二人――貿易を管理する長崎奉行と地方業務を行う天領代官――の支配者がおり、「土庫」と呼称された唐人屋敷がつくられ、そこには簡単に出入りできないようになっていることなどを語っている。この朱来章は医学的な知識があり、徳川吉宗の命を受けて江戸から長崎へ行った人々からいろいろ話を聞いたりして報告したのである。これについては大庭脩氏が史料集を出版されている。(15)

⑥雍正六年（享保一三＝一七二八）一二月一一日　李衛奏摺の「商人鍾観天等の供述」

……訊據各商鍾觀天等供出、尚有楊澹齋帯去秀才孫太源・沈登偉在彼、講習大清會典・中原律例、未曾歸浙。又朱來章之兄朱佩章、先曾帯去閩人王應如教書、已經病歿在洋。又閩商陳良選帯去廣東人、稱係寧波住居之年満千総沈大成、實属楊姓冒頂、前往教習陣法、其的名不知確切、現在彼地。又郭裕觀代帯僧人・馬匹各等情。今朱來章先經臣訪聞誘喚、至署問知情由。前已奏明、後又供出、曾帯過各項書籍五百本、當即取具的保同僉孝行、給與銀両、各自置貨、密往東洋探信去訖、其陳良選、因在日本、船隻未回、已令海口文武等候緝拿、郭裕觀係厦門人、密咨福建、尚未獲到、已上各情、倶據供明、與臣前所訪聞不異。惟輿圖・盔甲・軍器式様、因未曾現獲、雖在狡飾、而臣揆其情節。(16)

ここでは科挙の試験で秀才になった孫太源や沈登偉という人物に関することが述べられている。彼らには福建商人がかかわってそれを支持した。この時期は盛んにこのような人物が求められて日本に行って、武術や医学の知識を日本側に提供したわけである。その中国の学術受容に積極的であったのが徳川吉宗である。吉宗は、オランダだけではなくて、中国側のさまざまな技術を日本の中に導入しようとしたことがこの檔案によっても裏付けられる。

雍正時代の貴重な史料として童華という人物が著した『長崎紀聞』がある。これについては本書第二編第三章で述べたが、原本は北京の国家図書館に所蔵されている。同書は他に例を見ない史料である。執筆した童華自身は長崎にくることはなかったのであるが、商人達から聞き取った知識を記憶に基づいて書いたものではあるが、日本でいうと、享保時代の日中関係、長崎の事情を比較的正確に記していたことがわかる。

日本と中国との関係はこの他にも見られる。江戸時代は船舶の海外渡航が禁じられていたが、日本の沿海周辺の海上交易は、弁才船等の和船による航行が認められていた。ところがこのような船舶が海難事故に遭遇して中国に漂着し、かなりの人々が帰国している。なかにはフィリピンなど東南アジアへ漂着した者が、長崎に来航した唐船や、中国船で帰ってきた例もある。

水仙の産地の一つとして有名な越前の船乗りが上海近くの川沙に流され、中国の貿易船で日本へ戻ってくるが、帰国にさいし中国の人達からお土産がわりに漢詩をもらって帰ってきた。それが船乗りの出身地で広まっていたようである。一九九九年に越前の岡田健彦氏からお手紙を頂戴した。私の論文(17)を読んで、自宅の襖に書かれた漢詩に「松江府」と書いてあるため、越前の人が海難事故に遭って、島根県の松江に行ったものと思っていたところ、そうではなくて中国の清朝時代の松江府上海県に漂着したことがわかったということであった。それでぜひいから話をさせて頂いた。越前町道浦というところで、漁業関係の人が多いため夜の七時半ぐらいから話をさせて頂いた。終了後に参加者から、越前道浦の漂流民が中国で貰ってきた漢詩があちこちに残っている話をうかがった。彼ら船乗りが、今の上海浦東空港に近い川沙というところへ流されて、上海や杭州あたりで世話になって乍浦から長崎に帰ってきて越前に戻ってきたわけである。そのとき、川沙にいた知識人達が、日本の難民が珍しく可哀想であるということで、いろいろ漢詩を贈った。それが持ち帰られて日本に残されているということがわかる。[18]このような漂流記の話はまだまだ各地に残されている。

日本の漂流民は中国から長崎への唐船で帰ってくることが多いが、長崎に到着すると、まず長崎奉行所においてキリシタンであるかどうかを取り調べられ、その後国元から迎えにきた役人に伴われて帰郷するが、国元でもまた取り調べを受ける。そのため漂流した人達の記録は長崎や江戸幕府のみならず各地に残された。同じ船であっても、船乗りの出身地が違うとそれぞれのところで調べられているから、同じ船の漂流の話が各地に残っている。檔案史料が公開される以前にあっては長崎の中国貿易史料として扱われていたが、近年こうした「漂流記録」が注目されるようになって歴史学の方でも関心が寄せられるようになっている。[19]

次に述べるのは、中国へ漂着した日本人に対する中国側の扱いの話である。

⑦乾隆三二年（明和四＝一七六七）二月二五日　蘇昌、荘有恭奏摺

……據漳浦縣詳報、乾隆三十一年八月二十日、有番民一十八人、在雲霄營關廂飯店住歇、為汎兵郷保、盤詰送縣、訊同行之張興隆、據稱各番、係日本國人、在洋失風、羈留呂宋所轄之宿霧國、有海澄縣船戸黄泰源、在彼貿易、順帯到閩等情。……查訊得黄泰源、自置商船、領有海澄縣牌照、於乾隆三十一年三月、自厦門掛驗出口、前赴宿霧生理、交易事畢、正在開船、該地番官聲言、有日本國番人文治良等一十八名、遭風漂流、

到彼本處、向無日本往來船隻、浼黄泰源附載厦門、再覓便船送回、給與番銀一百圓、以作酬労、及供給難番口食、黄泰源應允（ママ）、即在宿霧開船……又覓能通日本番語之通事、譯出各番口供、據稱番人文冶良係船主、八右門係舵工、源龍係財副、其餘宋十良・左冶良・儀右門・利七・幸吉・源冶良・徳之助・冶良八・売（ママ）龍・十三良・照五良・森兵平・長吉・長龍・五良平十五人倶係水手、均在日本國七然島住家、原領該國告身、裝載銭米豆麥柴木等物、海邊貨賣、遭風失舵、漂至搭口洋、船貨沈没、扶板抵岸、該地番官、載送宿霧、因宿霧與日本、不通交易、在彼逗留、適遇黄泰源之船、前來貿易、宿務土官、令其搭至内地、……今日本國難番文冶良等一十八人、在洋遭風覊留宿霧、因該地不通日本、附搭内地商船來閩、訊無別情、自應查照前例、毎日給米一升・鹽・菜銭十文、飭令地方官、好為安頓、覓船載往寧波、附搭日本貿易船隻回國、以昭聖朝柔遠深仁(20)。

これは、フィリピンのセブ島に漂着した日本人が中国船の援助を得て日本に帰ってきた話である。なぜ彼らが日本へ帰国できたのかについて触れたい。「呂宋所轄之宿霧國」とあるが、これはフィリピンのセブ島のことである。ここに流された人達が、たまたま福建の貿易船であった海澄県の船戸黄泰源の船に搭乗して福建に連れていかれた。この船はセブ島に貿易に行ったところ、たまさかそこに漂着した日本人がいたのであった。

彼らは黄泰源船の援助を得て福建に戻ってきて、さらにそこから貿易船がでる乍浦に送られて長崎に帰ってきたのである。それゆえセブ島から直接帰ってきたわけではなく、福建の海外貿易船や長崎貿易船などの中国船の援助を得て帰ってきたのである。その日本人難民の本国送還に関する記録が、北京故宮にある中国第一歴史檔案館が所蔵する硃批奏摺の外交類に分類される檔案に見られる。この檔案はまだ出版されていない。

⑧嘉慶一五年（文化七＝一八一〇）一二月二六日　方維甸奏摺

……竊臣前在臺灣時、有日本國難番三次良等十四名、遭風漂至彰化縣地方、經臣循例撫恤、奏明委員護送到浙、附搭便船回國。又江蘇撫臣章煦具奏、日本國難番貞次郎等二十六名、遭風漂収江蘇海門庁、地方委員送交乍浦、嘉防同知平湖縣、照例撫恤、附搭商船回國、茲據署藩司陳観詳、據該庁縣禀報、現有前往日本辦銅商船出洋、所有日本難番三次良等十四名、附載船戸萬永泰・范三錫船内貞次郎等二十六名、附載船戸金恒順・金源寶船内、均給予船價・口糧、於嘉慶十五年十一月二十六、八両日開行等情。(21)

これは台湾に漂着した人達が、日本に送還されてきた話である。この中に「附載船戸金恒順・金源寶船内」と書かれているが、日本の難民船員が、中国側の貿易船である金恒順・金源宝という船で日本へ送還されたことがわかる。金恒順・金源宝というのは船の名前であるが、日本側の記録ではこのような中国船の名前が記録されている例は少ない。日本では、長崎に入港した年の干支の十二支を用いて入港の順に、申一番・二番・三番・四番と順に番号をつけた。仮りに今年一〇艘ということで、もし一一艘目がきたら、翌年の十二支で一番にした。日本ではこのような方法を用いたので、中国船の名前はほとんど出てこない。そこでその番立てに合うものと中国船の名前を調べていく必要がある。このような事例についてはすでに拙著において述べた。(22)

最後に日本翻刻書の中国への再輸入について述べたい。これに関しては、本書第三編第三章でも述べているので参照されたい。乾隆四四年（安永八＝一七七九）九月二九日付けの王亶望奏摺に次のようにある。

⑨……竊照浙省商人認辦銅斤、前赴東洋貿易、有商夥仁和縣監生汪鵬、其人通暁文義、從前曾在臣衙門、管理筆墨、茲據自東洋回籍、呈繳日本國所刻皇侃論語集解義疏一部、謹按侃為六朝梁時人、官國子助教、見梁書武帝紀、所著義疏、見晁公武郡齋讀書志、馬端臨文獻通考、其書在今所行邢昺論語疏之前、朱子謂昺疏、即侃之本、至明焦竑經籍志、尚列其名。明末諸蔵書家書目、始無著録者、朱彝尊經義考、亦云未見、不知何

以流傳該國、尚有書相應呈進、伏候我皇上裁定、或備四庫全書採擇、至該國此本係庚午年所刊、其國人服元喬作序文中、以中土為海外、義程朱為經生、蓋蟄蟲閉戸、封己見小之説、自應撤去。謹粘簽另册一併、恭呈[23]
御覽。

［注］

梁：五〇二～五五七年、南朝の王朝、南朝文化の最盛期。
皇侃《こうかん》：四八八～五四五年、呉郡（蘇州市）の人、梁代の経学者。その著『論語義疏』のみが現存。
晁 公武《ちょうこうぶ》：南宋の人。
郡齋讀書志：解題書目として最古の一つ。
馬端臨《ばたんりん》：南宋末、元初の人。
文獻通考：古代より宋に至るまでの諸制度の書。
邢昺《けいへい》：九三二～一〇一〇年、北宋の儒学者。
論語疏：論語に関する注釈書。
朱子：朱熹《しゅき》、一一三〇～一二〇〇年、南宋の哲学者、朱子学の創始者。
焦 竑《しょうこう》：一五四一～一六二〇年、明の学者。
經籍志：『國史經籍志』。
朱彝尊《しゅいそん》：一六二九～一七〇九年、清の文学者。
經義考：『經義考』三〇〇巻、あらゆる古典の沿革を研究、著録した書。
四庫全書：乾隆帝の勅命で編纂され一七八一年（乾隆四六年）に完成した大叢書、当時の現存の書物をほぼ網羅する。経部・史部・子部・集部の四部に分類、三四六二種七九五八二巻からなる。
庚午年：乾隆十五年、寛延三年、一七五〇年。
服元喬：服部南郭、一六八三～一七五九年、江戸中期の儒者、名は元喬、荻生徂徠の古文辞学に共鳴し門人となる。
程朱：程は程伊川・程頤《ていい》、兄程顥《ていこう》とともに宋学の理説を説く。朱は朱子。

長崎で日中貿易が行われていた時期に、単に商いが主たる目的ではない人もきていた。日本に関して非常に学問のある人がきたわけで、その一人が汪鵬である。この人は日本では汪鵬とは名乗っておらず、長崎貿易の上では号である汪竹里を使っていた。彼は書物の内容が理解できたためいろいろと探り、日本から幾つかの書籍を中国へ持ち帰ったのである。それはなにも禁書のような本ではない。かつて、江戸時代よりはるか以前に中国からもたらされた本が珍しいということで、日本で復刻版が出された。しかし、その復刻版すら中国ではすでに散佚していたということで、汪鵬が手に入れ中国へ持ち帰り、それがまた清朝の学界において非常に注目されたのである。⑨はその書籍に関する話であり、有名な六朝時代の学者や宋代の学者の名が出ているため繁雑になるので簡単な注をつけた。

日本人は昔から書籍のみならず「文字のある紙類など」を大切に扱ってきた。現在でも日本の図書館では、特に貴重書の多い内閣文庫や尊経閣文庫や天理図書館のみならず、古い書籍が非常に大事にされてきたように、舶載された時期が古いものや、書写・刊行された時期が古ければ古いものほど貴重扱いされたため日本で残っていた。それを復刻していたので、貴重な史料であると注目され、当時の皇帝乾隆帝にも報告されたのである。そして乾隆帝が編纂を命じた『四庫全書』の中にも一部採用するという学術的な文化交流が生れたのである。

汪鵬以降はどうかというと、『水経注』の注釈で有名な楊守敬が明治のころにきて、日本の珍しい本をたくさん持ち帰ったりしているが、それよりおよそ一〇〇年前に、汪鵬が文化交流に関係していたという具体的な証拠を残したということであり、長崎来航の中国商人が必ずしも交易のためにだけに長崎にきたということではないといえるであろう。

四　おわりに

清代檔案、特に奏摺の影印出版また閲覧が可能となり研究が進展している。清代の中国において対外関係から見ると日本は一〇分の一の存在と見られていたが、日本にとって対中国関係は経済的にも文化的にも相当大きな比重を占めていたことは歴然とした事実であった。近世の日本社会における中国文化の影響は決して少なくはなかった。中国文化の受容は地理的歴史的に形成されてきたことによるところが甚大であろう。

清代の日中関係の形成に最大の貢献をしたのは、当時世界の最先端の航海術を保有していた中国帆船の存在である。即ち中国帆船の存在が、清代の日中関係を大きく規定したといっても過言ではあるまい。鎖国政策を堅持する日本にとって長崎に恒常的に来航する中国船は日本社会にさまざまな物資を舶載したが、同時に帰帆時に中国にもたらす日本の物資は中国社会にも少なからざる影響を与えていたのであった。

中国の帆船に替わる欧米の輪船のアジア近海への出現、交通革命と呼称される時代の到来によって日中関係の形態も大きく変化したのである。(24) 換言すれば、清代の中日関係は中国帆船の盛時に形成されたといえる。

(1) 中国第一歴史檔案館所蔵、硃批奏摺、外交類、四全宗三五五号巻四号文書（以下「四―三五五―四」と略す）。
(2) 中国第一歴史檔案館所蔵、硃批奏摺、外交類、四―三五五―三。
(3) 『中国地方志集成・郷鎮志専輯』二〇冊、江蘇古籍出版社他、一九九二年七月、二二九頁。
(4) 同書、二二九～二三〇頁。
(5) 同書、二〇冊、一四八頁。
(6) 羽田亨編『満和辞典』、京都帝国大学満蒙調査会、一九三七年、国書刊行会、一九七二年七月復刻、八一頁。

(7) 安双成主編『満漢大辞典』、遼寧民族出版社、一九九三年一二月、六五六頁。
(8) 清代檔案の主要な所蔵機関
北京：中国第一歴史檔案館（『歴史檔案』を季刊で発行）
台北：故宮博物院文献館
南京：中国第二歴史檔案館
上海：上海市檔案館
(9) 松浦章『清代海外貿易史の研究』、朋友書店、二〇〇二年一月、一四七～一五六頁参照。
(10) 『康熙朝漢文硃批奏摺彙編』第一冊、檔案出版社、一九八四年五月、五四頁。
(11) 同書、五五～五六頁。
(12) 同書、六七頁。
(13) 『宮中檔雍正朝奏摺』第一一輯、台北・国立故宮博物院、一九七八年九月、五三～五四頁。
(14) 同書、五五五頁。
(15) 「南京朱來章治驗　その他關連資料」、大庭脩編著『享保時代の日中関係資料二〈朱氏三兄弟集〉』、関西大学出版部、一九九五年三月、六三九～六四四頁。
(16) 『宮中檔雍正朝奏摺』第一二輯、台北・国立故宮博物院、一九七八年一〇月、五七頁。
(17) 本書第五編第一章参照。
(18) 本書第五編第二章参照。
(19) 「シンポジウム・近世東アジアの漂流民と国家」、『史学雑誌』一〇八編九号、一九九九年九月、一二〇～一二三頁。
(20) 中国第一歴史檔案館、硃批奏摺、外交類、四―二五八―五。
(21) 中国第一歴史檔案館、硃批奏摺、外交類、四―二五八―一七。
(22) 松浦前掲『清代海外貿易史の研究』五八～七二・二七七～三〇六頁。
(23) 中国第一歴史檔案館、硃批奏摺、外交類、四―二五七―一。
(24) 松浦章『近代日本中国台湾航路の研究』、清文堂出版、二〇〇五年六月、三一～五八頁。

第二章　元禄元年長崎来航中国船について

一　緒　言

永い歴史の中で形成されてきた東アジアにおける文化交流環境を解明する視点として、その環境が形成され維持・持続・保持されてきた要因にどのようなものがあったのか否かを詳細に検討することが必要であろう。そのような観点からの一試論として、江戸時代の日中文化交流における最大の接触地であった長崎において明朝や清朝中国治下の中国商人や東南アジアなどに居住する中国系商人の来航貿易船の事例を手がかりに、異文化交流の第一次接触が行われた地点での事象の様相を考察してみたい。そこで長崎来航船の事例が最も多い元禄元年（一六八八）の場合を中心に検討してみたい。ついでながら、第二次接触としては、例えば、輸入品の問題などがあげられるであろう。長崎から中国に向けて輸出された貿易品、日本銅や海産乾物がどのように中国社会の中に浸透していったのかといった問題、また日本に輸入された中国産砂糖や漢方薬が江戸期の社会に浸透し、どのように消費されたかなどの究明はこれまで十分に検討されているとはいえない。

これらの解明も関西大学アジア文化交流研究センターの交流環境研究班が目指す「文化交流を規定する歴史的環境の研究」の重要な要件であると思われる。

江戸時代はいわゆる「鎖国」の時代とされるが、徳川幕府は長崎へ来航してきた明・清・オランダ国からの貿易船による交易を認めていた。また対馬の宗家を通じて朝鮮国との関係が行われ、さらには蝦夷（北海道）を経由してサハリンから沿海州への通交があったとされている。この中でも最大の交流関係が成立していたのが長崎であったことは確かである。特に貿易船の来航数において群を抜いていたのが中国船であった。江戸時代の日中交流を簡略的にいえば、長崎での貿易と、日中各々の船舶の漂流・漂着に関する問題に集約されるであろう。
(1)(2)(3)(4)(5)(6)(7)

長崎に来航する中国大陸や東南アジア方面からの主に中国系商人による貿易は、「唐人」貿易と呼称され江戸初期から幕末までの二〇〇年以上にわたり、ほぼ毎年欠けることなく続いてきたのである。(8)

しかし、毎年定数が長崎に来航していたのではなく、中国側の政治事情や、徳川幕府の貿易制限政策の趨勢とともに大きく変動していた。ことに康熙二二年（天和三＝一六八三）台湾の鄭氏が清朝に降り、清朝が海禁令の「遷界令」を翌二三年（貞享元＝一六八四）に解除すると、次年以降は、長崎に来航する中国商船は八〇艘を越え、貞享元年以前の二〇数艘代から激変するのである。(9)(10)

ところが徳川七代将軍家継の時代に新井白石の発案によって、輸入超過による金銀の流出や銅の輸出を制限し密貿易を厳禁するために、正徳五年（康熙五四＝一七一五）の「海舶互市新例」所謂「正徳新例」が施行され、日本側が再度の貿易許可書である「信牌：長崎通商照票」を中国商人に下付し、この「信牌」を持参しない貿易船には貿易を許可しないとの方針を打ち出すと、中国からの入港船は大きく減少していったのであった。この「信牌」制は幕末の唐人貿易の終焉まで続いたのである。(11)(12)

以上のように、江戸時代における日中の交流環境を考察するさい、最大の分岐点が二度あったことになる。即ち中国側の政策変更が日本社会にどのような変化を与えたのか。また日本側の対中国への貿易制限政策である海舶互市新例の施行が、中国社会にどのような衝撃をあたえたのか、江戸時代の日中交流を考えるさいの重要な分岐点であろう。

そこで、本章では、まず清朝側の政策変更、即ち清朝中国の対台湾鄭氏を対象とした海上政策であった遷界令の解除が、長崎における中国との交流環境にどのよう衝撃を与え、どのような問題が派生したのかを考えてみたい。

二　遷界令の解除と長崎来航中国船の急増

江戸時代の前半において長崎へ貿易のために来航した中国商人に関してのまとまった第一次史料としては、『華夷変態』と、長崎における唐通事の記録である『唐通事会所日録』があげられよう。

『華夷変態』は、大学頭であった林羅山の三男林鵞峰（春勝）の次男林鳳岡（信篤）によって編纂された。延宝二年（康熙一三＝一六七四）六月八日付の序において、当時、弘文学士であった林鵞峰が次のように記している。

崇禎登天、弘光陥虜、唐魯纔保南隅、而韃虜横行中原、是華變於夷之態也。雲海渺茫、不詳其始末。如勦闖小説・中興偉略・明季遺聞等概記而已。按朱氏失鹿、當我正保年中。爾來三十年所、福漳商船來往長崎、所傳説、有達江府者、其中聞於公件件、讀進之、和解之。吾家無不與之。其草案留在反古堆、恐其亡失、故敍其次第、録爲册子、號華夷變態、頃聞呉鄭檄各省、有恢復之擧、其勝敗不可知焉。若夫有爲夷變於華之態、則縦異方域、不亦快乎。

延寶二年甲寅六月八日　　　弘文学士　林叟發題

とあるように、明朝最後の皇帝である崇禎帝朱由検が死去し、その後裔と称する弘光帝朱由崧が南京で再興をはかるが、満洲族の清軍の前に屈服し、さらに後裔の福州で擁立された唐王朱聿鍵、紹興で擁立された魯王朱以海が再興を企図して福建・浙江の地を短期的に保有する状況であったが、清軍の攻勢の前には如何ともしがたい情勢であった。そのような混沌とした大陸の情報は「勦闖小説」[13]「中興偉略」[14]「明季遺聞」[15]などで概略は知り得ても詳細は不明であった。そこで長崎に来航していた福州や漳州からの商船による情報を収集し江戸幕府に届けさせ、その一部を林家が翻訳していたが、同家は記録の散逸を恐れまとめて冊子とし『華夷変態』[16]と名付けたのであった。林鵞峰がこの序文を認めた時期は、中国大陸では三藩の乱の渦中であり呉三桂や台湾の鄭経らの檄文の写し[17]が長崎にもたらされるような緊張した時期であった。

林鵞峰から鳳岡にかけて『華夷変態』に収録されたものは享保二年（一七一七）まで及ぶ。その後、浦廉一氏により収集翻刻されたもの[18]と、大庭脩氏によって翻刻されたもの[19]を全て合わせると、風説書としては正保元年（一六四四）から享保一三年（一七二八）までの八四年間に及んでいる。

『華夷変態』巻一　　正保元年（一六四四）～万治元年（一六五八）
　巻二～五　　延宝二年（一六七四）～延宝五年（一六七七）
　巻五　　寛文四年（一六六四）・延宝三年（一六七五）
　巻六～三四　延宝六年（一六七八）～宝永七年（一七一〇）
　巻三五　　正徳元年（一七一一）～享保二年（一七一七）
『崎港商説』巻一～三　　享保二年（一七一七）～享保七年（一七二二）
松平家本『華夷変態』巻三七　享保七年（一七二二）～享保九年（一七二四）

補遺　松平家『華夷変態』巻一：延宝三年（一六七五）／巻二：延宝八年（一六八〇）／巻一四：元禄七年（一六九四）／巻一五：元禄八年（一六九五）

『華夷変態』補遺「長崎御用留所収唐船風説書」正徳元年（一七一一）三一番船～五七番船

『島原本唐人風説書』第一・二・三冊　享保九年（一七二四）～享保十三年（一七二八）[20]

東方書店の『華夷変態』はこれら全てを三冊に収録している。[21]

『華夷変態』とともに重要な史料が『唐通事会所日録』で、東京大学史料編纂所から『大日本近世史料　唐通事会所日録』として翻刻されている。

第一冊　寛文三年（一六六三）～寛文一一年（一六七一）、元禄元年（一六八八）～元禄六年（一六九三）

第二冊　元禄七年（一六九四）～元禄一一年（一六九八）

第三冊　元禄一二年（一六九九）～元禄一六年（一七〇三）

第四冊　宝永元年（一七〇四）～宝永五年（一七〇八）

第五冊　宝永五年（一七〇八）～宝永七年（一七一〇）

第六冊　正徳二年（一七一二）～正徳三年（一七一三）

第七冊　正徳四年（一七一四）～正徳五年（一七一五）

以上のように、『唐通事会所日録』は一部の脱落部分はあるものの、ほぼ寛文三年から正徳五年までの五二年間の中国貿易に関する重要な記録である。

『唐通事会所日録』の記述は、次の記事から始まっている。

寛文三癸卯之年正月五日、今夜四ツ時ニ茂木より書状遣し、寅ノ三十五番船舊冬十二月二十六日ニ出船仕候

処、沖ニ掛リ居申候て、正月元旦ニ沖より出船仕候ヘハ、西北之風ニ吹やられ、茂木へなかれ著申候段申遣候、……(22)

とあるように、寛文二年（壬寅、康熙二＝一六六二）に長崎へ来航した寅三五番船は、年末の一二月二六日に一端帰帆するが、風向きが悪く、再度翌三年元旦に出航する。しかし西北風の向かい風を受けて、長崎半島を挟んで長崎港とは反対側の橘湾に面する茂木に流されたことに関する記事である。このように『唐通事会所日録』は、長崎に入港した中国船、また長崎から出港する中国船や中国商人との応接に関する記録である。

遷界令が施行されたことについて、これまでの研究では一度の法令施行で完全実施されたのではなく、数度の施行によってその体制が定着していったとされる(23)。その典型的な法令が順治帝が順治一八年（一六六一）正月六日に崩じ、僅か八歳で即位した康熙帝の即位年のもので、『聖祖実録』巻四、順治一八年八月己未（一三日、一六六一年一〇月五日）条に見える。

諭戸部、前因江南・浙江・福建・廣東、瀕海地方、逼近賊巣、海逆不時侵犯、以致生民不獲寧宇、故盡令遷移内地、實爲保全民生、今若不速給田地居屋、小民何以資生、著督撫詳察酌給、務須親身安挿得所、使小民盡沾實恵、不得但委屬員草率了事、爾部即遵諭速行(24)。

とある康熙帝が戸部に下した上諭が、その典型的な内容を示しているであろう。

康熙帝は、遷界令による海禁の解除に当たり、その効果について官吏に調査させている。『康熙起居注』康熙二三年七月一一日（一六八四年八月二一日）条(25)には、

上問學士石柱曰、爾曾到廣東府。石柱奏曰、臣曾到肇慶、高州、廉州、雷州、瓊州、廣州、恵州、潮州等府。自潮州入福建境、臣奉命往開海界、閩・粵兩省沿海居民紛紛群集、焚香跪迎。皆云、我等離去舊土二十餘年、

毫無歸故郷之望矣、幸皇上神霊威徳、削平寇盗、海不揚波、我等衆民得還故土、保有室家、各安耕穫、楽其生業。

とある。大学士石柱を沿海とりわけ広東・福建へ派遣し事情を調べさせた。広東省から福建省の居住民は、遷界令による故郷から移住させられた人々の二〇数年ぶりの帰郷を喜んだ。このような事情が影響してか、遷界令解除の噂が日本にも伝えられている。貞享元年七月一七日（康熙二三＝一六八四年八月二七日）に長崎に入港した五番広東船が、「當八九月には、必其赦免之勅許下り申筈之段、所々にて承申候」[26]と遷界令の解除が時間の問題であることを伝えている。

康熙帝が遷界令の解除を決定した勅令とは、『聖祖実録』巻一一六、康熙二三年九月甲子朔（一六八四年一〇月九日）の条に見える。

諭大學士等、向令開海貿易、謂於閩粤邊海民生有益、若此二省、民用充阜、財貨流通、各省倶有裨益、且出海貿易、非貧民所能、富商大賈、懋遷有無、薄徵其税、不致累民、可充閩粤兵餉、以免腹裡省分、轉輸協濟之労、腹裡省分、銭糧有餘、小民又獲安養、故令開海貿易。……[27]

とあるように、解除の最大の目的は、福建や広東等の沿海に居住する民衆の生活を安定させることにあった。沿海地方を豊かにすれば、内陸部から沿海部への兵餉の負担や輸送を軽減できるとしたのである。

一六六一年から八三年までの間は、清朝の対台湾鄭氏に対する海上封鎖令として遷界令が施行され、長崎への中国船の来航数が減少していた時期である（二六四～七頁の表5参照）。

遷界令の効果がどのようなものであったのかについては、解除された直後、最初に長崎に入港した二四番南京船の報告に見られる。この船の前には、二三番高州船があった。同船は六月一二日（一六八四年七月二四日）に高州を出港し、途中、風不順にて漳州の銅山に寄港して八月二日（八月一一日）に同地を出航して、九月八日（一〇月一六日）に長崎に入港している。(28)この航行日程からして、二三番船が遷界令の解除を聞知していなかったことは明白である。しかし、二三番船に遅れること八五日後の貞享元年一二月四日（一六八五年一月八日）に長崎へ入港した二四番南京船は、「密に仕出し申候」船であったが、明確に解除を知っていたことは、同船の「唐人共申口」から判明する。同報告によれば、以下のようにある。

一、大清十五省之儀、東寧方降参之後、何國も一統仕、十五省共に静謐に罷成、太平数十年已來に無之儀に御座候。……

一、國々所々之海邊、只今迄は數十年以来、漁船之往來迄も堅制禁御座候儀者、皆以東寧方敵方にて御座候故、其妨を防ぐためにて御座候、然處に東寧降参之上は、海邊静謐に成、別條無御座候に付、漁船之出入は不申及、商船に至迄、無制止様子に追付罷成筈に御座候。……(29)

とあるように、東寧即ち台湾の鄭氏が清に降ると海上封鎖が解かれ、漁船の往来のみならず商船の航行も積極的に行われるようになったのである。

この「唐人共申口」は、長崎から二〇日前後で江戸の幕府に伝わり、林家には「右十二月二十九日、堀田対馬守より來る」(30)とあるから、遅くとも一二月二九日（一六八五年二月二日）には江戸に届いていた。

康熙帝が遷界令を解除した日（一六八四年一〇月九日）から九二日目には長崎に伝わり、幕閣を経て林家に届いた日（一六八五年二月二日）までは一一七日となり、清国と日本の外交関係がない当時の通信伝達事情からすれば驚異的な速度といえるであろう。

ついで、貞享二年一月七日（一六八五年三月一一日）に長崎へ入港した一番福州船は、正月七日（一六八五年二月一〇日）に福州を出航し、そして舟山列島の普陀山へ寄港して、同地を二月一日（三月五日）に出港し同七日（一一日）に長崎に到着した。[31]

大清所々之海邊近年迄は、何國之海邊にも、人民を置不申候、其段は東寧方に通語仕、又は海賊共にも密通仕候とて、人民海邊に置不申、二里三里程、奥之地へ移し申候に付、海邊之人民、及難儀に申候所に、去年より海邊に住馴申候人民之分、本地へ移し出し、其上漁船之分は、海邊往來不□候とて、漁船之分も自由仕、人民致安堵候、尤漁船も、於所々に、人数荷物を改申候、第一兵具大分積乗せ申儀、別而制止に而、是を改申候、商賣物之改はさのミ構無候、併商賣物、大分に有之候得者、致停止候、右之通故、海邊往來、心易罷成申候、大船に而洋中へ出申儀者、未ゆるし無之候。[32]

と報告しているように、兵器の持ち込みや荷物の数量が多い場合、大船の出港が制限されているなどの禁止事項があったものの、遷界令が解除され、海上航行が可能になったことを伝えている。

遷界令解除の余波が、貞享二年以降において長崎に具体的に現れるのである。それを如実にしめしているのが、貞享二年以降の長崎来航中国船数の急増である。

三　貞享・元禄初年の長崎来航中国船の急増と長崎市中

長崎の名称の由来について、内閣文庫所蔵の『長崎記』[33]上冊「長崎ト名付由来之事」の条には、

長崎昔ハ深江浦トテ片田舎ニテ世上ニ知ルモノ稀也。然ルトコロニ、文治ノ比頼朝公ヨリ長崎小太郎ト云者、此深江浦ヲ給住居ス。彼小太郎深江浦ヲ興立スルニ随テ商船ホ近郷江往来ス。シカレハ於所々長崎モノト申。終ニハ深江ノ名ヲ失フ。小太郎末葉於卯大村印幡守家中ニ有リ。（一丁表）

とあるように、古くは深江浦と呼称された辺鄙なところであったが、源頼朝にこの深江浦を安堵された長崎小太郎が港を整備したことから商船が来航するようになったとされる。その後、徳川幕府によって、中国とオランダからの外国船の入港のみを許可する唯一の港となって繁栄するようになった。

中国からの貿易船数が最大であったのは、表5「長崎来航中国商船数の推移表」でも知られるように元禄元年（一六八八）のことである。[34]この一年に一九四艘の貿易船が来航し、乗員九二九一人、中国へ漂着して貿易船で帰国した日本人一〇人[35]を差し引いても、中国人九二八一名が長崎に上陸したのである。

この時期の長崎市中の人口は、長崎奉行であった大岡清相の編纂とされる享保元年（一七一六）成立の『崎陽群談』第五「内外町数之事」によれば、長崎市中、内町、外町、出嶋町を含め八〇町で、寛文九年（一六六九）には四〇、五五八人、元禄七年（一六九四）に五三、五二二人、正徳五年（一七一五）には四一、五五三人であった。[36]近年の研究でも、寛文一二年（一六七二）頃に約四〇、〇〇〇人であったものが、元禄九年（一六九六）には六〇、〇〇〇人を越え、その後減少し三〇、〇〇〇人弱で幕末期を迎えたとされる。[37]寛文の頃の長崎の家持ちは三七〇〇余人であった。[38]明治元年の長崎港七八町の戸数は七七四九戸、人口は二八、五八九人であった。[39]このことからも分かるように、元禄元年頃の長崎市中五〇、〇〇〇余人のところに、臨時的とはいえ一年間に九〇〇〇人を越える人口増加があったことになる。これを中国船の入港日ごとに変化を追って微視的にみたのが表1で、毎月の入港船数と乗員数を示している。六月に九八艘が入港して、四四三二名が一挙に長崎に滞在することになる。彼らは、長崎に到着後即時に帰国したわけでなく数箇月長崎に滞在していたから、少なくとも五〜八月の四箇月は、八〇〇〇人近い中国人が長崎市中に短期的とはいえ居住していたことは明らかである。

表2は六月一箇月間に長崎に上陸した唐船乗員の推移を整理したもので、六月一九日の一日だけで一三艘、五

表1　元禄元年長崎来航中国船194艘の月別入港数・乗員数

月別	3月	4月	5月	**6月**	7月	8月	9月	10月	合計
艘　数	6	7	20	**98**	41	15	4	3	194
割合(%)	3.1	3.6	10.3	**50.5**	21.2	7.7	2.1	1.5	100
乗員数	246	291	946	**4432**	2037	894	225	220	9291
割合(%)	2.6	3.2	10.2	**47.7**	21.9	9.6	2.4	2.4	100

表2　元禄元年6月(小月)長崎来航中国船98艘の日別入港数表

日別	1日	2日	3日	4日	5日	6日	7日	8日	9日	10日
艘　数	9	1	6	0	3	4	6	3	10	0
乗員数	426	50	226	0	136	126	295	170	360	0
日　別	11日	12日	13日	14日	15日	16日	17日	18日	**19日**	20日
艘　数	3	2	4	0	3	2	2	1	**13**	3
乗員数	184	52	181	0	180	125	73	39	**556**	122
日　別	21日	22日	23日	24日	25日	26日	27日	28日	29日	合計
艘　数	2	2	5	8	1	1	1	2	0	98
乗員数	95	95	185	359	51	43	31	115	0	4432

五六名の人口増加があったことになる。このような人口増加に長崎市中はどのように対応していたのであろうか。

長崎に来航した中国商人等の長崎での滞在形態はどのようなものであったろうか。明末の海禁の緩和から中国商人等が日本へ来航していたことは、明実録『熹宗実録』巻五八、天啓五年(一六二五)四月戊寅朔の条に見える福建巡撫南居益の題本に、

> 聞閩・越・三呉之人住於倭島者、不知幾千百家、與倭婚媾、長子孫、名曰唐市。此数家千百家之宗族姻識、潜與之通者実繁有徒。

とあるように、日本に来航した中国人は日本人と区域を特定せず混住していたと思われる。

事実、『長崎記』中冊の「唐船渡海長崎津ニ御究并船改之事」によれば、

一、昔唐船ノ儀、何国ノ浦来着シテ商賣致ストイヘトモ、更ニ無御構、九州ニテハ薩摩ノ内、阿久根、筑前ノ博多、或豊後・肥前ノ内ニテハ五嶋・平戸・長崎ニモ来テ商賣ス。然トコロ寛永十二亥年他国へ来着ノ儀、御停止ニナリ、長崎ノ港ニテ商賣スヘシ。他国へ漂着有トモ早速長崎へ可引渡由、被仰付、翌子ノ年ヨリ長崎ノ津ニ相究。

とあるように、寛永鎖国令が施行されるまで、中国船が日本各地とりわけ九州の諸港に来航していたことは、先の『熹宗実録』の記事と一致するであろう。日本へ来航する中国人にとりたてて制限があったわけではなかったと見られる。

鎖国令以降、中国船の日本への来航は長崎に制限されたが、来航貿易船の乗員の滞在中の住居については、『長崎記』中冊に見える次の記事が参考になる。

唐人番始ル事

一、元禄元辰年迄ハ唐人町屋ニ在留シテ商賣ス。則此年町屋ニ居候事御停止ニナル。十善寺御菜園ノ地ヲ引小屋ヲ立、翌年ヨリ入津ノ唐人此園ノ内ニ悉被召置、依之番人ドモ拘右ノ者共、唐人屋鋪ノ門番ヲ勤、其外出嶋門番ニ相加リ、奉行川口源左衛門山岡十兵衛宮城主殿。

とあるように、唐人屋敷が設置されるまでは、長崎に来航する中国船の乗員は市中に滞在していた。『長崎実録大成』巻一〇「唐人船宿並宿町附町之事」によっても、

唐船入津ノ節、長崎市中ノ者、家宅ヲ船宿トシテ一船ノ唐人ヲ寄宿セシメ、其船積渡ル反物、薬種、諸品ニ口銭ヲ掛ケ、其宿主ノ得分トセシム。依之唐船入津ヲ見掛ル時、市中船宿ノ者小船ニテ迎ニ出テ、我方ニ船宿ノ約諾ヲ成ス。唐人方ヨリモ何町誰某方ニ船宿スヘキト書付近ヲ差出ス。是レヲ差宿ト云習セル。

入津ノ内、船宿ノ心當無之者、或ハ唐人書付ニ町宿名苗字等相違ノ節、又ハ漂着船ノ分振船ト名付ケ、惣町割ヲ定置、順番ニ町宿セシム。是ヲ宿町ト云。其後寛文六年、差宿ヲ相止メ、入津ノ船不残宿町附町ノ順番ヲ定メ、其町ノ乙名居宅ニ船頭・役者ヲ宿セシメ、其餘ハ家々ニ在留セシメ、其町中ニ口錢銀ヲ取セ、其外惣町中ニ令配分ラル。(40)

とあるように、最初は、船宿と中国船との契約で長崎に宿泊していたが、寛文六年（一六六六）以降は、長崎市中の町衆の住居に順番に割当て居住させていた。そのことがまた町衆にとって宿泊料に相当する収入が得られる機会でもあった。

しかし元禄元年（一六八八）には、一時的とはいえ、一年に九〇〇〇人を越える異国人を受け入れる態勢が整っていなかった。とりわけ六月一箇月間に最大四四三二名もの中国人が来航した。中でも一九日には日別最高の五五六人であった。この結果、七月二三日付の幕府奉書により長崎奉行に唐人屋敷の設立が通告され、翌二年四月一五日までに、「普請成就シ、唐人不残構ノ内に在住セシメタル」(41)として、敷地九三七三余坪の面積を持ち、出島の三九二四坪に倍する唐人屋敷、唐館が完成したのである。(42)ここにおいて寛永以来の唐人船宿のシステムが、半隔離的な宿町制から完全隔離の唐人屋敷制に変更され、幕末の安政二年乙卯（咸豊五＝一八五五）の「諸書留」によれば「唐人屋鋪総坪数九千四百三十三坪(43)」とあり、九四三三坪のほぼ同面積で一六〇余年間存続されたのである。

これまでの唐人屋敷に関する研究では指摘されることはなかったが、唐人屋敷設置の最大の理由は、上述したようにこれら多量の人口増加に対応する新政策であったことは確かであろう。

四　元禄元年の長崎来航中国船の運航状況

(1) 中国船の乗員構成

長崎に滞在していた中国船の乗員とはどのような職種の人々であったろうか。大量に来航した元禄元年（一六八八）の中国船の乗員について『華夷変態』は詳細なことは記していない。しかし、貞享四年（一六八七）の一三六番船が長崎で詮議を受けたさいの記録が参考になる。

一三六番船は九月二七日に上海を出航し、難風あって一〇月一四日に屋久島に漂着し、一八日に薩摩の山川に護送され一一月一五日に長崎に入港した。乗員は一一九名であった(44)。その漂着等に関して長崎で詮議を受けるが、そのさいの唐通事の翻訳によると、

南京船頭謝芬如、財福謝中馭、客呉鵬遠（他九名略）、夥長陳楚玉、舵公陳爾玉、總官王君甫、工社田奉山、陸明宇

ら一七名の名が列記され、そこには船頭、財福、客、夥長、舵公、総官、工社の七種の職掌等が知られる。

『唐通事会所日録』三、元禄元年戊辰年正月一八日の条には

……船頭・財福・客頭拾人・夥長・舵工・惣官・工社弐人、……

……年番兩人にて西へ申上候ハ、中ケ間寄合、船頭共呼寄せ吟味仕候、尤最前風説承候節、私共念を入、船頭・財福・客頭・夥長・舵工・惣官共へ手形致させ置申候ハ、自然ハ漂著ニ事よせ、小宿并ニ當地知音之者共と致密通、抜荷物なと不仕候かと詮議仕、……(45)

とあるように、船頭、財福、客頭、夥長、舵工、総官、工社など、ほぼ『華夷変態』の上記の記録と同様な職種

が知られる。
これらの職種の具体的な内容については、元禄八年（康熙三四＝一六九五）刻本『華夷通商考』上冊巻末の「唐船役者」に、中国船乗員の職掌名が列記されている。

夥長《ホイテウ》　舵工《タイコン》　頭捉《テウテン》　亞班《アバン》　財附《ツアイホウ》　總官《ツヲンクワン》　杉板工《サンパンコン》　香工《ヒヤンコン》　工社《コンシヤ》

これに対して一〇数年後の宝永六年（康熙四八＝一七〇九）の序を付して上梓された西川如見『増補　華夷通商考』によればさらに詳細な記述がある。同書巻二「唐船役者　漳州ノ詞ヲ記ス」には次のように見られる。

夥長《ホイテウ》　海上ノ乗方ヲ主ドル者也。羅經《ハリ》ノ法ヲ能知テ日月星ヲ計リ、天氣ヲ考へ、地理ヲ察スル役ナリ。
舵工《タイコン》　舵ノ役ナリ、夥長ト心ヲ合セ風ヲ辦ジ濤ヲ凌グ、大事ノ役ナリ。
頭捉《タウテン》　碇ヲ主ル役ナリ、湊ニテハ肝要ノ役ナリ、機轉ノ入役ナリ。
亞班《アバン》　帆柱ノ役ナリ、用アルトキハ自身檣ノ上ニ升ル事モ有テ、苦労ノ役ナリ。
財附《ツアイフウ》　荷物商賣諸事ノ日記算用ヲ主ドル役ナリ。
總官《ツヲンクワン》　船中諸事ヲ肝煎奉行スル者ナリ。
杉板工《サンパンコン》　梯舟ヲ主ドル者ナリ、サンパントハ、ハシ舟ヲ云。
工社《コンシヤ》　水主ヲ云、大船ハ百人、中船ハ六七十人、小船ハ三四十人ナリ。
香工《ヒヨンコン》　菩薩ニ香華燈明ヲ勤メ、朝夕ノ倶拜ヲ主ル役ナリ。
船主《ツニツウ》　船頭ナリ、船中ニテ役ナシ、日本ニテ商賣ノ下知ヲシ公儀ヲ勤メ、一船ノ人數ヲ治ム、船頭ニ二種アリ、荷物ノ主人則船頭ト成レ來ルモノアリ、又荷物ノ主ハ不來手代親類船頭ト成テ來ルモノアリ。(46)

とあり、『華夷変態』『唐通事会所日録』に見られた職掌の職務内容がほぼ知られるであろう。

これらの職掌は、この時期の長崎来航中国船に限定して見られるものではなく、すでに古くから中国の海船にあった職掌でもあった(47)。

これらの乗員について、先に触れた明実録『熹宗実録』巻五八、天啓五年（一六二五）四月戊寅朔条の福建巡撫南居益の題本に「海上之民、以海爲田、大者爲商賈、販爲東西洋」とあるように、沿海民の中には海上に進出して航運業に従事し、沿海のみならず海外に進出する者もあった。

『重纂福建通志』巻一四〇、総督高其倬の条に、高其倬の疏言として次のようにある。

康熙五十六年嚴洋禁、至是其倬疏言、福・興・漳・泉各府、生齒日繁、無業者流而為盜、請弛洋禁、民之稍富者為船主、為商人、其貧者為頭舵、為水手、一船幾及百人、一年往還、得千餘金或數百金、即水手之類、亦每人可得二、三十金。其本人長年不食本地米糧、又得銀歸養其家、下及手藝之人皆大有生業、洋船一回、開行設鋪。

福建省の福州・興化・漳州・泉州の各府は人口も多く、失業者の中には非行に走る者もいたが、海禁が緩和されると、航運業に従事するようになった。富民は船主として海商となり、貧しい者は船舶の乗員としてなって頭舵や水手などの下級船員になった。大型船舶には乗員が一〇〇名ほど必要で、一年に一度帰郷するが一〇〇〇余両から数百両が、下級船員の水手でも二〇両から三〇両が手に入った。彼らは郷里不在のため郷土の食料を消費せず、しかも銀を得て帰郷し家族を養い、郷土の経済効果は高いとされていた。

(2)中国貿易船の船舶規模と運航実績

長崎に来航した中国貿易船の規模は明確ではないが、『華夷変態』の船乗員数から知ることができるであろう。

西川如見『増補華夷通商考』巻二「唐船役者」の工社に「水主ヲ云、大船ハ百人、中船ハ六七十人、小船ハ三四十人ナリ」とあるように、乗員一〇〇人いれば大船、六〇～七〇人では中船、三〇～四〇人では小船とされている。元禄元年（一六八八）の全乗員は一九四艘で九二九一人、一艘当たり約四八人となり、西川の説によれば、ほとんどが中船であったと考えられる。江戸後期になると来航船数が幕府によって制限されたこともあり、一〇〇人以上の乗員からなる大型船であった(48)。

さらに、出航地によって一九四艘の船舶に大小があったことを、『増補華夷通商考』巻二「唐船役者　漳州ノ詞ヲ記ス」において次のように記している。

南京・福州ノ船ハ皆小船也、日本ノ十六、七端帆ノ舟ヨリ大ナル者ナシ。漳州・廣東ヨリ出ル船ニハ、日本二十端帆ノ大サ成者モアリ。唐土ニテ船ノ大小ヲ言ニハ、皆斤目ニテ言事ナリ。其大船ハ荷物五六十萬斤、次ハ三十萬斤、或二十萬斤、小船ハ十萬斤ノ者也。又唐人天竺暹羅等ノ國ニ往テ、彼地ヨリ長崎ニ來ル船ハ造リヤウ又別也。荷物百萬斤、百五十萬斤、又ハ二百萬斤ノ大船ナリ(49)。

西川如見は長崎に来航する中国船を、船舶の形状から南京船・福州船は小船・中船であったとし、漳州船・広東船は中船さらに大船であったと分類した。

元禄元年（一六八八）の一九四艘を出港地で分類したのが表3である（詳細は二六七～七六頁の表6参照）。同表によると、最も多かったのが福建省から来航した福州船の四五艘、ついで浙江の寧波船が三一艘、福建省の厦門船が二八艘、上海からの南京船が二三艘、広東省の広州からの広東船が一七艘とつづき、この上位五箇所で一四四艘にのぼり七四・一％になる。『増補華夷通商考』巻二「唐船役者」の乗員の職掌に「漳州ノ詞ヲ記ス」とした理由も、現実に福建方面が上位を占めていたこと、しかも船員の多くが福建南部の閩南人であったことからであろう。

表3　元禄元年長崎来航中国船194艘の来航地分布

船名	隻数	割合	備考
福州船	45艘	23.2%	
寧波船	31	16.0	
厦門船	28	14.4	
南京船	23	11.8	出港地は上海
広東船	17	8.7	
泉州船	7	3.6	
潮州船	6	3.1	
普陀山船	5	2.6	
広南船	5	2.6	
台湾船	4	2.1	
高州船	4	2.1	
咬留吧船	4	2.1	
海南船	3	1.5	
沙埕船	2	1.0	
麻六甲船	2	1.0	
暹羅船	2	1.0	
温州船	1	0.5	
安海船	1	0.5	
漳州船	1	0.5	
安南船	1	0.5	
不明	2	1.0	
合計	194艘	100%	

表4　元禄元年長崎来航中国船194艘の運航実績

長崎来航状況	艘数	割合
貞享４年に来航した船	75艘	38.6%
貞享３年に来航した船	4	2.1%
貞享３年以前に来航した船	6	3.1%
初航の船	92	47.4%
不明	17	8.8%
合計	194艘	100%

船の船体規模に関して『華夷通商考』上冊、南京には、

川船ニテモ往還スルナリ。今長崎ニ乗来ル船ハ皆川船ヲ直ニ乗出シ来者也。此故ニ舟ノ造ヤウ、底平ク長キ也。（二丁表裏）

とある。長江河口付近から長崎に来航していた貿易船は、長江などの水深の浅い水域を航行できる平底型の船舶であり、それらを使って日本へも来航していた(50)。

同書上冊の浙江・寧波《ニンパウ》には、

日本ヨリ海上三百里、繁昌ナル所ニテ津湊能所也。南京・福州ノ船モ此湊ヨリ出シ、日本へ来ル舟多シ。其舟ヲモ寧波出シノ船ト云也。尤所ノ者モ直ニ日本へ渡海ス。（一七丁表）

とある。浙江省の寧波は、沿海各地の船舶が来航する重要な港であった[51]。表3からも知られるように、同地から多くの貿易船が日本へ来航している。しかし、寧波港の船でない場合も、寧波に寄港して長崎に来航してくると、寧波船と日本で呼称されることがあったことを、この記述は明確に記している。

一九四艘の長崎への運航実績を示したのが表4である。全体の四〇%強の船舶が元禄元年の以前の航運実績を保有していた。特に三八・六%が前年の貞享四年に来航し、翌年再度来航してきた船舶である。貞享四年の場合、前年来航が確認できるものは一一八艘中で六〇艘で五〇・八%、同二年以前の船では六七艘五六・八%であった。初めて来航した船舶は、貞享四年の場合は、来航船一一八艘のうち初航が四三艘で全体の三六・四%であるのに対して、元禄元年の初航は四七・四%と半数に近い割合を示し、極めて高い比率となっている。このことは、元禄元年に来航した商船には、長崎貿易で一攫千金を夢見た中国海商が多かったことを示しているのであろう。

五　小　結

上記のように江戸時代の長崎における中国貿易の実情を「文化交流を規定する歴史的環境の研究」の視点からとりあげた。江戸時代の日中文化交流は、清朝中国と徳川日本の外交関係のない経済交流が中心であった。しかしながら清朝中国の政策変化が、日本に直接影響したのである。日本側が即座に反応した典型例が、短期間とはいえ貿易のために来航した多人数の中国商人を長崎のどこに滞在させるかという問題であった。在留中国系商人の取扱いの変化である。それが長崎における唐人屋敷の設置として現れたといえる。従来、元禄二年（一六八九）

に唐人屋敷が設置されたことのみがとりあげられ、設置にいたる事情についてはほとんど看過され、現象面のみが論じられてきた。[52]

このため長崎に来航した中国船の最も多かった元禄元年の事例を中心にとりあげた。その結果、同年の長崎来航中国船一九四艘の来航時期などを詳細に分析する過程でさまざまな問題が見えてきた。

清朝が、台湾鄭氏の平定に伴って遷界令を解除すると、長崎へ来航する中国船が急増し、貞享四年（一六八七）一年間で、確認できる範囲で六八一六人の乗員が長崎に上陸し、それは長崎市中の人口約五万の約一四％に相当した。翌元禄元年には長崎市中の人口の二〇％に相当する異国人が短期間とはいえ一挙に急増した。微視的に見れば最大の増加が見られたのは同年六月のことで、この一箇月間に四四三二人もの乗員が長崎に上陸したのである。[53]その航運状況からも彼らの多くは長崎貿易での一攫千金を夢見た中国海商であったことが知られる。

長崎に来航する中国商船の急増と、それに伴う乗員増加による変化として、具体的に現れた現象の一つが、貿易に関わる不正常な事態であった。急増する唐船の入港に伴って、それによって利益を得ようとして、日本人と唐船乗組員による密貿易や抜荷などが増え、唐船来航が急増する貞享・元禄年間には、それ以前の寛文・延宝・天和年間とは極端に異なって、犯罪事例も急増している。このことは長崎奉行所の判決記録である『犯科帳』に記録された犯罪事例の増加からも容易に想像される[54]（二七六〜八頁の表7参照）。このような異常な事態に対応する策が、徳川幕府がとった異国人居住地区の隔離策であった。

江戸時代の日中関係はいわゆる「政冷経熱」の時代であったが、上述したように、清朝中国の政策変更が、直接的にまたは間接的に長崎における中国貿易に影響し、徳川幕府の対中国貿易政策に変更を強いる結果となった。その逆の典型的な例が、徳川幕府が発した海舶互市新例（正徳新例）であったことはすでに第二編第二章で述べた。

微視的に見れば、長崎における中国貿易の形態にさまざまな変容が見られるが、その背後には、清朝中国と徳川幕府の相互の諸事情が貿易政策に反映され、長崎での事態に影響していた。清朝中国が鄭氏台湾を平定し、海禁令を解除したことに伴い、比較的日本に近いとされる江蘇・浙江・福建などの沿海部から長崎へ来航する貿易船が急増し、徳川幕府はその対応に追われ、さまざまな制限政策を実施することになったといえるであろう。

（1）矢野仁一『長崎市史　通交貿易編　東洋諸国部』（長崎市、一九三八年一一月）が最初で、今日においても重要な成果である。

（2）村上直次郎『長崎市史　通交貿易編　西洋諸国部』（長崎市、一九三五年一月）が先駆的な成果である。

（3）中村栄孝『日鮮関係史の研究』下（吉川弘文館、一九六九年一二月）が日本と朝鮮国との関係史に関する先駆的成果である。

（4）洞富雄『樺太史研究――唐太と山丹――』（新樹社、一九五六年三月）第二編「山靼交易と政治的背景」（五三〜二一二頁）が先駆的な成果であろう。

（5）箭内健次「中国船オランダ船来航隻数」（『長崎』、日本歴史新書　増補版、至文堂、一九六六年一一月、一九七〜二〇〇頁）によれば、寛永一四年（一六三七）より安政五年（一八五八）までの二二二年間に、中国船が六〇一一艘、オランダ船が六二三艘、単純に艘数で比較すれば九〇・六％対九・四％になる。しかし江戸時代中期の船問屋が和船でいえばオランダ船は約一〇、〇〇〇石積み、中国船は四〇〇〇石積みといっているから積載量からすれば中国船とオランダ船では一対三ほどになるであろうが、それでも中国船が数量的には圧倒していたと見ることができよう。

（6）初期のもっともまとまった年表が、気象研究所監修・荒川秀俊編『日本漂流漂着史料』（地人書館、一九六二年一二月）である。

（7）松浦章「従清代檔案看中日関係」、浙江大学日本文化研究所編『中日関係史論考』、中華書局、二〇〇一年七月。
松浦章「中国資料より見た長崎貿易」、『泊園』四三号、二〇〇四年一〇月。
松浦章『清代海外貿易史の研究』、朋友書店、二〇〇二年一月。

（8）山脇悌二郎『長崎の唐人貿易』、吉川弘文館、一九六四年四月。

（9）遷界令に関する主な研究には次のものがある。
謝国楨「清初東南沿海遷界考」、『国学季刊』二巻四期、一九三〇年一二月。

田中克己「清初の支那沿海――遷界を中心として見たる――（一・二）」、『歴史学研究』六巻一・三号、一九三六年一・三月。

浦廉一「清初の遷界令に就いて」、『日本諸学研究報告』一七編（歴史学）、一九四二年一一月。

浦廉一「清初の遷界令の研究」、『広島大学文学部紀要』五号、一九五四年三月。

中道邦彦「清代靖南藩の福建移鎮と遷界令」、『歴史の研究』一二号、一九六六年一二月。

張亨道「清初の海禁政策の研究」、『歴史における民衆と文化――酒井忠夫先生古稀祝賀記念論集――』、国書刊行会、一九八二年九月。

顧誠「清初的遷海」、『北京師範大学学報（社会科学版）』一九八三年第三期。

鄭徳華「清初廣東沿海遷徙及其對社會的影響」、『九州學刊』二巻四期、一九八八年七月。

（10）遷界令解除後の長崎貿易における唐船の激増に関しては、次の研究などにおいて指摘されている。
山脇悌二郎『長崎の唐人貿易』、吉川弘文館、一九六四年四月、五〇～五一頁。

朱徳蘭「清開海令後的中日長崎貿易商與國內沿岸貿易（一六八四―一七二二）」、張炎憲主編『中國海洋發展史論文集』第三輯、台北・中央研究院三民主義研究所、一九八八年一二月、三六九～四一五頁。朱徳蘭は、貞享以降享保前半までの急増した中国船の商人の経営状態や運航形態を検討している。

大庭脩「浙江と日本――一六八四年より一七二八年にいたる間の寧波船の動向――」（藤善眞澄編『浙江と日本』、関西大学出版部、一九九七年四月）において、遷界令解除と中国船の急増について指摘し、「この頃の長崎での両国人の交流は、極めて盛んなるものがあった」（一五一頁）とされた。

（11）栗田元次『新井白石の文治政治』（石崎書店、一九五二年一二月）三七六～四四六頁の「貿易の統制と國産の開發」参照。
鎖国以降、正徳新例施行までの徳川幕府の長崎での貿易政策の趨勢に関する政策の内容と貿易実態に関する詳細な研究が、太田勝也『鎖国時代長崎貿易史の研究』（思文閣出版、一九九二年二月）である。

（12）大庭脩編著『唐船進港回棹録・島原本唐人風説書・割符留帳――近世日中交渉史料集――』、関西大学東西学術研究所資料集九、関西大学東西学術研究所、一九七四年三月。同書の「割符留帳」参照。

（13）『改訂　内閣文庫漢籍目録』（内閣文庫、一九七一年三月）によれば、『新編　勦闖小説』一〇巻本、明頼道人撰、明刊本が紅葉山文庫本として所蔵されている（四三七頁下）。

（14）同書、八四頁上に『中興偉略』二巻、明馮夢龍、明刊と昌平坂学問所本（正保三年刊）が所蔵されている。

（15）同書、八四頁下に『明季遺聞』四巻、清鄒漪、清刊（紅葉山文庫本）と、黒川玄通點、寛文二跋刊、林（大学頭）家本とが所蔵されている。

このことから「勦闖小説」「中興偉略」「明季遺聞」が、明末清初の中国の変動期に関する重要な情報源の一端であったことが知られる。

（16）表題に商船名を付した最初のものは、『華夷変態』巻二の「二番福州出し船の唐人共申口」（『華夷変態』上冊、六〇～六二頁）である。

（17）『華夷変態』巻二に「呉三桂檄」と鄭経の「鄭錦舎檄」「改定呉檄和解」「改定鄭檄和解」などが収録されている。

（18）林春勝・林信篤編、浦廉一解説『華夷変態』上冊、東洋文庫叢刊第一五上、東洋文庫、一九五八年三月。

『華夷変態』中冊、東洋文庫叢刊第一五中、東洋文庫、一九五八年三月。

『華夷変態』下冊、東洋文庫叢刊第一五下、東洋文庫、一九五九年三月。

『華夷変態補遺　長崎御用留所収唐船風説書』、東洋文庫、一九六〇年三月。

（19）大庭前掲『唐船進港回棹録・島原本唐人風説書・割符留帳――近世日中交渉史料集――』九七～一四〇頁。

（20）同書、九七～一四〇頁。

（21）榎一雄編『華夷変態』上・中・下冊、東方書店、一九八一年一一月。上・中冊は東洋文庫本の影印であるが、下冊には東洋文庫本の下冊と補遺が、さらに付録として「島原本唐人風説書」と山口文書館所蔵の明船関係の資料が収録されている。

（22）『大日本近世史料　唐通事会所日録』第一冊、東京大学出版会、一九五五年二月、二頁。

(23) 註(9)の諸論文参照。
(24) 『清実録』四、中華書局、一九八五年九月、八四頁。
(25) 中国第一歴史檔案館整理『康熙起居注』第二冊、中華書局、一九八四年八月、一一九九～一二〇〇頁。
(26) 『華夷変態』上册、四二三頁。
(27) 『清実録』五、中華書局、一九八五年九月、二一二頁。
(28) 『華夷変態』上册、四四二～四四三頁。
(29) 同書、四四三頁。
(30) 同書、四四四頁。
(31) 同書、四五一頁。
(32) 同書、四五〇～四五一頁。
(33) 『長崎記』（原題：長崎始原）、内閣文庫・和一六五五四、三冊、函号：一七六―六四（横二一・〇×縦三一・一）。
(34) 太田勝也「江戸時代長崎渡来唐船数について」（『歴史情報』No.4、筑波大学図書館情報学系・太田研究室、二〇〇一年一二月、一～一六頁）が、長崎来航唐船の艘数について諸文献で検討している。また太田勝也「御定高制度成立期における長崎渡来唐船数に付いて」（『歴史情報』No.6、二〇〇三年三月、一～一九頁）も同書収録の第一表「長崎渡来唐船数一覧」において一六四一～一八五七年までの唐船・蘭船の長崎入港数を諸史料から検討している（一四～一九頁）。中村質「日本来航唐船一覧　明和元～文久元（一七六四～一八六一）」（九州大学『九州文化史研究所紀要』四一号、一九九七年三月、一～一五五頁）は、長崎来航唐船各船の詳細な一覧である。
(35) 『長崎実録大成』巻一一「廣東船ヨリ薩摩之者送來事」によれば、「元禄元戊辰年六月十五日八拾八番廣東出ノ唐船ヨリ、薩摩之者拾人送來」（『長崎実録大成・正編』、長崎文献叢書・第一集第二巻、長崎文献社、一九七三年一二月、二九三頁）とある。
(36) 中田易直・中村質校訂『崎陽群談』、近藤出版社、一九七四年一二月、一〇六頁。
(37) 赤瀬浩『鎖国下の長崎と町人――自治と繁栄の虚実――』、長崎新聞社、二〇〇〇年八月、一三頁。森岡美子『世界史の中の出島――日欧通交史上長崎の果たした役割――』、長崎文献社、二〇〇一年五月第一刷、二〇〇二年八月第二刷、一二三頁。

(38) 赤瀬前掲書、二三頁。

(39)『長崎町方史料(二)』、福岡大学総合研究所資料叢書第五冊、福岡大学総合研究所、一九八七年三月、武野要子「解題」一頁による。

(40) 前掲『長崎実録大成・正編』二四二～二四三頁。

(41) 同書、二四七頁。

(42) 山脇前掲『長崎の唐人貿易』七三～七四頁。

大庭脩編『長崎唐館図集成――近世日中交渉資料集六――』、関西大学東西学術研究所資料集刊九―六、二〇〇三年一一月。

(43) 長崎歴史文化博物館、文書資料室所蔵「諸書留」安政二年(図書番号:H-DS-O、渡辺一四・六一)。

(44)『華夷変態』上冊、八二七頁。

(45)『大日本近世史料　唐通事会所日録』第一冊、東京大学出版会、一九九五年二月、一九〇～一九一頁。

(46) 日本経済叢書刊行会『日本経済叢書』巻五所収、日本経済叢書刊行会、一九一四年一〇月、二四一頁。

(47) 松浦前掲『清代海外貿易史の研究』五二頁。

(48) 同書第一編参照。

(49)『日本経済叢書』巻五、二四一頁。

(50) 松浦章『清代上海沙船航運業史の研究』、関西大学出版部、二〇〇四年一一月、六三～七五頁。

(51) 松浦章「清代寧波の民船業について」、『関西大学東西学術研究所紀要』二一輯、一九八八年三月、一五～三〇頁。

松浦前掲『清代海外貿易史の研究』五九九～六一二頁。

(52) 大庭前掲『長崎唐館図集成』、ここでも唐人屋敷成立以降の問題が中心である。

(53) 貞享四年は、最大月は四月の一〇九三人と六月の一〇八二人で一〇〇〇人を越え、五月の九六一人、三月の八二三人、一〇月の七九四人、七月の七六五人、正月の五四六人、八月の三三六人、一一月の一八六人、二月の一五五人、九月の七五人と続く。

（54）『犯科帳　長崎奉行所判決記録』第一冊（森永種夫編集兼発行、一九五八年五月）を整理した表7参照（二七六～八頁）。唐船に関わる判決記録が、寛文六（一六六六）～天和三年（一六八三）の一八年間に六件であったのに対し、貞享元年（一六八四）～元禄一四年（一七〇一）までの一八年間には三〇件近くに急増しており、五倍近い発生件数に増えたことになる。これは長崎来航中国船数の急増と密接な関係があろう。

表5　長崎来航中国商船数の推移表

西暦	日本暦	入港数	貿易数	積戻数	日本の貿易政策及び来航地
1648	慶安元	20	20		
1649	慶安 2	59	59		
1650	慶安 3	70	70		
1651	慶安 4	40	40		
1652	承応元	50	50		
1653	承応 2	56	56		
1554	承応 3	51	51		
1655	明暦元	45	45		糸割符制の廃止（五箇所商人による輸入生糸の一括購入）相対貿易
1656	明暦 2	57	57		
1657	明暦 3	51	51		
1658	万治元	43	43		
1659	万治 2	60	60		
1660	万治 3	45	45		
1661	寛文元	39	39		漳州 1
1662	寛文 2	42	42		
1663	寛文 3	29	29		暹羅 2 、東埔寨 1
1664	寛文 4	38	38		泉州 1 、高砂 1 、広南 1 、台湾 1
1665	寛文 5	36	36		
1666	寛文 6	37	37		東寧 4 、暹羅 3 、潮州 2 、広南 1 、六崑 1
1667	寛文 7	33	33		東寧 5 、咬留吧 2 、暹羅 2 、東京 2 、東埔寨 2 、大泥 2 、南京 1 、台州 1
1668	寛文 8	43	43		福州 1 、暹羅 1 、咬留吧 1
1669	寛文 9	38	38		咬留吧 2 、普陀山 1 、東寧 1 、東埔寨 1 、広南 1
1670	寛文10	36	36		東寧 5 、普陀山 3 、東寧 2 、広南 2 、福寧州 2 、暹羅 1 、咬留吧 1

1671	寛文11	38	38		
1672	寛文12	43	43		「市法」の施行(輸入品の仕入価格と貿易高の抑制)、金銀流出を抑制
1673	延宝元	20	20		
1674	延宝 2	22	22		広東3、福州2、東寧2、咬留吧1
1675	延宝 3	29	29		福州2、南京2、厦門1、思明州1、東寧1、東京1、広南1、大泥1、咬留吧1
1676	延宝 4	24	24		広南2
1677	延宝 5	29	29		思明州3、南京2、普陀山1、潮州1
1678	延宝 6	26	26		福州3、普陀山2、東寧2、思明州1、広東1、広南1、南京1、東京1
1679	延宝 7	23	23		思明州4、普陀山3、南京1、東寧1、広東1、東京1、暹羅1、柬埔寨1
1680	延宝 8	29	29		暹羅3、普陀山2、広東2、萬丹2、福州1、東寧1、東京1、柬埔寨1、
1681	天和元	9	9		東寧3、柬埔寨2、暹羅1、咬留吧1
1682	天和 2	26	26		東寧7、広東3、咬留吧2、柬埔寨2、暹羅2、南京1、福州1、東京1
1683	天和 3	27	27		東寧11、暹羅6、広南3、咬留吧2、南京1、広東1、大泥1
1684	貞享元	24	24		広東5、広南4、暹羅4、咬留吧3、東京2、南京1、厦門1、高州1、大泥1、六崑1 貞享元年12月26日付「市法の廃止」(貞享令の施行)
1685	貞享 2	85	73	12	福州20、厦門20、南京16、寧波7、普陀山4、広東3、泉州2、漳州1、広南1、六甲1、暹羅1、咬留吧1 **唐船貿易額：定高6000貫**
1686	貞享 3	102	84	18	南京20、福州20、寧波19、厦門10、普陀山9、広南4、泉州3、暹羅3、東京2、咬留吧2、麻六甲2、漳州1、潮州1、広東1、大泥1、宋居労1、柬埔寨1、安南1

1687	貞享04	127	105	22	福州31、南京26、寧波17、厦門12、普陀山5、広東5、沙埕3、高州3、台湾2、大泥2、温州1、漳州1、潮州1、東埔寨1、暹羅1、麻六甲1
1688	元禄元	194	117	77	**1年唐船70艘に制限**
1689	元禄 2	79	70	9	唐人屋敷の設置
1690	元禄 3	90	70	20	
1691	元禄 4	90	70	20	
1692	元禄 5	73	70	3	
1693	元禄 6	81	70	11	
1694	元禄 7	73	70	3	
1695	元禄 8	61	60	1	
1696	元禄 9	81	70	11	
1697	元禄10	103	70	33	
1698	元禄11	71	68	3	1年80艘に緩和
1699	元禄12	73	69	4	
1700	元禄13	53	53		
1701	元禄14	66	56	10	
1702	元禄15	90	80	10	
1703	元禄16	80	80		
1704	宝永元	84	80	4	
1705	宝永 2	88	80	8	
1706	宝永 3	93	80	13	
1707	宝永 4	80	80	4	
1708	宝永 5	104	59	45	
1709	宝永 6	57	54	3	
1710	宝永 7	54	51	3	
1711	正徳元	57	57		
1712	正徳 2	63	59	3	

1713	正徳 3	49	40	9	
1714	正徳 4	51	51		
1715	正徳 5	20	7	13	正徳新例、1年30艘とする
1717	享保 2	50	43	7	1年40艘、定高8000貫
1720	享保 5	37	36	1	1年30艘、定高：享保新銀4000貫
1733	享保18	30	28	2	1年29艘に限定
1736	元文元	17	16	1	1年25艘に限定
1740	元文 5	26	25	迎船 1	1年20艘に限定
1742	寛保 2	16	15	迎船 1	1年10艘、輸出銅150万斤に限定
1749	寛延 2	14	13	番外 1	1年15艘
1765	明和 2	12	12		1年13艘、輸出銅130万斤に限定
1791	寛政 3	10	10		1年10艘、定高：2740貫 銅100万斤
1859	安政 6	3	3		
1860	安政 6	0	0		
1861	文久元	2	2		長崎唐人貿易の終焉

注：本表は『長崎実録大成』『長崎志続編』『割符留帳』を参照して作成した。来航地は『華夷変態』を参照した。

表6　元禄元年（1688）長崎来航中国商船一覧表

入港日	番立	船名	出港名	船主	脇船主	乗員	備考
	1						
	2	南　京					
3.05	3	寧　波	寧　波	程　喬		65	貞享4年121番船
3.12	4	寧　波	寧　波	程楚臣		42	初航
3.20	5	南　京	上　海	金紫綬		51	貞享4年21番船
3.21	6	温　州	温　州	鍾瑞甫	徐人也	88	貞享4年126番船
4.02	7	南　京	上　海	金濟南		38	貞享4年71番南京船
4.10	8	潮　州	潮　州	陳于龍		44	初航　温州—潮州 砂糖

	9						
4.25	10	南　京	上　海	朱純宇		45	貞享４年39番南京船
4.26	11	南　京	上　海	東徳宇		64	貞享４年４番南京船
4.26	12	福　州	福　州	陳子輝		25	
4.27	13	福　州	普陀山	葛含章		35	初航
4.29	14	福　州	寧　波			40	
5.02	15	南　京	上　海	兪瑞卿	華如錦	45	
5.04	16	寧　波	寧　波	孔彩官		32	貞享４年118番沙呈船
5.25	17	広　東	広　南	陳添官		95	貞享４年15番福州船
5.28	18	寧　波	寧　波	楊殿官	徐述垣	43	貞享４年12番船
5.28	19	寧　波	寧　波	宓子雲	黄君甫	46	筆者張文錦
5.28	20	普陀山	普陀山	林益使		66	借船(福州)
5.30	21	高　州	高　州	董春官		40	貞享４年44番船
5.30	22	泉　州	泉　州	蔡二使		44	貞享４年66番船
5.30	23	厦　門	厦　門	王團官		43	貞享４年80番船
5.30	24	高　州	高　州	黄文観	林友官	43	初航
5.30	25	厦　門	厦　門	尤全官		55	貞享４年９番船
5.30	26	福　州	普陀山	高謙官		38	貞享４年74番船
5.30	27	泉　州	泉　州	蔡未官		35	初航
5.30	28	福　州	福　州	何一官	詹二官	37	初航
5.30	29	福　州	福　州	曾明官		59	貞享４年85番船　厦門—福州
5.30	30	南　京	上　海	蔣月章	宋季卿	58	貞享４年139番船
5.30	31	寧　波	寧　波	黄二有		31	初航　寧波船多い
5.30	32	福　州	福　州	方任官	陳三官	31	貞享４年72番船
5.30	33	広　南	広　南	許禎官		59	貞享３年94番船
5.30	34	福　州	福　州	劉卿官	黄順官	46	初航

6.01	35	高　州	高　州	朱仲揚		61	貞享４年112番船 砂糖類多い
6.01	36	普陀山	普陀山	楊泰益	呉昆亮	63	
6.01	37	福　州	福　州	林君雍	高守聘	36	初航
6.01	38	寧　波	普陀山	董一官		40	貞享４年40番船
6.01	39	福　州	福　州	黄和官		56	貞享４年93番船
6.01	40	寧　波	普陀山	李振観		27	初航
6.01	41	寧　波	寧　波	沈開文		53	貞享４年122番船積戻
6.01	42	福　州	福　州	洪壬老		54	初航
6.01	43	福　州	長　楽	張世昌		36	初航
6.02	44	南　京	上　海	郭宿元		50	貞享４年90番船
6.03	45	海　南	海　口	黄平官		32	初航　厦門船―海南
6.03	46	福　州	福　州	韓七官		38	貞享４年47番船
6.03	47	福　州	普陀山	王上聡		36	貞享４年46番船 福州―普陀山
6.03	48	福　州	福　州	呉乞娘		68	貞享４年86番船
6.03	49	福　州	福　州	王興官		63	初航
6.03	50	厦　門	厦　門	藍科官		57	貞享４年82番船
6.05	51	福　州	福　州	陳瑞官		62	貞享４年95番船
6.05	52	泉　州	泉　州	曾高士	黄興官	32	初航　福州船―泉州
6.05	53	厦　門	厦　門	蔡書官		42	初航
6.06	54	厦　門	厦　門	翁自遠		29	初航　船主は浙江人 厦門居住
6.06	55	厦　門	厦　門	郭陽官		33	初航
6.06	56	泉　州	泉　州	林京官		31	
6.06	57	厦　門	厦　門	呉友官		33	貞享４年57番船
6.07	58	厦　門	厦　門	張大佐		35	初航　船主は福州人
6.07	59	福　州	福　州	林舜欽		51	貞享４年79番船　閩江河口五虎門出帆

6.07	60	寧　波	寧　波	徐汝諧	林允明	50	初航
6.07	61	福　州	福　州	陳一陞	魏二官	50	貞享 4 年84番船
6.07	62	厦　門	厦　門	黄成官	胡蔭官	55	貞享 4 年99番船
6.07	63	厦　門	厦　門	林三官		54	初航
6.08	64	寧　波	普陀山	陳克士		58	貞享 4 年164番船　元福州船
6.08	65	福　州	福　州	林五官		62	貞享 3 年冬　元厦門船　船員全員厦門人
6.08	66	寧　波	普陀山	游五官		50	初航
6.09	67	寧　波	普陀山	王日輝	楊玉勝	36	初航
6.09	68	寧　波	寧　波	薛鉉官		53	初航
6.09	69	海　南	海　口	方賛官	葉陽官	47	貞享 4 年103番船
6.09	70	寧　波	普陀山	張五官	林鳳官	36	初航
6.09	71	厦　門	厦　門	李誇官		53	初航
6.09	72	厦　門	寧　波	洪聯官		46	貞享 4 年41番船　厦門—寧波
6.09	73	寧　波	普陀山	陳宗官		34	初航　福州—寧波で積荷
6.09	74	南　京	上　海	呉公望	黄徳佩	33	初航
6.09	75	厦　門	厦　門	張淑爺		73	貞享 4 年91番船
6.09	76	厦　門	厦　門	黄尚官		38	貞享 4 年110番船
6.11	77	安　海	安　海	黄却官		60	貞享 4 年92番船　泉州・安海
6.11	78	福　州	福　州	葉一官		36	初航
6.11	79	広　東	広　東	謝春官		88	洋上漂流　筑前漂着
6.12	80	厦　門	三　盤	呉辰官	李爕官	28	貞享 4 年76番船　厦門—普陀山・三盤
6.12	81	厦　門	普陀山	王祐官		24	初航　厦門—普陀山
6.13	82	広　東	掲　陽	欧顕官		37	初航　広東掲陽—福州磁澳—天草

6.13	83	福　州	福　州	黄六官	方三官	42	初航
6.13	84	泉　州	掲　陽	林隄老		34	泉州—掲陽—甑島
6.13	85	広　東	広　州	許二舎		68	貞享４年68番船　広州—薩摩・山川
6.15	86	南　京	上　海	陳虞文	沈微垣	51	貞享４年75番船
6.15	87	潮　州	潮　州	傅金官		68	
6.15	88	広　東	広　東	余通復		61	初航　中国人51人・日本人10人
6.16	89	南　京	上　海	兪震嘉	鍾元長	47	貞享４年123番船
6.16	90	潮　州	潮　州	李太官		78	貞享４年96番船
6.17	91	南　京	上　海	趙雲山		27	貞享４年73番船　小船
6.17	92	福　州	長　楽	陳副官		46	貞享４年81番船
6.18	93	広　東	潮　州	姚桂官		39	初航
6.19	94	広　東	南　澳	李子官		58	初航　潮州・南澳
6.19	95	潮　州	潮　州	杜二官		40	初航
6.19	96	広　東	南　澳	呂宇官		70	貞享４年117番船　潮州・南澳
6.19	97	咬留吧	咬留吧	呂堯官		45	初航　じゃわ国咬留吧
6.19	98	寧　波	寧　波	郭子意	田京膽	42	初航　６/10—６/19
6.19	99	寧　波	寧　波	鄭五官		44	貞享４年27番船　元福州船
6.19	100	福　州	福　州	魏四官	魏七官	34	元福州船　福州—厦門　砂糖—福州
6.19	101	福　州	福　州	黄三官		35	貞享４年88番船
6.19	102	福　州	福　州	朱克熙		38	初航
6.19	103	福　州	福　州	陳　勝		35	初航
6.19	104	福　州	福　州	陳六官		43	貞享４年69番船

6.19	105	厦　門	普陀山	林良官		36	貞享４年31番船　厦門—普陀山
6.19	106	福　州	福　州	呉二官		36	初航
6.20	107	厦　門	厦　門	黄開官		51	初航
6.20	108	福　州	寧　波	李二官		33	初航
6.20	109	普陀山	普陀山	陳日新		38	貞享４年78番船　元福州船
6.21	110	寧　波	普陀山	壬秀芝		59	貞享４年128番船
6.21	111	厦　門	厦　門	陳預官		36	初航　按針：山見損　五島漂着
6.22	112	広　東	南　澳	葉世文	潘春官	51	元福州船　南澳で砂糖荷物
6.22	113	福　州	福　州	郭二官		44	貞享４年54番船
6.23	114	寧　波	普陀山	林日章	黄亨鼎	36	貞享４年６番船　元福州船　寧波で絲類
6.23	115	福　州	福　州	荘四官		35	初航
6.23	116	福　州	福　州	張允官		31	貞享４年18番船
6.23	117	高　州	高　州			53	元寧波船　高州で砂糖
6.23	118	厦　門	厦　門	高文老		30	初航　６/15—６/23
6.24	119	福　州	福　州	江益官		40	貞享４年106番船　６/18—６/24
6.24	120	福　州	福　州	韓三官		41	貞享４年89番船
6.24	121	福　州	福　州	林三官		57	貞享４年100番船
6.24	122	福　州	福　州	許一官		38	初航
6.24	123	南　京	上　海	呉子英	呉子賢	60	貞享４年63番船（日本新造船）
6.24	124	寧　波	普陀山	羅茂甫		44	貞享４年25番船
6.24	125	福　州	福　州	劉以荷		39	初航
6.24	126	福　州	福　州	荘四官		40	初航

6.25	127	寧　波	普陀山	馬仁極	呉日仁	51	初航
6.26	128	福　州	福　州	黄肇旭		43	初航
6.27	129	厦　門	厦　門	李祚官		31	初航
6.28	130	福　州	福　州	黄引舎	林蘭官	87	貞享4年70番船
6.28	131	泉　州	泉　州	陳丑官		28	初航
7.02	132	広　東	十二門	錢一官		33	初航　広東十二門—温州舵損傷
7.07	133	南　京	上　海	邵永泰	陽順魏	49	貞享4年26番船
7.07	134	台　湾	台　湾			35	
7.07	135	普陀山	普陀山	傅七官		43	初航　元福州船　厦門砂糖　普陀山絲反物
7.07	136	南　京	上　海	金爾康	金元起	51	初航
7.08	137	福　州	福　州	鄭九官	呉三官	49	初航
7.08	138	咬留吧	咬留吧	陳肇官	劉添官	61	初航
7.08	139	普陀山	普陀山	金健生	毛僎民	41	初航　毛僎民：医者　船の重實オモミ　寧波と普陀山
7.08	140	広　東	広　東	曾允官		37	初航
7.08	141	泉　州	泉　州	黄爵官		24	初航　黄爵官：20年以前の客
7.08	142	潮　州	潮　州	林　印		47	初航
7.08	143	福　州	福　州	林惟健	鄭八官	49	初航
7.08	144	麻六甲	広　東	黄賢因		15	15年前来航船　麻六甲—広東
7.09	145	寧　波	寧　波	謝君輝	周三畏	66	初航
7.09	146	広　東	広　東	呉尚観		60	貞享3年来航船
7.09	147	広　東	厦　門	曾耀官		62	初航　広東—厦門
7.09	148	厦　門	厦　門	林以寵		46	初航

7.09	149	寧　波	寧　波	薛八官	趙一官	78	貞享４年98番船　元大泥船　積戻船
7.09	150	暹　羅	暹　羅	郭正官	徐佛官	61	初航　暹羅５/24—７/９長崎
7.09	151	広　東	広　東	黄虎官		69	貞享４年101番船
7.09	152	暹　羅	暹　羅	徐譲官	徐乾官	103	貞享４年107番船徐譲官：11年前暹羅船主内４人暹羅人
7.10	153	南　京	上　海	陽自遠	顧瑞章	75	貞享４年33番船
7.11	154	南　京	上　海	陳令威	姚得一	37	貞享４年62番船
7.11	155	寧　波	寧　波	陳利章		69	貞享４年133番船　元福州船
7.12	156	広　東	広　東	周隆官		25	初航　難破　長門漂着
7.12	157	福　州	福　州	鄭子偕	郭善超	48	初航
7.13	158	厦　門	厦　門	羅萬官	羅好官	59	初航　厦門—咬留吧—厦門
7.14	159	台　湾	台　湾	陳使官		33	初航　鹿皮・砂糖少ない
7.14	160	漳　州	漳　州	黄奇舎		42	初航
7.14	161	海　南	台　湾			32	海口—台湾・鹿皮砂糖
7.14	162	咬留吧	厦　門	陳三官	鄭五官	65	初航　厦門寄港＝水薪野菜積込み
7.15	163	咬留吧	咬留吧	林賛官		38	初航
7.15	164	広　東	広　東	周長官		41	初航
7.16	165	台　湾	台　湾	羅三官		61	初航
7.17	166	寧　波	寧　波	高三舎		34	初航
7.17	167	沙　埕	沙　埕	林振生	陳允大	55	初航
7.20	168	沙　埕	沙　埕	陳大允	林惟盛	53	初航

7.28	169	南　京	上　海	沈叔臣	翁子登	58	初航
7.29	170	麻六甲	広　東	王順官		25	貞享４年104番船　麻六甲—広東—五島漂着
7.29	171	南　京	上　海	馬明如		67	貞享４年34番船
7.29	172	寧　波	普陀山	曾輝山		41	初航
8.01	173	寧　波	寧　波	呉琳官	李君益	60	初航
8.01	174	福　州	普陀山	許敏娘	張徳舎	49	初航　福州—普陀山
8.02	175	南　京	上　海	徐俊生	張彩臣	82	貞享４年19番船
8.02	176	潮　州	南　窰	林砥卿		27	初航　小船　浙江南窰に避難
8.03	177	厦　門	沙　埕	林發官	高桂老	50	初航　沙埕へ避難
8.05	178	厦　門	厦　門	呂華観		49	初航
8.05	179	南　京	上　海	劉上卿	周羽仁	65	貞享４年11番船
8.05	180	厦　門	厦　門	周寶官	黄敬官	64	初航
8.06	181	南　京	上　海	張虎臣	羅端伯	52	貞享４年32番船
8.06	182	厦　門	厦　門	蔡徳官		81	
8.08	183	寧　波	寧　波	江永漢		39	貞享４年127番船
8.13	184	厦　門	厦　門	王石官		72	初航　厦門—じゃがたら—厦門
8.13	185	広　南	広　南			95	元厦門船　以前いまり焼購入
8.19	186	広　南	広　南	曾四使	劉大舎	51	貞享４年89番船　元福州船
8.22	187	台　湾	台　湾	許安官		58	初航
9.11	188	広　東	広　州	李才官		62	初航
9.15	189	安　南	安　南	史良舎		77	初航
9.22	190	寧　波	寧　波	呉公盛		34	初航
9.25	191	広　南	広　南	周端卿	許成龍	52	貞享３年26番船　元寧波船

10.05	192	寧　波	寧　波	凌悦盛	沈六書	46	貞享４年12番船
10.19	193	広　南	広　南	陳鴻官	韓挺政	73	元厦門船　薩摩漂着
10.05	194	南　京	上　海			101	上海—山東—薩摩漂着
	194隻					9291人	

注：『華夷変態』上冊・中冊により作成した。

表７　寛文６年(1666)～元禄14年(1701)唐船関係犯罪一覧表

西暦	年号	番　立	船　主　他	人　名	罪　名	冊-頁
1666	寛文 6	23番東寧船	船頭	黄会官	石火矢出火	01-001
1666	寛文 6	23番東寧船	役者	てつかう	石火矢出火	01-001
1666	寛文 6	23番東寧船	役者	つんくはん	石火矢出火	01-001
1666	寛文 6	23番東寧船	役者	つんあんきや	石火矢出火	01-001
1666	寛文 6	23番東寧船	役者	ういふう	石火矢出火	01-001
1670	寛文10		松平丹後守領分	前島次郎兵衛	唐船荷物代金不払い	01-015
1670	寛文10		松平丹後守領分	鶴田仁左衛門	唐船荷物代金不払い	01-016
1670	寛文10		長崎後善町	持山五兵衛	前島・鶴田宿泊	01-016
1670	寛文10		長崎上町	平木庄次郎	前島請人	01-016
1670	寛文10		長崎後善町	野崎七郎兵衛	前島に連座	01-016
1675	延宝 3		長崎後善町	平野又三郎	唐船荷物代金不払い	01-023
1675	延宝 3		京都	鱗形屋市郎兵衛	唐船荷物代金不払い	01-023
1680	延宝 8		浦五島町	吉蔵	唐船端物盗	01-036
1680	延宝 8	04番東寧船	船頭	陳檀官	吉蔵関係船	01-036
1680	延宝 8	04番東寧船	漕者	蔡連	渡海禁止　吉蔵手引き	01-036
1680	延宝 8	04番東寧船	漕者	環仔	渡海禁止　吉蔵手引き	01-036
1680	延宝 8		八百屋町	伝助	唐人宿主より賄銀搾取	01-038
1680	延宝 8	25番東寧船			伝助関係船	01-038
1681	延宝 9		榎津町	善右衛門	唐人と密談	01-041
1681	延宝 9	09番東寧船	客唐人	王員官	善右衛門関係船	01-041
1685	貞享 2		酒屋町	油屋市兵衛	唐船端物窃盗	
1685	貞享 2	41番厦門船	役者こくしや五人		油屋市兵衛関係船	01-050
1685	貞享 2	23番船	役者一人		油屋市兵衛関係船	01-050

1685	貞享 2		榎津町	鳥子屋八兵衛	唐船端物盗隠匿	01-051
1685	貞享 2		東古川町	広瀬甚右衛門ら２名	唐船荷物代金不払い	01-051
1686	貞享 3		西中町	頴川三郎兵衛ら４名	白糸等密談購入	01-051
1686	貞享 3	15番普陀山船	客唐人	周四官	白糸等密談売買	01-052
1686	貞享 3		東浜町	惣右衛門	唐船荷役人参	01-053
1687	貞享 4		長崎西中町	持山金左衛門ら10名	異国人と密談抜荷	01-055
1687	貞享 4		大村・三重村	万吉ら30名	異国人と密談抜荷	01-057
1687	貞享 4	49番福州船		陳咬	万吉関係船	01-057
1687	貞享 4		長崎万屋町	陽伝八	唐人へ昆布他密売	01-059
1688	元禄元		長崎新興善町	八百屋次郎左衛門	唐人へ銅密売	01-060
1688	元禄元	卯48番台湾船		唐人17人	八百屋次郎左衛門関係船	01-060
1688	元禄元		長崎桶屋町	伊兵衛	唐船荷役中の不信行為	01-061
1688	元禄元	85番広東船			伊兵衛関係船	01-061
1688	元禄元		長崎本下町	八之丞	唐船への不信行為	01-061
1688	元禄元		長崎袋町	八郎右衛門	唐船への不信行為	01-061
1688	元禄元	140番積戻船		林普	八郎右衛門関係船	01-061
1688	元禄元		長崎西古川町	藤右衛門ら19名	唐船荷物抜き取り	01-061
1688	元禄元	15番南京船			藤右衛門ら19名の関係船	01-062
1688	元禄元	37番南京船			藤右衛門ら19名の関係船	01-062
1689	元禄 2		長崎後興善町	源助ら25名	抜荷	01-063
1689	元禄 2		長崎出来大工町	山浦次郎左衛門ら３名	唐船帰帆の際の掟違反	01-065
1689	元禄 2		大黒町	長右衛門	唐船荷役人参窃盗	01-066
1689	元禄 2		八幡町	伊左衛門	唐船荷役とたん窃盗	01-066
1691	元禄 4		長崎嶋原町	大坂屋忠右衛門	抜荷	01-067
1691	元禄 4		堺　海部屋手代	海部屋徳右衛門ら12名	抜荷	01-067
1691	元禄 4		榎津町	河内三左衛門	帰帆唐船へ不信行為	01-068
1691	元禄 4		長崎本興町	長兵衛ら２名	抜荷とたん・薬種	01-069
1691	元禄 4	62番広東船			長兵衛ら２名ら関係船	01-069
1691	元禄 4		筑後柳川	久右衛門ら25名	唐船抜荷	01-070
1692	元禄 5		長崎本籠町	加左衛門ら11名	唐船への不信行為	01-073
1692	元禄 5	14番南京船			加左衛門ら11名の関係船	01-074
1695	元禄 8		長崎本下町	金右衛門	唐船荷役不正行為	01-081

1696	元禄 9		小倉・無宿	甚七ら4名	唐船貨物窃盗	01-081
1696	元禄 9	2番台州船			甚七ら4名ら関係船	01-081
1697	元禄10		長崎西上町	徳左衛門	唐船貨物綸子窃盗	01-082
1697	元禄10	30番山東船			徳左衛門関係船	01-082
1698	元禄11		唐人屋敷番人	吉浦宅助ら15名	唐船貨物窃盗	01-083
1698	元禄11	9番船			吉浦宅助ら15名関係船	01-084
1700	元禄13		長崎本籠町	善助(平戸)ら3名	唐船手廻道具窃盗	01-090
1700	元禄13	44番船			善助(平戸)ら2名関係船	01-090
1701	元禄14		西築町	清三郎ら12名	唐船荷物窃盗	01-092
1701	元禄14	辰43番船			清三郎ら12名関係船	01-092
1701	元禄14	14番南京船			清三郎ら12名関係船	01-092
1701	元禄14	14番南京船	船頭	陳一官	清三郎ら関係唐人	01-093
1701	元禄14	14番南京船	財副	梁而章	清三郎ら関係唐人	01-093
1701	元禄14	14番南京船	惣代	王四哥	清三郎ら関係唐人	01-093
1701	元禄14	14番南京船	客	王曽臣	清三郎ら関係唐人	01-093
1701	元禄14	14番南京船	客	楊君卿	清三郎ら関係唐人	01-093

注：『犯科帳　長崎奉行所判決記録』(森永種夫編集兼発行、1958年5月)に基づき作成した。

第三章　清代展海令以降の長崎来航台湾船について

一　緒　言

江戸時代の日本は「鎖国」体制をとったため、長崎に来航する中国船による交易が正式な中国との通商関係を維持する方法であった。江戸時代前半に長崎に来航した中国船は台湾を拠点にする鄭氏勢力と大陸の清朝治下の船舶が大勢を占めていた。

石原道博氏や朱徳蘭女史によって鄭芝龍時代や台湾鄭氏時代の日本貿易に関しては研究(1)が蓄積され、台湾鄭氏の抗清活動における経済的基盤の一助として日本貿易が行われてきたことはよく知られているところである。しかし、鄭氏政権が崩壊し、台湾における清朝支配が確立した康熙二三年（一六八四年）以降に長崎に来航した台湾船がどのような形態で日本貿易を行っていたかに関しては十分検討されていない(2)。

林満紅女史の『台湾海峡　両岸経済交流史』においても、清統治初期（一六八三—一八六〇）における台湾の唯一の貿易相手は大陸とされ(3)、この時期の台湾船の日本貿易に関しては触れられていない。

そこで展海令以降の台湾の動向や、台湾船による日本貿易の状況を江戸幕府が収集した中国船からの情報である『華夷変態』を中心に述べてみたい。

二　展海令以前の長崎来航の台湾船

長崎に来航した中国船より収集した「風説書」をまとめた『華夷変態』に見える、台湾から出航したとされる台湾船を表示すると表1のようになる。

延宝二年（康熙一三＝一六七四）六月一四日に来航した八番・九番東寧船が、

東寧より日本渡海之商船、当年は四艘程参可申候。(4)

と、鄭経治下の台湾から四艘ほどの貿易船が長崎に来航することを報告している。

同四年（康熙一五＝一六七六）七月一二日に長崎に入港した一〇番思明州船・一一番東寧船・一二番東寧船は共同して、

東寧并思明州船錦舎仕出しは六艘程御座候、手下之者共之仕出は四艘程可有御座候、今年も絲物・端物別而すくなく御座候、其子細は福建之汀州府、此度新規に錦舎手に罷成候に付、浙江之絲之類出申候所より、右之汀州府江兼而しのび出し、福州・泉州江もかよひ出し申候處に、汀州府騒動に付、往来之商人通路難成候により、荷物之かよひ無御座候故、東寧船并思明州船にも絲類すくなく御座候、浙江さへ明朝に罷成申候ば、絲類自由に可為御座候。(5)

と報告しているように、台湾鄭経配下の貿易船が六隻ほど長崎に来航する予定であった。

長崎で需要の高い糸類や反物類は少なかった。その原因は清朝の施行した遷界令のためで、沿海部では生糸や絹織物類の入手は困難であった。そこで鄭経側は福建の内陸部の汀州府を拠点にして浙江産の生糸類を入手しようとしていた。日本貿易の重要な貿易品である生糸類については、台湾側が浙江産のものを重視していたことが

表１　長崎来航台湾船一覧表

西暦	中暦	日暦	船　　名
1674	康熙13年	延宝２年	8番東寧船　9番東寧船
1675	康熙14年	延宝３年	3番東寧船　21番思明州船
1676	康熙15年	延宝４年	10番思明州船　11番東寧船　12番東寧船
1677	康熙16年	延宝５年	3番思明州船　6番思明州船　11番思明州船
1678	康熙17年	延宝６年	4番東寧船　10番思明州船　11番東寧船
1679	康熙18年	延宝７年	2番思明州船　3番思明州船　4番東寧船　11番思明州船　16番思明州船
1680	康熙19年	延宝８年	3番東寧船
1681	康熙20年	天和元年	1番東寧船　6番東寧船　7番東寧船
1682	康熙21年	天和２年	13番東寧船　16番東寧船　17番東寧船　18番東寧船　23番東寧船　24番東寧船　26番東寧船
1683	康熙22年	天和３年	4番東寧船　8番東寧船　9番東寧船　10番東寧船　12番東寧船　14番東寧船　18番東寧船　20番東寧船　21番東寧船　25番東寧船
1687	康熙26年	貞享４年	30番台湾船　48番台湾船
1688	康熙27年	貞享５年	134番台湾船　159番台湾船　165番台湾船　187番台湾船
1689	康熙28年	元禄２年	39番台湾船　43番台湾船　56番台湾船
1690	康熙29年	元禄３年	43番台湾船　56番台湾船
1691	康熙30年	元禄４年	52番台湾船　67番台湾船
1692	康熙31年	元禄５年	26番台湾船
1693	康熙32年	元禄６年	32番台湾船　33番台湾船　53番台湾船
1694	康熙33年	元禄７年	31番台湾船　33番台湾船
1695	康熙34年	元禄８年	22番台湾船
1696	康熙35年	元禄９年	21番台湾船　22番台湾船　33番台湾船
1697	康熙36年	元禄10年	48番台湾船　52番台湾船　60番台湾船
1698	康熙37年	元禄11年	31番台湾船　52番台湾船
1699	康熙38年	元禄12年	29番台湾船　30番台湾船　33番台湾船
1700	康熙39年	元禄13年	20番台湾船　22番台湾船　23番台湾船　24番台湾船　53番台湾船
1701	康熙40年	元禄14年	26番台湾船　27番台湾船　44番台湾船
1702	康熙41年	元禄15年	37番台湾船　38番台湾船　45番台湾船　48番台湾船
1703	康熙42年	元禄16年	47番台湾船　49番台湾船　50番台湾船　51番台湾船　52番台湾船　53番台湾船　56番台湾船　60番台湾船　61番台湾船　62番台湾船　64番台湾船　75番台湾船

1704	康熙43年	宝永元年	33番台湾船　36番台湾船　37番台湾船　38番台湾船　39番台湾船　40番台湾船　42番台湾船　45番台湾船　46番台湾船　48番台湾船　49番台湾船　54番台湾船　59番台湾船　82番台湾船
1706	康熙45年	宝永３年	２番台湾船　39番台湾船　42番台湾船　43番台湾船　44番台湾船　47番台湾船　48番台湾船　49番台湾船　53番台湾船　91番台湾船　92番台湾船
1707	康熙46年	宝永４年	39番台湾船　70番台湾船　71番台湾船　81番台湾船
1708	康熙47年	宝永５年	53番台湾船　54番台湾船　60番台湾船　60番台湾船　65番台湾船　66番台湾船　75番台湾船　76番台湾船　80番台湾船
1709	康熙48年	宝永６年	51番台湾船
1710	康熙49年	宝永７年	38番台湾船
1711	康熙50年	正徳元年	２番台湾船　21番台湾船　27番台湾船　31番台湾船　39番台湾船　40番台湾船　41番台湾船　43番台湾船
1713	康熙52年	正徳３年	２番台湾船　11番台湾船　33番台湾船
1715	康熙54年	正徳５年	５番台湾船
1716	康熙55年	享保元年	２番台湾船
1717	康熙56年	享保２年	37番台湾船　38番台湾船
1718	康熙57年	享保３年	22番台湾船　34番台湾船
1719	康熙58年	享保４年	32番台湾船
1721	康熙60年	享保６年	23番台湾船　26番台湾船　36番台湾船
1722	康熙61年	享保７年	10番台湾船　36番台湾船
1723	雍正元年	享保８年	８番台湾船　24番台湾船

知られる。

延宝七年（康熙一八＝一六七九）七月二七日に長崎に入港した一六番思明州船の積荷はどこから入手したのであろうか。

> 私共船之儀は、思明州船に而、此間廣東江罷越荷物買積申候而、廣東よりは六月二十二日に、廣東を出船仕、思明州江寄せ申候而、則思明州よりは思明州・東寧船共に、当月十七日同日に私船共に七艘出船仕申候、追々入津仕可申候。(6)

とあるように、一六番思明州船の場合、福建の厦門付近では積荷を調達できず広東まで赴いていたことが分かる。その後二九日に長崎に入港した中国船の二〇番東埔寨船も、私船之儀は錦舎手下物頭左武衛と申者之船に而、則船頭叔父に而御座候、錦舎より船仕出し之儀ゆるし被申、去々年思明州より当地（東埔寨）へ罷渡り。(7)

とあるように、実は鄭経配下の貿易船であるが、日本への積荷を求めて遠く東南アジアまで進出していたため、長崎では柬埔寨船として記録されている。

天和元年（康熙二〇＝一六八一）の一番東寧船の場合は、

私船之儀、於廣東にあら物・絲物調、四月十九日に東寧江帰帆之覚悟仕、東寧に而砂糖・皮之類貨物を積、長崎江渡海之筈に而御座候。(8)

とあるように、広東において日本で需要度の高い絹織物などを積載し、台湾に寄港して砂糖や皮製品をも積み載せての航海であった。

天和三年（康熙二二＝一六八三）六月八日に入港した八番東寧船は、

私船之儀者、暹羅より四月十八日出船仕、少々米を積候而、五月二十一日に東寧江着船仕、米などおろし、少々砂糖に積替、閏五月二十八日に東寧より致出船、今日入津仕申候。(9)

とあり、暹羅即ち現在のタイ国まで赴き、米穀を積載して台湾に寄港し、台湾で米穀を下ろしたとあるが、台湾において米穀が不足していたことを示すものであろう。タイで台湾向けに米を調達したことは六月一五日に長崎に来航した九番東寧船も報告している。(10)　天和三年（康熙二二＝一六八三）の八月一一日に長崎に入港した二五番東寧船は、

私船之儀、最早末之船に而御座候、私船之跡には可参船無御座候。(11)

とあり、台湾鄭氏系最後の貿易船の長崎入港であった。

その後、しばらくは台湾から長崎への貿易船が途絶した。

三　展海令以降の長崎来航台湾船

展海令以降に長崎に来航した中国船で台湾経由の最初の貿易船は、貞享四年（康熙二六＝一六八七）三月八日に入港した三〇番台湾船であった。

台湾と申嶋地は、元東寧と申たる所にて御座候、國姓森官、錦舎、秦舎、三代之内は、東寧と申候。台湾と申候者、古来より申伝候名にて、大清の領地に罷成、秦舎降参之後、元の台湾と申候。只今は則大清より文官は蔣毓英と申者、総鎮守にて罷有候。(12)

とあるように、台湾が鄭氏三代の支配に替って清朝の支配下に入ったことを明確に報告している。この船は本来は福建省の泉州から出帆した船であったが、前年に積み戻しとなって泉州には戻らず台湾に入港して、前年の荷物をそのまま積み込んで台湾から出航して長崎に来航したのであった。(13)

展海令以降、台湾発の船で初めて長崎に入港したのは、同年四月一三日の四八番台湾船である。

私共船仕出し申候所は、台湾と申候。…往来の船船は、皆厦門より台湾土産の皮、砂糖買申ために、小船不絶参申候より外、他の異国船壱艘も参不申候、殊に台湾と申所、元より海浅く御座候故、大船の往来成兼申所にて御座候内にも、近年彌浅く罷成申候て、漸漁船など河内へ往来仕候、私共今度乗渡り申候様成船も、外海へ懸け置、小船にて荷物の通ひ仕儀に御座候。今度は私も船も始て御当地へ罷渡り申候。於彼地に唐人数三十三人乗り組申候。(14)

とあるように、この台湾船は出航の状況を具体的に述べている。浅瀬が多いため沖合に船を停泊させて、陸地とは小舟で往来して積荷を積載していたことなど詳細な内容である。

貞享五年（元禄元、康熙二七＝一六八八）七月七日に入港した一三四番台湾船の報告によれば、清朝支配以降の台湾事情が知られる。

台湾の儀、前廉は殊の外繁昌仕、住居の唐人数萬人有之候所に、大清一統已来、住居の唐人共年々に泉州・漳州・厦門などへ引取申により、只今は唐人は漸数千人居申躰に御座候、依夫砂糖并鹿皮なども十分一も無之候故、台湾仕出しの船少く御座候。(15)

とあるように、鄭氏支配に替って清朝支配が実施されたが、民衆の多くは対岸の福建省に移住し人口が減少していた状況が知られる。このため砂糖業や鹿を狩猟し鹿皮を製造する人々が少なくなり、対外輸出用の産品が減少していたのであった。

ところが翌元禄二年（康熙二八＝一六八九）五月二七日に来航した三九番台湾船は、

台湾の儀は、已前に少も相替儀無御座、国土も静謐に御座候て、賊船などの出入も只今は曾て無御座候、則従大清諸官職被備置、守りの兵卒も壹萬程有之儀に御座候、人民は只今とても四五萬住居仕罷在候、鹿皮・砂糖の類、前廉同前に土産に出申候、米穀も已前の通、無滞出来申候故、人民の渡世心安く御座候。(16)

とあり、この報告通りであれば、一年程の間に台湾の生産量が回復したことになる。兵士が一万、民衆の人口が四万ないし五万であったと見られていた。

元禄三年（康熙二九＝一六九〇）五月九日に来航した四三番台湾船は、

台湾の儀は海中に有之嶋國にて、泉州・漳州・厦門などよりも海路七、八十里程御座候。商船の往来は泉州・漳州・厦門よりの商人共罷渡る迄にて御座候。所々土産の物とては、鹿皮・氷白砂糖、并すわう等の物迄にて御座候えば、余國より商船参申候ても、買可申物余には無御座候、依夫私共船にも積渡り申候荷物、大分鹿皮・砂糖・すわう類にて、糸端物の荷物は無御座候。(17)

と報告し、台湾産品として鹿皮や砂糖製品などは産出するが、日本で需要が高い生糸や絹織物などの産物が無い状況を明確に述べている。

同年五月二四日に入港した五六番台湾船は、

守護の軍士も数万有之、人民共には十萬余も致住居申候、所の土産とては糸端物曾て無御座、只鹿皮・白黒氷砂糖迄の儀に御座候へば、奥方の國々より商売船も参不申候。(18)

と、台湾では守備兵が数万、住民が一〇万以上とされ、鹿皮や砂糖製品のみで他地域からの商船来航も少ないとしている。元禄五年（康熙三一＝一六九二）四月二九日に入港した二六番台湾船は、

台湾の儀も、只今は連々内地より移り申候人民多御座候て、今程は別て繁昌の地に罷成申候、守りの兵卒も六千の人数、常々守護仕罷在候。山中には鹿皮取出し申候野人共、先規より住居仕罷在、台湾と商売仕申事に御座候、唐人と往来の野人は、近い山中の野人にて御座候、奥山の野人は台湾とも往来無御座候。(19)

と述べ、台湾の人口が漸次増加傾向にあったことを指摘している。そして先住民である「野人」との関係を初めて報告している。

ここで触れられている人種は三種である。「野人」には二種あった。即ち「近い山中の野人」と「奥山の野人」の二種である。そしてこれらの「野人」と接触する「台湾」人である。「台湾」人とは大陸から移住してきた漢人であり、「近い山中の野人」とは平埔族で(20)「奥山の野人」とは高山族であったことは明白であろう。(21)

元禄六年（康熙三二＝一六九三）の五月六日と八日に入港した三一番台湾船と三三番台湾船は、

二十六番台湾船に漂流の異国野人二人乗せ帰国仕候、其船去十二月二十四日に台湾へ致着船、即刻二人の野人、台湾の縣官張琓と申候官役へ船頭陳諧官召連、事の子細を申達相渡申候所に、縣官無異儀請取被申。[22]

とあるように、日本に漂着した台湾の「野人」を元禄五年の二六番台湾船が帰帆にさいして搭乗させたことを報告している。

この送還に関しては、『長崎実録大成』巻一二「薩摩ヨリ異國人送来事」にも見える。

元禄五壬辰年六月十七日薩摩ヨリ、漂着ノ異國人二人送来ル。諸通事共ニ言語通セス。唐人共ノ内台湾深山ノ者歟、又ハ雞籠邊ノ漁人ナルヘシト云リ。同年八月帰帆ノ唐船二人ノ者連帰ルヘシト、粮米五十俵與ヘラレ、此者本所ニ送届證文可取来旨仰付ラレ、翌年台湾正堂官張氏ヨリ右ノ者請取シ由ノ證文持来ル。[23]

とあり、台湾の漂流民が自国に送還されたとしている。そして台湾の役人より帰国した人を受け取った旨の書状が届いたとある。

また、元禄六年（康熙三二＝一六九三）七月四日に入港した五三番台湾船が、彼らの帰国の事情を詳細に報告している。彼らは淡水庁から陸路一〇日ほどの内陸部にある「蛤仔難　唐音カツヤアラン」という地の人々であることが判明し、台湾の役人から礼状としての証文や手形一通を持参してきたことを報告しているから、[24]『長崎実録大成』の記述と一致する。

ところで元禄六年の三二番台湾船が報告した「台湾の縣官張琓」であるが、康熙『台湾府志』巻三、秩官、諸羅県知県の項目に、「張玶」の名が見え、[25]康熙二九年に就任し同三四年までその地位にあり、部首が同じで「イン」と読んだようであるから「琓」と「玶」の違いはあるものの、長崎で報告された「台湾の縣官張琓」とは諸羅県知県の張玶のことであったと思われる。

また「蛤仔難　唐音カツヤアラン」であるが、乾隆『重修台湾府志』巻首図、淡水庁図によれば今日の基隆の古名と思われる大鶏籠山附近に「蛤仔難山」や「蛤仔難港」(26)の地名が見え、同書巻二、封域に「蛤子難山　在庁治東北五百里」(27)とあり、淡水庁から陸路東北方角に五〇〇里、約二五〇キロの地であったことから、元禄六年の三二番台湾船や五三番台湾船が事実を報告していたことは明白であろう。

元禄一〇年（康熙三六＝一六九七）に来航した四八番・五二番・六〇番の台湾船のいずれもが台湾産砂糖の豊富な生産を報告している。(28)

同一五年（康熙四一＝一七〇二）五月二三日に来航した三七番台湾船・三八番台湾船と、その後に入港した四五番台湾船・四八番台湾船がともに康熙四〇年一二月に福建出身の劉却が台湾の山間部で挙兵したが翌四一年の四月に鎮圧されたことを伝えている。(29)

三七番台湾船の場合は、

台湾奥山に、福建の劉却と申者数年住居仕罷在候、此者去冬十二月に企徒党、台湾を奪可申と仕候由及露顕候。依之台湾総兵の官より兵卒を差出し、當四月に右の徒党の頭人劉却、其外餘類共迄、皆々召捕致誅伐候に付、今程は彼地静謐に罷成、諸人も安堵仕候。(30)

と述べているが、この事実はどうであったのか。乾隆『台湾府志』巻一九、雑記によれば、

[康熙]四十年冬十二月、諸羅劉却作乱伏誅。(31)

とあり、その割注に、

[劉]却為管事、以拳棒自負、日與無頼・悪少往来、……臘月七日、揚旗撃鼓、毀下加冬営。散其兵、乗夜抵茅港尾、掠市中貨、乱民及諸番、乗機四出、劫掠破家者甚衆。……越五日、官兵大集、戦於急水、却大潰、

賊被殺者甚衆、生檎其党陳華・何正等、却走匿山藪、常昼伏夜出。四十二年二月、檎獲於竿港之秀水荘、師還、斬却於市、并其長子杖殺之。妻妾皆発配。[32]

とある。劉却は管事であったが、無頼等と関係を持って康熙四〇年（一七〇一）一二月七日に挙兵したものの、官軍の前に鎮圧され彼は捕らえられ棄市され、息子は杖殺され、妻等は配流されている。

ここでは康熙四二年（一七〇三）の二月に鎮圧されたとあるが、上記の台湾船の報告から同四一年（一七〇二）の二月のことと思われる。この『台湾府志』の記事からも康熙四〇年（一七〇一）の一二月に劉却の乱が発生し、同四一年（一七〇二）二月に鎮圧されたことは紛れもない事実であった。

元禄一六年（康熙四二＝一七〇三）五月一三日に入港した五〇番台湾船は途中で普陀山へ寄港してきたため、康熙帝が南京浙江方面に南巡[33]したことを伝えている。[34]

宝永元年（康熙四三＝一七〇四）に来航した台湾船は三三番・三六番・三七番・三八番、三九番・四〇番・四二番・四五番・四八番・四九番・五四番・五九番・八二番船と一三艘を数える、このうち台湾から直接長崎に来航したのは三三番・三六番・三八番・四二番・八二番船の五艘のみである。[35] それに対して、四八番船は寧波に寄港して長崎に来航している。[36] 四五番・四九番・五四番船は上海に寄港して長崎に来航した。[37] 四六番船は福州に寄港し[38]、三九番・四〇番・五九番船は舟山・普陀山に寄港して長崎に来航している。[39]

寧波や上海・福州・普陀山等の地に寄港した主な理由が積荷を確保するためであったことは、宝永元年七月一一日に長崎に入港した四五番台湾船の場合から知られる。

私共船の儀は、元南京の内上海より仕出し、當春台湾へ罷渡、彼地出産の砂糖類の荷物相調、唐人数四十二人乗組候て、當五月十三日台湾出船仕、同二十八日に上海へ乗り戻り、糸端物等の荷物積添、六月朔日上海

乗出し申し候處、（下略）(40)

とあるように、日本向けの主要貿易品として台湾産の砂糖類、大陸産の生糸・絹織物関係の製品を積載し長崎に来航している。

宝永三年（康熙四五＝一七〇六）の場合も二番・三九番・四二番・四三番・四四番・四七番・四八番・四九番・五三番・九一番・九二番船の一一艘の台湾船が長崎に入港したが、台湾から直接に来航したのは四二番・四三番・九一番・九二番船の四艘だけである。他は福州や上海・普陀山等に寄港している。

宝永三年三月一日に来航した二番船の場合は、同二年に台湾を出航して同年八月に来航して八一番船となったが、積み戻しを命ぜられ舟山に帰帆し、翌年再度長崎に入港した船である。(41)

宝永三年五月一六日に長崎に入港した四四番台湾船の場合は、三月一五日に台湾を出航し二九日に上海へ寄港して「端物等積添」を行い、五月九日に上海を出航して一六日に到着しているように、(42)積荷の積載量等を考慮して大陸の諸港に寄港していたのである。

享保二年（康熙五六＝一七一七）の二七番台湾船の場合は同年四月六日に長崎より帰帆し、上海へ入港して、「彼地にて台湾出産の荷物買調」とあるように同地で台湾産品を調達し、一〇月一二日に上海を出航し、途中海難に遭遇したものの一一月八日に長崎に入港した。この船の船主らは「本船頭葉晃章儀は、去年壹番船より筆者役仕参申候、……脇船頭戴尚賓事も、右同船より船頭仕罷渡り申候、……乗渡りの船は、初て渡海仕候」(43)とあるように、享保元年即ち正徳六年の一番船に乗船していた。

『唐船進港回棹録』によれば、正徳六年（享保元、康熙五五＝一七一六）に、

一番　台湾　呉有光牌　戴尚賓　本年七月十六日帯申牌進港

　　　丁酉四月初六日領酉牌回棹(44)

とあり、戴尚賓の名が見え、享保元年七月一六日に入港した一番台湾船は翌享保二年丁酉四月六日に長崎から帰帆しているから、同年の三七番台湾船はもと享保元年の一番台湾船の関係者であったことは明らかである。享保二年の長崎来航は台湾船でありながら船自体も上海で調達して、台湾に帰帆せずに上海で台湾産の積荷を積載し、長崎に来航するという二倍近い航海距離を短縮する迅速な航海を行っている。

享保三年（康熙五七＝一七一八）七月一七日に長崎に入港した二二番台湾船は、享保元年の二番台湾船で同二年四月七日に長崎から帰帆し、一五日に上海へ寄港して日本からの積荷を売却した。そして七月頃に厦門へ戻り、その後台湾に帰港した。ついで台湾産品を積載して厦門に寄港し、一〇月一二日に厦門を出帆したが海難に遭遇し福州に避難して船体を修復した。そして一一月五日に福州を出航して長崎に向かう途上で再び海難に遭遇し厦門に避難し船体を再度修復したが、修復費として積荷を売却したため、積荷調達のため再度台湾へ戻った。享保三年五月一八日に台湾を出航して六月二三日に厦門へ寄港し、七月五日に同地を出港して七月一七日に長崎に入港するという航海を行っている(45)。

享保六年になると、朱一貴の乱の情報が長崎にもたらされる。『聖祖実録』巻二九三、康熙六〇年（享保六＝一七二一）六月三日の条に、福建浙江総督覚羅満保の奏が見え「五月初六日、台湾姦民朱一貴等聚衆倡乱」とあるように五月六日に蜂起した。

この反乱を最初に伝えたのは享保六年六月二五日に長崎に入港した一七番寧波船で、「台湾表兵乱の消息(46)」と簡単に伝えた。六月二八日入港の一八番南京船も同様な内容を伝えており、七月一日入港の一九番南京船が、

福建の内台湾において、大明洪武帝の末裔の由にて朱一貴と申人、明世に復し申度志にて謀叛を企、大明中

興朱一貴と串旗を上げ、二千餘騎程にて打て出、数日合戦に及び、台湾の総兵欧氏、安平鎮の副将許氏二人を、終に朱一貴へ打取、四月末に敗陣仕候由承申候。(47)

と述べている。続いて長崎に入港した七月九日の二〇番寧波船、一六日の二一番寧波船、一九日の二二番寧波船も同様であり、そして二四日の二三番台湾船が詳細な報告をしている。

展海令以降において長崎へ来航した台湾船の日本への貿易品に関する詳細な積荷目録は『唐蛮貨物帳』にみえる正徳元年（康熙五〇＝一七一一）の二番・二一番・二七番・三一番・三九番・四番・四一番・四三番船及び正徳三年の三三番船(48)である。これら全ての船の風説書が残されていないので明確ではないが、事例として二番台湾船の場合を見てみたい。

正徳元年の二番台湾船は、福州を出帆して台湾に渡り、同地の出産物を積載して乗員三三名で途中寄港することなく五月一五日に入港している。(49)この船の積荷は『唐蛮貨物帳』によると表2のようであった。

この積荷目録からも明らかなように、日本への輸出品の九割以上の比重を占めていたのが台湾産の砂糖製品であった。同様に正徳元年六月九日に入港した二七番台湾船、六月一六日に入港した三一番台湾船の場合はさらに典型的である（表3・4）。

二七番船の積荷はほとんどが砂糖製品であった。三一番船の場合は生糸製品が全くなく、白砂糖と鹿皮という台湾産品のみで占められていた。

二番船や二七番船は大陸から若干量の生糸や絹織物などの高級繊維製品を積載して台湾に渡り、砂糖製品を購入して日本に来航してきた典型的な貿易船である。三一番船は風説書がないので明らかではないが、おそらく台湾から長崎への直行船であったことは想像に難くない。

表2　正徳元年2番台湾船　長崎入港積荷目録(50)

船主　林朝月　乗員33名					
大飛綾さや	90反	中飛綾さや	432反	並さや	126反
小巻りんず	20反	めんちり	4反	氷砂糖	5,000斤
白砂糖	78,000斤	黒砂糖	64,500斤	山馬鹿皮	100枚
中撰鹿皮	100枚	児鹿皮	8枚		

表3　正徳元年27番台湾船　長崎入港積荷目録(51)

船主　蔡惟成・林栄官　乗員38名					
中飛綾さや	306反	色さや	12反	小人参	21斤
白砂糖	150,000斤	氷砂糖	600斤	黒砂糖	43,000斤

表4　正徳元年31番台湾船　長崎入港積荷目録(52)

船主　陳房官　乗員43名					
白砂糖	203,680斤	山馬鹿皮	914枚	大撰鹿皮	110枚
中撰鹿皮	500枚	こびと鹿皮	168枚	桔　梗	420斤
べっこう櫛形	293				

四　小　結

上述のように展海令以降に長崎に来航した台湾船の実態を分析した。

清朝の台湾統治以降は、林満紅女史が指摘されたように台湾の貿易相手は大陸が唯一という状況であり、事実活発な関係が展開していた(53)。ところが清朝の台湾統治初期においては、大陸側の商人を中心とはするものの、日本との貿易関係が三六年間一〇〇余艘ほどによって継続されていたのである。

これらの対日貿易船は遷界令時代のように、大陸産品の入手に制約があった時代と異なり、自由に大陸の製品を扱っていた。台湾産品のみでは日本の需要事情に対応できず、多くの台湾船は福建省の福州や厦門、浙江省の寧波や舟山・普陀山、または江南の上海に赴き、対日向けの生糸・絹製品などの不足品を積載して日本に出港していた。

積載貨物の脚荷（底荷物・バラスト）となる砂糖類を多く積載していたことが、台湾船の大きな特徴であった。[54]

台湾から長崎に来航した貿易船は、貿易のみならず、台湾の地方事情なども報告している。特に清朝による統治開始時期の台湾の状況が中国船によって伝えられ、台湾住民の状況、さらに地方志に若干記録された反乱に関しても日本で報告されていた。地方志の記載よりも長崎で伝えられた情報がタイムリーであったことは明らかである。

（1）石原道博『明末清初日本乞師の研究』、富山房、一九四五年一一月、二五九～三五〇頁。
朱徳蘭「清初遷界令時鄭商船之研究」、『史聯雑誌』第七期、中華民国台湾史蹟研究中心、一九八五年。

朱徳蘭「清初遷界令時中国船海上貿易之研究」、『中国海洋発展史論文集(二)』、中央研究院三民主義研究所、一九八六年一二月、一〇五～一五九頁。

（2）朱徳蘭「清康熙雍正年間臺湾船航日貿易之研究」（『臺湾史研究暨史料発掘研討會論文集』、台湾史蹟研究中心、一九八六年一一月）、同「清康熙年間臺湾長崎貿易與国内商品流通関係」（『歴史学報』第九期、東海大学歴史研究所、一九八八年七月）。この二篇の論考が、本稿でとりあげる時期の台湾・長崎間の貿易問題を中心に考察しているが、長崎で伝えられた風説書に関してはほとんど触れられていない。二篇の論文に関して中央研究院中山人文社会科学研究所の劉序楓氏より教示を得た。付して謝意を表する次第である。

（3）林満紅『台湾海峡　両岸経済交流史』、(財)交流協会、一九九七年一二月、一七～三三頁。

（4）『華夷変態』上冊、財団法人東洋文庫、一九五八年三月、東方書店、一九八一年一一月再版、七一～七三頁。

（5）同書、一五九頁。

（6）同書、三〇二頁。

（7）同書、三〇四頁。

（8）同書、三一二頁。

(9) 『華夷変態』上冊、三七一頁。
(10) 同書、三七五頁。
(11) 同書、四〇七頁。
(12) 同書、六八九頁。
(13) 同書、六八九頁。
(14) 同書、七〇五頁。
(15) 『華夷変態』中冊、九六八頁。
(16) 同書、一一一一頁。
(17) 同書、一一一九頁。
(18) 同書、一一三四頁。
(19) 同書、一四三五〜一四三六頁。
(20) 周婉窈『台湾歴史圖説(史前至一九四五年)』、中央研究院台湾史研究所籌備處、一九九七年一〇月、二四頁。
(21) 『台湾歴史圖説(史前至一九四五年)』二四頁。
(22) 『華夷変態』中冊、一五三五頁。
(23) 『長崎実録大成・正編』、長崎文献叢書第一集第二巻、長崎文献社、一九七三年一二月、二九一頁。
(24) 『華夷変態』中冊、一五六〇頁。
(25) 『台湾府志　三種』、中華書局、一九八五年五月、上冊、五三八頁、乾隆『重修台湾府志』巻三、職官、諸羅縣知縣（『台湾府志　三種』中冊、一五三一頁）、乾隆『重修台湾府志』巻三、職官（『台湾府志　三種』中冊、一五六八頁）参照。
(26) 乾隆『重修台湾府志』巻首図（『台湾府志　三種』中冊、一三三一頁）参照。
(27) 乾隆『重修台湾府志』巻二、封域（『台湾府志　三種』中冊、一三八三頁）参照
(28) 『華夷変態』下冊、一八九五・一八九八・一九〇六頁。
(29) 同書、二二七六・二二七七・二二八八・二二九一頁。
(30) 同書、二二七六頁。

(31)『台湾府志　三種』下冊、二三六三頁。
(32)同書、二三六三頁。
(33)松浦章「康熙南巡と日本」、『津田秀夫先生古稀記念　封建社会と近代』、津田秀夫先生古稀記念会、一九八九年三月、六八五〜六九九頁。
(34)『華夷変態』下冊、二三二五頁。
(35)同書、二三七九・二三八二・二三八三・二三八四・二三八九・二四一一頁。
(36)同書、二三九五頁。
(37)同書、二三九二・二三九六・二四〇三頁。
(38)同書、二三九二頁。
(39)同書、二三八五・二三八六・二四〇七頁。
(40)同書、二三九二頁。
(41)同書、二四三三・二四三九頁。
(42)同書、二四四九頁。
(43)同書、二七七八頁。
(44)大庭脩編『唐船進港回棹録　島原本唐人風説書　割符留張』、関西大学東西学術研究所、一九七四年三月、六七頁。
(45)『華夷変態』下冊、二八〇三〜二八〇四頁。『唐船進港回棹録　島原本唐人風説書　割符留張』六七頁。
(46)同書、二九〇二頁。
(47)同書、二九〇四頁。
(48)『唐蛮貨物帳』上・下、内閣文庫蔵、一九七〇年三月、一三九・三七七・四〇四・四三二・四八四・五〇七・五一二・一一九四・一三四二・一三五五・一三六四・一三八二・一三八三・一三八四・一四三一頁。
(59)『華夷変態』下冊、二六七三頁。
(50)『唐蛮貨物帳』上、二三九〜二四一頁。
(51)同書、四〇四〜四〇六頁。

(52) 『唐蛮貨物帳』上、四三一〜四三四頁、下、一三六四頁。
(53) 林満紅前掲『台湾海峡　両岸経済交流史』二七〜三三頁。
松浦章著・劉序楓訳「清代台湾航運史初探」、『台湾文献』直字第一二五期、一九九八年九月、二〇五〜二二七頁。
(54) 林満紅『茶・糖・樟脳業與台湾之社会経済変遷（一八六〇〜一八九五）』、台湾研究叢刊、聯経出版公司、一九九七年四月、一二三〜一三三頁。

第五編

日本人の中国漂着の一面

第一章　越前宝力丸の上海・川沙漂着について

一　緒　言

徳川幕府は鎖国政策を実施して、日本人の海外渡航を禁止した。しかし日本近海を航行していた日本人の帆船が海難事故に遭遇して、しばしば海外に漂着している。(1) 困難を乗り越えて帰国した漂着者の中には外国事情を日本に伝えたものもいた。それらの多くは徳川幕府や各藩の調査記録として残されたが、鎖国社会においては広く公開されるものではなかった。江戸時代、海外へ漂流・漂着した先の多くは中国大陸だったであろう。(2) 本章で述べる越前の船も中国へ漂着したのである。

二　越前宝力丸の上海・川沙漂着

文政一〇年（道光七＝一八二七）正月三日に長崎港に中国商船が入港した。この年の干支から戌八番船と登録された。この船の船主は沈綺泉で、財副は鈕梧亭であったが、両者とも長崎に在留中であった。(3) 文政九年（道光六＝一八二六）九月末に中国へ漂着していた越前国の九人が同船に乗船し帰国したのである。長崎奉行所の調べでは帰国したのは次のものたちであった。

善右衛門（越前国丹生郡海浦、宝力丸沖船頭）　庄平（同郡海浦、水手）　市平（同郡海浦、水手）

孫左衛門（同郡道口浦、水手）　長三郎（同郡道口浦、水手）　利兵衛（同郡道口浦、水手）

藤蔵（同郡道口浦、水手）　市左衛門（同郡道口浦、水手）　吉右衛門（能登国羽咋郡大倉寺新村）(4)

長崎に帰国したさいに、キリシタン宗門改めがあったか否か等の取り調べに関する記録が、長崎奉行所の『犯科帳』第一〇四冊に見える。同書によれば、帰国の翌日、正月四日に「揚リ屋」へ遣わされ、九月八日に、越前の海浦の三人は松平越前守家来の嶋田九郎左衛門に、道口浦の五名は天領のため庄屋長百姓に、能登の吉右衛門一人は松平加賀守家来の杉村杢平にそれぞれ引き取られている(5)。

彼らの漂流に関する記録が多く残されている。

①「唐山漂流記」（福井県小浜市立図書館酒井家文庫、「八丈島筆記」と合本）。同書に「右記録文政十丁亥冬、従福井呂華来示、戊子春正月、偶爾謄写」とあり文政一一年戊子（一九二八）正月の書写であり、初期の写本であることが分かる。後述の「贈倭國難民詩」が記されている。

②文政一〇年九月「越前船宝力丸清國漂着覚書き」（『石井研堂これくしょん　江戸漂流記総集』第四巻、日本評論社、一九九二年九月）。「贈倭國難民詩」は見られない。

③文政一〇年一〇月「漂流人報告」（『続片聾記』巻四、『片聾記・続片聾記』上、福井県郷土叢書第二集、一九五五年三月、七八六～七九七頁）。本書によったものとして、石橋重吉編『越前國四個浦　南清漂流記』（福井県立図書館、一九四〇年一一月）があり、本書の初めにはしがきがあり「一本書の内容、二商船と乗組人、三本書の異本、四漂流始末」と考察を加えている（一～一〇頁）。異本に関して福井の生駒正三氏所蔵の「漂流人異国物語」と題する写本と、丹生郡の中島庄三郎氏所蔵の「漂流記（仮称）」の存在が指摘されている。

④文政一〇年一〇月「清國漂流記」(『海浦船員　清国漂流記　附・ロシア漂流記』、南越文化財研究協議会叢書第三集、南越文化財研究協議会、一九五八年一〇月)。「はじめに」によれば、南越文化財研究協議会に一九五七年の春に藤井氏が提供された写本を斉藤岩雄氏が解読されたものである。

⑤文政一〇年一〇月「大念寺新村吉左右衛門唐國へ漂着一件口書」(『加能漂流譚』、一九三八年三月、一九七二年六月復刻、石川県図書館協会)、「贈倭國難民詩」は見られない。

⑥松浦静山『甲子夜話続編』巻一三所収の漂流記(平凡社・東洋文庫三六〇、一九七九年八月、二七五〜二八五頁)、「贈倭國難民詩」は見られない。

⑦北條太洋氏の「遠く文政年間の事……遭難和船の漂流記――越前四個浦の帆船――乗組員十人支那に漂着して二十個月日に生還――」(『痴遊雑誌』第四巻第二号、一九三八年月)、本書は北條氏が大正一三年の初夏に郷里の四個浦で調査され、宿浦の三田村氏の「古今日誌」中の「漂流人口書」によって著されたもの。本書には「贈倭國難民詩」は見られない。

彼らが帰国したさいの記録が『続長崎実録大成』巻九「戌八番船ヨリ越前国能登国之者送来事」に見える。それによると、彼らの漂流から帰国までの事情の概略は次のようであった。

文政十丁亥年、戌八番沈綺泉船ヨリ、越前領同国丹生郡海浦ノ者三人、同国芝与一右衛門御代官所同郡道口浦ノ者五人、加賀領能州羽昨郡大念寺新村ノ者壱人、都合九人送来、此輩越前海浦蓬莱屋庄右衛門船七百石積二十二端帆宝力丸エ、同浦善右衛門沖船頭ニ被雇水主共九人乗組、松前ニテ昆布買請ノ為、去ル戌三月十五日空船ニテ海浦出船、同月二十三日松前着、昆布五百石ヲ買取船積シ、同八月二十八日松前出帆、浪華ヲ志シニ、同九月八日、何國ノ沖トモ不辨、大洋ニテ東風強ク吹出、海上荒レ立、無是非積荷ヲ投シ、檣ヲ伐捨、金比羅神へ祈願シ、流レ漂フ処、同月二十九日暁、瀬方へ流レ懸リ、既ニ危殆ニ及テ端船ヲ卸、一同乗移漂ヘリ、時ニ唐國江南省松江府上海縣ノ漁船壱艘乗通、救ヒ乗セラレ、夜ニ至テ人家へ着止宿ス、同十月朔日同所出、松江府ノ内川沙庁エ連行、数日所々ノ官所へ川船ニテ継送ラレ撫育ヲ請、同十一月十三日浙江省乍浦着、上陸シテ汪氏荷主王宇安仕入店へ差置、日々扶助ニ逢ヒ、且ツ官所ヨリ施物有テ、同月二十九日沈綺泉ノ船ニ乗組、此時ニ至テ薩州者唐國漂到ノ事通事唐人説話ストイヘトモ、互ニ面会ヲ不遂、同十二月朔日、通商ノ船々都合五艘共一同乍浦致出帆処、追々類船見失ヒ、綺泉ノ船モ風順悪ク、薩州羽嶋漂着、當亥正月三日、當津着船ス、依之例之通吟味畢テ、同年九月八日、松平越前守家士嶋田九郎左衛門、松平加賀守家士杉村杢平芝與一右衛門、御代官所丹生郡道口浦庄屋庄屋長百姓等へ夫々引渡被令帰国、猶又在唐荷主護送船主・財福介抱唐人共エハ先規ノ通現米被賜之。[6]

とある。越前の海浦の蓬莱屋庄右衛門の持ち船、七〇〇石積みの宝力丸は松前で昆布を買うため、文政九年三月一五日に積荷なく海浦を出帆し、同二三日に松前に到着した。その後、松前で昆布五〇〇石を購入し、八月二八日に出帆した。そして大坂を目指して日本海を南下したが、海難に遭遇して漂流していたところ救済されたのが長江河口付近で、上海の漁船によって救助されたのである。

その後、松江府の川沙庁において保護され、さらに浙江省の乍浦に送られて、長崎に来航した貿易船によって帰国したのである。

彼らが乍浦から帰国するさいに、貿易船に乗船させて送還させた中国側の官吏である道光七年(文政一〇＝一八二七)正月二四日付の署浙江巡撫劉彬士の奏摺によると、

日本国遭風難夷庄右衛門等九名、漂収至江蘇省松江府属川沙庁海口、……於上年十一月十四日、将該難夷庄

右衛門等九名、並随身衣履、護送至嘉興府属平湖縣乍浦口、照例撫卹、賃屋妥為安頓。……有官商王宇安、前往東洋、辦銅便船、已将難夷庄右衛門等九名、付搭回國、按名發船価、並在途口糧・塩・菜・銀・米、即於十一月三十日、開行出口等情由。(7)

とある。庄右衛門ら九名は江蘇省松江府に属する川沙庁の海岸に漂着したのである。その後、浙江省嘉興府平湖県乍浦港に送られ、乍浦から日本へ行く貿易船、つまり日本産の銅を輸入するため長崎に行く貿易船の出港まで、日本貿易に関与した官商王宇安配下の建物で安堵され、上記のように帰国したのであった。

川沙庁は現在では上海市に属している。先の『続長崎実録大成』によると、文政九年（道光六＝一八二六）一〇月初めより一一月上旬まで四〇余日にわたって松江府川沙庁で保護され避難生活を送っていたのである。その間、彼らはどのような生活を送っていたのであろうか。その様子を彼らの報告から知ることができる。

三　川沙庁における宝力丸乗組員

清代において、川沙庁はどのような行政的地位にあったのであろうか。その概略を『清史稿』巻五八、地理志五、江蘇省、松江府の川沙庁によれば、(8)川沙庁は明代には川沙堡が置かれていた。清代になり乾隆二四年（宝暦九＝一七五九）に川沙海防同知の統治を受けることになり、ついで嘉慶一〇年（文化二＝一八〇五）に上海県・南匯県の両地の一部を分けて川沙庁を設置したのである。宝力丸の乗組員が川沙庁に漂着したのは同庁が設置されて一〇年足らずの時期であった。その統治の長官は「撫民同知」という名の役職であった。

宝力丸乗組員が川沙庁で保護されていた時期は道光七年（文政一〇＝一八二七）であった。光緒『川沙庁志』巻七、職官の道光年間（一八二一～一八五〇）の撫民同知に就任した人物の一覧表によれば、当時の撫民同知は「顧文光、四川鄰縣人付貢、六年署」(9)とある顧文光がその任に就いていた。

福井藩の山崎七郎右衛門英常による『続片聾記』巻四、文政一〇年（道光七＝一八二七）九月の条によれば、

同（九月）漂流人受取人長崎へ着、同八日漂流人引渡、同十四日長崎表出立。(10)

とあり、続いて一〇月の条に、

同（一〇月）十九日漂流人受取人帰着。(11)

とあって、長崎より福井まで一箇月余りで帰国している。それにつづいて「漂流人報告」が記されている。その中に、

川河廳と申所に而殿様の名は川河撫民府顧大老爺と書而見せられ、(12)

と記している。この川河庁は川沙庁の誤写であるが、同地で殿様と見られた顧大老爺とは上記の顧文光その人であることは歴然であろう。

川沙庁で保護され、のちに日本への貿易船が出港する浙江省の乍浦に送られ帰国するが、川沙庁を出発するにさいし、漂流民は顧文光らから漢詩を贈られている。それが『続片聾記』巻四に載せられている。

贈倭國難民詩

此本名詩為爾們、被難到川沙所作、爾們拿回日本送、國王看有賞爾們。日本國航海商民、遭風漂失、到我大清國江南松江府川沙撫民廳境内、得漁船相救、至城中、與之通語、彼此不解、幸番夷中有名市平者、稍知書寫、始悉伊等、於大清道光六年九月九日、裝載昆布貨、由日本國出海、至大坂地方銷售、在船共十人、皆住越前嶋、適遇大風被漂流、幾晝夜、至二十八日、船破裂、一人名永助者、已溺海中、此外九人乗小舟、随風逐浪、至三十日、遇救得生、余職任地方、勉加撫恤、安頓棲宿、賦詩紀事。(13)

との前文があり、この中で越前のものたちが漂流した経緯並びに乗組員の一人永助が溺死した事情と彼らが川沙庁で救助された理由を述べている。その後、中国側の五人から漂流民に送られた漢詩が記されている。

川沙撫民府　顧文光

番舶乗風碧海頭、凌波豈計怒潜蚪《（ママ）》、三秋爽頼来中土、萬里郷心憶故酋、
逐利幾忘身是我、重生応以喜消憂、何如揮手三山去、渺渺憑虚不繋舟。

川沙典吏金山縣人　李檮

倭人渉海為蝿頭、小舶颺沈遇怒蚪《（ママ）》、三百年前犯我土、数千里外救夷酋、
故郷自有傷心慟、異地応無枵腹憂、記取聖朝恩莫大、懐柔替爾覓歸舟。

徽州府績渓縣人　胡志堅

裸衣赤足更髭頭、悲述番檣付海蚪《（ママ）》、小島颺零餘斷梗、長官撫恤慰残酋、
江南木落秋同感、天際心懸我共憂、萬八千程登彼岸、慈雲呵護送歸舟。

予僑居海上二十八年屈指十八寒暑未帰故里。

松江府南匯縣庠生　姜佑昌

萬千里外唱刀頭、回首范范驚碧蚪《（ママ）》、颺泊轉欣来上國、別離難望見郷酋、
略知文字能通語、一様肝腸応結憂、撫恤幸逢賢宰執、為籌衣食覓歸舟。

松江府南匯縣庠生　顧心輿

送爾言旋天際頭、布帆無恙臥蚊蚪《（ママ）》、仙山縹緲由今路、蓬嶋栖遅憶舊酋、
晁監旌旄曾有詔、喬公保障靖無憂、比来小住恩寛大、帝徳東覃載満舟。

喬公名木、前明嘉靖時名医、築川沙城、禦倭有功。(14)

これらの詩はまた豊前の儒者伊藤松の『隣交徴書』三編巻二、詩文部、清の箇所に「贈日本漂民詩并序」として顧文光（川沙撫民府）を初めとして上記の五名の詩文が掲載されている。(15)

この漢詩を漂流人に送った顧文光・李檮・胡志堅・姜佑昌・顧心輿らのうち顧文光の名はすでに撫民同知としてその在任が明らかとなったが、他の人々についてはどうであったろうか。光緒『川沙廳志』叙録によれば、道光一六年（一八三六）の条に、

顧心輿　庠生、姜佑昌　庠生、李檮　典吏

とあるように、顧心輿・姜佑昌・李檮の三名の名前が確認できる。また、『川沙廳志』巻一〇、人物志、統伝、国朝によれば、

顧心輿　号郷巌、錦江子、諸生。宿学能文、為一郷之望。道光三年、歳浸勧賑不敷、出己資、襄成善挙、同知熊伝栗額、以楽善急、公子有庸、善属文、有廉監生、孫徳裕郡庠生。

とある。顧心輿は学問に通じ郷里の希望の星の如く思われていた。道光三年（文政六＝一八二三）の飢饉にさいしては、自己の資産を拠出して救済した。名望家として知られた人物であった。

越前の漂流者達が川沙庁を出発して乍浦に向かうさいに、川沙庁の人々から送られた漢詩の筆者である、顧文光・李檮・姜佑昌・顧心輿の四人は中国側の史料から川沙庁に関係する人物であったことが明らかとなった。

四　小　結

道光六年（文政九＝一八二六）、現在の上海市に位置する東シナ海に面した川沙に漂着した越前国丹羽郡、能登国

羽昨郡の人々は、設置間もない川沙庁で多くの人々から厚遇を受けた。その具体的証拠が川沙庁に関係した人々から贈られた「贈倭國難民詩」であり、他の漂流記には見られない中国側関係者の名が複数で知られることである。全員ではないが、中国側の記録によってほぼ半数の関係者の存在が確認できた。中国への日本人漂流者の記録を中国側の史料から見ることができる稀な例である。

（1）荒川秀俊編『日本漂流漂着史料』、地人書館、一九六二年一二月。『石井研堂これくしょん　江戸漂流記総集』全六巻、日本評論社。
（2）相田洋「近世漂流民と中国」、『福岡教育大学紀要』第三一巻第二分冊、一九八二年二月。
（3）『続長崎実録大成』巻九「戊八番船ヨリ越前國能登國之者送来事」、長崎文献叢書・第一集第四巻、長崎文献社、一九七四年一一月、二八八頁。
（4・5）森永種夫編『犯科帳　長崎奉行所判決記録』第七巻、長崎・犯科帳刊行会、一九六〇年二月、三七八～三七九頁。
（6）『続長崎実録大成』二八八頁。
（7）『清道光朝外交史料』二「署浙江巡撫劉彬士奏報江蘇送來到之日本國遭風難夷搭船回國日期摺」。『明清史料』庚編第八本、七七七丁裏「兵部「為内閣抄出浙江巡撫劉彬士奏」移會」。
（8）『清史稿』第八冊、中華書局、一九七六年七月、一九九四～一九九五頁。
（9）光緒五年刊『川沙庁志』、中国方志叢書・華中地方第一七四号、三七八頁。
（10）『片聾記・続片聾記』上、福井県郷土叢書第二集、一九五五年三月、七八六頁。
（11）同書、七九六頁。
（12）同書、七九一頁。
（13）同書、七九六～七九七頁。
（14）同書、七九七頁。
（15）伊藤松『隣交徴書』（天保一一＝一八四〇年刊）、国書刊行会影印本、一九七五年八月、四七六～四九九頁。

第二章　越前梅浦岡田家所蔵の「贈倭國難民詩」について

一　緒　言

『朝日新聞』が二〇〇〇年ミレニアムの企画として「この一〇〇〇年『日本の大冒険・探検家』読者人気投票」を行った。(1) この大冒険・探検家上位二〇名の中に、ジョン万次郎と大黒屋光太夫の二人の江戸時代の漂流者が含まれている。今なお二人の事跡を知る人が多いためであろう。

若狭・越前などいわゆる若越地域にもこれら二人の漂流者に劣らない経験者がいる。江戸初期の有名な「韃靼漂流記」で知られ沿海州に漂着した人々、そして文政九年（一八二六）に上海の川沙に漂着した人々である。

後者の漂流に関して一九九六年（平成八年）九月に福井県立図書館内にある福井県郷土誌懇談会が発行する『若越郷土研究』二四〇号に「越前宝力丸の上海・川沙漂着について」(2) として小稿が掲載される機会を得た（本編第一章）。その後、小稿を御覧になった丹生郡越前町梅浦に居住される岡田健彦氏の斡旋により、この時の漂流に関して越前町で講演をする機会を与えられ訪問した。(3) そのさい、岡田家所蔵の「贈倭國難民詩」が書かれた六曲二双の屏風を拝見し、宝力丸の中国漂着に対する地元の関心の高さを知り、ここに報告したい。

なおこの漂着船名に関しては、文献史料上で宝力丸とするか宝刀丸とするか、「力」と「刀」で異同があるが、

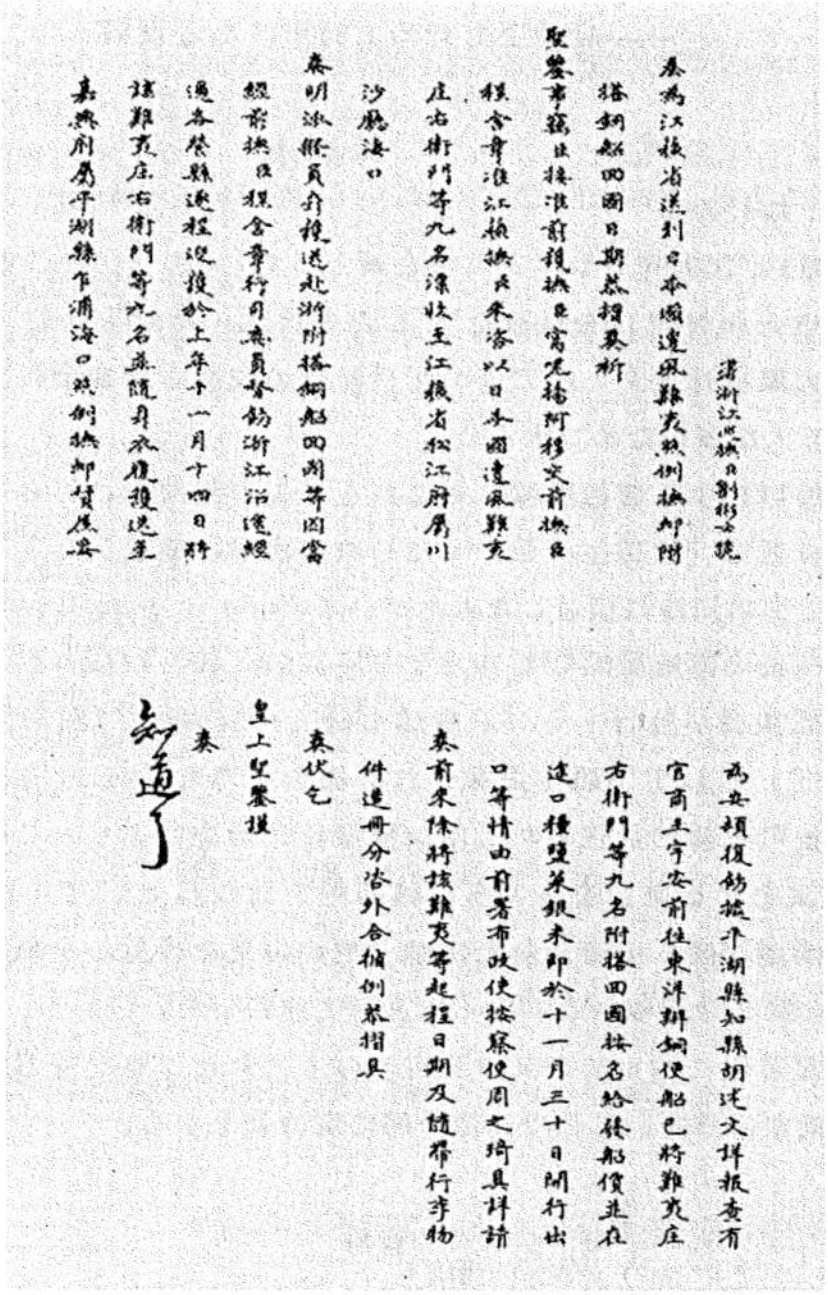

図1　劉彬士奏摺

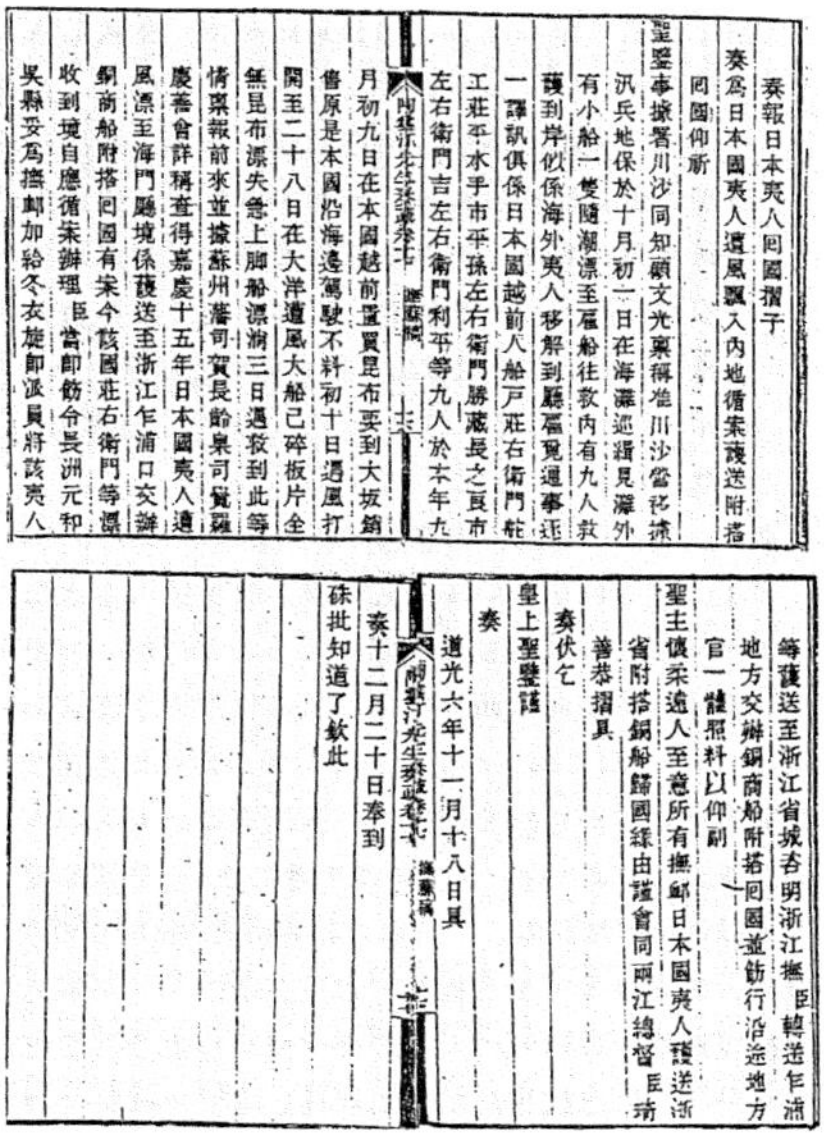

図2　陶樹奏摺

ここでは慣行的に宝力丸とする。

二　宝力丸の上海・川沙漂着の史料

宝力丸の漂着関係の史料に関してどのようなものがあるかは、すでに第一章で紹介したが、さらに一九九九年八月に上海図書館で調査したさいに、上海・川沙へ漂着したことに関係する別の中国側史料が見つかったためここで紹介したい。

先に小稿において紹介した中国側の檔案史料は『清道光朝外交史料』二の「署浙江巡撫劉彬士奏報江蘇送來到之日本國遭風難夷搭船回國日期摺」（道光七年正月二四日付奏摺）と、この奏摺を抄出した『明清史料』庚編第八本、七七七丁裏に掲載される「兵部「為内閣抄出浙江巡撫劉彬士奏」移會」の二件であった。このうち前者の原本は、中国第一歴史檔案館で見つけることができたので、ここにその影印を掲載する（図1）。この他、江蘇巡撫であった陶樹の道光六年一一月一八日付の奏摺も彼の著作の中に見出した（図2）。[4]

宝力丸が上海・川沙に漂着したのは日本でいえば文政九年（一八二六）九月の末であった。川沙とは近年完成した上海浦東空港の北に位置し、長江河口にあたる地である。文政九年は中国の暦では道光六年である。その年の一一月一八日に陶樹が次のような奏摺を認め、道光帝に報告した。それに対して道光帝は「知道了」の硃批を書きこみ陶樹のもとに送った。おそらくそのさいに陶樹は全文の写しを残し、原本は皇帝のもとに戻した。のちにその写しが彼の著作に収録されたのである。原本は現在確認できないが、陶樹が写しを書き残したことにより、この時の奏摺の内容が知られるのである。

奏報日本夷人回國摺子

奏為日本國夷人、遭風飄入内地、循案護送、附搭回國、仰祈

聖監事、拠川沙同知顧文光稟称准川沙営移、拠汛兵地保、於十月初一日、在海灘巡緝、見灘外有小船一隻、随潮漂至、雇船往救、内有九人、救護到岸、似係海外夷人、移解到庁、覓通事、逐一訳訊、倶係日本國越前人船戸荘右衛門・舵工荘平・水手市平・孫左右衛門・勝蔵・長之良、市左右衛門・吉左右衛門・利平等九人、於本年九月初九日、在本國越前置買昆布、要到大坂銷售、原是本國沿海辺駕駛、不料初十日、遇風打開、至二十八日、在大洋遭風、大船已碎、板片全無、昆布漂失、急上脚船、漂淌三日、遇救到此等情、稟報前來、並拠蘇州藩司賀長齢、臬司覚羅慶善會詳称、査得嘉慶十五年、日本國夷人遭風漂至海門庁境、係護送至浙江乍浦口交辧銅商船、附搭回國、有案。今該國荘右衛門等漂収到境、自應循案辧理。臣當即飭令長洲・元和・呉縣妥為撫卹加給冬衣旋即派員、将該夷人等護送至浙江省城、咨明浙江巡撫臣転送乍浦地

方、交辦銅商船、附搭回國、並飭行沿途地方官、一體照料、以仰副
聖主懐柔遠人至意、所有撫卹日本國夷人護送浙省、附搭銅船帰国縁由、謹會同両江総督臣琦善恭摺具
奏、伏乞
皇上聖監謹
　　奏
　　　道光六年十一月十八日具
奏、十二月二十日奉到
硃批「知道了」欽此(5)

とある。内容はほぼ次のようになるであろう。

日本人の帰国についての報告書。日本国人が大風に遭い中国内地に漂着し、前例によって護送し乗船させ帰国させることに関して皇帝の指示を求めるために報告いたします。川沙同知顧文光によれば川沙の水師営の汎浜地の責任者からの報告によれば、一〇月一日に海上パトロールしていた時に漂流する一隻の小型船舶を発見した。救助のために別に船を雇用し、救出すると九名の人が乗っていた。彼らを上陸させたが外国人であったため、川沙庁舎に移し、通訳を雇って逐一問いただしたところ、彼らは日本国越前の人で船頭の荘右衛門、舵取りの荘平、水主の市平・孫左右衛門・勝蔵・長之良・市左右衛門・吉左右衛門・利平等九人であった。本年の九月九日に越前で昆布を買い入れ大坂に行き売却しようとした日本の沿海商船であった。図らずも一〇日に出帆したが、二八日に海上で難風に遭遇して船体が破壊され昆布も漂失し、小型舟に乗り漂流すること三日にして救助されたのであった。さらに江蘇巡撫の賀長齢、布政使の覚羅慶善の報告では、嘉慶一五年（文化七＝一八一〇）に日本人が海

門庁境に漂着した例により、彼らを護送して浙江省乍浦海港に送り日本へ行く貿易船に搭乗させて帰国させている。今の日本人荘右衛門等の漂着事案は前例により処理したい。そこで直ちに長洲・元和・呉県に命じて彼らを保護し、さらに冬の衣服を提供し、役人を派遣し護送して浙江省の省城杭州に送り届け、さらに浙江巡撫が乍浦地方において日本へ行く貿易船によって帰国させるよう、沿道の地方官が手厚く護送し、皇帝の外国人を保護する意志を示し日本人を護送して浙江省に送り、貿易船に搭乗させて帰国させるように命じたことを報告いたします。この件に関して両江総督臣琦善とともに報告いたします。皇帝のご指示を仰ぎます。

このように道光六年一一月一八日に報告したところ、北京の道光帝のもとにはほぼ一箇月後の一二月二〇日に到着している。この報告に対して道光帝の指示は朱筆である硃批により「知道了」と認められた。すなわち了解したという意味で、陶樹らの対応策が道光帝により認められたのである。

すでに漂流者の記録から、漂流中と中国漂着後、さらに帰国までの事情が知られたが、これはあくまでも漂流者側の記録であった。しかしこの陶樹の奏摺によって、道光六年一〇月一日に川沙で救助された越前人らの救助直後からの中国側の対応経過が明らかになった。大局的には漂流者の記録と一致することから、その信憑性が確認される。

さらに浙江大学日本研究所の王宝平教授（現・浙江工商大学言語学院院長）が遼寧図書館において調査中に発見された「漂流人帰帆送別之詩」がある。同書には昭和一五年（一九四〇）二月二日付の「南満洲鉄道株式会社図書館」の蔵書印が見えることから、同図書館が収書して所蔵していたものが、のちに遼寧図書館に移管されたものと思われる。この詩を御教示頂いた王宝平氏に謝意を表する次第である。

全文をここに紹介するが、詩の大部分は先の小稿に掲載したものと重複する（三〇六～八頁参照）。

漂流人帰帆送別之詩

　　贈

　　　倭國難民詩

此本名詩為你們被難到川沙所作你
們拿回日本送國王看有賞你們
日本國航海商民遭風漂失到我
大清國江南松江府川沙撫民廳境内得
漁船相救至城中與之通語彼此不解
幸番夷中有名市平者稍知書寫始悉
伊等於
大清道光六年九月九日装載昆布貨由
日本國出海至大坂地方銷售在船共
十人皆住越前島適遇大風船被漂流
幾晝夜至二十八日大船破裂一人名
永助者已溺海中此外九人乗小舟随
風逐浪至三十日遇救得生余職住地
方勉加撫恤安頓栖(棲)宿賦詩紀事

川沙撫民府

顧文光

番舶乗風碧海頭凌浪豈計怒潜蚪三
秋爽籟來中土萬里郷心憶故酉逐利
幾忘身是我重生應以喜消憂何如揮
手三山去渺渺憑虚不繋舟

川沙典吏金山縣人

李　檮

倭人渉海為蠅頭小舶漂沈遇怒蚪三
百年前犯我土数千里外救夷酉故郷
自有傷心慟異地應無枵腹憂記取聖
朝恩莫大懐柔替爾覓帰舟

徽州府績渓縣人

胡志堅

裸衣赤足更蓬頭悲述番檣付海蚪小
島飄零餘断梗長官撫恤慰残酉江南
木落秋同感天際心懸我共憂
自註曰予僑居海上二十八年屈指十八

寒暑未帰故里
萬八千程登彼岸慈雲呵護送帰舟
松江府南匯縣庠生
姜佑昌
萬千里外唱刀頭回首茫茫鷺碧虯飄
泊転欣來上國別離難望見郷酋略知
文字能通語一様肝腸應結憂撫恤幸
逢賢宰執為籌衣食覔帰舟
松江府南匯縣庠生
顧心輿
送爾言旋天際頭布帆無恙臥蛟虯仙
山縹緲由今路蓬島栖遅憶舊酋晁監
旌旄曽有詔喬公保障靖無憂
喬公名木前明嘉靖時名臣築川沙城禦倭有功
此來小住恩寛大帝徳東覃載満舟
次漂民餞送詩之韵
大東　越前福井府士官

平山　連

波濤萬里海西頭求利小民因怒蚪仁

國固雖多厚恵

神朝何必比胡酋長官殊愍漂流苦商侶

遂忘饑渇憂頼有騒人韻士在数篇錦

字附帰舟

次韻漂民餞送詩

大日本越前藩府士

水間　敬

相送西方天盡頭帰帆豈復起潜蚪

我邦自古眞

皇帝彼土于今實狄酋只頼寛容些子恵

遂忘齮龍若干憂不須海外累傳訳願

把文風送載舟

この「贈倭國難民詩」の特長は最後に「大東　越前福井府士官　平山連」の「次漂民餞送詩之韵」と「大日本越前藩府士　水間敬」の「次韻漂民餞送詩」があることである。これまで知られていた「贈倭國難民詩」にはこの二つの詩は見られない。

「贈倭國難民詩」の送り主であった中国側の人物については、すでに第一章で述べたように、川沙の地方志である光緒『川沙庁志』により、顧文光・顧心與・姜佑昌・李檮ら四名の名前が確認できることから[6]、宝力丸乗船者に送られた漢詩が実在の人物によるものであったことは歴然である。

従来、中国側から送られた漢詩については越前では比較的知られていたが、それに対して返礼の意味で越前藩士の平山連と水間敬の二名が詩を作成して送ったのである。その日本側の二詩が中国側の「贈倭國難民詩」を送ってくれた人々の手元に届いたかは不明である。しかし、返礼の詩が現在中国で見つかったことは興味深い。

三　越前梅浦岡田家所蔵の「贈倭國難民詩」屏風

丹生郡越前町梅浦の岡田健彦氏家に現在「贈倭國難民詩」（屏風六曲一双）が所蔵されている。岡田家の「贈倭國難民詩」屏風は写真を掲載するが（三二二頁参照）、原型による釈文は次のようになる。

日本國航海商民遭風漂失到
我大清國江南松江府川沙撫
民廳境内得漁船相救至城中
與之通語彼此不解幸番夷中有
名市平者稍知書寫始悉伊等於大
清道光六年九月九日裝載昆布
貨由日本國出海至大坂地方銷售在船
共十人皆住越前島適遇大風船

被漂流幾晝夜至二十八日大船破
裂一人名永助者已溺海中此外九
人乗小舟随風逐浪至三十日遇救
得生余職住地方勉加撫恤安頓栖（棲）
宿賦詩紀事

川沙撫民府顧文光

番舶乗風碧海頭凌浪豈計怒潜
虯三秋爽籟來中土萬里郷心憶故
酋逐利幾忘身是我重生應以喜
消憂何如揮手三山去渺渺憑虚
不繫舟

川沙典吏金山縣人李檮

倭人渉海為蠅頭小船漂沈遇怒虯
三百年前犯我土数千里外救夷
酋故郷自有傷心慟異地應無梠腹
憂記取聖朝恩莫大懐柔替爾
覓帰舟

徽州府績渓縣人胡志堅

裸衣赤足更蓬頭悲述番檣付海虯
小島飄零餘断梗長官撫恤慰
残酋江南木落秋同感天際心懸我
共憂予僑居海上二十八年屈指十八寒暑未帰故里。
萬八千程登
彼岸慈雲呵護送帰舟

松江府南匯縣庠生姜佑昌

萬千里外唱刀頭回首茫茫驚
碧虯飄泊転欣來上國別離
難望見郷酋略知文字能通語一
様肝腸應結憂撫恤幸逢賢
宰執為籌衣食覓帰舟

松江府南匯縣庠生顧心輿

送爾言旋天際頭布帆無恙臥
蛟虯仙山縹緲由今路蓬島
栖遅憶舊酋晃監旌旄曽有
詔喬公保障靖無憂喬公名木前明嘉靖
時名臣築川沙城禦倭有功此來小住恩寛大帝

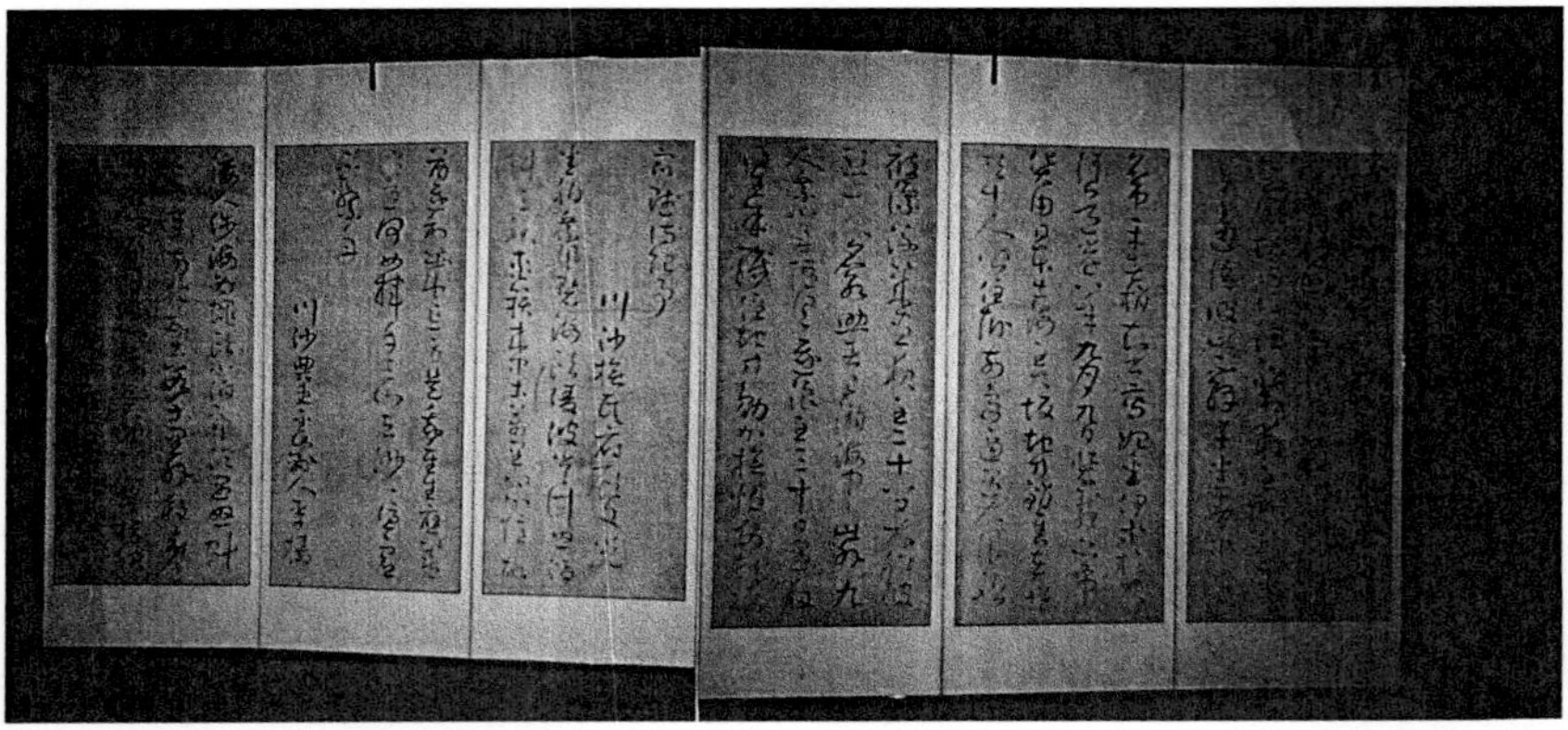

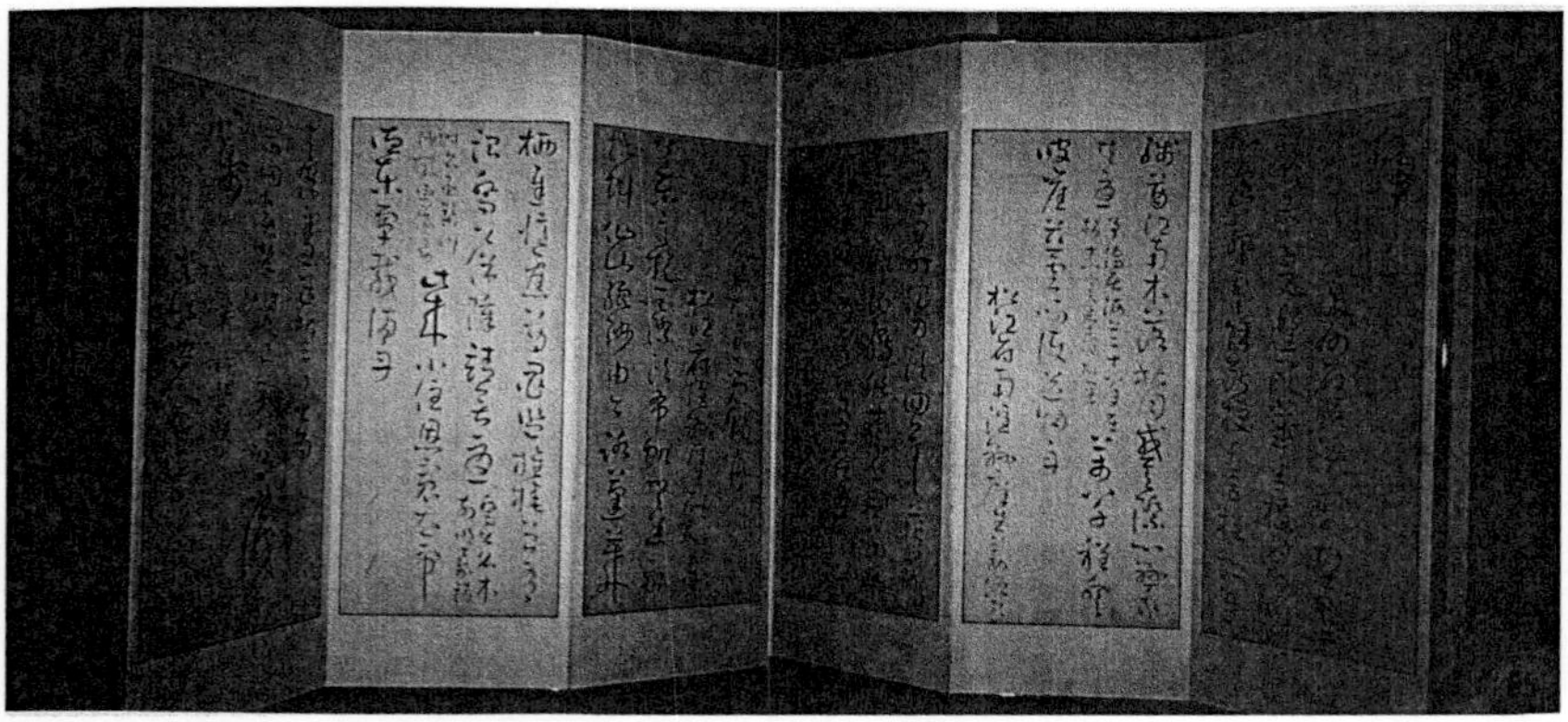

越前梅浦岡田家所蔵「贈倭國難民詩」屛風

徳東覃載満舟
天保辛丑孟秋三日書為
岡田賢兄時日已黄昏不識筆
亦歩　　岸従作崖
　　紫山道人庸徳
（中村庸徳）（紫山）
印　印

これが岡田家所蔵「贈倭國難民詩」の全文である。屏風は各曲四行、能筆で記されている。

四　小　結

岡田家所蔵の「贈倭國難民詩」の内容は、第一章でも触れたすでに知られる「贈倭國難民詩」（三〇六〜八頁）と若干の文字の異同はあってもほぼ同じであるが、最後の一曲の部分がこの屏風の成立時期に関わる。

そこで屏風の最後に書かれた一曲の部分について若干考証してみたい。

この屏風が書写されたのは天保辛丑すなわち、天保一二年（一八四一）のことで、孟秋は陰暦の七月のことであるから七月三日にあたり、新暦では八月一九日であった。おそらく岡田家になんらかの理由で寄寓した中村庸徳（おそらく号が紫山であった書家と思われる）が、旧暦の七月三日の黄昏時に書写したもので、夕暮れ時であったため明るさが充分でなく、筆が進まずと記したものと思われる。この書を記した中村庸徳（紫山）に関する伝記等は管見の限り不明である。今後の調査に待ちたい。

（1）『朝日新聞』二〇〇〇年四月三〇日（一〇版）、八～一〇頁。
（2）松浦章「越前宝力丸の上海・川沙漂着について」、『若越郷土研究』第四一巻五号、一九九六年九月（本書第五編第一章）。
（3）一九九九年一一月五日越前町中央公民館「九九年文化フェスタ記念講演会」（演題「越前宝力丸中国・上海川沙漂着について」）。
（4）中国第一歴史檔案館、硃批奏摺、外交類、四全宗二五八号巻三〇号。
（5）『陶雲汀先生奏疏』巻一七、撫蘇稿、一六丁表～一七丁裏。
（6）松浦前掲「越前宝力丸の上海・川沙漂着について」。

第三章　清代広州港の繁栄――日本人の広東省漂着記録を中心に――

一　緒　言

一九世紀初頭の広州港が欧米諸国を初めとする外国船の来航で繁栄していたことはよく知られているところである。(1)

この時期の繁栄の一端を、たまたま同時期に広東省に漂着した日本人が見ている。それは文化一三年（嘉慶二一＝一八一六）六月下旬に長崎に帰国した薩摩藩主松平豊後守（第二七代藩主島津斉興）の家臣であった古後七郎右衛門ら二六名である。彼らの中国滞在中の記録は、長崎で取り調べられたものが『長崎志続編』巻九に収録された「子二番同三番同四番同五番同六番同七番船ヨリ薩州家臣送來事」(2)であり、他に『通航一覧』巻二二二収録の「文化薩人漂流記」(3)と「栗園漫抄」(4)がある。さらに石井研堂氏が収集した「薩州漂客見聞録」(5)がある。「薩州漂客見聞録」は再編され『石井研堂これくしょん　江戸漂流記総集』全六巻の第三巻に「文化十三丙子歳薩州漂客見聞録」(6)として収録されている。

これらの記録を中心に一九世紀初頭の広州港の対外貿易の状況について述べてみたい。

二 日本人の広東省漂着

文化一三年（清・嘉慶二一＝一八一六）六月下旬に長崎に入港した子二番船・子三番船・子四番船・子五番船・子六番船・子七番船の各船によって、広東省に漂着した薩摩のものたちが帰国した。(7) 彼らが分乗した船主沈萬珍の子二番船と船主楊西亭の子三番船は六月二四日、船主汪松巣の子四番船と船主蒋春洲の子五番船は六月二七日、船主譚竹庵の子六番船は六月二七日、船主汪執耘の子七番船は六月二九日にそれぞれ長崎に入港している。(8)

彼らは文化一〇年（嘉慶一八＝一八一三）三月二一日に薩摩の鹿児島から出帆して、四月二八日に奄美大島に到着した。大島在番の者との交代要員として大島に赴いたのであった。その後、在番任期を終えて薩摩阿久根政右衛門の持ち船である伊勢田丸二三反帆六九〇石積みで、鹿児島に送り届ける黒砂糖三二万斤などとともに、文化一二年（嘉慶二〇＝一八一五）八月一四日に大島の大熊湊より出帆したが、途中の海上で遭難し漂流することになる。(9) その後、彼らが漂着した場所は清代中国の広東省恵州府碣石鎮であった。(10) 文化一二年一〇月六日のことである。彼らは同一〇月八日陸豊県に送られしばらく滞在し、一一月二日には海豊県へ、そして同県より轎《かご》によって羊蹄嶺の山麓に行って止宿した。同四日に鳳河渡から川船に乗り、鵞準・教嶺を経て同六日に帰善県に到着した。その後、再び川船によって博羅県・鉄山岡・東莞県を経て番禺県の城下に到着したのは一一月八日のことである。(11) 同県には二〇日まで滞在し、同日、番禺県より南海県・三水県を経て江西・浙江省を通過して、日本へ向かう貿易船が出る浙江省平湖県乍浦鎮に到着したのは文化一三年即ち嘉慶二一年（一八一六）二月二八日のことであった。(12)

彼らは乍浦に六月上旬まで滞在し、乍浦を出港した六艘の貿易船で日本へ帰国している。(13)

彼らが広東省に漂着したさいの中国側の記録は、嘉慶二〇年一〇月二八日付の両広総督蒋修銛等の奏摺に見える。それには、

拠署廣東陸豊縣知縣朱庭桂、署碣石鎮中営遊撃潘汝渭稟称、本年十月初七日、有日本國難夷四十七人、被風漂流到粤、詢問該夷姓名、言語不通、惟内有古後七郎右衛門者、能書寫漢文、開出四十七人、花名並寫稱、本年八月二十六日、在小琉球大島處、所置買黒糖、草蓆、装載啓行、次日大風吹蕩、不辦去處、於十月初七日、漂至粤洋、貨船失火、全行焼燬、伊等乗坐杉板小艇、由浅澳登岸、懇請發遣回國等情、随査勘該難夷等杉板小艇一隻、並無銀錢貨物、止有棉布二十疋、併合各人随身包裏衣服、惟艇内有長竿鎗三枝、腰刀二十八把、問據書稱、難夷等係日本武職、該國凡武職、向帯大小兩刀、其長竿鎗、則自大夫至中士、得以持用等語。除将杉板鎗刀分別、看守起貯、并将該難夷等、恤給口糧、妥安頓外、理合稟報等情。臣等當即、督同署藩司李鑾宣、飭査廣東向無赴日本國貿易商船、無従由本道、遣送回國、惟査嘉慶十八年有日本國難夷遭難風、附搭西洋夷船到粤、經臣蒋攸銛奏明委員護送浙江交乍浦同知収管、附便搭送回國在案、此次日本國難夷古後七郎右衛門等漂流到粤事、同一律、自應即爲資送回國、以仰副聖主懐柔遠人至意、……

硃批「知道了」

嘉慶二十年十月二十八日(14)

とあるように、日本人が広東省の碣石鎮に漂着したのは嘉慶二〇年一〇月七日（一八一五年一一月七日）のことであったとある。日本人漂流者が帰国後報告したものと一日の違いはあるがほぼ正確であった。それは中国の官吏が記しているように筆談で意志を通じた古後七郎右衛門がいたためであり、彼は帰国後の報告の中心人物であったことから分かるように教養を備えた武士であった。

この時の漂流者が広州港の繁栄の一端を見ているのである。それは嘉慶二〇年一一月八日（一八一五年一二月八日）より二〇日（一二月二〇日）までの一〇余日の間であり、その記録をもとに清代広州港の繁栄を述べてみたい。

三　清代広州港の繁栄

上記の日本人が広東省番禺県城、即ち広州府城下の近くに滞在していたことが知られるのは、彼らが帰国したさいに報告した記録に、

番禺縣の城遥かに見え、[15]

とあることによるが、番禺県城内には入ってはいない。広州港の賑わいの状況については、

在津の船日々出入多、凡五、六千艘船繋レリ、川下ノ方二里程ノ所ニハ西洋諸国ノ商船数十艘、其外盗賊防御ノ船ト見ユ、[16]

と観察している。五、六〇〇〇もの船が停泊していたとあるのは中国の帆船即ち民船を指し、沿海航行船あるいは内河船が停泊していた状況を示しているといえるであろう。ここから二里、約八キロ下流に欧州等の外国船が数十艘も停泊していた。

「文化十三丙子歳薩州漂客見聞録」によれば、

番昌《（ママ）》縣の城も遙かに見掛け、在津船、日々出入り多くこれあり候へども、凡そ五六十船も繋《かか》り居り申すべき哉、その内蛮船と相見へ候船は、川下の方、二里ほどの所に三十艘も繋り居り、西洋国、阿羅国の船の由二艘着いたし、その外盗賊改めの船と相見へ、小船數艘、鉄砲五六百挺宛、鑓、請笠等餝り、夜中廻り方致し候由、[17]

とあり、「蛮船」即ち外国船を三〇艘と明確に記している。また同書の「唐国の様子」の「土地の様子」においても、

番昌《ママ》縣の川は、海続きにて汐差引きこれあり、同所に諸国の商館にもこれあるべく哉、赤白黒の竪筋これある吹貫の様成る物建ち候処、三軒ほど見掛け、(18)

と遠望した外国商館について触れている。

嘉慶二〇年（一八一五）に広州に来航した外国船は、『粤海関志』巻二四の「歴年夷船来数附」によると五二艘が知られる。

その当時、広州に来航していた外国船は、H・B・モース（H.B.Morse）によれば、

English Company　二四艘（英国東印度会社船）
English Country　二三艘（英国地方貿易船）
American　二一艘（美国貿易船）
Dutch　二艘（荷蘭国貿易船）
Swedish　三艘（瑞典国貿易船）(19)

とあり合計七三艘の来航があった。イギリス本国からのイギリス東インド会社船が二四艘、インドからのイギリス船が二三艘、アメリカ船が二一艘、オランダ船が二艘、スウェーデン船が三艘である。

このことから日本人たちは僅か一〇余日の広州滞在であったが、この年に来航した外国船の内のほぼ半数を見たことになる。さらに報告によると、

遥かに諸国の商館には赤白黒立て筋の旗を建て、多人数往来の様子あり、(20)

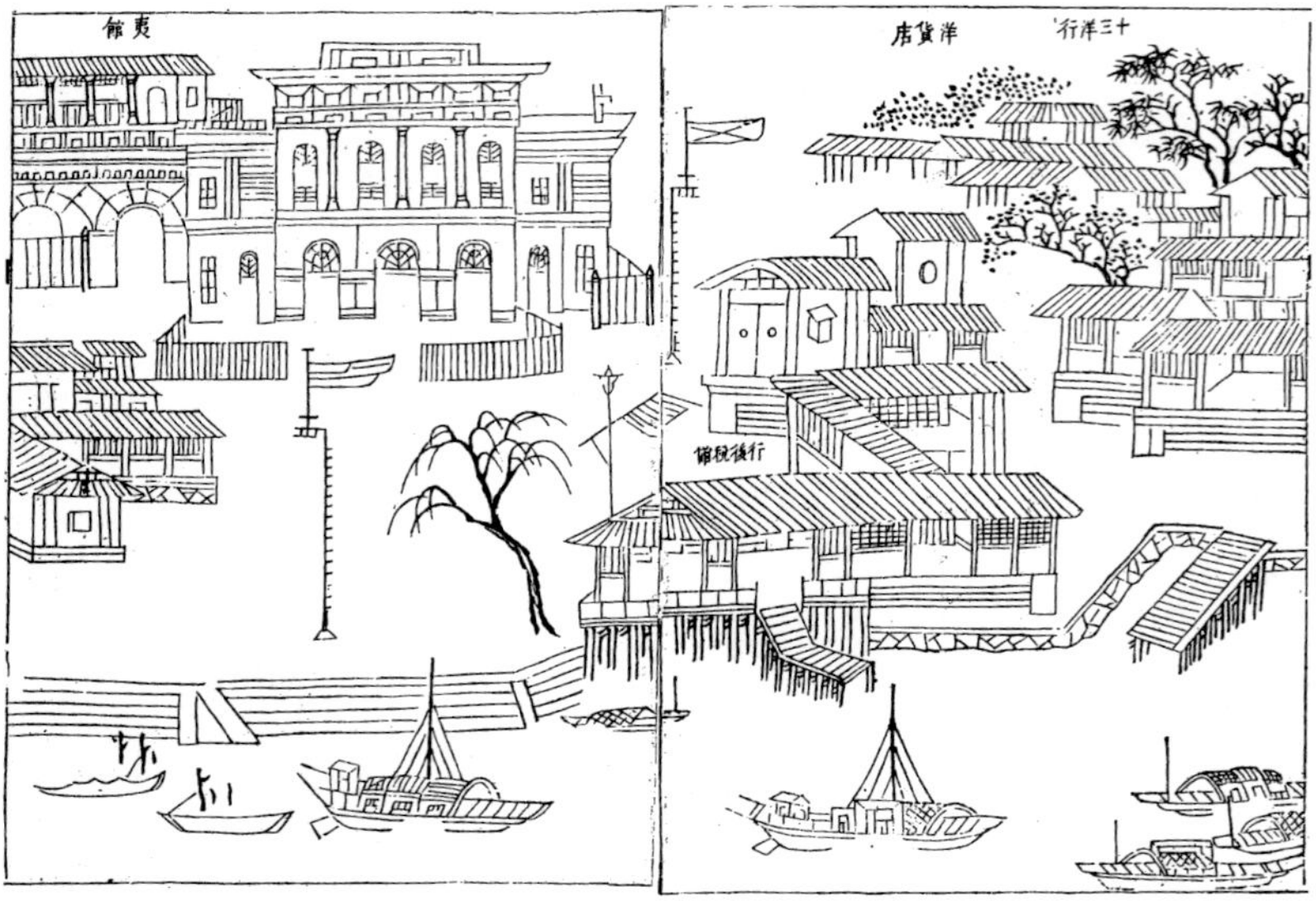

図1　広東商館

左上の「夷館」とあるのが欧米人のいうCanton　Factoryである(『粤海關志』巻六、口岸、行后口図)

とある。日本人漂流者達は珠江に面して建てられた外国商館を見ていたことが知られる。ことに彼らは商館の前面に立てられた「赤白黒」の三色が縦に並んだ国旗を見たと記している。

「文化十三丙子歳薩州漂客見聞録」では、

その外諸国の商館にもこれあるべく哉、三軒ほど遙かに見掛け候処、赤白黒の竪筋《たてすじ》これある吹貫《ふきぬき》の様成る物を建てこれあり、出入りの人多く、右館より船え往来いたし候様子にこれあり、或ひは官人交代と相見へ、船数艘着船、家内引越しにも候哉、官女見掛け候、髪は曲げこれあり、金銀にて拵へ候花を餝り、……(21)

とあり、広州府城に隣接し珠江に面した商館(Factory)の状況を端的に記していると同時に、外国国旗の一つを「赤白黒」の縦模様であったと見たようである。

一八一五年に広州に来航したのは、イギリス東インド会社船、イギリス地方貿易船、アメリカ船、オランダ船、スウェーデン船で、三色国旗を使用していたのはオランダ船であった。しかしオランダ国旗は上から「赤白藍」の横に色分けされたものである。日本人漂流者は、おそらく無風で国旗が垂れ下がっていたため「竪筋」と思いこんだのであろう。また「黒」と思ったのは光線の関係で藍が黒く見えたものと思われる。このように考えるならば、彼らが見た「赤白黒」の縦模様の旗は、おそらくオランダ国旗であろう。

「文化薩人漂流記」では、

十一月二日此所出立つ、水陸七日目に廣東省城下へ着、此所は如江戸繁華の地方なり、此所も則官人多來り、夫々を守、船上に有事四十餘にち、甚以難儀なり、此所は外國船多來り居、別て賑々敷、西洋船二十餘艘來り居候、其内には紅毛人ヲロシヤ等も來り居り候、日本へたとへ無之候、我々を見物人開帳の如し、[22]

とあり、広東省城は江戸のように繁昌している地で、来航の外国船は二〇艘以上も停泊し、紅毛人やロシア人等も来航していたと記している。

また「栗園漫抄」には、

其内蛮船と相見候船は、川下の方二里程の所に三十艘程も繋り居、西洋國阿羅國の船のよし、二艘着きたし、[23]

とある。これはオランダの貿易船が二艘入港したのを見たのである。先に記したように、この年のオランダ船は二艘であったから、日本人漂流者の記録は正確であったと考えられる。

彼ら漂流民達が見たであろう外国商館の風景を二点掲げてみる（図2・3参照）。

日本人漂流者から外国商館と見られた建物の構造等については、拙稿で指摘した。[24]乾隆二四年（一七五九）一〇月二五日付の両広総督李侍堯の奏摺「防範外夷規條」が広東貿易における外国商人の貿易規制が成立する最初の

図２　1760年頃の珠江に面する広東商館
Trading Places; The East India Company and Asia 1600-1834, The British Library, 2002, p.86.（1760＝乾隆25年頃に中国人の画家が描いたとされる）

図３　1820年頃の広東十三商館
（香港芸術館『珠江十九世紀風貌』、香港市政局、1984年、34頁）

ものであるが、その中に、

一、夷商在省住冬、應請永行禁止也。……

一、夷人到粤、宜令寓居行商管束稽査也。査歴來夷商到廣貿易、向係寓歇行商館内、原属有專責。……即買賣貨物、亦多有不経行商・通事之手、……專責行商・通事将夷商及随従之人姓名、報明地方官、及臣（両広総督）與監督（粤海關監督）衙門。……[25]

（カッコは筆者注）

とある夷商が滞在した建物が夷館であり、夷館における外国商人の生活から商業活動まで全てが、広東行商の掌内にあったのである。

アヘン貿易厳禁のために広州に派遣された林則徐も、この外国商館に関して道光一九年（一八三九）二月初四日付の公牘で次のように記している。

況夷館係該商（行商）所蓋、租與夷人居住、館内行丁及各項役、皆該商所雇、馬占等皆該商所用、附近銀鋪皆該商所與交易者。[26]

林則徐が夷館と記している外国商館は、広東行商の所有物で、広州に来航して貿易する欧米の商人はその商館を賃貸して居住していた。そこで働く中国人達はすべて広東行商に雇用された者達であって、附近にある両替商人も広東行商と関係する人々であったのである。

この夷館、商館（Factory）については、一九世紀前半に来航し、外国商館に滞在し貿易業務に関係していたアメリカ人ウィリアム・ハンター（W.C. Hunter）の *The 'Fan Kwae' at Canton; before treaty days 1825-1844* にみえる。ハンターは、アメリカのケンタッキーに生まれ一三歳頃にニューヨークのスミス商会の広東にあった代理店の見習いとして就職するため一八二五年（道光五）二月に広州に到着したが、予備教育のため一八箇月間マラッカの英華学院で中国語を学習したのち広東に戻り、引き続きロバート・モリソン（R. Morrison）から中国語を学び、系統的に中国語を習得した最初のアメリカ人とされる。一八二七年にスミス商会が倒産したため一端帰国するが、一八二九年にラッセル商会の書記として再び広州に赴任し滞在していた。その後、アヘン戦争で外国商館が破壊されたため、マカオで引退生活を送ったが、一八四四年に帰国し、一八九一年にフランスのニースで没している。[27]

このハンターが記した「広州の番鬼」と中国訳される前掲書に広州の外国商館のことが詳細に記されている。商館 Factory と言う語彙は、東インド会社の商業上の建築物がそのように言われていたインドから輸入された。代理店と同意語であった。それが今や工場と混同されつつあるため、これについて説明するのには良い機会である。

広東の外国人社会に提供される空間は、珠江の堤から約三〇〇フィートであり、マカオから八〇マイルにあたる。……黄埔江の停泊地から一〇マイルのところにあった。東西の幅は約一〇〇〇フィート（三〇八・四メートル）であった。そこに商館群が建っていた。そしてそれらは原則として一つの屋根の下に一国の住居と仕事上の事務所を形成していた。正面の風景は、均一的で全て真南を向いていた。……正面の建物に一の番号を付し、それらの後に続く三階建てのすべてに二・三と番号が付けられた。建物が最も少ない商館は米国商館で、最も多いのは、デンマーク商館そしてオランダ商館で各々七及び八棟を保有していた。……中国語の行：Hong は、ビジネスのあらゆる場所に適用された、しかし、特に多くの場合において中国人の特許商人、保商、Security Merchants の行：Hongs を意味していた。それはまた一般に行商やまたは幾つかの外国の商館 Factory を意味していた。それは建物や家並みをも意味していた。中国人によって、外国人の仕事場は、洋行：Foreign Hongs として知られていた。洋行商人は特許商人すなわち保商のことを意味していた。

……
西側からデンマーク商館があり、その隣に全てのスペースが中国人の店で、そして新チャイナストリートがあり、スペイン商館とフランス商館があり、その隣は公商 Chunggua の館があった。そして旧チャイナストリートがあり、そしてアメリカ館、帝国（オーストリア）館、そして Panou-shun 館があり、次にスウェーデン館、旧イギリス館、そして Chow-chow 館があった。……各商館の前に旗竿が各国の銘々の国旗で飾られていた。そして各商館は中国の海関の後ろに幾つかの特色ある形を示してデザインされていた。英国商館は「その商館は落ち着きを保証する」と言われている。アメリカのそれは「多くの噴水（塔）」と、オランダは「黄色い旗」、オーストリアは「双頭の鷲」、スウェーデン、ペルシャ、デンマークそしてフランスもまた同様にデザインされている。(28)（拙訳）

と記しているように、貿易のために広州に来航して滞在した欧米人の居住区となる地区があり、長崎の出島のような役割を担っていた。そして、各商館の前に国旗が掲揚されていたのであり、その国旗を日本の漂流民達が見たのである。

特に商館の構造としては、一階に会計室や荷物置き場、買弁室、使用人室などがあり、二階には食堂と居間があり、三階が寝室となっていた。(29)

清代中国の外国との関係、また広州港との関連において興味ある事実が、「文化十三丙子歳薩州漂客見聞録」に記されている。

文化一三年正月一一日に日本の漂流民が広東から浙江省の乍浦に送られる途中、広東省の南雄州から省境の山越えをして江西省の南安府にいたった時のことである。

（正月）十一日、上陸仕り、私共并びに水主どもまで、轎に乗せ舁き参り候処、大庾嶺、又梅嶺と申し、左右とも高山にて、下には梅樹多くこれあり、右は格別古木と相見へ申さず、この処にも、町家又は役所体の処も相見へ、廣東辺より荷物夥しく持超し候を見請け申し候、同日、南安府と申し町家数千軒ほどこれある処え着、宿屋体の処え泊り、同十二日、川端え連越し、右川には、用水を取り候水車左右にこれあり、私どもを川舟二双に乗せ、川岸に繋ぎ居り候処、北京え貢物持越し候帰路のよし、暹羅国のもの三人、廣東の官湯太爺と申すもの、同道いたし候を見受け候処、右暹羅人は歯黒く、唐人同様の帽子を被り罷り在り候、[30]

漂流民一行が中国官憲同行のもとに、広東省と江西省の省境にある大庾嶺・梅嶺を越えている。ここは北から広東省に、広東省から北にいたる重要な交通路であった。多くは水路が利用されていたが、この部分は人力で越えねばならない古くからの要衝であった。

彼らが大庾嶺を越えて江西省の南安府に入ったところで、北京に朝貢に赴いて帰ってきた暹羅国使節に遭遇している。彼らが暹羅国の使節と会ったのは文化一三年正月一二日で中国の嘉慶二一年（一八一六）正月一二日のことであった。この事実を裏付けるために、暹羅使節の北京への朝貢の月日を確認してみることにする。『仁宗実録』巻三一〇、嘉慶二〇年九月己酉（二七日）の条に、

暹羅国使臣丕雅梭挖粒巡呑押撥辣昭突等四人、于西安門内瞻覲。

とあり、また『仁宗実録』巻三一一、嘉慶二〇年一〇月乙卯（四日）の条に、

暹羅國王鄭佛遣使表貢方物、賞賚、筵宴如例。

とあるように、暹羅使節が北京で嘉慶帝に拝謁したのは嘉慶二〇年（一八一五）九月二七日のことで、その後おそらく一〇月四日以後に北京を離れ広州に戻ってくるのである。暹羅国の貢路は本国から「広東虎門」に来航する

ことが定められ、広州から北京に赴くには二六名を超えることができなかった(31)。

この北京に朝貢に赴いた暹羅国の使節が北京から広州に戻るさいに、江西省の南安府において日本の漂流民と出会ったのであった。

その後、日本の漂流民は贛江を下り北上して吉安府を経て南昌府にいたり、鄱陽湖南岸の瑞洪鎮から信江下流の錦江を遡航して信江に入り広信府の貴渓・鉛山、さらに玉山にいたって下船している。しかしここで「水主大島坊助、疱瘡相煩ひ候」によって中国の医師の看護や薬効の効果もなく二月一五日に死去している。その後、浙江省の省境を山越えして浙江省の常山にいたり、再び川舟に乗り富春江上流の厳州府を経て杭州府城に到着している。そして大運河を航行して石門県・嘉興府にいたり、大運河支流の水路によって平湖県から乍浦へ到着したのは二月二八日のことであった(32)。その後、彼らは荷主の崇文松や徐陸源らの保護を得て六月下旬の帰国まで乍浦に滞在している。帰国の直前に水主阿久根八兵衛が薬効なく病死した(33)。漂流民は六月一〇日に古後七郎右衛門等八名、一三日に伊兵衛等八名、一五日には長右衛門等八名が「日本渡海の船」六艘に分散して乗船し帰国した(34)。日本の漂流民達が広州から浙江までたどった経路の大部分は、中国茶が広州から欧米に輸出される経路とも重なる輸送路でもあった(35)。

古後七郎右衛門らが、日本へ送還されたさいのことは護理浙江巡撫印務布政使であった額特布の嘉慶二一年閏六月二一日付の奏摺に見える。

奴才額特布跪奏、爲粤省送到日本國遭風難番、照例撫恤、附船歸國、恭摺奏聞事、奴才接准、督臣汪志伊咨會准兩廣督臣蒋攸銛咨開、日本國遭風難夷漂流到粤、言語不通、内有古後七郎右衛門、能書漢文、開出四十七人、花名並據寫稱、在小琉球國大島處、所置買黒糖・草蓆装載起身、大風吹蕩、漂到粤洋、貨船失火、焼燬乗坐杉板小船、由浅澳登岸、懇請發遣回國等情。即經粤省査勘、撫恤奏明、委員護送浙江交乍防同知収管、附便搭送回國、内水手防（ママ）助一名、行至玉山縣地方、患痘病故、尚有難夷古後七郎右衛門等四十七名、經粤省委員、於嘉慶二十一年二月二十七日、護至浙省、當即飭送乍浦海口、妥爲安頓撫恤、俟東洋銅便船、附搭回國去後、茲據平湖縣詳稱、査有范三錫・金全勝・金源寶・萬永泰・錢壽昌・金恒順六船、前往東洋、採辦銅觔、當将該難番等給與口糧、分搭銅船、正在候風開駛、間難番内八兵衛一名、中暑身故、故給棺殮埋、其餘難番古後七郎右衛門等四十五名、於六月初十、十三、十五等日、先後在乍浦開行、出口回國、……

嘉慶二十一年閏六月二十二日(36)

額特布は、古後七郎右衛門が広東省に漂着するまでの経過を簡略ながら正確に記し、その後、広東省から送られるが、その途中の玉山県で水主の大島坊助が疱瘡により死去したことや、乍浦で阿久根八兵衛が帰国直前に病死したことなど、そして彼らが乗船した日本の長崎に向かう貿易船の所有者である船戸名や船名(37)——范三錫・金全勝・金源宝・万永泰・銭壽昌・金恒順の六艘——や漂流民の乗船帰国の日時も正確に報告している。

四　小結

嘉慶二〇年（一八一五）の一一月八日より二〇日のわずか一〇余日の間であったが、広州港の近郊に滞在していた日本人漂流者が実際に見た広州港の状況、とりわけ広州城に隣接して外国商館が立ち並ぶ風景は強い衝撃を与えたであろう。この商館群の風景は、一九世紀初期の広東の外国貿易の実態を象徴的に示す具象的な一部にほかならないのである。その一端ではあったが、その繁栄の様子を的確に記憶していたことが知られるであろう。また彼らは、江西省南安において北京からの帰途の暹羅使節一行と出会ったことで、清代の対外関係の一面を垣間見ることができ、帰国後、長崎や郷里での取調べのさいに報告したのは、それだけ強く印象付けられていたからである。換言すれば、広州港の外国貿易がいかに大きく繁栄していたかを如実に示しているといえる。

（1）鄧端本編著『広州港史（古代部分）』、海洋出版社、一九八六年三月、一七九～一九六頁。
（2）『続長崎実録大成』（長崎文献叢書・第一集第四巻、長崎文献社、一九七四年一一月）二七〇～二七六頁に収録されている。本稿で使用した『長崎志続編』巻九「子二番同三番同四番同五番同六番同七番船ヨリ薩州家臣送来事」はこれによった。
（3）『通航一覧』第五、一九一三年一一月初版、清文堂、一九六七年四月復刻、五三八～五四二頁。
（4）『通航一覧』第五、五四二～五五五頁。
（5）石井研堂校訂『校訂漂流奇談全集』、博文館、一九〇〇年七月初版、一九〇九年一月再版、一九一一年九月三版、八二一～八五六頁がある。同書では「文化十三丙子薩州漂客見聞録」とある。
（6）『石井研堂これくしょん　江戸漂流記総集』第三巻（日本評論社、一九九二年七月）四三五～四八五頁に収録されている。本稿はこの新再編本によった（以下『江戸漂流記総集』第三巻として引用する）。
（7）『長崎志続編』巻九「子二番同三番同四番同五番同六番同七番船ヨリ薩州家臣送来事」。
（8）『続長崎実録大成』二七六頁の記述、及び大庭脩編著『唐船進港回棹録　島原本唐人風説書　割符留帳――近世日中交渉史料集――』（関西大学東西学術研究所、一九七四年三月）八～九頁参照。
（9）『江戸漂流記総集』第三巻、四三九～四四〇頁。
（10）同書、四四三頁。
（11）同書、四四二～四五〇頁。
（12）同書、四五一～四六〇頁。
（13）『長崎志続編』巻九「子二番同三番同四番同五番同六番同七番船ヨリ薩州家臣送来事」（『続長崎実録大成』二七六頁）。
（14）中国第一歴史檔案館所蔵、硃批奏摺、外交類、四全宗二五八号巻一九号。

(15)『清嘉慶朝外交史料』四、四一丁表～四二丁表。
(16)『長崎志続編』巻九「子二番同三番同四番同五番同六番同七番船ヨリ薩州家臣送来事」。
(16)同書。
(17)『江戸漂流記総集』第三巻、四五〇頁。
(18)同書、四七一頁。
(19)H. B. Morse; *The East India Company Trading To China*, Vol.III, p.228.
(20)『長崎志続編』巻九「子二番同三番同四番同五番同六番同七番船ヨリ薩州家臣送来事」。
(21)『江戸漂流記総集』第三巻、四五〇～四五一頁。
(22)『通航一覧』第五、五四〇頁。
(23)『通航一覧』巻二二二、『通航一覧』第五、五四七頁。
(24)松浦章「清代の買辦について」、『或問』№5（近代東西言語接触研究会）、白帝社、二〇〇二年一月、七八頁。
(25)『史料旬刊』天三〇七表～三一〇裏。
(26)『林則徐集　公牘』、中華書局、一九六三年一〇月第一版、一九八五年一月第二次印刷、五六頁。
(27)S. Couling; *The Encyclopedia Sinica*, 1917, p. 245.
Dumas Malone ed., *Dictionary of American Biography*, Vol. 9, New York, 1932, p.408.
(28)W. C. Hunter; *The 'Fan Kwae' at Canton; before treaty days 1825-1844*, 1882, pp.20-21.
(29)松本忠雄「広東の行商と夷館」中、『支那』二三巻一号、五二一～六七頁。
(30)『江戸漂流記総集』第三巻、四五五頁。
(31)嘉慶『大清會典』巻三一「凡入貢各定其期」による。
(32)『江戸漂流記総集』第三巻、四五五～四六〇頁。
(33)同書、四六〇～四六四頁。
(34)同書、四六四頁。
(35)松浦章「清代福建輸出中国茶葉の一大集荷地・江西河口鎮の歴史と現況」、『関西大学東西学術研究所紀要』第三五輯、二〇〇二年三月、三七～六七頁。

(36)『清嘉慶朝外交史料』五、三三丁裏～三四丁表。

(37)松浦章『清代海外貿易史の研究』、朋友書店、二〇〇二年一月。

第六編

幕末明治初期の日中交流の変容

第一章　ジャーディン・マセソン商会と日清貿易
――文久元年申一番ランシフィールト船の来航をめぐって――

一　緒　言

幕末のあわただしい時期の日本を知る上で貴重なアメリカ彦蔵ことジョセフ＝ヒコの『アメリカ彦蔵自伝』の中に、次のような海戦の模様が記されている。

敵の蒸気船（ランスフィールド号）は高官を幾人か乗せていたらしく、藩公の家紋のある紫の幕を張っているのが見えた。こちらがランスフィールド号の舳先を横切るやいなや、もやい綱をほどいて港の奥の方へ逃げて難を避けようと試みた。この瞬間、艦長は十一インチのダールゲン砲の砲手に発射を命じた。しかし、砲手はそれに気がつかないのか、艦長はとうとう三回目か四回目の命令まで下さなければならなかった。しかしとうとう命令が実行され、耳をつんざく砲声と共に発射された。そして、発射の硝煙が晴れるにつれて、大量の煙と蒸気がランスフィールド号のデッキから吹き出しているのが見えたが、同時にランスフィールド号はゆっくり一回転してだんだん一方に傾き、一分か二分で海中に姿を没した。(1)

とあり、長州のアメリカ合衆国商船への砲撃で生じた馬関戦争の最初の連合艦隊の長州攻撃の模様を記している。

本章は、このランスフィールド船が、本来どこの船舶で、どのような航海を経て日本に来航し、また何故に日清貿易と関係をもったのかを明らかにするとともに、この船と関連のあったカライミヤー船、ランリック船、ペンブローク船の当時の航海記録の一端を明らかにすることによって、幕末期の日中貿易の実態解明への手掛りとなし、ひいては外国商船による日本と中国間、また中国大陸沿海での貿易活動の実態を究明するための一試論と考えるものである。

二　文久元年申一番ランシフィールト船の来航

二百数十年にわたって、中国文化を日本にもたらした江戸時代の日清貿易船の来航については、長崎県立図書館（現・長崎歴史文化博物館）蔵の『割符留帳』(2)によって文化一一年（一八一四）より文久元年（一八六一）までの約五〇年に及ぶことが知られる。この『割符留帳』によれば、記載の最後の年である文久元年に来航したのは、八月二九日入津の申一番船と一一月一三日入津の酉一番船の二艘である。(3)しかしこの二艘の貿易船はこれまで日清貿易に使われていた中国商船の「唐船」ではなく、いずれもイギリス籍の船船であった。即ち、『割符留帳』には申一番船の来航に関して次のようにある（〔　〕内は筆者補入）。

〔割印〕未三番船牌主程稼堂元和丙午年
　壱年限之割符相渡候、割符文言
　前ニ同シ、但午年定船数之内元和
　　壱艘積〔銀〕高九拾五貫目。
右之割符入津可仕筈之程稼堂
今日於

御役所就被遊御渡候、私共罷出申候。
萬延元年申七月四日　頴川　豊十郎㊞
薛　真右衛門㊞
辛酉八月廿九日入津
但英吉利亞ランシフイールト船借請信牌持渡
第五拾番　頴川　彦五郎㊞
何　隣　三㊞
在留船主
程稼堂　申壹番　周　恒十郎㊞
王　準次郎[4]㊞

とあって、安政六年来航の未三番船主であった程稼堂が万延元年七月四日（一八六〇年八月二〇日）に一年限りの信牌をもらった。信牌の地割は、今までの例では「南京」「寧波」「厦門」等であったのに、「元和」とある。これは、おそらく中国側の事情で新たに「元和」が加えられたと思われる。「元和」とは江蘇省蘇州府元和県を指すものと考えられる。

もう一艘の西一番船の方は（〔　〕内は筆者補入）、

〔未三番船牌主〕戴菜山上海丙午年
壹年限之割符相渡候、割符文言
前ニ同シ、但午年定船数之内上海

壹艘積銀高九拾五貫目。
右之割符午年入津可仕筈之戴萊山
帰唐ニ付、依願代程稼堂今日於
御役所就被遊御渡候、私共罷出申候。
萬延元年申七月四日　　　顓川　豊十郎㊞
　　　　　　　　　　　　薛　　真右衛門㊞
　　　　　　　　　　　穎川　彦五郎㊞
辛酉十一月十三日入津　何　　隣　三㊞
　第七拾番
但英吉利亞カライミヤー船借請信牌持渡
　在留船主　　　　　周　　恒十郎㊞
代　程稼堂　西壹番　王　　準次郎㊞(5)

とあり、こちらの方が『割符留帳』では先に給牌されているが、長崎入港は後で、来航船の記録はこれをもって終っている。これも、在留船主程稼堂によって貿易が行われたもので、信牌の地割は「上海」とある。

以上のように、江戸時代最後の長崎唐人貿易が二艘のイギリス籍の船舶で実施されたことは明らかであろう。

それでは、これらの船がどのようにして日清貿易に使われることになったか考えてみたい。まず初めに、ランシフィールト船のことについて、当時来日したと思われる類似した船名を持つ船を検索してみたところ、『海舟全集』所収『海軍歴史』巻二三の「船譜」に見える。その船とは、長州藩が一八六二年（文久二）に購入した壬戌丸である。

この壬戌丸の原名は「ランスヒールト」と言い、船形は「蒸気内車」、船質「鐵」、馬力「三百」、噸数「四百四十八」、製造国名「英」、造年「千八百五十五年」、造地「ガラスゴー」、受取年月「文久二戌年九月二十七日、千八百六十二年」、受取地名「横浜」、価「十一萬五千弗」、原主「チョルデインマスソン組合」とあり、備考に「文久三亥年六月於下の関為和蘭軍船所打沈」とある。[6] この壬戌丸の日本来航の時期は、先のランシフィールト船とは約一年の相違があるが、原名が類似しているところから同一船である可能性が極めて高いと考えられる。

ついで、この壬戌丸（ランスヒールト船）を購入した長州側の記録を見てみることにする。編集されたものであるが『修訂防長回天史』第三編下「四七章　汽船壬戌丸の購入」の箇所に、

> 文久二年七月、幕府大に諸政を改革し諸侯に海軍の興起を将励するや、毛利氏亦汽船壬戌丸を購入す。（中略）偶々チヤーヂンマヂソン商社所有の汽船二隻。
>
> 一をフイリーコロスと称し、薩州之を購ふて永平丸と改名し、一をランスフイールトと称し、長州之れを得て壬戌丸と改名す。共に英国グラスゴーに於て千八百五十五年中製造せしもの。壬戌丸は鉄船、内車、馬力三百、噸数四百四十八と云ふ。
>
> 横浜に入り薩藩先づ其一を購ふを聞くや、世子（毛利元徳）乃ち閏八月二十七日竹内正兵衛、山田亦介を横浜に遣はし、石炭商赤根忠右衛門と共に他の一船購入の約を締結せしむ。（註記略）竹内等乃ち会商数次遂に洋銀十一萬五千弗を以て購入を約せり、壬戌丸即ち是なり。[7]

とあり、長州が購入した壬戌丸の原名を「ランスフイールト」としており、先の『海軍歴史』では「ランスヒールト」とあることから、もともと英文同一船名だったものがカタカナに表記されるさいに異なったものと考えら

れる。それ故『割符留帳』に記された「ランシフイールト」も先の二例と同様に英文原名は同じで、同一船であったと考えられる。そうすると、日清貿易に使われたランシフィールト船は、文久元年（一八六一）八月二九日に長崎に来航し、その翌年の文久二年九月二七日に横浜で「ヂャーヂンマヂソン商社（チヨルデインマスソン組合）」から長州藩に売却されたことがわかる。

そこで、当時の横浜入港の外国船の記録を整理したPaske-Smithの *Western Barbarians in Japan and Formosa in Tokugawa Days, 1603-1868* のAppendix No.11bのList of all ships calling at Yokohama, November, 1861-December, 1865を調べると、一八六二年に横浜に来航したと思われる長崎の記録に見える「ランシフイールト」、『海軍歴史』の「ランスヒールト」、長州の記録の「ランスフイールト」のカタカナ表記に該当するものは次の船である。

Name-Lancefild, Captain-Roskell, Tons-449, Flag and Rig. British steamer, Where from Shanghai, Date-Sept.8th, Consignee-S.J. Gower.[8]

つまり、船名がLancefild：ランスフィールド、船長がRoskell：ロスキル、トン数が四四九トン、船籍はイギリス、艤装は蒸気船、出帆地は上海、横浜入港日は一八六二年九月八日（文久二年八月一五日）で、荷受人はS.J.Gower：S・J・ゴワーとある。

ところで、この船の荷受人S.J.Gowerは、イギリスの研究者によれば、横浜のジャーディン・マセソン商会のAgentであったことがわかる。[9] また、日本側の資料では、文久二年刊の『珍事五ケ国横浜はなし』の「外国人士官商人館番附并名前」の「一番館」の箇所に「英国ガハール」[10]とあるガハールがS.J.Gowerではないのかと考えられる。一番館とは所謂英一番館のことで、これはジャーディン・マセソン商会の横浜支店であった。[11] ガハールが代表で名が記されているのは、彼が当時支店長をしていたため荷受人としてその名が記されたものと考えられる。それ故、ランスフィールド船が同商会の船舶であったことは明らかであろう。

それでは、先の「船譜」の記事から、ランスフィールド船は一八五五年にイギリスのグラスゴーで建造され、一八六二年に長州に売却されているが、その間の航海について考えてみたい。

この間のランスフィールドの航海記録を明かす資料として、一八四五年二月に香港で創刊された *The China Mail*[12] と、一八五〇年八月に上海で創刊された *The North-China Herald*[13] の各号に掲載されている Shipping Intelligence である。東洋文庫所蔵のマイクロフィルム[14]によって一八五五〜六七年までの航海記録をまとめたのが表1である（表1〜5は三七五〜八六頁参照）。

これによると、ランスフィールドは、一八五五年にイギリスのグラスゴーで建造され、その年の六月にはインドのカルカッタまで航海したことがわかるから、少なくとも四月か五月の初めころまでに建造されたものと思われる。そして、六月二三日にカルカッタを出帆して中国近海に初めてあらわれたのは七月のことで、七日に香港に到着した。その後、少なくとも一八五八年の九月までは規則正しく香港―カルカッタ間の航海に従事し、一〇七航海を記録している。但し、東洋文庫蔵のマイクロフィルムは *The China Mail* の一八五九年から一八六二年まで欠号であり、この間、*The North-China Herald* には Lancefield が見えないから、一八五八年九月から一八六一年九月までの二年間もインド―中国間の貿易に従事していたものと考えられる。この時期のランスフィールドの積荷は、インドのカルカッタから香港へは鴉片（アヘン）を運び、香港からカルカッタへは主に雑貨を運搬していたようである。

そして、ランスフィールドが東海（東シナ海）に北上してきた最初は、一八六一年の九月のことで二日に香港を出帆し、途中、厦門《アモイ》に寄港し、四日に同地を出帆して上海には九日に到着している。そして、これから一八六二年一〇月に神奈川に来航するまでの間は主に日本と中国間の貿易に従事していたようである。そしてこの間、長崎に来航して文久元年の申一番船に番立されたわけである。

その時の航海は *The North-China Herald*, No.585, October 12, 1861, p.164, Shipping Intelligence, Arrivals によると、

Date-Oct.6, Vessels-Lancefield, Flag & Rig-B.str., Tons-449, Captain-Hutchinson, From-Yoko. & N, saki, Saild-Sept.30, Cargo-General, Consignees-Jardine, Matheson & Co.

とあり、一八六一年九月三〇日に横浜を出帆し、途中長崎に寄港し、上海には一〇月六日に入港していることが分かる。そして、長崎に入港した日は、先に記した文久元年八月二九日で、西暦一八六一年一〇月三日のことであるから、航海日数の上から考えても『割符留帳』の申一番ランシフィールト船が Lancefield 船に誤りないことが証明されたといえる。この時の積荷は一般貨物であったとしかわからない。この場合の日清貿易に関していえば、程稼堂がランスフィールド船一艘ごと傭船したのではなく、ジャーディン・マセソン商会の上海支店から横浜支店へなんらかの積荷を運んだ帰りに、長崎に寄港して日清貿易の積荷、即ち程稼堂が上海から長崎に運搬を依頼した荷物をおろしたと考えられるから、ランスフィールド船の積荷が日清貿易の貨物で満たされていたのではなかったことは明らかである。このことからも、幕末期の日清貿易の性格をうかがい知れよう。

ところで、ランスフィールド船が、四四九トンの蒸気船であったことは上記資料から明らかであるが、速力がいかほどであったかを記したものがないので、航海記録から算出してみることにする。カルカッタと香港間の航海日数（一七航海）の最少は一〇日、最大は二三日、平均一七日で、途中シンガポールに何日か寄港しているもの

と考えられるが計算上は除去すると、カルカッタよりマラッカ海峡・シンガポールを経由して香港まで約五七八二キロで約三一二二海里であるから、この間の速力は最大一三ノット、最少約五・七ノット、平均約八ノットであった。また長崎―上海間四六〇海里を三日間として約六・四ノットであったことからみてもランスフィールド船の速力がほぼ知られる。従来、帆船の唐船では上海―長崎間を早くて六日、普通一〇日前後であったから[15]、その速力は二ないし三ノット程度と見られ、それも風などの天候により左右されることを考えあわせると、蒸気船の中国近海進出が多方面に大きな影響を及ぼさずにはおかなかったであろうことは、このわずかな例から見ても明らかであろう。

ちなみに、『割符留帳』の酉一番カライミヤー船について調査すると、この船は、信牌からみて、上海を出帆して長崎に文久元年一一月一三日、西暦一八六一年一二月一四日に入港したことがわかる。そこで、先のランスフィールド船同様、長崎入港の数日前に上海を出帆したと思われるカライミヤーという船名を検索すると *The North-China Herald*, No.594, December 14, 1861, p.200, Shipping Intelligence, Departures に、

Date-Dec. 8, Vessels-Crimea, Flag & Rig.B.ship, Tons-478, Captain-Tucker, Destination-Nagasaki, Cargo-Sun & c, Despatched by-Dent and Co.

とあるCrimeaが浮びあがってきた。この船はイギリス籍の帆船で、四七八トン、船長はタッカー、一二月八日に上海から長崎にむけて出帆しており、荷受人は先のランスフィールド船のジャーディン・マセソン商会とは競争相手であったデント商会である。上海出航が一二月八日で、長崎入港が一二月一四日であること、上海から長崎にむかって出帆したこと、Crimeaとカライミヤーの英文表記とカタカナ表記が類似していること、いずれも英国籍の船舶であったことからみて、同一船に誤りないものと思われる。

そうすると、「英吉利亜カライミヤー船」即ち西一番船とは、イギリスのデント商会の四七八トンの帆船クリミア船であったことになる。*The North-China Herald* よりこのクリミア船の航海記録を表示したのが表2である。一八六〇年一二月にシンガポールを出帆し、上海に入港して、再び上海からシンガポールへ行き、そしてまた北上し、上海には寄らず直接長崎に入港し、それ以後上海と長崎間を数回航海していることがわかる。ところが、このクリミア船は *The China Mail* によれば、一八六三年以降はデント商会から離れて P. F. Cama & Co. あるいは中国人・船長自身が、その荷受人になっており、その所属が点々としている。一八三二年に開設されたデント商会が一八六七年には倒閉したことから(16)、この頃には商会の経営上の理由で、クリミア船を他者に売却したためと考えられる。

三　ランスフィールド船とランリック船

長州藩がランスフィールド船を購入した当時の事情及び同船のその後の様子、さらにこの船と関係のあったランリック船について述べてみることにする。

徳川幕府は文久二年（一八六二）七月四日に次のような令を出した。

萬石以上之輩、向後軍艦ニ而参観帰国并帰邑之令(17)。

であり、具体的な内容は、

萬石以上之面々、向後軍艦ニ而参観帰国并帰邑致し不苦候、尤陸路通行之節茂、併方之儀不及同、勝手次第減略可被致候(18)。

というもので、万石以上即ち各大名に対し幕府が、大名の重要な義務の一つである参勤交代を軍艦で行ってもよいことを認めたものである。しかし、この令は、単に参勤交代のことにとどまらず、各大名に軍艦の所有を認めるという幕府の祖法を大きく変更する重大な令であった。

事実、この令の発布以後、各藩は競って外国船を購入したのである。前掲「船譜」の諸侯船譜によると、各藩が外国船を受取った年月の明らかな七八艘のうち、文久二年七月以前に購入されたものは、僅かに薩摩の天祐丸（原名：イングランド、受取年月：万延元年一一月、一八六一年、以下同）、筑前の日下丸（シ・エ・チルトン、文久元年九月、一八六一年）、長州の庚申丸（英国船、万延元年）の三艘のみであるのに対して、七月の令発布以後は、文久二年八月の薩摩の永平丸に続き、各藩が競って外国船を購入するのである。[19] これらの外国船はほとんど商船であり、購入目的は海防力強化であったようで、[20] それらを軍船に改造したものと思われる。

そのことは長州の場合も同様で、「壬戌丸（ランスフィールド船）、癸亥丸（ランリック船）是等汽船は英国人より購入したもの、孰れも運送船即商業用の船を軍艦様に艤装したものである」[21] といわれていたように、二艘の商船を購入し、壬戌丸は小砲二砲、癸亥丸は一八斤砲を二砲、九斤砲を八砲、計一〇砲を装備していた。[22]

そして、この壬戌丸・癸亥丸の二艘を長州はいずれもイギリスのジャーディン・マセソン商会から購入している。このうち癸亥丸は原名 Lanrick：ランリックで、一八四三年にイギリスのリバプール近くのマージイ（Mersey）で建造された二本マストの快速帆船であった。この船は、船籍登録は二八三トンであったが、一三、〇〇〇ポンドもして、船名はジャーディン家の生国スコットランドのランリック城から名付けられたものである。建造後はインドと中国間のアヘン貿易船として用いられている。[23] このことはランリックの航海記録（表3）からも明らかである。確かな記録によると、一八四九年以降より一八五五年まで一〇数回、香港―カルカッタ間を往復し、一度は太平洋を横断してサンフランシスコへ航海している。一八五六年から一八五八年までは主に香港と上海間の貿易に、一八五九年から一八六二年までは上海と神奈川間の貿易に従事していた。この間、一八四九年から一八六二年までに一四年間約六〇航海が数えられる。このうち、一八五八年頃までは主にアヘン貿易船であり、一度の記録だけだが、その乗組員が五九名であったことが明らかとなっている。

ところで、このランリック船の速力であるが、カルカッター香港間の判明する一二回の航海日数は、最大が五六日、最少が二七日、平均約三六日であるから、最大速力四・八ノット、最少速力二・三ノット、平均三・六ノットになる。また、香港と上海間の場合は最大速力一一・四ノット、最少速力一・六ノット、平均六・五ノットが知られるので、前述の唐船に比較してもかなり速かったことがわかる。

この癸亥丸（ランリック船）が関門海峡に停泊中のアメリカ商船に発砲したことから、いわゆる馬関戦争が始まったのである。*Japan Commercial News*を翻訳した『日本貿易新聞』一八六三年七月一五日号（文久三年五月三〇日）に「某日外国船周防洋より下関を通せる節、長州侯に属せる二艘之軍艦より砲発せし之趣きを、下関長官より京師及ひ江戸に急報す[24]」とあり、また「某日下関にて襲撃せられしは合衆国蒸気商船ペンブルグ船号に疑いなし、右船ハ去ル五月六日当港を出帆、長崎に立寄上海に赴けり[25]」とある。そして、同年七月二〇日号（文久三年六月五日）には、

> 合衆国蒸気軍艦ワアイウヨミンク船名今朝未明に当港に著せり、それは二三周前五月十日、内海を航海せし亞国蒸気商船ベムブーロック船号を船并台場より大砲を打懸たる大名を罰するため下之関に至れるなり。
>
> 右ワイウヲミンク艦非凡之働キあり、ランスヒールト長州蒸気船を打飛せり、其近傍の台場大概鎮りて音なし、ランリツキ長州帆前をも厳く打破り、終にハ沈没せんとするに至れり。右乗組之者多く水中に身を投しけんハ、船ハ救ふこと能はざるべし[26]。

とあって、アメリカ軍艦ワイオミングがランスフィールド船を撃沈した記事を載せている。また、*Japan Commercial News* の七月二四日号（文久三年六月九日）を引用したイギリスの Blue Books の *Correspondence respecting affairs in Japan Presented to both Houses of Parliament by Command of Her Majesty*, 1864 の中で、ランスフィールドとランリックの両船について、

Within the past year he (Prince of Tchu-shu) Purchased the steamer "Lancefield" and brig "Lanrick", the former for 125,000 dollars, and the latter for about 25,000 dollars.[27]

とあって、一年のうちに長州の世子（毛利元徳）が蒸気船ランスフィールドと二本マストの帆装船ランリックを、前者は一二五、〇〇〇ドル、後者は二五、〇〇〇ドルで購入したことを伝えているが、購入額は日本側の資料とは異なっている。

しかし、この馬関戦争発端の当事国であった合衆国の記録はより詳しい。*Diplomatic Correspondence Department of State*, 1863, part 2 の Mr. Pruyn to Mr. Seward, *Legation of the United State in Japan*, Yokohama, July 24, 1863 には、

On the afternoon of the 25th ultimo the Pembroke, a small merchant steamer owned by the American house of Russell & Co., in China, in charge of a government pilot, anchored near the straits of Simonoseki, which separate the islands of Kinsin and Niphon at the western entrance of the inland sea, the state of the tide not permiting her then passing though the straits.[28]

とあり、六月二五日（文久三年五月一〇日）に下関海峡（関門海峡）に停泊していたのは中国にあるアメリカのラッセル商会のペンブローク号であった。このペンブローク号に発砲したのが、長州が購入した癸亥丸ことランリッ

ク船で、同資料には、

At 1 a.m. of the next day the bark commences firing into the Pembroke; and shortly after, her crew shouting as she passed by, and anchoring neat the bark, also opened with her guns on Pembroke.(29)

とある。そして、その後の戦闘に関係した二艘の船を次のように記している。

The Lancefield was affine iron steamer, of near 600tons, purchased of the English firm of Jardine, Matheson & Co., for the sum of $115,000; and the brig Lanrick, formerly in the opium trade, pierced for 18 guns, though carrying only 10, was purchased of the same firm for $20,000.(30)

つまり、ランスフィールド船はすばらしい鉄製蒸気船で六〇〇トンほどあり、イギリスのジャーディン・マセソン商会から一一五、〇〇〇ドルで、一方の帆船ランリックはかつてアヘン貿易に使われていた船で一〇砲を装備し、同社から二〇、〇〇〇ドルで購入したとある。

一方、発砲されたペンブローク号は、表4に示したように上海を中心に長江の航運に関係していた二四一トンの蒸気船であった。この船は中国内海航運に貢献していたラッセル商会の船で(31)、この事件後、長崎を経て一八六三年七月一日に上海に到着し(32)、上海領事には七月四日付で訴えがなされている(33)。このラッセル商会からの訴えにより、アメリカ合衆国を始めとしてオランダ・フランス・イギリス各国の軍艦が下関沖にあらわれたのである。この中のアメリカ合衆国軍艦ワイオミングに乗船して、この時の海戦の模様を記したのがアメリカ彦蔵であり、本章冒頭に記した『自伝』に様子が描かれている。彦蔵の記述では、ランスフィールド船がワイオミソグの攻撃をうけて「海中に姿を没した」とあるが、長州側の『奇兵隊日記』二の文久三年六月朔日の条には、

我壬戌艦数弾を負ひ、機管を破られ、水士六人を損す。将に其鋒を避けんとし過つて洲上に膠著す。船底狭

小なれハ、遂に洲上に倒れり。夷艦尚砲撃止ます。又庚申艦と戦ふ。百五十斤之巨砲を以て我艦の水際を穿つて、故をて、海水漏入して防くに術なし、遂ニ海中ニ沈没す。夷艦、我数十弾を受けるといへとも、船製堅剛なれハ依然として、敢て動かす。厳流島ニ至り。(34)

とあり、沈没したのは庚申丸の方で、壬戌丸は、攻撃を避けようとして洲上に突っ込んでしまい、横倒しの状態になったことがわかる。これを彦蔵は沈没したものと早合点したのではあるまいか。

その後、長州側は、この壬戌丸を引き上げて日本海側の萩に曳航した。そのことは『奇兵隊日記』六の元治元年七月一〇日の条に、

壬戌丸御船、三田尻乗廻し被仰候ニ付、明十一日より天気相次第萩出帆、赤間関洋中致通船候段、萩表より申来候付、右様御承知可被成候以上。(35)

とあり、天宮慎太郎に山口行が命ぜられていることから、壬戌丸は一端洲上から引き上げられた後、萩まで曳航され、萩でなんらかの修理を受けて、また関門海峡を通過し防府の三田尻港までくることになったのであろう。

同書一〇、元治二年二月九日の条には、

壬戌丸夷入江売却之為、今日より当地出帆、上海辺迄罷越候事。(36)

とあり、壬戌丸は二月九日（一八六五年三月六日）に三田尻を出帆して上海まで航行して外国人に売却されることになった。この壬戌丸売却の一件については石井孝氏の研究に詳しく、米国商人ドレークに三五、〇〇〇ドルで売り、壬戌丸には村田蔵六こと大村益次郎をはじめ五〇名のものが乗り組んで、米国船フィーパン号に曳航され上海に行き、同地で壬戌丸を売却した代価で長州藩はケヴェール銃を買入れ、フィーパン号で下関に帰ってきたのは四月二日（四月二六日）のことであった。(37)

The North-China Herald, No.765 (March 25, 1865) と No.768 (April 15, 1865) の Shipping Intelligence に、

Arrival Vessels Flag & Rig Tons Captain 3.22 Fei Pang A.str.163 McCaslim From Consignee Yokohama H.K.Drake & Co.

Departures Vessel Flag & Rig Tons Captai 4.7 Fei Pang A.str.163 McCaslim

Destination Despathed by Yokohama H.K.Drake & Co.

とあり、船名が Fei Pang で荷受人が H.K. Drake & Co. とあるから、これがフィーパン号に間違いあるまい。そうすると、壬戌丸は二月九日（一八六五年三月六日）に三田尻を出帆し、曳航したフィーパン号は一八六五年三月二二日（元治二年二月二五日）に上海に入港しているから、三田尻から一六日間を要して上海に到着したことになる。しかし、壬戌丸（ランスフィールド船）のことは、フィーパン号の入港記録の前後にも見えない。

ところが、同書の八月中の記載に、上海停泊船名簿に Lancefield の名があり、このほかの入港日は三月二二日（元治二年二月二六日）とあることから、フィーパン号の曳航によって上海へ入港したことは確実である。さらに Lancefield の名は、同八月から翌年一月中旬まで停泊船名簿にあり Repairing（修理中）の記事が見られる。その後、一八六六年一月一九日には上海を出帆して香港にいたっている。ついで *The China Mail* によると、香港に着いたのは一月二四日で、しばらく停泊し、同年三月から一二月まで Repaitting の記事があり、翌一八六七年には香港島の南の Aberjeen dock の記載があり、修理を終え一端出帆したが、また引き返えして積荷をおろし、再度同ドックに入っている。同年二月下旬まで見えるが、その後の記載は見られない（表1）。ランスフィールド船は下関沖での海戦でかなりの破損をうけ、上海と香港で二度にわたる大修理を受けたが、以前の状態にもどり得ないで、建造以来約一二箇年に及ぶ船としての生涯を終えたものと思われる。

ところで、アメリカ商人ドレークはこのランスフィールド船を、どこへ売却したのであろうか。それは、一八六五年八月以後の記載によって（表1）、アメリカのラッセル商会に売却したものと思われ、皮肉なめぐりあわせとなった。

四　在留船主程稼堂と長崎貿易

ここでは、二艘の外国船を雇船して長崎貿易を行った程稼堂のことについて述べたい。

程稼堂という名が長崎貿易の記録『割符留帳』[38]に見える最初は、安政五年（咸豊八＝一八五八）七月二九日の夜、長崎に入港した午一番船の在留船主であるから、当然長崎在留の身であったことになり、彼はそれ以前に長崎に来航していたと考えられる。その後、程稼堂の名は、安政六年（咸豊九＝一八五九）三月二七日夕刻に長崎に入港した未三番船の在留船主[39]、さらに上述の文久元年八月二九日入津の申一番船在留船主、同年一一月一三日入津の酉一番船在留船主というように計四度知られる。

ところで、程稼堂は最初からこの名で長崎貿易に関係していたのではなかった。『幕末外国関係文書』一六―七四の安政四年「閏五月十七日長崎在留唐船主顧　長崎奉行へ　別段荷渡仕役猶予の件」の文書中の船主名に「巳乙番船主程稼堂、顧子英　巳弐番船主顧子英、程稼堂」[40]とあり、この文書より約二箇月前の『幕末外国関係文書』一五―三二五の安政四年「四月長崎奉行達　唐船主へ　代官町年寄等所望誂物禁止の件」の船主名には「巳乙番船主程子延、顧子英　巳弐番船主顧子英、程子延」[41]とあることから、程稼堂と程子延は同じ船の船主であり、かつ同姓なので同一人物であったと思われ、安政四年四月に来航した程子延が、同年閏五月一七日までに程稼堂と改名したものと思われる。

そこで、程子延を『割符留帳』によって調べると、

弘化元年（道光二四＝一八四四）辰一番船財副（七月一三日入津[42]）

弘化二年（道光二五＝一八四五）巳一番船船主（七月一一日入津[43]）

弘化四年（道光二七＝一八四七）未一番船船主（正月五日入津[44]）

同未五番船船主（一一月二六日夜入津[45]）、

嘉永元年（道光二八＝一八四八）申一番船在留船主（七月二六日夕入津[46]）

同二年酉一番船在留船主（正月二三日入津[47]）

同四番船在留脇船主（六月二七日入津[48]）

同四年（咸豊元＝一八五一）亥三番船脇船主（同五年正月元旦入津[49]）

安政元年（咸豊四＝一八五四）寅二番船財副（七月二七日入津[50]）

安政四年（咸豊七＝一八五七）巳一番船船主（二月一九日入津[51]）

同巳二番船脇船主（二月二二日入津[52]）

の一一度の入港が知られる。

このように、程稼堂の活躍は程子延の時代を含めると弘化元年（道光二四＝一八四四）から文久元年（咸豊一一＝一八六一）まで、数度の長崎在留をも含め約一八年間に及んでいる。この間の程稼堂の来航を表示したのが表5である（三八六頁）。

それでは、このように長期にわたる長崎貿易の実績を持つ程稼堂が、何故、外国船を傭船して長崎貿易を行ったのであろうか。

この間の事情を明らかにしてくれる資料が、東京都立中央図書館・特別買上文庫蔵の『航米日録』（写本）に附記されている「清朝檄文之写」に見える、程稼堂提出の太平天国風説書である(53)。ここにその写しの全文を記すことにする。

茲為唐山賊匪擾乱、蘇城失陥、稼之妻子、避乱逃難、到此地因、将其情由、陳于左。

今夏四月初四日、南京逆匪、圍困蘇城、縦火城外民屋、逆焔斯挙、奈縁守兵、曽無防戦之、官員圖逃亡之計、禍在且夕、城中驚煌、手脚無措、賊在城外。七八日間、恣意擾乱、以観城中動静、官兵下戦而北、止有撫院大人、與庶民留。後同十二日、賊匪昂然搶入城中、殺害撫臺、堅閉城中、擇官衛庶戸之大厦富室、大肆劫掠。自十三至十五之間、殺人不止。又擇婦女之美者、幽于一室之中、着兵看守、先是不肯随賊往者、倶被汚辱、残害一聞、此信趁賊未至、自縊投水、全節死者、却是不少、種々惨毒、莫可言宣。同十六日早晨、賊渠称忠王者、出示安民云。我今平略此城、惟欲虐民濫官、以安百姓耳、非以投伐為事、自今日起、凡軍士等、僅有劫殺百姓者斬、擄淫婦女者斬、爾庶民等、不須驚惶。至于老幼及婦人輩、如欲搬往別處、聴其自使等。及二三日、放開城門、百姓因頓時寧静、以為忠王施仁。反懼路途之難、安然不去者多。就中不論紳士庶民、有健壮者、悉行拘留、起先蹂躙大衙富戸、所有貨財、盡行抄収、一則米穀、一則金銀、一則布帛衣服衾裯之類、堆満如山、呵叱士庶、挑往楓橋、装舟搬入金陵大城、同念六日、各處張挂諭示云。本月念八日、英王軍臨此城、爾等善良庶民無罪、被其残暴、殊堪可憐、自今日至明夜、速行走開、爾等遅滞、英王一到、忠王即欲受惜、百姓其可得乎等因、乃大開蘇城六門、放出百姓、蓋此英王専務殺戮、到處一見老幼病廃及婦女等、則必殺之、至壮年士庶、順彼者生、逆彼者死。故満城士庶、携老扶幼、好似洪水衝出、不分晝夜、流奔逃命、詎知別有草寇土匪、欲奪行李盤纏、殺散逃命、此時老幼、轉乎溝壑、死者不計其数、父母兄弟妻子離散死生存亡、更欲問誰可勝惶哉。因此錦繡城池、頓作荒墟。王公両局総以下干商夥家眷、各自瓦解萍散、未知流落何地。尚有各種茶毒情況、慘不可聞筆楮難罄。至於蘇城危急失守等警報、節々飛入京城、原當火速調兵救援傳聞、伊時適値、夷船数艘、駛入天律、忘圖疎梁頗為多、故致此頓挫、然無幾何施設奇計、撃毀幾艘、大獲勝伏、故發虎牌号令、即遣雄兵数万、以俄羅斯兵、従征飛下江南、勦滅烏合小寇等。因家眷在申、開船之時、京軍果否進發、未悉確信。再者同月十四日、公局宏豊抵乍、為因該地土匪蜂起、殺害鎮官、搶劫人家、宏豊連貨、駛開逃至寧波等云。王局吉利及吉隆両舟、于今十五日、到上海十里日本路程外呉淞、只只(ママ)因上海各行、掩上門戸、無人接貨、通船人衆、迄今羈泊呉淞、凡事如此。将来商情、不可知也。且今上海之地、雖用銀両、央佛蘭西防堵賊擾。或者批評云、朝廷以爵禄養官員、尚且不能臨難致命、以利相交之人安肯、與賊血戦、以保守乎。殊非万全之計、誠恐節外生枝、更有甚焉者矣。危哉、特此具單用達

尊聴伏冀。

電鑑是禱。

公局在留船主程稼堂

とあり、これには年月日が記されていない。ところで、この漢文を長崎唐通事により和解（和訳）されたと考えられるのが、長崎市立博物館蔵の「十二家在留船主程稼堂願書」であり[54]、この和解の方が早くから知られていたのであるが、ここにその全文を記してみる。

此度唐国賊乱のため蘇州落城致し、私妻子供雑を避ケ御当地ニ逃来候付、右之模様略左ニ申上條。

当夏四月四日、南京之逆徒蘇州を取巻、城外民家ニ火を附ケ逆焰を挙候処、守兵ニ防戦之心なく、官員者唯逃支度致候而已ニ而、禍且タニ迫り、城中之騒動不一方、賊等ハ城外ニ而七八日之間、肆ニ乱妨して城中之動静を窺居候内、官兵不戦して落失ス。巡撫官壱頭之外、町人百姓而已相残居候処、同十三日賊徒昂然と城

中ニ乱入いたし、巡撫を殺害し、城門を閉切、官府町家ニ而大厦富室を捸みて刼掠致し、同十三日より十五日迄擄殺止時なく、姉女之別なるをハ一家之中ニ幽閉致し、兵ニ為守、初め賊ニ従ひ往さる者ハ汚辱残害せらるる由ニ付、賊之不来内ニ迚、自縊投水して節ニ死する者都而夥処、種々之惨毒譬へ云へきなし。同十六日朝、賊首忠王なる者安民の牌を張出し、此度当城平略之儀者、民を凌虐する濫官を除き百姓を安する主意ニ而、殺伐を事とするにあらず、今日より始凡之軍兵共、若百姓を刼殺し姉女を擄淫する者あらハ斬罪ニ行ふ、爾等諸民驚恐するに及ハず、其老幼并姉女之輩他所江引越致のハ可為勝手旨ニ而、二三日之間城門を開きたり。百姓ハ城中一時ニ穏ニなりたるを見て忠王の仁心と思ひ、都而路途之雑を恐れ安然として去れる者多し。其内紳士庶民之差別なく健壮なる者をハ悉く引留、先ニ踏潰したる官府町家ニ所有之貨財を不残抄収し、一ニ米穀、二ニ金銭、三ニ布帛并衾裯之類山之如く積立、士庶を呵責して楓橋迄荷を運ハせ船ニ積、南京本城ニ移し入れ、同廿六日所々ニ諭文を張出したるハ、当月廿八日英王当城ニ着陣也、雨等善良之庶民罪なくして残暴を被むる事を憐むニ堪へリ、依而今日より明夜迄ニ早々立退へし、爾等遅滞して英王致らハ忠王蒼生を愛惜せんと欲すれとも得へからずと。蘇州城六門を大ニ聞き百姓を放出いたす。抑此英王ハ専ら殺戮を司り、致る処老幼病衰之者并姉女を見るハ必是を殺し、壮年之士民ニ至り候而ハ、彼ニ従ふ者は生き、逆ふ者ハ死す。依之満城之士民老を携へ幼を連れ洪水之流出るか如く昼夜となく逃命致候処、途中ニハ別ニハ草寇土匪有て行李銭物を奪わん為逃民を切散し、此時老弱溝壑ニ転ひて死する者其数を知らず、父母兄弟妻子離散して死生存亡更ニ可問方もなく哀れ成事共ニ有之。右ニ付錦綉之城地、俄ニ荒墟と相成、王氏十ニ家荷主始府方一統仲ケ間之家族共何れも瓦解萍散して行方不相分、此外茶毒を被り候情景閑ニモ不忍事計ニ而、筆紙ニ難申尽候者、蘇州之危急并落城之俵共追々京都江注進致し、早速救援之催し可有之処、其頃異国船数艘天津江攻寄候付、彼是事多く段々手延ニ相成候得共、無程奇計を以数艘討取十分勝利有之候故、其雄兵数万を引卒し魯斯亜之兵を随へ急ニ江南江弛向ひ、烏合之小寇超勦滅可致との厳令被申渡候由之処、私家族共上海より出船致し候頃迄京軍弥進処ニ相成候儀確と不承、猶又同月十四日、十二家宏豊船乍浦江着船之処、同所者匪蜂起し鎮官を殺害し人家を槍劫致し候付、宏豊船ハ積荷之なく乗出し寧波江逃去候由、王氏吉利并吉隆船ハ同十五日上海日本里数拾里之外呉淞口ニ着船之処、上海諸問屋何れも門戸を閉、荷物引諸候者も無之候付、一船之人数ニ今呉淞口ニ滞船致し居候而ハ商賣方も此度如何成致可申哉、且上海之地ハ銀両を以佛蘭西人江相頼ミ賊乱之防御致させ候といへとも、爵禄を以被養育候官吏さへ難ニ臨ミ命を惜む世態ニ候得ハ、利を以交る外国人共如何して賊ニ向ひ血戦して可相防哉、是又万金之計ニ無之、此上何等之事相起り候哉も難計、誠ニ以危き次第ニ有之様と評判致し候由ニ御座候、此段以書付奉達

尊徳御明鑑、被成下度奉願候。

申五月廿五日　　十二家在留船主　程稼堂

とあり、この和解には万延元年（庚申、咸豊一〇＝一八六〇）五月二五日付の日付があり、先の風説書と内容はほとんど一致することから原史料にあった日付が書写のさいに、なんらかの理由で欠落したものと思われる。

そこで、この内容を中国側資料によって検証してみることにする。

この願書の中で、程稼堂が漢文では「為唐山賊匪擾乱蘇城失陥」、和解に「唐国賊乱のため蘇州落城致し」といっていることは、太平軍が南京から蘇州へ進出してきたことを指している。この時のことは『呉大清卿太史日記』の咸豊一〇年四月四日の条に「午後有馬鎮軍兵勇入城、自中市至閶門城門」(55)とあり、「夜間城外兵勇放火、焼燬房室、徹夜火光燭天、見者胆寒」(56)とある。また『能静居士日記』四の同年四月五日の条に「居民言、蘇州昨

日、已被潰勇焚燹、舟不可進」とあり[57]、同じく七日の条に「初四日（中略）下午、逃将大名鎮総兵馬得昭至、告徐撫欲守城者、必尺焚城外民房而後可、徐撫遂出三令箭與之、首令居民装裏次令移徒、三令縦火、馬部兵以三令一時出、頃刻火光燭天、徐率僚属登城坐観、署臬司蘇州府朱鈞痛哭下城、城下遂大乱、広潮諸人尽起、潰勇亦大至、縦横劫掠、号哭之声震天、自山塘至南濠、半成灰燼[58]」とあり、四月四日に火が放たれたのを程稼堂は太平軍としているが、清側の蘇州守備防備軍からであったことが分かる。

また『能静居士日記』四の四月一二日の条に「路見蘇州煙焔半空、難民充塞而至、聞賊已到城下[59]」とあり、また同一六日の条に「聞蘇州於十三日被陥、木瀆於十四日為賊焚其半[60]」とあるように、太平軍が蘇州城内に入ったのは四月一三日で、程稼堂の報告と一致することからみて、太平軍の蘇州進出を日本に最初に伝えた資料として貴重といえる。

このように、太平軍の進出により、蘇州一円は混乱状態に陥って、日清貿易の中国側の荷主である王氏・十二家荷主やその家族も離散し行方不明の状態となった。それと同時に、貿易の中心地乍浦も混乱しており、乍浦が属す嘉興府は蘇州落城後一三日で太平軍の侵入を受けている[61]。このような状態から、日清貿易を行うことが困難となり、程稼堂の家族一同が長崎に渡来してきたのである。

しかし、すでに長崎に在留中であった程稼堂も、諸々の困難をかかえていた。その最大の問題は貿易船をどのように用意するかということであった。彼は長崎にいるため、唐船の拠点である中国側との連絡を取ることは困難であるし、日本の和船も海外渡航が許されていない状態であった。そのような状況下ではあるが、眼前の長崎港に多くの外国船が入港している事実[62]があるから、その利用を考えたのは当然といえよう。

それでは、程稼堂が最初に傭船したランスフィールドの持主ジャーディン・マセソン商会とは、直接あるいは間接的にどのように結びついていたのであろうか。この点に関しては推測の域を出ないが、当時、長崎に居住していたイギリス商人トーマス・グラバーの仲介があったためと考えられる。なぜならば、トーマス・グラバーは一八五九年（安政六）九月に上海から長崎に渡来してグラバー商会を発足させ、一八六一年六月以降はジャーディン・マセソン商会の代理店・取引店となったからである。[63]また、彼はジャーディン・マセソン商会の長崎所有地の後に居を構え、[64]さらに同商会の資金をもって高島炭鉱の採炭事業に関係していたのである。[65]

以上のことから、程稼堂はグラバーを通じてジャーディン・マセソン商会のランスフィールド船を傭船したものと想像されるが、前述の航海記録でも明らかなように、一回きりで終ったというのは、ジャーディン・マセソン商会にとって有益な仕事でなかったためと思われる。

そのため、程稼堂は二回目の外国船としてジャーディン・マセソン商会とは競争相手であったデント商会からその持船クリミア船を傭船している。この時の仲介者は、長崎デント商会のエバンスであったと思われる。一八六〇年一〇月に来日したロバート・フォーチュンがその紀行記の中で、

私は長崎に滞在中、シナの有名なデント商社のエバンスに一方ならぬ世話になった。上海のデント商社の代表者ウェッブ氏が、親切に紹介状と信用状を提供してくれたお蔭で、私は「地球の涯」に居ても、全く気楽に過ごすことが出来たのである。[66]

と記しているエバンスがクリミア船の傭船に役割を果したのであろう。

その後、程稼堂は長崎に在留し、中国人の輸出入業の問屋「復興号」に関係している。「御用留」の中に慶応三年（丁卯、一八六七）正月二一日付の「唐人開店届」があり、

昨年始而渡来仕候、私知音之程維賢と申者、此節ニおゐて商賣仕度奉存候、付ては問屋号復興号と相唱へ、

此後荷物輸出入之節は、同人より右名前を以御願申上候様仕度、此段以書付奉願候。

卯正月廿一日

総商　汪循南

和解

彭城　大沢郎[67]

とあり、慶応二年に長崎に渡来した程維賢が輸出入業の問屋復興号の開店届を出している。長崎県立図書館（現・長崎歴史文化博物館）蔵の慶応三年四月の「新地住居唐人名前帳」には復興号として「程維賢」の次に「程稼堂」の名が記されている。[68]しかし、翌四年（明治元、改元は九月、一八六八）四月には「四十九番復興号」として、筆頭者に「程稼堂　五十八才」[69]とあり、程維賢の名は見えないことから、慶応四年以降は程稼堂が事実上の復興号の経営主となったと思われる。

五　小　結

上述の如く、文久元年八月二九日（一八六一年一〇月三日）に長崎に入港した申一番ランシフィールト船とは、開国後まもなく日本に進出してきたイギリスのジャーディン・マセソン商会の汽船ランスフィールドであったことを明らかにし、また同年一一月一三日（一八六一年一二月一四日）に長崎に入港した酉一番カライミヤー船も同じくイギリスのデント商会の帆船クリミア船であったことを明らかにした。

このように、長崎における幕末最後の日中貿易が上海からの二艘のイギリス船で行われた背景には、中国大陸において対日貿易の拠点であった乍浦周辺[70]が太平軍の進出によって混乱状態に陥り、さらにその後背地（ヒンターランド）である蘇州が、太平軍の支配下に組み込まれたという事情があった。

以上のことから、二度にわたる文久元年の日清貿易は、中国側から見れば、この後の日中貿易及び中国の対外貿易の拠点が上海に移行し(71)、一方、長崎においては、先学の指摘された居留地貿易(72)として在留中国商人（華商）によって日中貿易の一部が継続されていった形態を示しているといえるであろう。

（1）中川努・山口修訳『アメリカ彦蔵自伝』下、平凡社・東洋文庫二二、三〇七～三〇八頁。

（2）大庭脩編著『唐船進港回棹線・島原本唐人風説書・割符留帳』、関西大学東西学術研究所資料集刊九、一九七四年三月、一四一～二六五頁（同書を以下『割符留帳』と略す）。

（3）同書、二五八頁。

（4・5）同書、二五八頁及び図版六参照。

（6）『海舟全集』第八、改造社、一九二八年四月、四五二頁。

（7）『修訂防長回天史』第三編下・第四冊、一九一一年四月、一九二一年三月修訂再版、四五〇・四五一頁。

（8）M.Paske-Smith: *Western Barbarians in Japan and Formosa in Tokugawa Days, 1603–1868*, rep. 1968, p. 344.

（9）Grace Fox: *Britain and Japan, 1858–1868*, Oxford University Press, 1969, p.100.

（10）『神奈川県郷土資料目録』二輯、一九五八年三月、二九六頁。

（11）ジャーディン・マジソン株式会社『英一番館：日本に於ける百年　安政六年―昭和三四年』（一九五九年三月、神戸市立図書館松本文庫蔵本）を利用した。

（12）Frank H.H.King (editor) and Prescott Clarke: *A Research Guide to China-Coast Newspapers, 1863–1911*, Harvard East Asian Monographs, 1965, pp.58–63.

（13）ibid, pp.76–81.

（14）*The China Mail* (Microfilm 27) 1819–1858, 1863–1864, 1866–1876. *North-China Herald* (Microfilm 636) 1850–1867.

（15）大庭脩「平戸松浦史料博物館蔵「唐船之図」について」、『関西大学東西学術研究所紀要』五輯、一九七二年三月、三六～四七頁。なおこの論文の概要は、Osamu Oba: Scroll Paintings of Chinese Junks which Sailed to Nagasaki in 18th century and their Equipment, *The Mariner's Mirror* (Vol. 60 No. 4, Nov., 1974)として発表されている。

(16) 内田直作「在支英国経済の構成」、『一橋論叢』七巻三号、一九四一年三月、二五六頁。

(17)『昭徳院殿御実記』、続徳川実記第四・国史大系五一、三三九頁。

(18) 同書、三四一頁。

(19)『海舟全集』八、四四三~四五五頁。

(20) 多田実「幕末の船艦購入」、『海事史研究』創刊号、一九六三年十二月。

(21)『資料　幕末馬関戦争』所収、三一書房、一九七一年三月、「豊の浦浪」二一一頁。

(22) 同書所収「赤間関海戦記事」二一九頁。

(23) Basil Lubbock; *The Opium Clippers*, 1933, rep.1967, p.268.

(24・25)『幕末明治新聞全集』一巻、一三頁。

(26) 同書、一五頁。

(27) *Correspondence respecting Appears in Japan*, Presented to both Houses of Parliament by Command of Her Majesty, 1864, p.87.（東洋文庫蔵）

(28) *Diplomatic Correspondence department of state*, 1863, part 2, p.1040.

(29) ibid, p.1040.

(30) ibid, p.1043.

(31) Kwang-Ching Liu; *Anglo-American Steamship Rivalry in China: 1862-1874*, Harvard East Asian Studies 8, Harvard University Press, 1962.

マイラ・ウィルキンズ著／江夏健一・米倉昭夫共訳『多国籍企業の史的展開――植民地時代から一九一四年まで――』、ミネルヴァ書房、一九七三年七月、一〇・一三頁。

久保田恭平「ラッセル会社とE・カニンガム」、『海事史研究』二一号、一九七三年一〇月。

久保田恭平「上海スティーム・ナヴィゲーション会社とチャイナ・ナヴィゲーション会社」、『海事史研究』二三号、一九七四年一〇月。

(32) *The North-China Herald*, July 1863, No.676.
(33) *Diplomatic Correspondence Department of State*, 1863, part 2, p.1048.
(34) 日本史籍協会編『奇兵隊日記』一、日本史籍協会叢書八五、一九一八年七月、一九七一年三月復刻、八三頁。
(35) 同書、三八〇頁。
(36) 同書、七〇〇頁。
(37) 石井孝『明治維新の国際的環境』、吉川弘文館、一九五七年一一月、三九五〜三九六頁。「増訂版」一九六六年一一月、四六八頁。「三分冊本」、一九七三年一二月、第二分冊、四六頁。
(38・39) 『割符留帳』二五四頁。
(40) 『大日本古文書・幕末外国関係文書』一六、二九〇頁。
(41) 同書一五、八六九頁。
(42) 『割符留帳』二三三頁。
(43) 同書、二一八頁。
(44) 同書、二三五頁。
(45) 同書、二三七頁。
(46) 同書、二三九〜二四〇頁。
(47) 同書、二四〇頁。
(48) 同書、二三八〜二三九頁。
(49) 同書、二四四頁。
(50) 同書、二五一頁。
(51) 同書、二五四頁。
(52) 『割符留帳』二五三頁。
(53) 特別買上文庫、中山文庫(図書番号特四二五九)。
(54) 長崎市立博物館蔵(図書番号八・一・五八)。

(55・56)　中国近代史資料叢刊『太平天国』V、三二七頁。
(57)　太平天国歴史博物館編『太平天国史料叢編簡輯』第三冊、一四二頁。
(58)　同書、一四三頁。
(59)　同書、一四五頁。
(60)　同書、一四六頁。
(61)　光緒『平湖縣志』巻五、「粤匪之変」に「咸豊十年（中略）四月、逆党李秀成率悍賊数十万、略蘇・常而南、二十六日、陥嘉興」とある。
(62)　M. Paske-Smith, ibid. Appendix No.11, p.339.
　この後、慶応三（一八六七）年正月から翌四年正月までの記録『各国船入津番立帳』（『海事史料叢書』一三、所収）によると商船二二八艘を数える。
(63)　John McMaster, The Takashima mine: British Capital and Japanese Industrialization: *Business History Review* Vol. 37, Autumn 1963, Grace Fox, ibid. p.329.
(64)　菱谷武平「長崎に於ける冒険商人の性格――雅羅馬とグラバー邸――」（『長崎大学社会科学論叢』一一、一九六一年六月）所引の「弐番地メッティソン商社借地」（四〇～四一頁）の文中に「トマース・ゴロウル」の名が見え、これはトーマス・グラバーのことであり、「メッティソン社」とはジャーディン・マセソン商会のことと考えられるからである。
(65)　J. McMaster, ibid. p. 220.
　G. Fox, ibid. p. 329.
　服部一馬「高島炭坑とジャディン＝マジスン商会」、『近代化と工業化』、一条書店、一九六八年五月。
(66)　フォーチュン著／三宅馨訳『江戸と北京――英国園芸学者の極東紀行――』、広川書店、一九六九年五月、一八頁。
(67)　森永種夫校訂『長崎幕末史料大成五　開国対策編Ⅲ』、長崎文献社、一九七一年七月、二三頁。
(68)　長崎県立図書館・渡辺文庫（図書番号：渡辺一四・三二四）。
(69)　長崎県立図書館蔵「新地唐館支那人并呼入候者名前綴込」（図書番号一四・一七）。

(70) 松浦章「日清貿易による俵物の中国流入について」、関西大学大学院『千里山文学論集』七、三四頁。
松浦章「乍浦の日本商問屋について――日清貿易における牙行――」、『日本歴史』三〇五、一〇〇～一〇二頁。

松浦章『清代海外貿易史の研究』、朋友書店、二〇〇二年三月、九八～一一七・三八二～四〇二頁参照。
(71) 本庄栄治郎『増補幕末の新政策』、有斐閣、一九五八年八月、四二二～四八二頁参照。本書第六編第二章参照。
(72) 重藤威夫『長崎居留地貿易時代の研究』、酒井書店、一九六一年二月。
重藤威夫『長崎居留地と外国商人』、風間書房、一九六七年三月。

菱谷武平「長崎外人居留地に於ける華僑進出の経緯について」、『長崎大学教育学部・社会科学論叢』一二、一九六三年三月。

菱谷武平「幕末維新の長崎外人官留地――冒険商人と華僑の接触――」、『長崎談叢』四〇、一九六三年一二月。

菱谷武平「外夷附帯の支那人について」、『西日本史学』一六、一九六七年一二月。

これらの研究成果が重要な指針といえる。

表1　Lancefield (British steamer, 449 tons, Jardine Matheson & Co.) 1855-1867

〔略記凡例〕*CM: The China Mail, NCH: The North-China Herald,* Paske-Smith: *Western Barbarians in Japan Formosa in Tokugawa Pays, 1603-1868*

Year	Departure		Arrival		Cargo	Captain	Source
1855	Shipbuilding at Glasgow (Great Britain)						
	Calcutta	6.23	Hongkong	7.7	Opium	Oliver	*CM*-543
	Hongkong	7.21	Calcutta		Sundries	do	545
	Calcutta	8.30	Hongkong	9.9	Opium	do	552
	Hongkong	9.18	Calcutta		Sundries	do	553
	Calcutta	10.18	Hongkong	11.5	Opium	do	560
	Hongkong	11.19	Calcutta		Sundrels	do	562
	Calcutta	12.17	Hongkong	1.9 ('56)	Opium	do	569
1856	Hongkong	1.27	Calcutta		Sundries	do	572
	Calcutta	4.29	Hongkong	5.14	Opium	do	587
	Hongkong	5.22	Calcutta		Sundries	do	587
	Calcutta	6.22	Hongkong	7.10	Opium	do	595
	Hongkong	7.22	Calcutta		Sundries	do	597
	Calcutta	8.23	Hongkong	9.12	Opium	do	605
	Hongkong	9.29	Calcutta		Sundries	do	607
	Calcutta	10.27	Hongkong	11.16	Opium, &c	do	614
	Hongkong	11.25	Calcutta		Sundries	do	615
	Calcutta	12.23	Hongkong	1.11 ('57)	—	do	622
1857	Hongkong	1.21	Calcutta		—	do	623
	Calcutta	2.24	Hongkong	3.18	—	do	631
	Hongkong	3.24	Calcutta		—	do	632
	Calcutta	4.26	Hongkong	5.13	—	do	689
	Hongkong	5.20	Calcutta		—	do	540

Year	Departure		Arrival		Cargo	Captain	Source
	Calcutta	—	Hongkong	7.14	Opium	do	*CM*-648
	Hongkong	7.23	Calcutta		Sundries	do	649
1857	Calcatta	8.29	Hongkong	9.16	Opium	do	657
	Hongkong	9.19	Calcutta		Sundries	do	658
	Calcutta	10.26	Hongkong	11.14	Rice	do	666
	Hongkong	11.21	Calcutta		Sundries	do	667
	Calcutta	12.29	Hongkong	1.9 ('58)	Opium	do	674
1858	Hongkong	1.18	Calcutta		Treasure	do	675
	Calcutta	2.23	Hongkong	3.12	Opium	do	683
	Hongkong	3.20	Calcutta		Sundries	do	684
	Calcutta	5.23	Hongkong	6.8	—	do	695
	Hongkong	6.12	Calcutta		—	do	696
	Calcutta	8.12	Hongkong	9.8	—	do	708
	Hongkong	9.14	Calcutta		—	do	709
1861	Hongkong	9.2	Amoy 9.4	Shanghai 9.9	—	Hutchinson	*NCH*-581
	Shanghai	9.17	Kanagawa		—	do	582
	Yokohama	9.30			—	do	585
			(Nagasaki 10.3　文久元.3.29 申一番ランシフィールト船)				『割符留帳』
			Shanghai	10.8		do	*NCH*-585
	Shanghai	10.8	Hongkong		—	do	585
1862	Hongkong	3.18	Shanghai	3.23	—	do	609
	Shanghai	3.29	Nagasaki		Ballast	do	610
	Ghangking	4.5	Shanghai	4.8	—	do	611
	Shanghai	4.16	Nagasaki		Re-expts	do	612
	Kanagawa	5.12	Shanghai	5.17	—	do	617
	Shanghai	5.22	Hongkong		—	do	617

	Shanghai		Yokohama	9.8	—	Roskell	Paske-Smith, App. IIb
	Yokohama	9.22	Shanghai	9.29	General	do	*NCH*-636
	Shanghai	10.9	Kanagawa		Sundrice	do	637
	11.13(文久 2.9.27)横浜で長州へ売却($ 115,000)						『船譜』(『海軍歴史』巻23)
1863	7.16(文久 3.6.1)下関沖でアメリカ合衆国軍艦 Wyoming に攻撃を受け「州上に膠着す」						『奇兵隊日記』二
1864	8.13(元治元 .7.11)「萩より三田尻へ乗廻」						同六
1865	3.16(元治 2.2.9)売却のため上海へ出帆(三田尻)($ 35,000)						同十・石井注(37)p.468
	3.23 Shanghai		(Consignee is Russell & Co.)				*NCH*-786
	Repairing (1865.8-1866.1)						787-807
1866	Shanghai	1.19	Hongkong	1.24	Ballast	Johnson	808 (A. atr)
							CM-1093 (B. atr)
	Repaitting (1866.3-1866.12)						1100-1141
1867	1. at Aberjeen dock						1142
	put back disch, g						1143 (Jan.10)
	1.-2. at Aberjeen dock						(1144-1163 Feb. 2-Feb. 23)

表 2　Crimea (British ship, 478 tons, Dent & Co.) 1860-1864

Year	Departure		Arrival		Cargo	Captain	Source
1860	Shingapore	12.	Shanghai	1.18 ('61)	General	Tucker	*NCH*-548
1861	Shanghai	4.17	Shanghai		Sun., &c	do	560
	Shingapore		Nagasaki	7.27	—	do	Paske-Smith, App. IIa
	Nagasaki	8.23	Shanghai	8.28	General	do	*NCH*-579
	Shanghai	10.2	Nagasaki		Sun., &c	do	584
	Nagasaki	10.29	Shanghai	11.2	General	do	589
	Shanghai	12.8	Nagasaki		Sun., &c	do	594
			12.14(文久元 .11.13)西一番カライミヤー船				『割符留帳』
	Nagasaki		Shanghai	1.20	General	do	*NCH*-600

Year	Departure		Arrival		Cargo	Captain	Source
1862	Shanghai	3.3	Nagasaki		Sun., &c	do	*NCH*-606
	Nagasaki	4.8	Shanghai	4.11	General	do	612
	Shanghai	5.16	Nagasaki		Sun., &c	do	617
						(Consignee)	
1863	Chefoo	1.15	Hongkong	1.26	General	do (Order)	*CM*-937
	Hongkong	2.28	Singapore		Sundries	do (do)	942
	Ningpo	7.2	Hongkong	7.22	Ballast	Perkins (P. F. Came & Co.)	962
	Hongkong	7.24	Singapore		Sundries	do (do)	963
1864	Ningpo	1.27	Hongkong	2.11	Cotton	Pourvain (Chinese)	992
	Hongkong	2.21	Singapore		Sundries	do (do)	993
	Chefoo	9.28	Hongkong	10.6	Cotton	Barrow (Captain)	1025, 1026
	Hongkong	10.14	Singapore		Sundries	do (do)	do
1866	Singapore	5.12	Hongkong	5.27	Rice	Barrow (Chinese)	1111

表3　Lanrick (British brig, 283 tons, Jardine Matheson & Co.)

Year	Departure		Arival		Cargo	Captain	Source
1843	Shipbuilding at Liverpool (Great Britain)						*The Opium Clipper* (注23) p. 268
1844	Hongkong	3.30	Singapore 4.19 Calcutta 5.10		—	White	p. 263
1845	Hongkong	7.9	Anjer 8.6 Bombay 9.3		—		p. 288
	Bombay	9.20	Hongkong	10.24	—	do	p. 267
1847	Bombay	5.5	Canton	6.13	—	do	p. 290
	Calcutta	6.26	Canton	7.21	—	do	p. 305
	Calcutta	12.16	Canton	1.24 (1848)	—	do	p. 305
1849	Hongkong	1.3	S. pore & Cal.		Sundries	White	*CM*-203
	Calcutta		Hongkong	4.10	Opium	do	217
	Hongkong	4.29	S. pore & Cal		—	do	220

	Calcutta	6.20	Hongkong	7.21	Opium	do	*CM*-232
	Hongkong	8.8	S. pore & Cal.		Treasure	do	234
	Calcutta	12.4	Hongkong	1.15 ('50)	Opium	do	257
1850	Hongkong	1.20	Calcutta		Treasure &c	do	258
	Calcutta	2.26	Hongkong	4.7	Opium	do	269
	Hongkong	4.18	Calcutta		Treasure	do	271
	Calcutta	6.17	Hongkong	7.14	Opium	do	283
	Hongkong	7.22	Calcutta		Treasure &c	do	284
	Cal vid Tytam	9.9	Hongkong	10.10	Opium	do	295
	Hongkong	10.27	Calcutta		Sundries	do	298
	Calcutta	12.20	Hongkong	1.26 ('51)	Opium	do	311
1851	Macao	2.7	Calcutta		Sundries	do	313
	Calcutta	3.17	Hongkong	4.30	Opium	do	324
	Hongkong	5.11	Calcutta		Sundries	do	326
	Calcutta	7.19	Hongkong	8.16	Opium	do	340
	Hongkong	9.5	Calcutta		Sundries	do	343
1852	Bombay	2.10	Shanghae	4.18	Opium	do	*NCH*-91
	Shanghae	4.24	Hongkong		Cash	do	92
	Wonsung	4.26	Hongkong	5.5	Treasure	do	*CM*-377
	Hongkong	5.29	Calcutta		Treasure	Crockett	381
	Bombay	8.27	Shanghai	10.10	Opium	do	*NCH*-116
	Shanghae	10.15	Hongkong		Treasure	do	116
	Wonsung	10.18	Hongkong	10.22	Treasure	do	*CM*-402
	Hongkong	11.18	Bombay		Sundries	do	406
1853	Bombay	2.28	Shanghai	5.15	Opium	do	433, *NCH*-147
	Shanghae	6.3	Hongkong		Ballast	do	*NCH*-149
	Wonsung	6.4	Hongkong	6.14	Sundries	do	*CM*-435

Year	Departure		Arrival		Cargo	Captain	Source	
1853	Hongkong	7.3	Calcutta		—	do	*CM*-438	
	Calcutta	9.4	Hongkong	10.2	Opium, &c	do	451	
	Hongkong	11.1	San Francisco		Sundries	do	455	
1854	San Blns	3.7	Hongkong	4.29	Treasure	do	481	
	Hongkong	5.30	Cale. v. Macao		Sundries	do	485	
	Calcutta	8.23	Hongkong	9.24	Opium	do	502	
	Macao	10.21	Calcutta		Sundries	do	506	
1855	Calcutta	—	Hongkong	2.8	Opium	do	521	
	Hongkong	2.28	Calcutta		Sundries	do	524	
	Calcutta	4.27	Hongkong	6.6	Opium	do	538	
	Hongkong	6.28	Calcutta		Sundries	do	542	
	Calcutta	10.23	Hongkong	12.18	Opium	do	566	
1856	Hongkong	1.17	Shanghae	1.29	Sundries	do	569,	*NCH*-233
	Shanghae	2.3	Hongkong	2.11	Tea & Silk	do	574	
	Hongkong	2.25	Shanghae	3.16	Opium	do	576,	*NCH*-295
	Shanghae	2.21	Hongkong	3.30	Silk	do	581,	296
	Hongkong	4.9	Shanghae	4.24	Opium, &c	do	582,	300
	Shanghae	4.28	Hongkong	5.13	Sundries	do	587,	301
	Hongkong	5.23	Woosung	6.1	Opium	do	589,	306
	Shanghae	6.4	Hongkong	6.12	Silk	do	593,	306
	Hongkong	6.29	Shanghae	7.9	Opium, & Sund.	do	594,	311
	Shanghae	7.17	Hongkong	7.30	Silk, &c.	do	598,	312
	Hongkong	8.8	Shanghae	8.21	Sundries	do	600,	317
	Shanghae	8.27	Hongkong	9.10	Silk	do	604,	318
	Hongkong	9.21	Shanghae	10.8	Opium &c.	do	606,	323
	Shanghai	10.13	Hongkong		Silk &c.	Thomson (Thompson)	*NCH*-325	

	Ningpo	10.16	Hongkong	10.21	Sundries	do	*CM*-610
	Hongkong	12.14	Shanghae	1.10 ('57)	Sundries	do	618, 522, *NCH*-338
1857	Shanghae	1.12	Ningpo		Ballast	do	*NCH*-338
	Ningpo	1.20	Hongkong	1.26	—	do	*CM*-624
	Hongkong	2.9	Shanghae	2.27	Opium &c.	do	626, *NCH*-344
	Shanghae	3.6	Ningpo		Ballast	do	*NCH*-345
	Ningpo	3.14	Hongkong	3.16	—	do	*CM*-631
	Hongkong	3.29	Shanghae		—	do	633
	Swatow	4.19	Hongkong	4.19	—	do	636
	Hongkong	4.23	Shanghae	5.3	Sundries	do	637, *NCH*-354
	Shanghae	5.10	Hongkong		Ballast	do	*NCH*-355
	Swatow	5.21	Hongkong	5.23	—	do	*CM*-641
	Hongkong	6.6	Shanghae	6.12	—	do	643, *NCH*-360
	Shanghae	6.24	Hongkong	7.3	Silk & Sund.	do	647, 361
	Hongkong	7.12	Shanghai	7.22	Opium	do	648, 365
	Shanghae	7.31	Hongkong	8.16	Silk	do	653, 366
	Hongkong	8.22	Shanghae	9.12	Opium &c.	do	654, 373
	Shanghae	9.21	Fuchau		Ballast	do	*NCH*-374
	Fuchau	10.1	Hongkong	10.5	Teas	do	*CM*-660
	Hongkong	10.18	Shanghae	11.1	Sundries	do	662, *NCH*-380
	Shanghae	11.8	Fuchau		Tea	do	*NCH*-381
	Fuchau	11.16	Hongkong	11.20	General	do	*CM*-557
	Hongkong	12.2	Shanghae	12.21	Sundries	do	568, *NCH*-387
	Shanghae	12.31	Fuchau		Re-expts.	do	*NCH*-383
1858	Fuchau	1.9	Hongkong	1.13	Teas	do	*CM*-675
	Hongkong	1.24	Shanghae	2.10	Opium	do	676, *NCH*-394
	Fuchau	2.24	Hongkong	2.26	Teas	do	681

Year	Departure		Arrival		Cargo	Captain	Source
1858	Hongkong	3.7	Shanghae	3.26	Opium	do	*CM*-662, *NCH*-401
	Fuchau	4.7	Hongkong	4.11	Treasure	do	687
	Hongkong	5.3	Shanghae	5.14	Opium	do	690, 693
	Shanghae	5.20	Amoy	6.10	—	do	698, *NCH*-408
	East Cost		Macao	7. —	—	do	698, 699
	Hongkong	7.19	Shanghae	7.27	Opium	do	*CM*-701, *NCH*-418
			Cost	7.19	—	do	702
	Shanghai	8.6	Ningpo	8.8	—	do	705, *NCH*-420
	Ningpo	3.15	Hongkong	8.27			
			Macao	8.29	Treasure	do	707
			Hongkong	9.4	—	do	708
			Macao	9. —	—	do	709
	Hongkong	9.16	Shanghai	9.28	Opium	do	710, *NCH*-427
	Shanghae	10.4	Hongkong	10.7	Sundries	do	713, *NCH*-428
	Hongkong	10.18	East Cost		Opium	do	714
	Hongkong	10.19	Shanghae	11.4	Sundries	do	*NCH*-432
	Shanghai	11.25	Fuchau		Silk & Sund.	do	435
	Fuchau	12.5	Hongkong	12.8	Teas	do	*CM*-721
	Macao	—	Hongkong	12.8	—	do	722
	Hongkong	12.21	Shanghae	1.11 ('59)	Opium	do	723, *NCH*-442
1859	Shanghai	1.19	Fuchau	—	Sundries	do	*NCH*-443
	Hongkong	2.22	Shanghai	3.11	Sundries	do	451
	Shanghai	3.21	Nagasaki		Re — expta	do	452, Paske-Smith, App. p.11
	Coast & Japan		Shanghai	12.24	—	do	492
1860	Shanghai	1.2	Hongkong		Ballast	do	493
	Fuchau	5.20	Shanghae	5.26	Sundries	do	514

	Shanghai	6.3	Kanagawa		Ballast	do	*NCH*-515
	Ningpo	8.—	Shanghai	8.31	Tea	do	526
	Shanghai	9.2	Ningpo		Re-expts	do	528
	Ningpo	9.8	Shanghai	9.11	Tea & Silk	do	529
	Shanghai	9.21	Kanagawa		Re-expts	do	530
	Hongkong	11.22	Shanghai	12.8	Sundries	do	542
	Shanghai	12.21	Kanagawa		Sundries	do	544
1861	Kanagawa	1.5	Shanghai	1.11	Sundries	do	547
	Shanghai	1.19	Kanagawa		do	do	548
	Kanagawa	2.5	Shanghai	2.20	do	do	552
	Shanghai	3.2	Kanagawa		do	do	554
	Kanagawa	3.16	Shanghai	3.26	do	do	557
	Shanghai	4.12	Chefoo		do	do	560
	Chefoo	5.18	Shanghai	5.20	Oil, Sund.	do	565
	Shanghai	5.30	Chefoo		Op, &c	do	566
	Chefoo	8.4	Shanghai	8.11	General	do	577
	Shanghai	9.3	Kanagawa		Sundries	do	580
	Kanagawa	10.10	Shanghai	10.18	General	Hooper	587
	Shanghai	11.1	Kanagawa	11.14	do	do	589, Paske-Smith, App. IIb
	Kanagawa	11.24	Shanghai	12.8	Sundrise	do	594
	Shanghai	12.24	Kanagawa		Sun, &c.	do	596
1862	Kanagawa	1.11	Shanghai	1.22	General	do	601
	Shanghai	2.5	Kanagawa		—	do	602
	Kanagawa	2.27	Shanghai	3.9	General	do	607
	Shanghai	3.22	Hongkong		Cotton	do	609
	Ningpo	5.12	Shanghai	5.14	General	do	616
	Shanghai	5.22	Kanagawa		Re-expts	do	617

Year	Departure		Arrival		Cargo	Captain	Source
1862	Japan		Shanghai	6.4	General	do	*NCH*-624
	Shanghai	6.20	Kanagawa		Sundrise	do	626
	Kanagawa	8.5	Shanghai	8.17	General	do	630
	Shanghai	12.6	Kanagawa		—	do	646

1863 3.18（文久 3.1.29）横浜で長州に売却される（＄20,000）。
6.25（文久 3.5.10）下関沖でアメリカ商船 Pembroke に発砲する。
7.16（文久 3.6.1）下関沖でアメリカ合衆国軍艦 Wyoming の攻撃を受ける。
（No. of Crew-59: *Gazette Supplement to The China Mail*, No. 496, 17th August, 1854）

表 4　Pembroke (American Steamer, 241 tons, Russell & Co.) 1862-1863 Salling Record

Year	Departure		Arrival		Cargo	Captain	Source
1862	Manila	4.1	Shanghai	4.9	Ballast	Cunnigham	*NCH*-611
	Shanghai	4.16	Hankow		Op, &c.	do	612
	Hankow	4.26	Shanghai	4.30	—	do	614
	Shanghai	5.4	Hankow		Sun, &c	Perkina	615
	Hankow	5.12	Shanghai	5.16	—	do	617
	Shanghai	6.5	Hankow		Sundries	do	619
	Hankow		Shanghai	5.17	General	Cunnigham	621
	Shanghai	7.6	H'kow & Ports		Op. &c	Perkins	624
	Hankow	7.10	Shanghai	7.17	General	do	625
	Shanghai	7.20	Hankow		Sun. &c.	do	626
	Hankow	7.28	Shanghai	8.2	General	do	628
	Hankow	—	Shanghai	8.18	General	do	630
	Hankow	9.4	Shanghai	9.8	—	do	633
	Shanghai	9.12	Hankow		Sun, &c.	do	634
	Hankow	9.21	Shanghai	9.26	—	do	635

	Shanghai	9.30	Nagasaki		Ballast	do	*NCH*-636
	Nagasaki	10.14	Shanghai	10.17	General	do	639
	Shanghai	10.22	H'kow & Ports		Sun, &c	do	639
	Hankow	11.1	Shanghai	11.5	General	Watson	641
	Shanghai	11.11	Hankow		Sun. &c	do	642
	Shanghai	11.29	Hankow		—	do	645
	Hankow	12.12	Shanghai	12.17	General	do	647
	Shanghai	12.20	H'kow & ports		—	do	647
	Hankow	12.31	Shanghai	1.2 ('63)	—	do	650
1863	Shanghai	1.9	Hankow		Op., &c	do	651
	Hankow	1.19	Shanghai	1.29	—	do	655
	Shanghai	2.2	Hankow		Op., &c	do	655
			Shanghai	3.24		Dohin	
	Shanghai	3.24	Tientsin		Re-expts		561
	T'tsin & Ch'foo	4.13	Shanghai	4.19	—	do	665
	Shanghai	4.24	Nagasaki		Re-expts	do	665
	6.26(文久 3.5.10)Lanrick より攻撃をうける(下関沖)						
	Yokohama		Shanghai	7.1	—	do	676
	Shanghai	7.4	Nagasaki		Ballast	do	676
	Nagasaki	7.25	Shanghai	7.29		Cooper	679
	Shanghai	8.8	F'chau v. N'po		Re-expts	do	680
	F'chau	8.19	Shanghai	8.25	—	do	683
	Shanghai	8.31	N'pu Fuchan		Op., &c	Spernce	684
	Ningpo	10.27	Shanghai	10.28	—	do	692
	Shanghai	12.12	F'chau v. N'po		Ballast	do	699

表5　程子延・程稼堂の長崎来航、長崎在留表

西暦	中国暦	日本暦	干支	長崎来航	
1844	道光24	弘化元	甲辰	辰1番船財副（7月13日）	辰4番船船主
1845	25	2	乙巳	巳1番船船主（7月11日）	
1846	26	3	丙午		
1847	27	4	丁未	未1番船船主（正月5日）	未5番船船主（11月26日）
1848	28	嘉永元	戊申	申1番船在留船主（7月26日）	
1849	29	2	己酉	酉1番船在留船主（正月23日）	酉4番船在留船主（6月27日）
1850	30	3	庚戌		
1851	咸豊元	4	辛亥	亥3番船在留船主（壬子正月元旦）	
1852	2	5	壬子		
1853	3	6	癸丑		
1854	4	安政元	甲寅	寅2番船財副（7月27日）	
1855	5	2	乙卯		
1856	6	3	丙辰		
1857	7	4	丁巳	巳1番船船主（2月19日）	巳2番船脇船主（2月22日）
1858	8	5	戊午	午1番船在留船主（7月29日）	
1859	9	6	己未	未3番船在留船主（3月27日）	
1860	10	万延元	庚申	申1番船在留船主（辛酉8月29日）	
1861	11	文久元	辛酉	酉1番船在留船主（11月13日）	
1862	同治元	2	壬戌		
1863	2	3	癸亥		
1864	3	元治元	甲子		
1865	4	慶応元	乙丑		
1866	5	2	丙寅		
1867	6	3	丁卯	復興号設立（1月21日）	新地住居（4月）
1868	7	明治元	戊辰		新地住居（4月）

程子延名義時代：弘化元年（1844）～安政3年（1856）
程稼堂名義時代：安政4年（1857）～明治元年（1868）

第二章　『上海新報』に見る幕末官船千歳丸の上海来航

一　緒　言

幕末に徳川幕府は海外に向けて積極的に船を派遣したが、[1]その一艘が文久二年（同治元＝一八六二）四月に長崎から上海に向けて派遣した官船千歳丸である。[2]

この千歳丸には幕末～明治に活躍した高杉晋作や五代友厚等が搭乗していた。清朝は一八四二年の南京条約締結以降、上海・寧波・福州・厦門・広州の五港を対外開放した。千歳丸が訪れた上海は中国の外国貿易の拠点になっていた。千歳丸の乗員達は上海の繁栄ぶりを眼に焼き付け、清朝中国に対する新たな印象を持ち、[3]またさまざまな感慨を持って帰国したのであった。

この千歳丸乗船一行の上海での行動の一端が、当時上海で発行されていた新聞『上海新報』に掲載されている。彼らも上海滞在中に『上海新報』を閲読していたことが知られる。

『上海新報』は咸豊一〇年（一八六一）一一月に上海で創刊され、イギリス商字林洋行が発行していた。初期は週刊であったが、一八六二年四月九日に両日刊に変更され、七二年五月二七日より日刊となって、同年一二月二日の停刊まで発行されていた。主筆はM.F. Wood（中国名：伍徳）、J. Fryer（中国名：傅蘭雅）、Yong J. Allenn（中国名：林楽知）らであった。記事の多くは外国新聞からの翻訳掲載であるが、太平天国の動向を知るには極めて有用なものである。(4) とりわけ太平天国の江南地域における動向を知りうる重要な記事を多く掲載したのであった。(5) すでに拙稿で紹介したように(6)『上海新報』は一八六〇年代の重要な情報源である。

そこで本章では、一八六二年六月初めより七月末まで上海に滞在した徳川幕府の官船千歳丸の乗員と『上海新報』との関わりについて述べてみたい。

二　幕末官船千歳丸の上海来航

徳川幕府は、通商と海外情報の収集の目的をもって上海に千歳丸を派遣するが、同船に関する史料として後述のようにいくつかのものが知られる。千歳丸上海派遣の概要を簡単に述べたい。千歳丸の上海派遣に関して『維新史料綱要』巻四、文久二年四月二九日の条に、

幕府、貿易視察ノ為、勘定方根立助七郎・長崎奉行支配調役竝沼間平六郎・和蘭小通詞岩瀬彌四郎・唐小通事周恒十郎・同蔡善太郎等ヲ上海清國ニ派遣ス。会津藩士林三郎・佐賀藩士納富介次郎・同深川長右衛門・同山崎卯兵衛・同中牟田倉之助武臣・名古屋藩士日比野掬次・濱松藩士名倉予何人・徳島藩士櫻木源藏・萩藩士高杉晋作春風・大村藩士峯源藏・鹿児島藩士五代才助友厚等、藩命ヲ以テ之ニ随ヒ、英國海員「ヘンリー・リチャードソン」Henry Richardson 外十三名及蘭人「トンブリング」、航海・商法ノ用ヲ辨ズル為、雇傭セラレテ同乗ス。是日、一行ノ乗船千歳丸帆船原名「アルミステス」長崎ヲ解纜ス。(7)

とあり、文久二年四月二九日、徳川幕府の外国貿易視察の目的をもって千歳丸は長崎を出港した。そして、同書の七月一五日の条に、

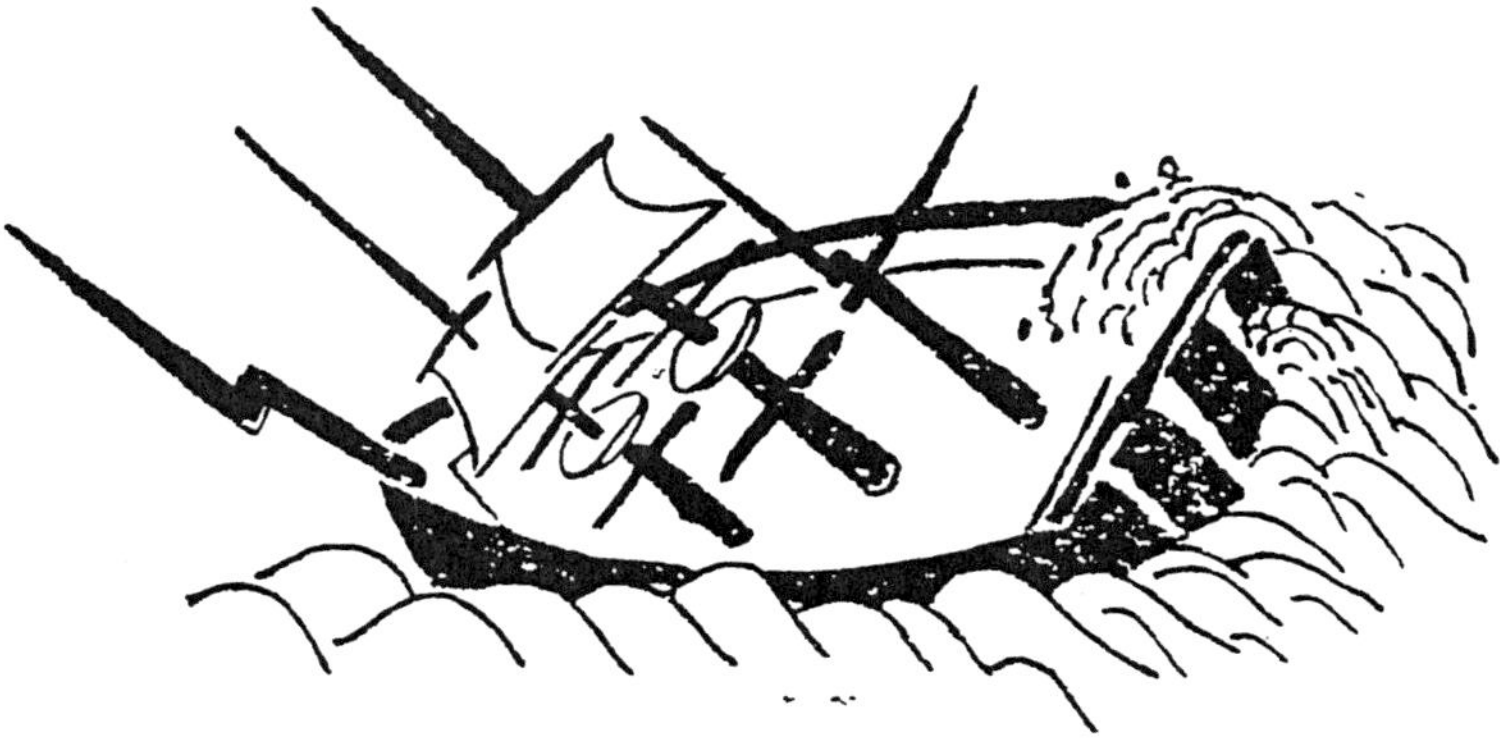

図１　千歳丸航海図（『幕末明治中国見聞録集成』第11巻、52頁）

図２　千歳丸より見た上海（同上、69頁）

勘定方根立助七郎等、上海清國ヲ發シ、是日、長崎港ニ歸著ス。(8)

とあるように、千歳丸は七月一五日に長崎に帰航した。二箇月半の全日程であった。千歳丸の旧名アルミステス(Armistice)の一八六〇年一〇月から六二年四月までの航海記録は沖田一氏が解明されている。(9)それによれば上海―長崎間の貿易に従事していた。

千歳丸に乗船していた人々は幕命・藩命をおびていたため多くの記録が残されている。千歳丸関係者の記録に関して最初に詳細に調査した沖田一氏が「幕府第一次上海派遣官船千歳丸の史料(上・下)(10)」において当時知られる全容を紹介された。その後、千歳丸上海派遣に関係する資料が小島晋治氏監修『幕末明治中国見聞録集成』に収められているが、それも含め若干述べてみたい。

千歳丸の上海航行に関する資料を最初に使用したと思われる成果は、明治時代の海軍中将であった中牟田倉之助の伝記であろう。中村孝也氏は、『中牟田倉之助傳』第一三・上海渡航(その一)、第一四・上海渡航(その二)(11)の中で、幕府の「御小人目付　鹽澤彦次郎」の従者として千歳丸に乗船した中牟田の「上海行日記」等を抜粋引用されている。

千歳丸に乗船し上海へ渡った高杉晋作の記録に「遊清五録」がある。これは「航海日録」「上海掩留録」「外情探索録」「内情探索録」「崎陽雑録」からなり『東行先生遺文』「日記及手録(12)」に収録されている。なおこの「遊清五録」の一部は『五代友厚伝記資料(13)』にも収録されている。

千歳丸に乗船したなかに長崎の五箇所割符仲間の松田屋伴吉もいた。彼の記録に「唐國渡海日記」がある。その一部が川島元次郎氏の『南國史話』の第七「最初に試みた上海貿易(14)」に収録されている。

東方学術協会より刊行された『文久二年上海日記(15)』がある。これには千歳丸に乗船して上海へ赴いた納富介次郎の「上海雑記」と日比野輝寛（掬次）の「贅肬録」と「没鼻筆記」が収録されている。『通信全覧』より編纂された本庄栄治郎氏編『幕末貿易史料』所収の「長崎千歳丸上海へ発航一件」[16]は長崎奉行から勘定奉行への照会と航海日記を収めている。

千歳丸に乗船した浜松藩士の名倉予何人の記録に関しては田中正俊氏の研究がある。[17]

上海航海を研究したものとしては、本庄栄治郎氏の「千歳丸の上海貿易」[18]があり、千歳丸の上海航行、上海における見聞や貿易、貿易の意義等について考察を加えている。さらに「上海貿易に関する支那側の史料」[19]においては、『清史稿』巻一五八、志一三三、邦交六、日本条に記された次の記事を掲げるにとどまっている。

同治元年、長崎奉行乃遣人至上海、請設領事理其國商税事。通商大臣薛煥不許。[20]

とあり、同治元年は日本の文久二年に当たるから、本庄氏が指摘されたように、この記事は千歳丸の上海来航に関する中国側の記事であることは確かである。

千歳丸の長崎出港から上海来航、そして長崎帰航までの文久二年の経緯を上記諸資料によって簡単にまとめれば次のようになる。

文久二年四月二九日　同治元年四月二九日（一八六二年五月二七日）千歳丸長崎出帆
　五月　六　日　同治元年五月七日（一八六二年六月二日）千歳丸上海入港
　五月　八　日　同治元年五月九日（一八六二年六月四日）上海道台を訪問す

日比野輝寛の「贅肬録」上、五月八日条に「コノ道臺ト云フハ重官ニテ分巡蘇松太兵備兼管水利事務ニテ、位ハ従二位、姓ハ呉、名ハ煦ト云フ。コノ人浙江銭塘縣ノ人ナリ。養廉ハ年ニ銀三千両ノヨシ」[21]とある。上海道台とは分巡蘇松太兵備道の呉煦であった。

七月　五日　同治元年七月五日（一八六二年七月三一日）千歳丸上海出港
七月十四日　同治元年七月十四日（一八六二年八月九日）千歳丸長崎帰着

千歳丸一行が上海に来航し、帰国するまでの二箇月は日本暦では文久二年であり、中国暦では同治元年である。そこで西暦を加え三暦対照表を掲げたい（表1）。

表1　西暦1862年4～7月の日・中暦比較表

西　　暦	日　本　暦	中　国　暦
1862年4月29日	文久2年4月癸丑（1日）（大月）	同治元年4月癸丑（1日）（小月）
5月29日	5月癸未（1日）（小月）	5月壬午（2日）（大月）
6月27日	6月壬子（1日）（大月）	6月壬子（1日）（大月）
7月27日	7月壬午（1日）（小月）	7月壬午（1日）（小月）

千歳丸が上海に入港した上海側の記録を *The North-China Herald* から見たい。千歳丸入港は六一九号の “Shipping Intelligence Arrivals” に、

Date. June 2 / Vessels Sen-Zai-Maroo / Flag & Rig. Jap. Bk. / Tons. 350 / Captain Richardson / From Nagasaki / Sailed May 27 / Cargo General / Consignees T. Kroes and Co.(22)

とあり、六月二日に上海に入港した千歳丸はセン-ザイ-マロとして登録された。日本のバーク型帆船であった。三五〇トンで船長はリチャードソンであった。長崎を五月二七日に出港してきた。積荷は一般貨物で、荷主はT. Kroes会社であった。

その後、六一九号の “Shipping in harbour and at Woosunng” に（九二頁）、

Vessels Sen-Zai-Maroo / Date.of Arrival June 2 / Flag & Rig. Jap. Bk. / Tons. 350 / Captain Richardson / Consignees　T. Kroes and Co.

とあるが、六二〇号（June 14, p.96）・六二一号（June 21, p.100）・六二二号（June 28, 掲載無し）・六二三号（July 5, p.108）・六二四号（July 12, p.112）の “Shipping in harbour and at Woosunng” には、

Vessels Sen-Zai-Maroo / Date.of Arrival June 2 / Flag & Rig. Jap. Bk. / Tons. 350/Captain Noemama / Consignees T. Kroes and Co.

とあり、船長がリチャードソンからノエママ（Noemama）に替わっている。

さらに、六二五号（July 19, p.116）・六二六号（July 26, p.120）・六二七号（August 2, p.124）の"Shipping in harbour and at Woosunng"には、

Vessels Sen-Zai-Maroo / Date.of Arrival June 2 / Flag & Rig. Jap. Bk. / Tons. 350/Captain Noemama / Consignees T. Kroes and Co. / Destination Nagasaki/Intended despatch Early

とあって、千歳丸が長崎に向けて近々か出港することが予告されている。

千歳丸が上海を帰帆した後の六二八号の"Shipping Intelligence Departures"は次のように記している。

Date. July 31 / Vessels Sen-Zai-Maroo / Flag & Rig. Jap. Bk. / Tons. 350 / Captain Noemama / Destination Nagasaki / Cargo Sun., &c. / Despatched by T. Kroes and Co.(23)

とあり、七月三一日に上海を出港し長崎に向かったが、船長はノエママであった。

三 『上海新報』に見る幕末官船千歳丸の上海来航

千歳丸一行が上海に到着した頃は、太平天国軍が上海近郊に迫っていた時期であったが、同船の上海来航は上海在住の外国商人にとっても極めて興味深い関心事であった。上海の *The North-China Herald*（六一九号・六月七日号）(24)は次のように報じている。本記事の原文はすでに沖田氏の研究において紹介されている。(25)

日本は目下、商業界にとって興味ある光景を呈しているが、これはこの進歩の時代に即した動きと言えよ

う。ここ数日の間に日本の国旗を掲げたイギリス製の船舶が上海に入港したということ自体、注目に値することだが、日本政府がこの船を購入したばかりでなく、貿易を目的として自国の産物および製品を積載していると分かるや、この事件は、あの特異な国民の排外的な国策に全く新しい光を投げかけることになった。われわれがこれまで聞き及んだところによると、かの帝国を専制的に支配している大君、ヤクニン、大名は対外通商の促進に反対しているのみならず、商業や海運に従事している人々を軽蔑しているということだった。それを事実だとする見方が大勢を占め、しかも日本と通商条約を結んでいる列強諸国の代表たちもその例外ではなかったことから、こうした事情は、外国国民向けの日本政府のヤクニンと交渉する際の手引きとなる地方規定を作成する作業にまで大きな影を落としていた。この見解――正直なイギリス商人には、極めて不快なものだった――を是認し、それによって日本におけるわが国の商業的な立場を不利なものとしたのは、かつての江戸駐在イギリス公使、オールコック氏だという批判が、今日までの一貫した声である。それによって、進取の気性に富む商人とイギリス公使館のメンバーの間に広い境界線が引かれたというわけだ。

外交官や旅行者が皮相な観察にもとづいて引き出した、日本の体制に対する過去の多くの結論と同じように、この見解は、もし政府をその行動から判断するなら、最も誤った見解の一つである。外国列強が、日本列島で対外貿易の門戸を開放させるためにその外交的手腕のすべてを投入している間に――各国は独占的特権を求めて競いあっていた――日本政府の抜け目のない役人たちは、大君の承認のもとに対外貿易から得られる利益の最大の部分を確保することに全力を尽くす決意を固めていたのだ。彼らは、外国人が、彼らの国の製品と産物で、世界中で自由に貿易を行うことで自分たちより多くの利益を上げていることを理解した。そして、商売人の鋭い目で、自国の製品を売って現在自分たちが得ているよりも多くの利潤を上げる方法を考え出したのである。

この自由貿易という世界主義的精神に目覚めた日本政府は、最初の冒険として件の船を購入し、自国の製品を積み込んだ。この船は第一級のイギリス製バーク船、三五八トン、ロイズのリストではアーミスティス号と記載されており、前指揮官のリチャードソン船長が所有していた。用材、円材ともに最高のものが使用されており、船室や備品をはじめ、すべての装備はこの大きさの船としては例のないほど見事なものである。商船としては、これより質のよいものは造れなかっただろう。この船は登録トン数の二倍を運ぶことができるのだ。二年近くの間この船は長崎と上海間を往復して、めざましい成果を収めた。何度か日本を訪れているうちに、リチャードソン船長は多数の日本の役人と知りあい、そのたびに船を絶賛された。予備交渉が始まったのは一年ほど前のことで、船を売る意向を打診された。日本側はこの船の航行ごとに税関の台帳を調査して、これまでに上げた利益を計算した。そして、購入を決めると、極めて慎重かつビジネスライクに、価格を確定した。その後、長崎奉行が乗船し、しかるべき検討をすませたのち、日本政府の名義で三万四、〇〇〇ドルでこの船を購入することに同意した。これはアーミスティス号がイギリス国旗のもとで最後の航海に出航する前のことで、その後日本側に引き渡されたが、復路の料金は日本側が支払った。取引が成立したのち、長崎に住む外国人たちは、政府がこの船を何の目的に使用するのか警戒しながら見守っていた。だが、さほど待つ必要はなかった。間もなく政府は石炭や、海草、雲母、漆器などの代表的な日本の産物をはじめ、中国市場で売れそうなさまざまな製品を積み込み始めたのである。積載総量はおよそ六〇〇トンに上った。この間、数人の高官が江戸から派遣され、船を訪れて、調査緒果を大君に報告した。ある高官がこの実験的試みの監督に任命され、ほかの八人の下位の役人たちとともに上海へ向かうことになった。船は

「一〇〇〇年耐える」という意味の千歳丸と命名され、それまでイギリス国旗がはためいていたマストには、日本の国旗が掲げられた。五月二七日、さらに五〇人の日本人を乗せて、上海に向かって出航した。下級役人とその部下や従者のほか、航海術を観察し、船の操縦を習うために日本人の船員と海軍士官が乗船した。リチャードソン船長は長崎奉行に船を売ったとき、最初の航海では自分の乗組員に操縦させ、自分が指揮をとることを絶対条件としていた。こうして、この経験豊富な船長は、日本の国旗を掲げた日本船を指揮した最初のイギリス人となったのである。四日間の快適な航海ののち、船は無事に上海港に到着し、現在もそこに停泊しているが、その積荷と乗客は大きな関心の的となっている。

イギリス領事、メドハーストは、「不思議な国の不思議な人々」を公式訪問するために千歳丸を訪れたが、日本側は極めて丁重に領事を迎えた。会見は長時間に及び、非常に興味ある会話が交わされた。日本側は上海の交易に関して、統計にもとづくおびただしい質問を領事に浴びせかけた。上海港の税関の歳入、その徴収が外国人にゆだねられている理由、租界の地価、日本も租界に土地を購入できるのかなどといった質問に対して、メドハースト領事は最大限の情報を与え、この種のことを知りたい場合は、いつでも相談に乗ろうと答えた。そして、日本船の上海入港および、自分の訪問を北京にいる全権公使に報告しなければならない旨を伝え、彼らの目的が貿易に投機する効果を確認することなのか、あるいは政治的なものなのかと質問した。それに対して日本側は、純粋に交易目的であると強調し、乗組員の一部が上海に残る予定で、再び商品を積んで戻ってくる可能性があると述べた。

以上が、日本政府のこの自発的な商業活動に関して目下のところ判明している事実のいくつかの要点である。これはわれわれのこれまでの知識——日本の排外的な専制主義および伝統的な政策——と全く矛盾するものであり、まるで小説の世界のできごとのようにさえ思える。しかし、これは現実にわれわれの目の前で起こった事件なのだ。この予期せぬ動きが引き起こす影響を追跡することは重大な任務であり、本紙は今後も新たな進展がありしだい、千歳丸が運んできたばかりの日本の交易という苗木の成長を報じる予定である。(26)

このように、*The North-China Herald* は千歳丸上海来航という従来の徳川幕府の政策変化に強い関心を示していたのであった。

千歳丸一行の関心事は貿易以外の情報収集にもあり、日比野輝寛は彼の「贅肬録」にその一端を記している。その記述の中に『新報』からとして記された箇所が二箇所ある（後述）。

千歳丸が上海滞在中の時期に刊行されていた『上海新報』で現在見ることができるものを一覧表にしてみる（表2）。千歳丸が上海に入港した五月六日（一八六二年六月二日）より五月二七日（六月二三日）までのものは現在見ることができない。

納富介次郎の「上海雑記」に、

新文紙ニ、上海ヲ去ル三五里マデ賊匪ノ寄セシコト有リテ、李鴻章屢々往イテ征セシ由、又浦東黄浦ノ東ヲ云フニモ賊起リ、英軍上海ニアルトコロノ清兵ヲ助ケ伐チテコレヲ破リシ由。コレ五月ノ頃ニシテ我等滞在留中ノコトナリ。(27)

とあるように、上海に迫る太平天国軍の動向に関するこの記事は「新文紙」に依拠するものであったことは明らかである。ここでの「新文紙」とは所謂新聞紙と考えられる。

日比野輝寛の「贅肬録」上、五月七日の条に、

今日ノ新報ヲ看ルニ、五日ニ南翔ノ百姓賊ヲサケ老ヲタスケ幼ヲタヅサヘ上海ニ來ル。ソノ途スガラ露宿シ

表2　『上海新報』号数表

号数	発行日	日本暦	西暦1862年	近代中国史料叢刊三編第59輯
第45号	壬戌5月28日	文久2年5月27日	6月24日	1頁
第46号	5月30日	5月29日	6月26日	5
第47号	6月初2日	6月2日	6月28日	9
第48号	6月初5日	6月5日	7月1日	13
第49号	6月初7日	6月7日	7月3日	17
第50号	6月初9日	6月9日	7月5日	21
第51号	6月12日	6月12日	7月8日	25
第55号	6月21日	6月21日	7月17日	29
第56号	6月23日	6月23日	7月19日	33
第57号	6月26日	6月26日	7月22日	37
第58号	6月28日	6月28日	7月24日	41
第59号	6月30日	6月30日	7月26日	45
第60号	7月初3日	7月3日	7月29日	47
第61号	7月初5日	7月5日	7月31日	49
第62号	7月初7日	7月7日	8月2日	51
第63号	7月初10日	7月10日	8月5日	55
第64号	7月12日	7月12日	8月7日	57
第65号	7月14日	7月14日	8月9日	61
第66号	7月17日	7月17日	8月12日	65

テソノ辛苦言フベカラズ。故ニ法兵四方ニ出デ賊ヲ探ルニ跡ナシ。故ニ師ヲカヘセシヨン。(28)

と『新報』からの記事を記したものと思われる記述が見受けられる。これは日暦で記された日付であるから、ここで「今日」とあるのは中国暦では五月八日に当たり、表2より壬戌五月初八日に刊行された第三五号と考えられる。

この記事を見た日比野輝寛は自己の感想を先の記述に続けて、次のように記している。

余大イニ嘆息ス。イカナレバ何故ニ清國ノ兵コレヲサグラザルヤ。國内ノ賊ヲ外夷ニ探ラシムル、何ゾ失策ノ甚シキヤ。(29)

太平天国軍の鎮圧にフランス軍が関与していたことを批判しているのである。

「贅肬録」中、五月一四日の条に、

今日ノ新報ヲ看ルニ、西路ノ賊王家等ノ東鄭家橋ニ至リ南方口撫営ニ至ラントス。故ニ営中数炮ヲハナチ逆戦ス。賊西北ニ退キ村落ヲ焚掠シ未ダトウク退カズ。且頃日常勝軍青浦北門ニ出テ賊ト戦ヒ、勝負未ダ決セズ。青城ノ三面賊ニカコマレ、南門ノミ賊営ナシ。華ノ副将筆語中ニアル華翼綸ノ副将ナリ。松江ニカヘリ、李ノ参将李鴻章ノ参将ナリ。トハカリ、兵率一千二百名ヲ撥シ青浦南門ニ札営シ、青松ノ路ヲ通ズ。然ルモ北簳山・朱家閣ノ軍士ササヘガタキニヨリ、廣福林・塘橋ニ移リ防守ス。[30]

とあり、『新報』の記事を見て書き写したと思われる。これはおそらく壬戌年五月一四日付の第三八号でなかったかと思われる。

以上「贅肬録」に見える二件は五月二八日付の第四五号以前であって、引用されたと思われる『上海新報』の原文は確認できない。

中牟田倉之助は上海で多くの地図や書籍を購入したが、その目録中に、

上海新報　第二号ヨリ五十八号マデ[31]

と見える。明らかに千歳丸一行は『上海新報』を閲読し、購入していた者がいたのである。

入手方法に関しては、千歳丸一行の一人名倉予何人の「海外日録」に、

[五月]初十日、晴。點耶洋行ニ至リ上海新報数張ヲ得タリ。是ヲ閲スルニ本月初三日、賊匪湖城ヲ陥レ城将趙氏難ニ殉ス。賊匪上海ニ逼リ近クニヨリ本地ニテ戒厳スル等ノ事ヲ載セタリ。[32]

とあるように、點耶洋行で入手していたことが知られる。

點耶洋行とは名倉が同初六日の条に、

午後陪従シテ上陸シ點耶洋行阿蘭陀館ノ名ニ至ル(33)。

と記しているように、千歳丸一行が上海に到着後最初に赴いたオランダ商館である。今回の上海渡航の斡旋をしたオランダ商人の関係でオランダ館の點耶洋行に行ったのであった。點耶洋行は T. Kroes & Co. のことで *The North-China Herald*, No. 619 の入港記録の千歳丸の荷主欄に Consignees T. Kroes and Co. とある。春名徹氏によればT・クルース（T. Kroes）は點耶洋行の経営者でオランダ領事を兼ねていた。同商館はフランス租界のバンドにあった(34)。

このように、千歳丸一行の重要な情報源であった『上海新報』の入手先はオランダ商館の點耶洋行であった。さらに同一三日の条に、

十三日、晴。午前點耶洋行ニ至ル。李溟南本行幹事ノ人、余ニ本日ノ新報ヲ贈レリ。是ヲ閲スルニ、昨日上海英館ヨリ虜兵二百名松江ニ赴ク。賊匪之ヲ聞キ退キ蘇州ニ回ルト云(35)。

とあり、名倉は點耶洋行の幹事であった李溟南から『上海新報』を贈られ入手している。五月一三日は、同治元年五月一四日であるから、表2の発行日から見て五月一四日の第三八号であったと考えられる。

沖田一氏(36)や田中正俊氏(37)もすでに紹介しているが、名倉の「支那見聞録」に見える次の記事も『上海新報』によるものである。

五月廿八日上海新報曰、日前、東洋人來申、係欲通商貿易、聞已謁見道台、亦経答拜、但該國來此生意、係無和約之國、現将准帯來貨物、作荷蘭國之貨銷售。此後再來、應須訂明約方為正理。査東洋人此、買賣係属好事、惟聞東洋國家、出示凡有中國人在東洋者均須趕回、此誠不公、中國既准東洋人貿易、東洋豈可不准中國人貿易乎(38)。

これまで、多くの研究者が『上海新報』の原文を確認できずにいたが、次に示す『上海新報』第四五号（壬戌、同治元、文久二＝一八六二年）五月二八日付の「新聞」欄に掲載された記事からの引用である（図1参照）。

日前、東洋人來申、係欲通商貿易、聞已謁見　道台、亦経答拜、但該國來此生意、係無和約之國、現准将帯來貨物、作荷蘭國之貨銷售。此後再來、應須訂明約、方為正理。査東洋人來此、買賣係属好事、惟聞東洋國家、出示凡有中國人在東洋者、均須趕回、此誠不公、中國既准東洋人貿易、東洋豈可不准中國人貿易乎。(39)

この原文と名倉が引用した記事とを比較すると明らかなように、引用には若干の誤写があるが、ほぼ原文通りに引用されていたことが知られる。

「東洋人」とあるが当時の中国語では東洋はほぼ日本と同義語で使用されていた。その日本人が通商を求めて上海に来航し、上海道台に謁見し貿易の目的を持って来航したことを伝えている。ただ当時清国と徳川幕府の間には通交条約がなかったため、清国と通商条約のあったオランダの貿易品としての取り扱いを受け交易されることになった。日本が貿易のために上海に来航することは好意的に評価された。その背景には中国商人が公的では

新聞

有火輪船由花旗來內云北花旗人仍在前進共牛壘林司爲南花旗京都最要之地已爲北花旗圍住所有該處棉花及火輪船隻均經南花旗自焚以免爲北花旗所燬也○日前東洋人來申係欲通商貿易聞已謁見　道台亦經答拜但該國來此生意係無和約之國現准將帶來貨物作荷蘭國之貨銷售此後再來應須訂明約方爲正理查東洋人來此買賣係屬好事惟聞東洋　國家出示凡有中國人在東洋者均須趕回此誠不公中國既准東洋人貿易東洋豈可不准中國人貿易乎○印度有許多商人集一公司擬作鐵線通音信由緬甸國做至新嘉坡漸次由新嘉坡做至北京香港上海等處現因俄國已作鐵綫將至中國我國亦應趕辦此事則貿易各項事情信息可以迅速通徹查鐵線之路由海做較遠最近由緬甸通雲南入中國妥速之至現已有人要做矣○花旗國現亦要做鐵線欲通至中國等情○浦東探得柘林南門外六里許之雙屆鎮今早有賊竄至經柘林兵勇出隊迎敵該逆沿途焚掠旋即退去等語○吳淞探得嘉定新又到賊○法華探得七寶至燒香寺均無賊蹤今早嘉城賊擄百人至南翔鶴蛇山尚有賊踞等語○北京來信今年會試新科狀元姓徐名甫係江蘇嘉定縣人可見秀氣尚在江南

図1　『上海新報』第45号（近代中国史料叢刊三編第59輯、1頁）

ないものの、日本に来航して貿易をする、長崎の唐人貿易[40]が行われていたことがあったためである。

記事中にも見える道台であった呉煦について述べてみたい。上海道台については外山軍治氏の「上海道臺呉健彰[41]」があるが、上海の対外開港以降重要な職となっていた。

呉煦が、上海道台にあった時期については、光緒『松江府續志』巻二〇、職官表、監司表、分巡蘇松太兵備道によって、咸豊九年（一八五九）より同治元年（一八六二）まで就任していたことが知られる[42]。さらに同書、巻二一、名宦傳によれば、

呉煦、字暁颿、仁和人。咸豊九年、任蘇松太兵備道。十年兼署布政使粤匪陥郡城、煦識美利堅廃将華爾才、令統勇復之。（華爾者美利堅紐約人、嘗為其國武弁。咸豊十年至上海。呉煦為請於巡武薛煥、令随官軍禦賊、両克郡城。）（中略）旋賊犯上海、煦習於夷、説以利害、令助順益調西兵撃賊賊遁。明年、浦南復警。煦與蘇紳顧文彬・潘瑋、乞援於総督曾文正公。復籌餉具輪船、済師滬防、以固諸城、以次克復、實為東南一大転機、卒後郡人専祠崇祀[43]。

とあるように、呉煦は太平天国軍が上海に迫った咸豊一〇年（一八六〇）にアメリカ人ウォード（華爾：Ward）の助力を得た。これは欧米人により組織された中国義勇軍とされる常勝軍であり、その後、中国人による部隊が組織され、ウォードの戦死後はイギリス人ゴードン（Gordon）が指揮して一八六四年の解散まで続いたのである。

呉煦は浙江省杭州府仁和県の人であった。彼に関する詳細な資料が南京の太平天国歴史博物館より刊行されている[44]。しかし、現存の檔案には千歳丸関係の記事は見られない。

その後『上海新報』に千歳丸一行に関する直接記事はないが、第六二号壬戌年七月初七日（一八六二年八月二日）の第一面に「日本貨價単」の見出しで記事が掲載されている（図2参照）。

千歳丸が上海を出港したのは七月五日（七月三二日）であるから、千歳丸上海帰帆直後のものである。その記事

に、

第五等陳茶、毎担一元至三元。第四等陳茶、毎担四元至六元。第三等陳茶、毎担十四元至十六元。第二等陳茶、毎担十四元至十六元。第一等陳茶、毎担十八元至二十五元。第三等新茶、毎担十九員至廿六員。第二等新茶、毎担廿六員至廿九員。第一等新茶、毎担三十員至三十一員。樹膠、毎担十三員半至十四員。菜子、毎担二員一角五分至二員二角。菜油、毎担六員四角至六員半。乾魚、毎担四員。剖闊海帯、毎担三員至三員半。整海帯、毎担一員八角至二員半。棕、毎担一員半至三員。乾蝦米、毎担七員。鐵、毎担三員二角。棒香、毎

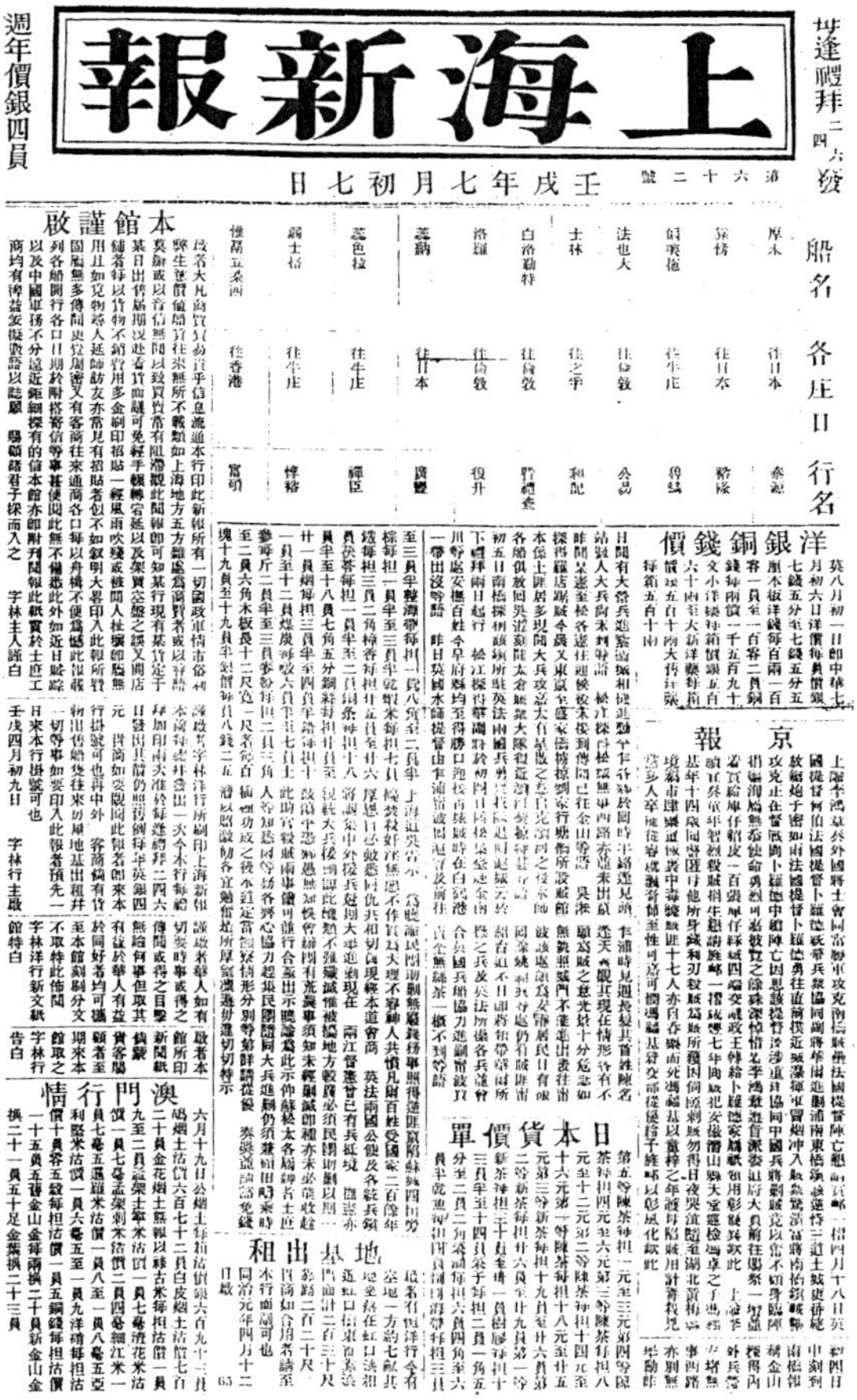
上海新報
第六十二號
壬戌年七月初七日
週年價銀四員
船名　各庄口　行名
本館謹啟
洋銀銅錢價
京報
日本貨價單
地基出租
澳門行情

図２　『上海新報』第62号（近代中国史料叢刊三編第59輯、51頁）

担廿五員至廿六員。茯苓、毎担一員半至二員。銅条、毎担十八員半至十八員七角五分。銅絲、毎担廿員至廿一員。烟、毎担三員半至四員半。鉛、毎担十一員十二員。煤炭、毎噸六員半至七員。土参、毎斤二員半至三員。麥粉、毎担二員三角至二員六角。木板、長十二尺寛一尺者、毎百塊十九員至十九員半。銀價、毎員八銭二五。(45)

とある。ここに記された品名をあげれば、陳茶が一等から五等、新茶が一等から三等、樹膠、菜子、菜油、乾魚剖闊海帯、整海帯、棕、乾蝦米、鉄、棒香、茯苓、銅条、銅糸、烟、鉛、煤炭、土参、麦粉、木板(長一二尺寛一尺の大きさのもの)、銀価などであった。

千歳丸に積載され上海で荷揚げされた貨物の目録は、すでに川島元次郎氏(46)や沖田一氏(47)による「唐國渡海日記」(松田屋伴吉)の翻刻から知られる。

川島元次郎氏の翻刻によれば長崎会所の俵物、三ツ石昆布三六〇〇斤や棕ほうき、市中買上には会津産和人参、雲州和人参、石炭が二五万斤、本商人分として三ツ石昆布が二六、四二四斤、巻烟草が三〇箱などが『上海新報』の記事と合致するが、『上海新報』に見える茶や銅に関しては「唐國渡海日記」には見えないので、他の外国貿易船の貨物も含めた可能性も考えられる。(48)この千歳丸の積み荷の中で注目すべきは二五万斤の石炭である。江戸時代の長崎における中国貿易において日本からの対中国輸出品として石炭はなかったからである。(49)千歳丸により上海へ輸出された石炭は長崎港外にあって幕末~明治にかけて石炭を産出した高島炭坑のものであったと思われる。高島炭坑は佐賀藩の支配地であったが、慶応四年(一八六八)四月よりは佐賀藩とイギリス商人グラバーの共同出資で経営されるようになる。(50)

千歳丸が石炭を上海へ輸送したのは、当時東アジア海域で活動した汽船の燃料として石炭が重視されたためであることは歴然であろう。

最後に、『上海新報』以外の中国側資料に着目してみたい。先に触れたように本庄氏が『清史稿』巻一五八、志一三三、邦交六、日本条の記事を指摘されたほかに、沖田氏が姚錫光の光緒丁酉（二三＝一八九七年）の『東方兵事紀略』巻一、釁始篇第一に見える記事を指摘されている。(51) この原文は、中国近代史資料叢刊の『中日戦争（一）』に収録されている。(52)

この他に、管見の限りで同治元年の上海寄港の記事について述べたい。

『清朝續文献通考』巻三三二、四裔考二、日本条に、

同治元年、日本長崎奉行遣其属、附荷蘭船載貨達上海、因荷蘭領事官照料完税、不敢請立約、通商大臣薛煥許之、聞於朝、是為日本互市之始。(53)

とあり、この記事は先の『清史稿』の記事（三九一頁）とは薛煥の対応が逆である。

『籌辦夷務始末』巻七七、同治九年庚午九月丁亥（二四日、一八七〇年一〇月一八日）の条に、

恭親王等又奏、九月十八日、准軍機處鈔出署三口通商大臣成林奏、日本差官到津各情形一摺。奉旨、該衙門知道、欽此。査日本國於同治元年、即搭座荷蘭商船、來上海貿易、藉口中國商人、曾在該國採辦銅斤、欲援上海無約小國章程、在滬通商、設領事官。(54)

とある。同治九年は日本の明治三年に当たるが、明治政府による中国との通商交渉のさいに過去の事例として、同治元年の事例があげられ、オランダの助力により、徳川幕府が上海で通商交渉を行ったことが知られていた。

また、『曾国藩全集』奏稿一二、同治一一年正月一二日付の（曾國藩）「予籌日本修約片」(55)に、

再、日本通商一案、欽奉九年閏十月二十六日寄諭、（中略）臣竊思、……同治元年、始有日本官員以商船抵滬、

憑荷蘭國商人報関進口、其後疊次來滬。中國随宜拒卻。始而准其售貨完税、仍不得在上海買帯回貨。継而准其在上海一口貿易居住、仍不准駛入長江別口。

とあり、同奏摺は、『籌辦夷務始末』巻八〇、同治一〇年辛未正月己酉（一九日、一八七一年三月九日）の条に、

大学士両江総督曾國藩奏、日本通商一案、（中略）臣《（曾國藩）》竊思、……同治元年、始有日本官員以商船抵滬、（以下略）[56]

とある。この曾国藩の奏摺の内容は、同治元年即ち文久二年の徳川幕府官船千歳丸の上海来航はオランダを通じて中国に通商を求めるものであったことは、これらの例からも中国側の官吏には認識されていたのである。

明治初期の駐日公使何如璋に随行した黄遵憲が光緒一六年（明治二三＝一八九〇）に刊行した『日本國志』巻六、鄰交志上三、華夏の条に明治の日中関係に関する記事の中に文久二年の千歳丸上海寄港についての記述が見られる。

同治元年、長崎奉行遣僚属坿和蘭船攜貨至上海、因和蘭領事謁上海道呉煦、請曰、日本向祇與荷蘭通商。自英・法諸國挾以兵威、逼令立約、利權盡為西商佔盡、無如力不能制、未能拒絶。我官民等會商、僉謂若自行販貨、分赴各國貿易、或可稍分西商之勢。今既到上海、願倣照西洋無約各小國之例、不敢請立和約、惟求專來上海一處貿易、并設領事官照料完税諸事。通商大臣薛煥允其暫由荷蘭商人報関験貨、尚未許其購貨。商人歸時、又請倘允通商、乞諭知和蘭領事転達将來或遣公使籲求。[57]

同治元年に長崎奉行がオランダ船に貨物を積載させ上海に赴かせ、オランダ領事を通じて上海道台の呉煦と会見し、通商を求めた。その要望は清朝と条約を締結せず上海で貿易を行いたいこと、領事を置きたいことであった。三口通商大臣の薛煥はしばらくオランダ商人を通じて貿易を行う方法を提案したとある。姚錫光の『東方兵事紀略』の千歳丸上海寄港に関する部分は、この黄遵憲の記事をもとに記しているようである。

この官船千歳丸一行と上海道台呉煦の会見の内容に関して、中牟田倉之助の「上海行日記」によって、中村孝也氏は幕府の官吏が、

曩に和蘭領事を以て申入れ置きたる通り、此度當地に商人を差遣するに付、取締のため一同渡航したり。滞在中の懇情を所望す。加之聊か貨物を積み來りたれば、運上所に、然るべく注意を與へられたりしと。千歳丸の積載貨物は石炭二十五萬斤、人参五千斤、煎海鼠・乾鮑・干藻・昆布・塗物等を重なるものとす。(58)

と述べたとされる。

高杉晋作の「遊清五録」の「内情探索録」には、

五月八日、於廳堂道臺へ應接。

根立助七郎、沼間平六郎、金子兵吉、鍋田三郎右衛門、中山右門太、中村良平、鹽澤彦次郎、犬塚鎟三郎、英蘭通、岩瀬彌四郎、唐通、周恒十郎、蔡善太郎。

一、兼而和蘭コンシユルを以申入置候通、此度當地へ商人さし渡候に付、右取締かたく、為一見罷越、此程到着いたし候に付、逗留中萬端御世話可相成候間、宜被含置候様致度、且荷物も聊積越候間、運上所手數にも相成候間、可然聲掛之儀頼入候。(59)

と、日暦五月八日に千歳丸一行の幕府官吏らが上海道台に謁見した。そこで今回の上海来航の目的を述べたのであるが、すでにオランダ領事を通じて要望を申し入れていた。彼ら官吏が同行してきたのは取締りのためであり、千歳丸積載貨物の円滑な取引を求めている。

これに対する呉煦の返答が「内情探索録」に見える。

一、其偽阿蘭コンシユルより委細承り、尤當地之商人官銅調達之ため貴國へ渡海通商之儀、古來より連續致來

候得共、貴國之當地へ渡來通商被遊候振合無之候間、貴國より通商之条約相済候迄者、阿蘭通商之規則に應し、萬端コンシユルに御任せ、彼方之荷物に属し、商賣被致可然存候。(60)

この通りであれば、呉煦は日本の来航に対して、これまで中国商人が日本銅の調達のために日本へ渡航していたが、日本から直接中国に来航し通商したことはなかった。そこで清朝と日本が通商条約を締結するまではオランダと清朝との通商条約に依拠して、オランダ国の貨物として取り扱いたい旨を伝え、全てオランダ領事に任せ貿易を行うように提言している。

この「内情探索録」の記述は、先に引用した中国側資料の記述とほぼ一致しているといえるであろう。

四　小　結

上述のように、徳川幕府が文久二年四月二九日（一八六二年五月二七日）に上海に向けて派遣した千歳丸のことは、当時上海で刊行されていた新聞『上海新報』の一八六二年六月二四日発行の第四五号に明確に記録されていた。

他方、千歳丸に乗船して上海に渡航した一行の中には、この『上海新報』を中国事情の重要な情報源として収集していた者がいたのである。

長きにわたり「鎖国」政策をとっていた徳川幕府が通商の目的とはいえ、積極的に上海に官船を派遣したことは、上海に居住していた英国をはじめとする外国商人にとっても新たな商業機会が拡大するとの思惑もあり好評裡に迎えられた。清国にとっても、その点は同様であったと思われる。その一端は先に引用した『清朝續文献通考』、『籌辦夷務始末』等の中国側の資料に見られる記述に、敢えて条約交渉をせずともしばらくの間は、清朝と条約締結のあるオランダを通じて通商を許可する方法をとったことからも知られよう。

これまで、千歳丸の上海来航に関しては、主に千歳丸乗員の日本人側の資料を中心に論じられてきたが、若干の事例であるが千歳丸上海来航に関する中国側の記録を掲げてみた。今後さらに中国側資料の発掘によって新たな研究視点が開拓されるのではあるまいか。このことは先にペリーの日本来航に関して、香港で発行されていた新聞『遐邇貫珍』の記事から分析した場合[61]と同様に、清代中国人や東アジアに駐在するイギリスをはじめとする外国人が、日本の動向をどのように冷徹に見ていたのかという視点からも考察する必要があろう。

（1）「続通信全覧類輯之部」船艦門・商船発遣、「箱館亀田丸魯領アンムル河へ發航一件」「長崎千歳丸上海へ發航一件」「箱館健順丸上海へ發航一件」「箱館健順丸香港及荷蘭領バタビヤ發航一件」（外務省編纂『続通信全覧』類輯之部一九、雄松堂出版、一九八七年三月、七〇五～七三七頁）。本庄栄治郎『増補幕末の新政策』、有斐閣、一九五八年八月、四二二～四八一頁。

（2）千歳丸上海派遣に関しては後述のように多くの成果があるが、派遣を中心とする研究で最近でもっともまとまった成果は、春名徹氏の「一八六二年幕府千歳丸の上海派遣」（田中健夫編『日本前近代の国家と対外関係』、吉川弘文館、一九八七年四月、五五五～六〇一頁）である。

（3）千歳丸の乗員等に関する研究は後述のように多い。その中国観に関する成果としては次のものがある。
杜氏嘉造（森鹿三）「太平天国とわが遣清使節」、『東洋史研究』第七巻第五号、一九四二年一〇月、六七頁。

市古宙三「幕末日本人の太平天国に関する知識」、『開国百年記念明治文化史論集』、一九四二年一一月、四八一～四八六頁。

増井経夫『太平天国』、岩波新書、一九五一年。

同右『中国の二つの悲劇』、研文出版、一九七八年。

佐藤三郎「文久二年に於ける幕府貿易船千歳丸の上海派遣について――近代日中交渉史上の一齣として――」、『山形

大学紀要人文科学』第七巻第三号、一九七二年一月、三一〜五七頁。

日比野丈夫「幕末日本における中国観の変化」、『大手前女子大学論集』第二〇号、一九八六年、一〜二〇頁。

平岩昭三「『遊清五録』とその周辺——幕府交易船千歳丸の上海渡航をめぐって——」、『日本大学芸術学部紀要』第一六号、一九八七年三月、一四〜三五頁。

春名徹「中牟田倉之助の上海体験——『文久二年上海行日記』を中心に——」、『國學院大學紀要』第三五巻、一九九七年三月、五七〜九六頁、同論文には「中牟田倉之助上海行日記」（六七〜九六頁）が翻刻・掲載されている。

馮天瑜「日本幕府使団所見一八六二年之上海」、『近代史研究』一九九九年第三期（五月）、一八三〜二一二頁。

同右「「千歳丸」の上海行——日本幕末期の中国観察を評論す——」、『中国21』（愛知大学現代中国学会）七号、一九九九年一一月、一六九〜一九八頁。
（4）王檜林・朱漢国主編『中国報刊辞典（一八一五—一九四九）』、書海出版社、一九九二年六月、三〜四頁。
（5）上海図書館『《上海新報》中的太平天国史料』一九六四年一一月、史料二一二頁、附録二〇頁。同書の「史料」には、一八六二年六月二四日〜一八六六年七月二日までの太平天国に関する記事を収録している。
（6）松浦章「『上海新報』に見る琉球國記事」、『南島史学』第五三号、一九九九年七月、三二〜四五頁。
（7）東京大学史料編纂所蔵版『維新史料綱要』巻四、東京大学出版会、一九三七年九月初版、一九六六年八月復刻、六〇頁。
（8）『維新史料綱要』第四巻、一一二頁。
（9）沖田一「幕府第一次上海派遣官船千歳丸の史料（下）」、『東洋史研究』第一〇巻第三号、一九四八年七月、六〇〜六一頁。
（10）沖田一「幕府第一次上海派遣官船千歳丸の史料（上・下）」、『東洋史研究』第一〇巻第一号、一九四七年一二月、四八〜五八頁、同第一〇巻第三号、一九四八年七月、五八〜七二頁。沖田氏は、この論文で、当時の研究成果も含め全部で四三件の成果・史料を紹介している。
（11）中村孝也『中牟田倉之助傳』、中牟田武信発行、一九一九年一一月、二〇九〜二六七、附録六〜七頁。
（12）『東行先生遺文』「日記及手録」、民友社、一九一六年五月、七二〜一二四頁。

(13) 奈良本辰也監修／堀哲三郎編集『高杉晋作全集』下、新人物往来社、一九七四年五月、一四一～二一六頁。
(14) 日本経営史研究所編『五代友厚伝記資料』、東洋経済新報社、一九七四年一一月、五～六頁。
(15) 川島元次郎『南國史話』、平凡社、一九二六年五月、一一五～一六六頁。
(16) 東方学術協会『文久二年上海日記』、全国書房、一九四六年五月、一六五頁。
(17) 本庄栄治郎編『幕末貿易史料』、清文堂出版、一九七〇年八月、一二～一六頁。
(18) 田中正俊「名倉予何人「(文久二年)支那聞見録」について」、『山本博士還暦記念東洋史論叢』、山川出版社、一九七二年、二九一～三〇四頁。
(19) 本庄前掲『増補幕末の新政策』四四七～四六九頁。
(20) 同書、四七二～四七四頁。
(21) 『清史稿』(中華書局本)四六一八頁。
(22) 『文久二年上海日記』五九頁。
(23) *The North-China Herald*, No. 619, June 7, 1862, p.92.
(24) *The North-China Herald*, No. 628, August 9, 1862, p.128.
(25) *The North-China Herald*, No. 619, June 7, 1862, p.90.
(26) 沖田前掲「幕府第一次上海派遣官船千歳丸の史料(下)」六一～六五頁。
(27) 『外国新聞に見る日本』第一巻・一八五一―一八七三、毎日コミュニケーションズ、一九八九年九月、一八六～一八七頁。
(28) 東方学術協会『文久二年上海日記』、全国書房、一九四六年五月、二九頁。
(29) 同書、五三頁。
(30) 同書、五三頁。
(31) 同書、六八頁。
(32) 『中牟田倉之助傳』二五四頁。
(33) 小島晋治監修『幕末明治中国見聞録集成』第一一巻、ゆまに書房、一九九七年一〇月、一〇三頁。

(33) 同書、九九頁。
(34) 春名前掲「中牟田倉之助の上海体験――『文久二年上海行日記』を中心に――」七三頁。
(35) 『幕末明治中国見聞録集成』第一一巻、一〇五頁。
(36) 沖田前掲「幕府第一次上海派遣官船千歳丸の史料(下)」七一頁。
(37) 田中前掲「名倉予何人「(文久二年)支那見聞録」について」二九七頁。
(38) 『幕末明治中国見聞録集成』第一一巻、一八三頁。
(39) 近代中国史料叢刊三編第五九輯『上海新報』、文海出版社、一頁。
(40) 山脇悌二郎『長崎の唐人貿易』、吉川弘文館、一九六四年四月。
松浦章『清代海外貿易史の研究』、朋友書店、二〇〇二年一月。
(41) 外山軍治「上海道臺呉健彰」、『學海』第一巻第七号、一九四四年一二月、四五～五四頁。
(42) 『中国地方志集成』上海府縣志輯③、上海書店、一九九一年六月、四九〇頁。
(43) 同書、五二五頁。
(44) 太平天国歴史博物館編『呉煦檔案選編』第一～七輯、江蘇人民出版社、一九八三年二月～一九八四年五月。
(45) 前掲『上海新報』五一頁。
(46) 川島元次郎『南國史話』一二四～一四一頁。
(47) 『幕末明治中国見聞集成』第一一巻、四五～四八頁。
(48) 川島前掲『南國史話』一二四・一二五・一二六・一三四・一三八・一三九・一四〇・一四一頁。
(49) 山脇前掲『長崎の唐人貿易』一一九～一二三・一三六～一三九・二一〇～二一七頁。
(50) 重藤威夫『長崎居留地と外国商人』、風間書房、一九六七年三月、一一七四頁。
(51) 沖田前掲「幕府第一次上海派遣官船千歳丸の史料(下)」七〇頁。
(52) 『中日戦争』第一冊、上海人民出版社、二〇〇〇年六月、二頁。
(53) 『清朝續文献通考』四、浙江古籍出版社、考一〇七一三頁。
(54) 『籌辦夷務始末』(七)同治朝、台聯國風出版社、一七八四頁下。

(55)『曾国藩全集』奏稿一二、岳麓書社、一九九四年一二月、七二〇四～七二〇五頁。
(56)前掲『籌辦夷務始末』(七)同治期、一八四六頁下。
(57)王寶平主編『日本國志』、上海古籍出版社、二〇〇一年二月、七二頁。
(58)前掲『中牟田倉之助傳』一二一～一二三頁。
(59)前掲『東行先生遺文』「日記及手録」、一〇〇～一〇一頁。
(60)同書、一〇一頁。
(61)松浦章「『遐邇貫珍』に見るペリー日本来航——羅森『日本日記』前史——」、『関西大学東西学術研究所創立五十周年記念論文集』、関西大学東西学術研究所、二〇〇一年一〇月、三九三～四一一頁。

第三章　長崎唐船主から長崎華商へ

一　緒　言

日本に在住する華僑に関する総合的な歴史研究において大きな業績を上梓されたのは内田直作博士であった。内田博士は『日本華僑社会の研究』(1)（序章「留日華僑の人口と経済」(2)、前編「江戸時代の華僑団体」(3)、後編「明治時代以降の華僑団体」(4)）として日本における華僑の史的研究をまとめ、特に前編では明治以降に日本に在留し、所謂鎖国時代における長崎での中国貿易（所謂長崎唐人貿易）に従事した長崎来航の中国商人を華僑の先駆としてとらえられたのである。しかし、日本の各地とりわけ横浜・神戸・函館・長崎などに在留するようになった華僑のほとんどは、明治以降に日本に渡来した人々であって、江戸時代の唐人貿易の関係者と長崎華僑との関連については充分に究明されていない(5)。

また蒲池典子氏は「明治初期の長崎華僑」(6)において明治初期に長崎に居留した華僑について詳細な検討を加えられたが、その対象とされたのも明治以降の長崎の華僑であり、明治以前の唐人貿易との関係に関してはほとんど検討されていない。

陳東華氏が「長崎居留地の中国人社会」を発表され、唐館独占貿易の終焉と長崎居留地在住の中国人、さらに明治以降の長崎における中国人社会、そして幕末～明治初めに長崎で活躍した中国人とその商社について、清人名簿をもとに考察され初めて唐人貿易商人と長崎華商の関係を指摘された(7)。

そこで本章では、長崎の唐人貿易従事者が明治以降に長崎華僑となった事例を中心に、貿易船の船主が長崎華商となった人物について考察を加えたい。その第一段階として、清代において海外華人を日本でどのように呼称していたかを、『華夷変態』の記述から見てみることにする。『華夷変態』は、一七世紀前半の中国における明清交替の政治的動乱に対する危機感から、江戸幕府が長崎に来航する中国商人等によって伝えられた情報を収集し、長崎の唐通事によって翻訳され幕府に報告されたものである。それらの報告の中に海外華僑の呼称や動向に関する記述が若干含まれている。その記述から江戸時代の日本人が海外華人・華僑をどのように認識していたかについて述べてみたい。あわせて、幕末の唐人貿易関係者が明治以降の長崎華僑にどのように変質していったのかを明らかにしたい。

二　日中史料に見る在外華人「住宅唐人」

今日一般に呼称される「華僑」は「中国人、より広くは中国系人で、海外に居留する人々を中国漢語で包括的に総称して「華僑」と表現する(8)」とされ、「華商」は「海外で活躍する中国ないし中国系商人のこと(9)」とされるが、江戸時代の日本では、これらの人々をどのように呼称していたのであろうか。その事例を『華夷変態』の記述より見てみたい。

(1)『華夷変態』に見る在外華人「住宅唐人」

①暹邏

○「延宝八年庚申（康熙一九＝一六八〇）十五番暹邏船之唐人共申口」（七月一五日）

……只私共商売之儀は、所之暹邏人、又は住宅之唐人までに出合申候故、……(10)

②柬埔寨

○「元禄四年辛未（康熙三〇＝一六九一）六十九番柬埔寨船之唐人共申口」（六月二五日）

……柬埔寨國、……只出産之物とては、鹿皮、下黒砂糖、うるし、ぞうげ、すわう、びんろうじ、其外薬種類、少々出申迄之國にて御座候得共、大分之商売とても無之所にて御座候、尤住宅之唐人共は、千人余も有之候、役人も大方唐人共勤役之者多御座候、米穀などは成程下直に御座候、……(11)

③麻六甲

○「貞享四年丁卯（康熙二六＝一六八七）五十七番厦門船之唐人共申口」（四月一六日）

……私共去年仕出し申候麻六甲と申所は、別て下劣成えびす國にて御座候、尤城之形も御座候得共、塵相成事共にて御座候、人民も多は無御座候、住宅之唐人は多く居申候、所々やかたは則麻六甲人にて御座候得共、畢竟は阿蘭陀人支配に罷成、……(12)

○「貞享四年丁卯百四番麻六甲船之唐人共申口」（七月一三日）

……此麻六甲にも阿蘭陀人二百人程罷居申候、小城有之、阿蘭陀人は城内に罷在候、住宅唐人も七八十人も可有御座候、其外は則じやわ人共も少は住居仕罷在候、……(13)

④大泥（Patani）

○「貞享四年丁卯百十五番大泥船之唐人共申口」（八月七日）
大泥と申國、夷國之内にても下劣之國にて、四季共に暖國にて、……住宅之唐人漸四拾人余も有之候、……(14)
○「元禄三年庚午（康熙二九＝一六九〇）七十八番大泥船之唐人共申口」（六月二三日）
……大泥之儀、元は爪哇國之内にて御座候得とも、最早年久敷暹邏之属国に罷成、暹邏へ貢禮仕申候、……屋形在鎮之所、則人之集りたる所にて御座候に、漸壱弐萬人には過申間敷候、其内に住宅之唐人も数百人有之儀に御座候、大分に熱國成故、貴賤共に年中裸にて住申所にて御座候、……(15)

⑤咬留巴

○「元禄三年庚午（康熙二九＝一六九〇）七十七番咬留巴船之唐人共申口」（七月四日）
……咬留巴いささかも相替義無御座候、例年之通にて御座候、阿蘭陀人不相替在鎮仕罷在支配仕候、船は所之番船共に大小弐拾艘程不絶往来仕候、住宅之唐人も数萬可有御座候、総じて阿蘭陀之風義、諸事共に隠密を専に相守り、少之事にても中々唐人方へ知らせ不申義に御座候、御當地へ罷渡り候船之員数さへ隠し申候て不申聞候、出船之日期も相知れ不申候、……(16)

⑥台湾

○「貞享五年戊辰（康熙二七＝一六八八）百三十四番台湾船之唐人共申口」（七月七日）
……台湾にて仕出し申候にて、……只今は前廉に違、住宅之唐人少く罷成申候に付、砂糖作り申者無之、砂糖別て乏御座候、……(17)

以上のように、長崎に来航した唐船に同乗していた暹羅・柬埔寨・麻六甲・大泥・咬留巴・台湾等の中国系の人々は「住宅之唐人」と呼称され、現地人とは異なる外国人が居住していたことを伝えている。ここでの「住宅之唐人」という表現は、長崎の唐通事が日本語表記したさいに使用したものであるが、おそらく長崎へ来航した中国船主達に対しても同じ表現を用いていたものと思われる。

それでは、この「住宅之唐人」とはどのような人々であったろうか。その具体例を「享保三年戊戌（康熙五七＝一八一七）咬留巴船之唐人共申口」から探ってみたい。

私共船之儀者、咬留巴より仕出し、唐人数三十八人、外に咬留巴へ住居之唐人二十三人、并咬留巴人四人、都合六十五人乗組候て、當五月朔日彼地出版仕候、……船頭鄭孔典儀、并乗渡り之船共に、今度初て渡海候、……さて又船頭儀は、本福建之内漳州之者にて弐拾年以来、咬留巴へ住居仕候、……(18)

報告者は鄭孔典である。咬留巴《カラバ》から中国人三八人、咬留巴在住の中国人二三名、そして咬留巴人四名の計六五名が鄭孔典が船主の船に搭乗して長崎に来航したのである。船主の鄭孔典は福建省の漳州出身であった。彼はおそらく貿易を生業として二〇年以上前に咬留巴に渡り居住していた。鄭孔典が渡ったのは康熙三七年（元禄一一＝一六九八）のころであろう。それ以来、咬留巴に居住していたと考えられるが、康熙二三年（貞享元＝一六八四）に発布された展海令以降のことであった。

(2) 清代檔案に見る海外華人

このように、海外居住の華人は、清代になると記録に残されている例がしばしばみられる。

雍正六年（享保一三＝一七二八）六月下旬から七月にかけて、厦門に帰帆した中国帆船で複数の中国人が帰国している。福建総督高其倬の同年八月初一〇日付の奏摺によれば、次の四名の供述の一部が知られる。それを掲げると次のようである。

魏勝興船内帯回之黄龍供、係龍渓縣人、在西門内居住、年六十二歳、有妻有兩個児子、在咬留巴十七年了、係在彼賣茶生理。

據朱猜供、年五十二歳、係龍渓縣人、在南門外居住、有妻有一子十九歳了、在咬留巴十九年了、在彼種田。

據韓聘供、年六十二歳、係龍渓縣人、在北門保居住、有妻有一子、在咬留巴住十八年了、在彼種園。

陳厚供、年六十一歳、係龍渓縣人、在二十七都長州郷住、有妻有一子一孫、在咬留巴住十五年了、在彼賣草等因。(19)

魏勝興船で帰国した四名はもともと福建省漳州府龍渓県に居住する人々であった。黄龍は四五歳、朱猜は三四歳、韓聘は四四歳、陳厚は四六歳の時に海外咬留巴すなわち現在のジャカルタに移住し、その後一五年から一八年の年月を過ごし、妻子やあるいは孫まで伴って帰国したのである。彼らの海外在住に関して、高其倬は、「留住外洋各民人」(20)や「留住外國人民」「留住外國之人」(21)と記述している。

雍正六年九月二五日付の浙江総督管巡撫事の李衛の奏摺には、

葛留巴、呂宋等處、皆西南洋貨物馬頭、従前留住之漢人甚多。(22)

とあり、「留住之漢人」と表記している。

また、乾隆一三年（寛延元＝一七四八）四月二日付の閩浙総督喀爾吉善と福建巡撫潘思榘の奏摺に、

黄佔係漳州龍渓縣石尾郷里居住、見有妻子、胞叔黄照前經任呂宋甲必丹、胞弟黄令・黄罕彼時亦在呂宋營商、今三人倶已回家、……已故黄紫継妻鄭氏、内地所生之子、與黄令・黄罕同胞兄弟、康熙五十八年、黄紫帯往呂宋、雍正四年由廣東回家、聚妻王氏、次年復往呂宋、至今二十餘年、未回内地、伊妻王氏抱養二子……(23)

とあるように、黄佔は福建省漳州府の龍渓県石尾郷の人であり、叔父の黄照ははやく呂宋に渡り、甲必丹（カピタ

ン）になるような人物であった。彼も呂宋で商人となっていた。黄佔は黄紫の子供として中国で生まれ、康熙五八年（一七一九）に父とともに呂宋に渡り、その後、雍正四年（一七二六）に広東から入国して郷里に戻り妻王氏を娶るが、翌年に単身で呂宋に渡って乾隆一二年（一七四七）まで二〇年余り帰国していなかったことが記されている。

さらに、福建漳州の船戸陳泉が帰国にさいして海難に遭遇し外国船に救助されて澳門に送られ、同地で取り調べられた記録である嘉慶一四年（文化六＝一八〇九）八月の稟文によれば、

具稟人福建漳州府詔安縣人船戸陳泉、年四十六歳。稟爲卸恩再沐全恩事。泉等原籍福建、素守本分。於嘉慶六年自置雜貨由厦門搭船帯往暹羅貿易、因賑目不能清収、以致羈留久候。柰水土不合、苦染成病、不已聚室黄氏、以爲服侍之計、隋産一男、喜有無恙。迨至本年、有郷親李康等亦聚家室、倶留于此、是以往來集商、各欲家眷願帯回籍、就懇該處地方官蒙給大船一隻、駕管而回。于七月十七日牌領金發興、驗放出口。至二十六日、不料狂風驟起、船遭破爛、……

嘉慶十四年八月　日稟(24)

とあるように、漳州府詔安県の船戸陳泉は三八歳の時、自前の船で厦門から出帆して暹羅に貿易に赴いたが、交易は不調で当地にとどまることになり、健康を損ない妻黄氏を迎え家計も良好となり息子の誕生を見た。嘉慶六年になり親族の李康も妻を迎えたことを契機に、暹羅の大官に大船の下賜を願い出てそれで帰国することになったが、その途上で海難に遭遇したのである。陳泉は船戸ではあったが、海商活動を停止して暹羅に八年ほど「留住」していたのである。

このような経験を持つ人々が沿海部の福建や広東・浙江省には多かったのであろう。

しかし清末になると、このような海外在住の華人は華僑と呼称されるようになった。光緒三四年（明治四一＝一九〇八）二月一六日付の農工商部右侍郎の楊士琦の奏摺には、

為考察南洋華僑商業情形恭摺具陳仰祈聖鑒事、……(25)

と明確に華僑と使用されている。さらに、

新加坡幅員甚小、農産亦稀、自英人開埠後、免税以廣招徠、由此商船雲集、百貨匯輸、遂爲海南第一巨埠、華僑二十餘萬人、……(26)

とあり、二〇世紀初頭のシンガポールに居住する華僑は二〇数万人に達していたのである。

華僑の中には、清代以降に海外に渡航し、その地で後裔をつくり生業を営み財を成したものもいたが、その地の国情によって華僑の居住形態は千差万別であっただろう。

それでは長崎の華僑にはどのような居住形態が見られるであろうか。次に述べてみたい。

三　唐船脇船主鈕春杉と八閩会所総理鈕春杉

同治九年一二月初一日（明治四年＝一八七一年一月二一日）付の奏摺である「遵議日本通商事宜片」において李鴻章は次のように記している。

順治迄嘉・道年間、常與通市、江浙設官商額船、毎歳赴日本辦銅數百萬斤、咸豊以後粤匪距擾、此事遂廢、然蘇浙閩商民、往日本長崎島、貿遷寄居者絡繹不絶。(27)

清朝前期より嘉慶・道光年間（一七九六～一八五〇）まで順調に中国の貿易船が長崎に赴いて日本産の銅を購入していたが、咸豊年間（一八五一～六一）に太平天国の乱によってそれが終焉を迎えた。しかしその後は、江蘇・

浙江・福建の人々が日本に赴いて貿易に従事するようになったことを端的に記している。

ここでは、その終焉間近かな時期の中国商人の動向を述べてみたい。

上海道台であった呉煦が残した「江海関征収税鈔正款帳冊」に見える咸豊一一年（一八六一）の記録に、

　咸豊十年十一月間、據官銅局司事傅伯芬稟稱、此次金吉利、蔡吉隆両船運回官局洋銅九萬七千両、改由上海進口、内有應繳浙省洋銅四萬斤。(28)

とあるように、咸豊一〇年一一月（万延元年一一月）までに日本から上海へ帰来した金吉利と蔡吉隆の両船が日本銅九七、〇〇〇斤を持ち帰ってきたのであった。長崎の記録『割符留帳』によると、万延元年一一月に最も近く長崎より帰帆した中国船は、同年閏三月二七日と七月四日に長崎通商の商照票である信牌を与えられた未二番船と三番船とである。この二艘のいずれかが金吉利か蔡吉隆の船であったと思われる。

さらに同記事中に、

　據官銅局司事傅伯芬稟稱、総商王元珍已于上年四月間、全家在蘇殉難、局務乏人主持、抑且商力疲乏、虧累萬状、所有在滬已繳洋銅、勢難領運赴浙呈繳。

とあるように、総商の王元珍らは咸豊一〇年（万延元＝一八六〇）四月の太平天国軍の蘇州侵攻により遭難したため官府への日本銅納入が困難になっていた。ついで、

　況査咸豊六年分、得寶、宏豊両船運回洋銅十五萬斤、本應江・浙両省分収、彼時由金運司経手、統繳浙省。九年三月、得寶船運回洋銅十萬斤、亦系全数繳浙。十年四月、宏豊船運回洋銅二萬五千斤、亦于是年七月間、統解浙省。

とある。咸豊六年（安政三年＝一八五六）の得宝・宏豊の両船は日本の安政三年の辰二番船か三番船のいずれかで

あろう。咸豊九年（一八五九）の得宝船は、安政五年（一八五八）の午一番船であり、咸豊一〇年の宏豊船は万延元年閏三月二七日に長崎から帰帆した未二番船であったと考えられる。

万延元年の入港船はなく、翌文久元年八月二九日（咸豊一一年）に入港した船が繰り上げられて申一番船となった。そして同年一一月一三日入港の船が西一番船[29]となり長崎の唐人貿易の終焉を迎えるのである。文久元年の申一番船と西一番船の両船を運行させたのは長崎在留の程稼堂であった。彼は太平天国軍の江南進出によって故国に戻れず、長崎でイギリスのジャーディン・マセソン商会のランスフィールド船、デント商会のカライミヤー船を雇用して長崎貿易を行ったのである[30]。

このように、長崎唐人貿易の関係者の幾人かは故国に戻らず、あるいは帰国できずに長崎にとどまっていたのである。その長崎在留者を頼って、その家族や関係者が長崎に渡来することになる。

（1）唐船主鈕春杉から長崎華商鈕春杉へ

文久元年（咸豊一一＝一八六一）四月の「當節陳志祥家族共渡来致し暫館内ニ滞留被仰付度願和解」によれば、

以書付申上候者ハ鈕氏船主鈕春杉ニて御座居被仰上被下度願候事、然者本船工社陳志祥家族共、此節唐國賊徒蜂起致し近来弥増長ニ及ひ密々安居難出來不得止事本陳志祥を慕ひ逃渡暫く慶源豊號ニ借住い致し店を得共、同所を商売場所にて種々不便之儀も有之候間、館内ニ同店居致度候陳志祥より毎ニ歎願ヲ出候ニ付、此段事願候何卒左之人数入館之儀御許容被成下候ハハ陳志祥儀者不及申上一統難有仕合事存候、此段年番通事宛迄申入候条。

年行公大人より

御奉行所へ被仰上願通御許容被成下候ハハ難有事存候

覚

一　妻彭氏　年参拾六歳

一　倅二官　同拾六歳

一　同三官　同拾参歳

一　同元珠　同八歳

文久元年酉四月　　鈕氏船主鈕春杉

右書付之通和解差上申候以上

李　平三　印

頴川　君平　印(31)

とあり、鈕春杉が彼の船の工社（下級船員）であった陳志祥とその家族の長崎渡来のために長崎奉行所へ願書を提出している。

『割符留帳』の記録の最終部には、文久元年八月八日付にて長崎奉行が丙午年の信牌として給牌した貿易商人に鈕春杉の名が見られる。

未貳番船主在館鈕春杉上海丙午年、壹年限之割符相渡候。割符文言前ニ同シ但午年定数之内、上海壹艘、積銀高九拾五貫目

右之割符午年入津可仕筈之鈕春杉、今日於御役所、就被遊御渡候、私共罷出申候

文久元年酉八月八日　　頴川豊十郎　印　（以下通事略）(32)

丙午年は弘化三年（道光二六＝一八四六）に当たる。一年一〇艘の来航数と長崎奉行が決めた定数が天保二年（道光一一＝一八三一）頃より一〇艘以下に減船していた。しかし給牌数は定数によっていたため十数艘の差が生じていたのである。文久元年八月八日（一八六一年九月一二日）付にて、唐通事立ち会いのもとに長崎奉行所で鈕春杉が上海より長崎に来航する許可を与えた信牌が給牌されたが、この同日付の未二番船の信牌は使用されることがなかった。他に上海からの船として信牌を与えられたものには安政四年八月晦日の巳二番船・巳三番船、万延元年閏三月二七日の未二番船、同七月四日の未三番船と文久元年八月八日の午一番船・未二番船の六艘があった。(33)

文久元年（咸豊一一＝一八六一）一一月付の長崎奉行高橋美作守和貫への上申書には、

長崎表在留罷候唐船主鈕春杉之工社陳志詳家族四人、同船主程稼堂之総代鄧増弟家族男女十一人、同船主楊少棠家族四人、同船主鈕春杉之工社陳英家族男女七人、追々亜米利加船・英吉利船にて便乞渡来仕候ニ付、入館之儀、船主共より願出候間、相糺候処、何れも唐國賊乱未静謐不相成ニ付、親族を慕ひ當港迄罷越候ニて、事実進退相究り、一方之活路を求め遙かに渡来仕り入館願立候段者、無余儀仕第に相聞え、尤當三月中申上置候唐船主鈕春杉弟嫁其外之者同様之事柄ニて渡来仕候節、入館為仕候振合も有之候間、此度も承届入館為仕置候申候、依之船主共差出候願書和解四通相添、有馬帯刀申談此段申上置候以上。(34)

とあり、太平天国により上海周辺を除く江南地域がほぼ制圧されていたため、長崎貿易関係者やその家族が日本に渡来してくることになるが、そのほとんどは、幕末期に長崎の唐人貿易に関係して在留していた中国船主等を頼ってのものであった。

さらに、文久二年（同治元＝一八六二）三月の「長崎在館支那人鈕春杉申出候書付写」によれば、以書付申上候者は在館船有鈕春杉にて御座居被仰上被下度願候、然者唐國乱未た静謐に相成不申、何れも所々へ逃避仕候得共、安寧の土地無之不得止事、當今親族呉細弟の家族共私を慕ひ英の十番カウイシヤ船へ便乞渡来仕候に付、何卒格別の思召を以、左の通暫館内に滞留の義御免被成下候様強て奉願候、尤彼地都合次第歸唐為仕度奉願候、此段年番通事衆迄申上候條、年行大人より御奉行所へ被仰上願の通御許容被成下候はは、御蔭を以安居仕候、御仁恩の程重疊奉感激候。

一　在館船主　鈕春杉　外家属拾人

一　在館船主　鈕春杉　外家属九人(35)

とあり、鈕春杉の親族である呉細弟の家族が長崎へ渡来して、唐館内で居住することを長崎奉行に懇請している。長崎奉行に長崎在留を願い出た鈕春杉は、長崎在留者の代表者と見られる。その事例は、長崎県立図書館（現・長崎歴史文化博物館）所蔵の「従明治元年至同二年　外務課事務簿　支那人往復(36)」に「在館公司　鈕春杉　同総管鄭仁珍」とあり、鈕春杉と鄭仁珍と両名の名はその後もしばしば長崎の記録に見られる。

「明治三年　外務課事務簿　清國人往復」には「八閩會所総理　鈕春杉　鄭仁瑞(37)」とあり、「明治七年　外務課事務簿　支那従民諸願届」には「八閩會所総理　鈕春杉(38)」とある。

鈕春杉は、少なくとも文久元年（咸豊一一＝一八六一）八月八日付の給牌には「在館」とあることから、長崎に駐留しており、明治元年（同治七＝一八六八）を経て同七年（同一三＝一八七四）までの一四年間は長崎に在留していたことが明らかであり、しかも在留中国人の代表的な地位にいた人物であることが知られる。

先にみたように鈕春杉は船主とあり、長崎貿易の経験者でもあった。彼の記録が長崎貿易で最初に見られるのは、弘化二年（道光二五＝一八四五）のことである。弘化二年一二月一一日に長崎に入港した中国からの貿易船は

表1　鈕春杉の長崎来航および在留表

西暦	中国暦	日本暦	番船名	入　港　日	職　名
1845	道光25	弘化2	巳一番船	12月11日	財　副（34歳）
1846	26	3	午三番船	6月14日	財　副
1847	27	4	午七番船	1月21日	財　副
1850	30	嘉永3	戌三番船	12月21日	財　副
1852	咸豊2	5	子一番船	1月17日	脇船主
1852	2	5	子五番船	12月22日	脇船主
1856	6	安政3	辰一番船	1月16日	脇船主
1857	7	4	巳三番船	2月22日	脇船主
1859	9	6	未一番船	3月15日	脇船主（48歳）
1861	11	文久元	未二番船	8月8日給牌	船主・在館
1868	同治7	慶応4		在館唐人（一番）在住　57歳	
1869	8	明治2		八閩会所総理	
1874	13	7		八閩会所総理	
1875	光緒元	8		八閩会所総理	
1878	4	11		八閩会所董事　67歳	

この年の最初の来航船であったので一番に番立され巳一番船となった。この巳一番船の財副に鈕春杉がいた。その後、弘化三年午三番船の財副、同四年午七番船の財副、嘉永三年（道光三〇＝一八五〇）戌三番船の財副、同五年の子一番船の脇船主、同年の子五番船の脇船主、安政三年（咸豊六＝一八五六）の辰一番船の脇船主、同四年の巳三番船の脇船主、同六年の未一番船の脇船主であったことが知られる。その経過は表1のようになる。

鈕春杉は弘化二年（道光二五＝一八四五）より安政六年（咸豊六＝一八五九）までの一五年間に九回も長崎に来航していたことが知られる。そして長崎への中国商船、唐船による貿易が途絶えて以降は、長崎の記録から彼が同地に在留していたことが知られるのである。

「唐館新地處分書類」(39)には、

辰三月　唐館公司　鈕春杉
前在留船主　程稼堂

とあり、辰は戊辰年すなわち慶応四年、明治元年にあたり、中国の同治七年、西暦一八六八年のことである。

また「慶応四年　在館唐人男女名前帳　辰四月改」によれば、鈕春杉の長崎在留の状況が知られる。

壱番　蘇州人		鈕春杉	五拾七歳
	春杉倅	鈕延生	十　七歳
	同弟妻	鈕孫氏	三十九歳
	同　妹	鈕保貞	四　十歳
	元財副	陳舟逸	三十六歳
	召　使	呉徳順	四十八歳
		〆	

慶応四年（一八六八）四月の時点で、鈕春杉は長崎の旧唐人屋敷内に居住していた。息子の鈕延生（一七歳）、彼の弟の妻孫氏（三九歳）、彼の妹鈕保貞（四〇歳）、そして元唐船の財副であった陳舟逸（三六歳）と召使いの呉徳順（四八歳）の計六名の世帯であった。

このうち陳舟逸は長崎来航が確認できる人物である。彼の来航を示してみると次のようになる。

天保一一年（道光二〇＝一八四〇）一二月二日に長崎に入港した子一番船の財福で船主は沈耘穀であった。次は同一三年（同二二＝一八四二）一二月一七日に入港した寅三番船の財副で船主は顧子英であった。同一四年（同二三＝一八四三）一二月三日に入港した卯五番船の財副で船主は在留船主の王雲帆であり、陳舟逸が乗船し指揮していたことが分かる。その後、嘉永二年（道光二九＝一八四九）正月二三日に入港した酉一番船の脇船主となり、船主は在留船主の程稼堂であった。同年一二月二六日に入港した酉六番船の脇船主で、船主は鈕心園であった。鈕心園は鈕春杉と同姓であることから鈕春杉の一族であったと考えられる。同三年（道光三〇＝一八五〇）一二月二〇日に入港した戌二番船では船主となり脇船主に銭少虎がいる。[40] 陳舟逸は慶応四年（一八六八）が三六歳であるならば、天保一一年（一八四〇）には一〇歳であって、その歳で財福になっていたことになる。

その後の鈕春杉の長崎在留の状況を見てみたい。長崎県立図書館（現・長崎歴史文化博物館）所蔵の「従明治元年至同二年　外務課事務簿　支那人往復」[41]に在留中国人の関係書類が収録されているが、時間を追ってその代表者名のみを列記すると、

○慶応四年辰七月　前局在留船主　程稼堂
　　同　総　管　鄭仁瑞
○慶応四年辰九月　前在留公　司　程稼堂
○慶応四年辰十月
　　廣東帮　廣聯興號　唐譲臣
　　　　　長發源號　林雲逵
　　　　　東和號　梁亹君
　　寧波帮　乆記號　虞菁菴
　　　　　成記號　張徳澄
　　江浙帮　唐館公司　鈕春杉
大浦　福建帮　泰昌號　黄信侯
　　　　　廣隆號　徐勝昌

徳泰號　傅池水
裕豊號　黄汝芳
新地　福建帮　裕源號　林慨使
振豊號　李而康
裕興號　蘇福星
永豊號　黄履祥
安徽帮　商　客　汪旭初
増　廣東帮　廣裕隆號　馮錦如
○慶応四年辰十一月　在館公司　鈕春杉
○慶応四年辰十二月初六日　唐商公司　程稼堂
○慶応四年辰十二月念六日　在館総管　鄭仁瑞
○慶応四年辰十二月二十八日　総　管　鄭仁瑞
○明治二年巳正月　日　公司　鈕春杉
総管　鄭仁瑞
泰昌號　黄信侯
廣隆號　徐勝昌
徳泰號　傅池水
裕豊號　黄汝芳

裕源號　郭純九
振豊號　李而康
裕興號　蘇亦舫
永豊號　黄履祥
○明治二年巳十一月
　　　　　　　　鈕春杉
八閩會所総理
　　鄭仁瑞
益隆號
廣隆號
協興號
振茂號
建興號
振豊號
李拱記
長源號
裕興號
仁記號

とある。慶応四年は戊辰年であり九月八日に明治元年と改元したため、改元のことを知らない在留中国人は慶応年号を使用していたようである。

前掲の「唐館新地處分書類」には、在留者が自身の保護と便宜を計るため八閩会所の設立を企図した申請の記録が見られる。

謹啓者所議設立八閩會所于唐館内二十二番聖人館旧基令欲改建修理業已估價講定祈稟官事衙門頭目委員到彼丈量基址定徵地租以便開工特此上　稟

巳三月　　　公司　鈕春杉　印

　　　　　　総管　鄭仁瑞　印

とあり、八閩会所を旧唐人屋敷内に設立することをもとめた。この動きに広東系の人々も追随したようで、

己巳年四月初三日　嶺南會所　潘勉敬蕭

とあり、さらに、

○巳四月　公司　鈕春杉

○巳四月　総管　鄭仁瑞

○巳四月　在館公司　鈕春杉　印

○巳五月　総管　鄭仁瑞

○巳六月十二日　程稼堂

○明治二年巳七月二十八日　八閩會所総理　鈕春杉

　　　　　　　　　　　　　　　　　　　　鄭仁瑞

とあり、特に八閩会所総理の日本語訳の和解には「八閩會所総代」と訳されている。さらに、

○巳十一月初三日　八閩総管　鄭仁瑞
○巳十一月　　唐　　商　程稼堂
○巳十一月二十九日　八閩會館総理　鈕春杉
　　　　　　　　　　　　　鄭仁瑞

とある。以上の経過から見て、鈕春杉は明治二年七月には八閩会館の総理となっていたことが知られる。さらに彼の経歴に関して詳しい記録が「明治十一年　清民人名戸籍簿[42]」にある。

上等　鈕春杉　六十七歳　長洲縣　八閩會所董事　安政五年（一八五八）二月八日　一番

さらに続いて同じ鈕氏が三名続く。

下等　鈕樹蘭　二十六歳　長洲縣　師範　五年五月七日　一番
下等　鈕樹蘭母　孫氏　四十九歳　一番
下等　鈕樹蘭姑　鈕氏　五十歳　一番

彼らは、唐館の一番の鈕春杉と同住所であったことから見て鈕春杉の一族であったことは確かであろう。さらにこの鈕氏に続いて、慶応四年に召使いとあった呉徳順の名が記されている。

下等　呉徳順　五十八歳　無錫縣　八閩會所看守　安政四年四月四日　十善寺郷

とあり、呉徳順がおそらく鈕春杉の斡旋によって、明治一一年当時、八閩会所の看守となって長崎に在留していたことが知られる。

鈕春杉は、先に蘇州とあったが右の戸籍簿から江蘇省蘇州府長洲県の出身であったことが分かる。長崎唐人貿易の中国側荷主が居住したのも蘇州であり、彼の郷里であった。

(2)唐船主程稼堂から長崎華商程稼堂

長崎唐船主から長崎華商になったことが明らかな人物がもう一人いる。それは程稼堂である。程稼堂については第一章において触れたので、ここでは簡略に述べたい。

程稼堂という名が、長崎貿易の信牌の給付記録である『割符留帳』に見える最初は、安政五(咸豊八＝一八五八)年七月二九日の夜、長崎に入港した午一番船の在留船主としてであるから、彼はそれ以前に長崎に来航していたと考えられる。この後、程稼堂の名は、安政六(咸豊九＝一八五九)年三月二七日夕刻入津の未三番在留船主、そして、上述の文久元年八月二九日入津の申一番船在留船主、同年一一月一三日入津の酉一番船在留船主というように三度知られる。

ところで、程稼堂は最初からこの名で長崎貿易に関係していたのではなかった。『幕末外国関係文書』一六―七四の安政四年「閏五月十七日長崎在留唐船主願　長崎奉行へ　別段荷渡仕役猶予の件」の文書中の船主名には「巳乙番船主程稼堂・顧子英巳弐番船主顧子英・程稼堂[43]」とあり、この文書より約二箇月前の『幕末外国関係文書』一五―三二五の安政四年「四月長崎奉行達　唐船主へ　代官町年寄等所望誂物禁止の件」の船主名には「巳乙番船主程子延・顧子英巳弐番船主顧子英・程子延[44]」とあることから、程稼堂と程子延は同じ船の船主であり、かつ同姓でもあるので、同一人物であったと思われる。それ故、安政四年四月に来航した程子延が閏五月一七日までに改名したものと考えられる。

このように、程稼堂の来航は、程子延の時代も含め弘化元年(道光二四＝一八四四)から文久元年(咸豊一一＝一八六一)まで、数度の長崎在留をもはさんで約一八年間に及んでいる。この間の程稼堂の来航を表示したのが三八六頁の表5である。

程稼堂がその家族の長崎在留を願い出た理由書の漢文は「清朝檄文之写」として残されている。これは程稼堂が提出した太平天国風説書の一部である。全文は三六三〜四頁に掲げたのでここでは省略する。

この写しには年月日は記されていないが、この漢文を、長崎唐通事により和解されたと考えられるのが、長崎市立博物館（現・長崎歴史文化博物館）蔵の「十二家在留船主程稼堂願書」である。この和解の方が早くから知られていたのであるが、三六五〜六頁に全文を掲げたので、ここにその一部を記してみると、

　此度唐国賊乱のため蘇州落城致し、私妻子供雑を避ケ、御当地ニ逃来候付、右之模様略左ニ申上條。

当夏四月四日、南京之逆徒蘇州を取巻、城外民家ニ火を附ケ逆焔を挙候処、……王氏十二家荷主始府方一統仲ケ間之家族共何れも瓦解萍散して行方不相分、此外茶毒を被り候情景閑ニモ不忍事計ニ而、筆紙ニ難申尽候者、……猶又同月十四日、十二家宏豊船乍浦江着船之処、同所者匪蜂起し鎮官を殺害し人家を搶劫致し候付、宏豊船ハ積荷之なく乗出し寧波江逃去候由、王氏吉利并吉隆船ハ同十五日上海日本里数拾里之外呉淞口ニ着船之処、上海諸問屋何れも門戸を閉、荷物引諸候者も無之候付、一船之人数ニ今呉淞口ニ滞船致し居候而ハ商賣方も此度如何成致可申哉、……

申五月廿五日　　十二家在留船主　程稼堂

とあり、この和解は万延元（庚申、咸豊一〇＝一八六〇）年五月二五日付であり、先の漢文資料と内容がほとんど一致することから漢文資料にあった日付が写されたさいに、なんらかの理由で欠落したものと思われる。

太平軍の進出により、蘇州一円は混乱状態に陥って、日清貿易の中国側の荷主である王氏・十二家荷主やその家族も離散し行方不明の状態であった。それと同時に、貿易の中心地乍浦も混乱しており、乍浦が属す嘉興府は、蘇州落城後一三日で太平軍の侵入を受けている。このような状態から、日清貿易をおこなうことが困難となり、

程稼堂の家族一同が長崎に渡来してきたのである。

しかし、程稼堂はすでに長崎においても、諸々の困難をかかえていた。その最大の問題は貿易船をどうするかということである。彼は長崎にいるため、唐船の拠点である中国側と連絡を取ることは困難であるし、日本の和船も海外渡航が許されていない状態である。そのような状況下で、眼前の長崎港に多くの外国船が入港している事実があれば、その利用を考えるのは当然といえよう。

この後、程稼堂は長崎に在留し、中国人の輸出入業問屋「復興号」に関係している。「御用留」の中に慶応三年(丁卯、一八六七)正月二一日付の「唐人開店届」(45)があり、慶応二年に長崎に渡来した程維賢が輸出入業の問屋復興号の開店届を出している。そして、慶応三年四月の「新地住居唐人名前帳」には復興号の代表者として「程維賢」の次に「程稼堂」の名が記されている。しかし、翌慶応四年(明治元、改元は九月、一八六八)四月の「新地住居唐人名前書」には「四十九番復興号」として、筆頭者に「程稼堂　五十八才」とあり、程維賢の名は見えないことから、慶応四年以降は程稼堂が事実上の復興号の経営主となったと思われる。

五　小　結

江戸初期から長崎で行われた中国貿易のために来航した中国商人らの商業上の形態は船舶の「船主」として呼称された。船主は船舶の積荷の全責任を担い、その売買を取り仕切った、船舶経営にとって最高責任者であった。船主の取引の差配によって、その利益の多寡が左右され荷主にとっても、船員にとっても重要な役であった。江戸時代の長崎貿易では、その船主は長崎に定住することなく、取引が終了すると来航した唐船で帰国するのが常であったが、幕末になると毎回帰国しないで、数年にわたり長崎に在留する者が見られるようになった。しかし長崎での生活は不明な部分が多い。基本的には交易のために来航し、交易が終了すると帰国する船舶による貿易形態であった。その後、明治の開港を経て長崎のみならず神戸・大阪・横浜・函館の貿易港を中心に華僑・華商と呼称された中国系商人が日本に滞在して商業活動に従事する。その先駆的な華商の中に江戸時代の長崎貿易に従事していた中国商人がいたことを確認した。その商業形態が変化した最大の理由は、中国における政変による環境の変化であった。

（1）内田直作『日本華僑社会の研究』、同文館、一九四九年九月、三九二頁。
（2）同書、三〜四八頁。
（3）同書、五一〜一四二頁。
（4）同書、一四五〜三八〇頁。
（5）菱谷武平「長崎外人居留地に於ける華僑進出の経緯について」（『長崎大学社会科学論叢』第一二号、一九六三年三月）、長田和之「幕末開港期長崎における華僑の流入型態をめぐって」（『洋学史研究』第五号、一九八八年四月）などがこの問題に考察を加えているが、長崎唐人貿易との関係についてはほとんど触れられていない。
（6）蒲池典子「明治初期の長崎華僑」、『お茶の水史学』第二〇号、一九七七年一二月、一〜一九頁。
（7）陳東華「長崎居留地の中国人社会」（長崎県立長崎図書館郷土史料叢書四）、『幕末・明治期における長崎居留地外国人名簿Ⅲ』、長崎県立長崎図書館、二〇〇五年三月、五一〇〜四九二頁。
（8）斯波義信「華僑・華人」、可児弘明・斯波義信・游仲勲編『華僑・華人事典』、弘文堂、二〇〇二年六月、一〇五頁。
（9）斯波義信「華商」、同書、一四二頁。
（10）『華夷変態』上冊、財団法人東洋文庫、一九五八年三月、三〇九頁。
（11）同書、中冊、一九五八年三月、一三七四頁。
（12）同書、上冊、七二一頁。

(13) 同書、上冊、七七八頁。
(14) 同書、上冊、七九八〜七九九頁。
(15) 『華夷変態』中冊、一二六八頁。
(16) 同書、一二六八頁。
(17) 同書、九六八頁。
(18) 同書、下冊、一九五九年三月、二八三一〜二八三四頁。
(19) 『宮中檔雍正朝奏摺』第一一輯、国立故宮博物院、一九七八年九月、七一頁。
(20) 同書、七一〜七二頁。
(21) 同書、七二頁。
(22) 同書、四一二頁。
(23) 『史料旬刊』天八六四丁b、国風出版社、一九七七年六月、四六一頁。
中国第一歴史檔案館編『清代中國與東南亞各國關係檔案史料匯編』第二冊（菲律賓巻）、国際文化出版公司、二〇〇四年一月、一五五〜一五八頁。
(24) 『葡萄牙東波塔檔案館蔵　清代澳門中文檔案彙編』澳門基金、下冊、一九九九年一一月、六二四頁。
(25) 『清代中国與東南亞各国関係檔案史料匯編』第一冊、一九九八年四月、国際文化出版公司、一五〇頁。
(26) 同書、第一冊、一五二頁。
(27) 『李文忠公全集』一、文海出版社、一九六五年三月再版、六〇〇頁。
(28) 太平天国歴史博物館編『呉煦檔案選編』第七輯、江蘇人民出版社、一九八三年九月、一一四頁。
(29) 大庭脩編『唐船進港回棹録　島原本唐人風説書　割符留帳——近世日中交渉資料集——』、関西大学東西学術研究所、一九七四年三月、二五八頁。
(30) 本書六編第一章参照。
(31) 『続通信全覧・類輯之部』一三、雄松堂出版、一九八五年一一月、六六六〜六六七頁。
(32) 大庭前掲『唐船進港回棹録　島原本唐人風説書　割符留帳——近世日中交渉史料集——』二五九頁。

(33) 同書、二五五〜二五九頁。
(34) 『続通信全覧・類輯之部』一三、六六五〜六六六頁。
(35) 『夷匪入港録』一、東京大学出版会、一九三〇年三月初版、一九六七年八月復刻、二八六〜二八七頁。
(36) 長崎県立図書館所蔵、図書番号三一六・一四・外・一七〇（現・長崎歴史文化博物館）。
(37) 長崎県立図書館所蔵、図書番号三一六・一四・外・二四九。
(38) 長崎県立図書館所蔵、図書番号三一六・一四・外・三六三。
(39) 長崎県立図書館所蔵、図書番号三一六・一四・五八。
(40) 大庭前掲『唐船進港回棹録　島原本唐人風説書　割符留帳――近世日中交渉史料集――』一四〜一六頁。
(41) 長崎県立図書館所蔵、図書番号三一六・一四・外・一七〇。
(42) 長崎県立図書館所蔵、図書番号三一六―四三〇。
(43) 『大日本古文書・幕末外国関係文書』一六、二九〇頁。
(44) 同書一五、八六九頁。
(45) 森永種夫校訂『長崎幕末史料大成五　開国対策編Ⅲ』、長崎文献社、一九七一年七月、二三頁。

終章　唐船による日中文化交流の意義

近世日本と中国との文化交流を見るとき、最も典型的なものは江戸初期より幕末までほとんど欠けることなく恒常的に続けられてきた長崎における中国貿易である。

毎年長崎に唐船が来航し、その来航年の干支の十二支によって順番に、甲一番船・甲二番船と番号を付け、貿易が行われた。そして正徳五年（一七一五）に施行された海船互市新例（正徳新例）以降は、日本側が中国船の船主に給付した「信牌」（長崎通商照票）を持参してこなければ、入港も許されず次回の長崎来航も認められなかった。信牌所持が必要絶対条件であった。もし長崎に来航した中国商人が日本の国法に違反した場合には、新たな信牌の給付は認められなかった。即ち再来日は不可能となったのである。

清朝側は江戸時代の初期より、東洋即ち日本が産出する洋銅（日本産の銅）を積極的に求め、中国国内における康熙通宝などの銅銭を鋳造するための重要な供給源として日本に期待し、そのために多くの中国商人が長崎に来航したのである。しかし日本産の銅が減産して、中国への供給量も当然減少すると、中国側は日本産の乾物海産物、即ち中国名では鮑魚である干し鮑、中国名の海参である干し海鼠、中国名が鯊魚《サギョ》である鱶《フカ》のヒレ等を積極的に求め、清代民衆の新しい海鮮料理の重要な供給源ともなっていったこれらが日本から中国への貿易品となっていったのである。[1]

このような貿易は、政治的に結びついていた明朝中国と室町幕府との間にあった所謂冊封関係では全くない経済的な通商関係であった。しかし清朝の政策変更が日本の貿易政策に変化を促し、長崎における中国貿易の趨勢に大いに影響を及ぼしたのである。それに関しては第二編「清朝中国と日本」において詳論したように、経済的な交流が中心ではあったが、その背後には、両国の政治的な影響が色濃く見られる。

日本側では、長崎貿易に来航した中国商人に対して、単に商人としてのみならずさまざまな文化的要素も求めたために、長崎が江戸時代の文人にとっての憧れの地となった。他方、長崎に来航した中国商人の中には中国ですでに散逸した書籍を求める者がいた。その最たる人物が汪鵬である。明治時代に日本に来航して日本からさまざまな中国関係の書籍を持ち帰った楊守敬の来日より一〇〇余年も前に、すでに同様な考えの中国人がいたのである。汪鵬は、長崎での中国商人としては汪竹里の名で来日していたため、注目されることはなかった。しかし、最初から汪鵬の名で貿易記録に記されていたら、これまで決して看過されることはなかったであろう。汪鵬の滞在は長崎の唐人屋敷に限定されていたので、おそらく日本の商人を通じて最大限の努力をして書籍を収集し、清朝学術界に貢献したのである。

江戸時代の日中関係は、なにも正常な貿易だけに限定されていたわけではなかった。異常な天候によって海難に遭遇した人々にも予期しない関係を生じさせるのである。その一端が、第五編において述べた漂流問題である。江戸時代に中国へ漂着した詳細な事例は、すでに相田洋氏により明らかにされているが(2)、漂流記録の一端が、今でも日本の旧家に残され、中国の人々から日本の漂流者に送られた漢詩が襖絵として使われている実例を見ることができるのである。

このような近世の日中関係も世界情勢に影響されていくのである。幕末になると、徳川幕府は開闢以来の「鎖国」政策を捨て積極的に海外に進出した。そして、中国の上海に向けて貿易拡大をはかるために官船を派遣した。その第一船が文久二年（同治元＝一八六二）四月に、長崎から上海に向けて派遣された官船千歳丸である。この千歳丸には高杉晋作や五代友厚が搭乗し、上海の繁栄ぶりと清朝中国に対する新たな印象を持ち帰国した。彼らが上海に赴いた時期に、『上海新報』という漢文による新聞が刊行されていた。同紙は咸豊一〇年（一八六一）一一月に上海で創刊され、イギリス商字林洋行が発行していた。記事の多くは外国新聞からの翻訳であったが、太平天国の動向を知るには極めて有用な記事を掲載している。この『上海新報』に一八六二年六月初めより七月末まで上海に滞在した官船千歳丸の乗員のことが掲載されていた。また当時上海で発行されていた有力な英字新聞であった *The North-China Herald.* No.619（六月七日号）にも、

ここ数日の間に日本の国旗を掲げたイギリス製の船舶が上海に入港したということ自体、注目に値することだが、日本政府がこの船を購入したばかりでなく、貿易を目的として自国の産物および製品を積載していると分かるや、この事件は、あの特異な国民の排外的な国策に全く新しい光を投げかけることになった。われわれがこれまで聞き及んだところによると、かの帝国を専制的に支配している大君、ヤクニン、大名は対外通商の促進に反対しているのみならず、商業や海運に従事している人々を軽蔑しているということだった。[3]

（以下略）

と、千歳丸の上海来航に関して強い関心を示している。

徳川幕府が従来の「鎖国政策」を破棄して対外貿易政策を開始しようとして、千歳丸を派遣したことが、アジアに居住した欧州人には知られていたのである。彼らに日本の動向が注目されていたともいえる。

永きにわたって続いてきた長崎貿易が最も大きな影響を受けたのは、中国本土で勢力を拡大していた太平天国

である。太平天国勢力の拡大により、長崎貿易を維持してきた中国商人の貿易基盤であった江南経済が荒廃した。これまで続けられてきた唐船による長崎貿易の維持が困難となり、イギリス船を傭船して貿易を維持しようとしたものもいた。また中国の貿易商人の一部には日本に居留して生計を営まざるを得ない状況に追い込まれたものもいたのである。

世界史の中でも、清朝中国と江戸時代の日本とのように、中国側のみが日本に来航する形態で二百数十年にわたって連綿と続けられた貿易関係は稀であろう。その両国の関係の中には相互の政治的な影響も見られるが、日本側の視点から見れば、中国商人による長崎貿易は、経済的交流のみにとどまらず日本が一九世紀後半以降に近代化を進めるための基盤育成や基礎的な文化育成のための文化受容の重要な一端を担っていた文化交流であったといえるのではあるまいか。

（1）松浦章『清代海外貿易史の研究』、朋友書店、二〇〇二年一月、三八二〜四〇三頁。
（2）相田洋「近世漂流民と中国」、『福岡教育大学紀要』三一巻二分冊、一九八二年二月、一〜二〇頁。
（3）『外国新聞に見る日本』第一巻・一八五一―一八七三、毎日コミュニケーションズ、一九八九年九月、一八六頁。

■初出一覧■

序

序　章　明清時代の日中関係　（新稿）

「明清時代の日中関係」、竺沙雅章監修・谷口規矩雄編『アジアの歴史と文化四　中国史　近世二』、同朋舎出版、一九九四年一一月

第一編　江戸初期の日中交流

第一章　朱印船の中国・朝鮮漂着をめぐって　「朱印船の中国・朝鮮漂着をめぐって」、『南島史学』第五五号、二〇〇〇年九月

第二章　明代末期中国商船の日本貿易　「明代末期中国商船の日本貿易」、『日本史研究』第三四〇号、一九九〇年一二月

第三章　明清時代における日本銀の中国流入

「明清時代における日本銀の中国流入」　『平成九年度　第二回　石見銀山歴史文献研究会報告』、島根県教育委員会、一九九八年三月

第二編　清朝中国と日本

第一章　杭州織造烏林達莫爾森の長崎来航とその職名について——康熙時代の日清交渉の一側面——

「杭州織造烏林達莫爾森の長崎来航とその職名について——康熙時代の日清交渉の一側面——」、『東方学』五五輯、一九七八年一月

第二章　康熙帝と正徳新例　「康熙帝と正徳新例」、箭内健次編『鎖国日本と国際交流』下巻、吉川弘文館、一九八八年二月

第三章　清代雍正期官吏の日本観

「清代雍正期の童華『長崎紀聞』について」、『関西大学東西学術研究所紀要』三三輯、二〇〇〇年三月

第三編　中国商人と日本

第一章　長崎来航中国商人について――正徳新例以後を中心として――

「長崎来航中国商人について――正徳新例以後を中心として――」、譚汝謙編『中日文化交流国際研討会論文集』第三巻、香港中文大学出版会、一九八五年三月

第二章　乾隆時代の長崎来航中国商人――汪縄武・汪竹里・程赤城を中心に――

「乾隆時代の長崎来航中国商人――汪縄武・汪竹里・程赤城を中心に――」、『咿唖』第一〇号、一九七八年六月

第三章　浙江商人汪鵬（汪竹里）と日本刻『論語集解義疏』

「浙江商人汪鵬と日本刻『論語集解義疏』」、『関西大学文学論集文学部創設七十周年記念特輯』一九九五年三月

第四編　中国から見た長崎貿易

第一章　中国史料に見る長崎貿易

「中国資料より見た長崎貿易」、『泊園』第四三号、二〇〇四年一〇月

第二章　元禄元年長崎来航中国商船について

「元禄元年長崎来航中国商船について」、『アジア文化交流研究』第一号、二〇〇六年三月

第三章　清代展海令以降の長崎来航台湾船について

「清代展海令以降の長崎来航台湾船について」、『第一届日本研究臺日関係日語教育国際学術研討會論文集』、台北・中国文化大学、二〇〇〇年一月

第五編　日本人の中国漂着の一面

第一章　越前宝力丸の上海・川沙漂着について

「清代中国対日本漂泊民的厚遇――以越前宝力丸漂巿川沙庁為例――」、『日本研究』一九八六年第二期（六月）（中国語）

「越前宝力丸の上海・川沙漂着について」、『若越郷土研究』（福井県郷土誌懇談会）第四一巻第五号（通号二四〇号）、一九九六年九月

第二章　越前梅浦岡田家所蔵の「贈倭國難民詩」について
「越前梅浦岡田家所蔵の「贈倭國難民詩」について――越前宝力丸の上海川沙漂着資料――」、『或問』第三号、一九九六年九月

第三章　清代広州港の繁栄――日本人の広東省漂流記録を中心に――
「清代廣州港の繁栄――日本人の廣東省漂着記録を中心に――」、『或問』第七号、二〇〇四年三月

第六編　幕末明治初期の日中交流の変容

第一章　ジャーディン・マセソン商会と日清貿易
「ジャーディン・マセソン商会と日清貿易――文久元年一番ランシフイールト船の来航をめぐって――」、『海事史研究』第二五号、一九七五年一〇月。
「江丁・馬賽松商行和日清貿易――有関文久申一号蘭西非魯特船的来日情況――」（李鋳訳）、『太平天国史譯叢』第二輯、北京・中華書局、一九八三年九月（中国語）

第二章　『上海新報』に見る幕末官船千歳丸の上海来航
「『上海新報』に見る幕末官船千歳丸の上海来航」、『或問』第四号、二〇〇二年六月

第三章　長崎唐船主から長崎華商へ
「長崎唐船主から長崎華商へ」、『関西大学文学論集』第五六巻第一号、二〇〇六年八月

終　章　唐船による日中文化交流の意義
（新稿）

跋

本書を作成する契機は、二〇〇五年四月に関西大学東西学術研究所が文部科学省の私立大学学術高度化推進事業の一つであるフロンティア事業の選定を受けて「関西大学アジア文化交流研究センター」を設置し、たまさかそのセンター長を拝命し、「東アジアにおける文化情報の発信と受容」という課題のもとに言語文化研究班、思想・儀礼研究班、交流環境研究班の三研究班を設け、五箇年の計画で研究を推進することになったことである。

「関西大学アジア文化交流研究センター」の言語文化研究班は、特に一七—二〇世紀初頭を中心に東アジアにおける共通語でもあった中国語・漢語の言語伝播・受容が具体的にどのように行われたかを研究し、思想・儀礼研究班は、東アジアの国々は中国の儒教文化の影響を永く受け発展してきた歴史があるが、その影響が儀礼形式などでどのような形態で残されているかを主たる視点とし現地調査を踏まえて研究し、交流環境研究班は、東アジア諸国の相互交流を歴史的に規定する交流環境の分析とその変容の解明を主たる課題として取り組んでいる。

とりわけ、筆者が属している交流環境研究班は、東アジア諸地域の文化交流の内容や形態を規定している歴史的条件を解明することに重点を置き、中国皇帝を中心とする外交的枠組みである冊封体制が諸地域の文化交流に与えた影響と、その一方で、東シナ海・南シナ海を舞台とするアジア内交易が政治の枠組みの外で営々と継続し、明王朝・清王朝さらに徳川幕府の政策変更が、日中文化交流の様態に影を落とし続けてきた歴史的環境の差異が、中国との文化交流や相互認識にどのように影響してきたのかを究明することを第一の課題としている。そして同時に、文化交流の担い手や具体的媒介、受容された中国文化の地域性の解明といった本研究班の課題が、これまで筆者が行ってきた清代の日中関係の研究とも関連していたため、発表してきた論考を中心に、さらにセンター設立後に発表した論考も加え一冊にまとめることにした。

今年還暦を迎え、初孫の顔を見て、人生並びに研究の折り返し点に達したと考えていた折、図らずも、大学院の新専攻樹立の好機に邂逅することになった。関西大学大学院文学研究科のアジア学に関連する専攻を中心に、研究業績と教育実績により文部科学省の「グローバルＣＯＥプログラム」に「東アジア文化交渉学の教育拠点形成―周縁アプローチによる新たな東アジア文化像の創出―」の事業推進担当者の一員に加えられ、六月一五日に採択を受けた。申請に当たり研究実績としては、関西大学東西学術研究所の五〇有余年にわたる東西交渉史の分野、とりわけ日中交渉史の実績や、先に述べたアジア文化交流研究センター設立後二カ年の成果も加え、このプログラムが関西大学としては最初のＣＯＥに選定されたのである。関西大学の東洋史学の分野で言えば、先達の故人となられた石濱純太郎、三上諦聴、藤本勝次、大庭脩の諸先生がたの永年にわたる功績、またアジア文化交流研究センターの設立を企図された藤善眞澄名誉教授や、その計画立案ならびに今回のプログラムも具体化した藤田高夫教授、大学院の新専攻の立ち上げに邁進された中谷伸生文学部副学部長、センターの活動に盡力されている内田慶市、沈国威、奥村佳代子、吾妻重二、橋本敬造、二階堂善弘、陶徳民、高橋誠一、中谷伸生、藤田高夫ら同僚諸教授の奮闘が無ければ、このような好機に遭遇できなかったであろう。諸氏に感謝するとともに、センターへの援助やＣＯＥ申請への後援を頂いた関西大学当局に対し謝意を述べるとともに、新たな気持ちで還暦以降の人生を歩みたい。

本書の出版に当たっては、これまで日中交流史関係の書籍を出版されてきた京都の思文閣出版の厚意を受けることになった。特に御配慮頂いた取締役編集長林秀樹氏、部長の原宏一氏並びに編集作業にあたられた田中峰人氏には深謝する次第である。

二〇〇七年六月二七日

松浦　章

江戸時代唐船的日中文化交流

松浦　章

Sino-Japanese Cultural Interaction by Chinese Ships during Edo period

Akira Matsuura

中文目録

索　引

て

と

な

へ

ほ

ま

み

も

や

ゆ

よ

ら

◎著者略歴◎

松浦　章（まつうら・あきら）

1947年生．関西大学大学院文学研究科博士後期課程(日本史学専攻東洋文化史専修)単位取得退学．1989年３月，関西大学文学博士．現在，関西大学アジア文化交流研究センター長・関西大学文学部教授．主著に『清代海外貿易史の研究』（朋友書店，2002年）『近代日本中国台湾航路の研究』（清文堂出版，2005年）など．

江戸時代唐船《えどじだいとうせん》による日中文化交流《にっちゅうぶんかこうりゅう》

2007(平成19)年７月20日発行

著　者　松浦　章

発行者　田中周二

発行所　株式会社　思文閣出版

〒606-8203 京都市左京区田中関田町2-7

電話 075-751-1781(代表)

印　刷
製　本　株式会社 図書印刷 同朋舎

 ISBN978-4-7842-1361-0　C3022

松浦　章(まつうら　あきら)…関西大学文学部教授

江《え》戸《ど》時《じ》代《だい》唐《とう》船《せん》による日《にっ》中《ちゅう》文《ぶん》化《か》交《こう》流《りゅう》
(オンデマンド版)

Digital Publishing

2016年5月31日　発行

著　者　　松浦　章
発行者　　田中　大
発行所　　株式会社 思文閣出版
〒605-0089　京都市東山区元町355
TEL　075-533-6860　FAX　075-531-0009
URL　http://www.shibunkaku.co.jp/

装　幀　　上野かおる(鷺草デザイン事務所)
印刷・製本　株式会社 デジタルパブリッシングサービス
URL　http://www.d-pub.co.jp/

AJ561

ISBN978-4-7842-7011-8　C3022　　Printed in Japan